国家出版基金项目
NATIONAL PUBLICATION FOUNDATION

第七卷 中国现代文化论集

王富仁学术文集

王富仁 ◎ 著
李怡 宫立 ◎ 编

山西出版传媒集团
北岳文艺出版社
·太原

图书在版编目（CIP）数据

王富仁学术文集.7，中国现代文化论集/王富仁著；李怡，宫立编.—太原：北岳文艺出版社，2021.5
ISBN 978-7-5378-6354-4

Ⅰ.①王… Ⅱ.①王… ②李… ③宫… Ⅲ.①王富仁—文集②现代文化—中国—文集 Ⅳ.①C52②G12-53

中国版本图书馆CIP数据核字（2021）第005515号

王富仁学术文集.7·中国现代文化论集

王富仁 著
李怡 宫立 编

//

策划

续小强

王朝军

项目负责人

王朝军

高海霞

责任编辑

赵 婷

书籍设计

张永文

印装监制

郭 勇

出版发行：山西出版传媒集团·北岳文艺出版社
地址：山西省太原市并州南路57号 邮编：030012
电话：0351-5628696（发行部） 0351-5628688（总编室）
传真：0351-5628680

经销商：新华书店

印刷装订：山西人民印刷有限责任公司

开本：787mm×1092mm 1/16
总字数：3557千字
总印张：238.75
版次：2021年5月第1版
印次：2021年5月山西第1次印刷
书号：ISBN 978-7-5378-6354-4
总定价486.00元（全12册）

本书版权为本社独家所有，未经本社同意不得转载、摘编或复制

目 录

两种平衡、三类心态，构成了中国近现代文化不断运演的动态过程
………………………………………………………………………… 001
中国近现代文化和文学发展的逆向性特征 …………………… 025
中国传统文化对物质—自然系统的封闭性
　　——中国传统文化系统功能刍议之一 ………………… 044
中国传统文化对其他文化系统的封闭性 ……………………… 063
对全部中国文化的现代化追求
　　——论五四新文化运动的意义 ………………………… 077
完成从选择文化学向认知文化学的过渡 ……………………… 095
文化危机与精神生产过剩 ……………………………………… 104
中国文化的亚文化圈及其在中国文化发展中的地位和作用 … 124
鲁迅在中国文化史上的地位和作用 …………………………… 132
鲁迅与中国文化 ………………………………………………… 153
影响21世纪中国文化的几个现实因素 ………………………… 257

"西方话语"与中国现当代文化 ………………………… 275
舜与中国文化 ………………………………………… 291
物质世界·精神世界·话语世界
　——人与世界关系的精神自白 ……………………… 311
重温大同梦
　——人类大同理想与现实社会和人性本质之间的文化解读 ……… 324
五四新文化的关键词 ………………………………… 336
论当代中国文化界 …………………………………… 349
中国传统文化与现代社会 …………………………… 366
中国西部电影简论 …………………………………… 428

两种平衡、三类心态，构成了中国近现代文化不断运演的动态过程

关于文化，人们还没有一个固定的定义。我认为，我们所说的文化，实际是人类在自己存在和发展的过程中所创造并作为一种信息返转来作用于人类自身的存在和发展的物质和精神成果的总和。

文化是人类的创造成果，一切自然形态的东西不属于文化的范畴，但自然一经人化，一经着上了人类加工、改造的痕迹，也便成了文化的组成因素。杭州西湖作为自然存在的"湖泊"，不属于文化的范畴，但作为人类的园林建造，则是文化形态的东西。所有精神的产品，都是人类的创造，所以都属于文化的范畴。

我还认为，文化必须能够作为一种信息返转来作用于人类自身的存在与发展。否则，便不是我们所理解的文化的含义。人类创造的物质产品，有其纯使用的价值，但文化的价值绝不在于它的这种纯使用价值。如果始皇陵仅仅作为埋葬秦始皇这个人的尸首的处所，它还是不具有文化的价值的。它的文化价值，在于它是一种信息，一种能够传达出当时历史时代各方面情况的信息，一种能使人们了解当时人类存在与发展状况的信息。人们获得这种信息后，自觉或不自觉地影响到自己的存在和发展。只有在这个意义上理解文化这个概念，它才是具有十分重要意义的东西，才是具有超历史、超时代、超越空间和时间的普遍意义的东西。严格说来，任何一件人类的创造品，都能具有这种普遍性的文化的

价值，但由于它作为一种信息返转来作用于人类自身存在和发展作用大小的不同，它们的文化价值的大小也不同，甚至在使用价值上完全相同的东西，由于各种复杂的原因，其文化价值可能是有天壤之别的。半坡出土文物，其文化价值远远超过我们现在随时消耗了的同类产品，其原因不在它们的使用价值优于现代的产品，而在于它们作为一种信息的意义对人类存在和发展发生的作用较之这些现代的同类产品要大得多。我认为，了解这一点也是相当重要的，这使我们不至于将使用价值与文化价值简单等同起来，不至于认为文化价值高昂的东西使用价值也一定大，使用价值大的东西文化价值也一定大。一般说来，随着历史的推移，一件人类产品的使用价值会越来越小，而它的文化价值却可能越来越大。也就是说，超时空的意义多半在其文化的价值，而不在其使用价值。一切复古主义者的错误往往在于把文化的价值也当作使用的价值，当他们肯定着孔子思想的文化价值时也把它当作改造现代中国、现代世界的思想原则。而一切民族虚无主义者则往往把使用的价值也当作文化的价值，当他们认为孔子思想已不能指导现代人的思想时也根本否定了它的文化的价值。

　　文化作为信息，需要储存。一件产品当作为一种信息存在在社会上并有形、无形地影响着人类的存在和发展的时候，它就属于社会文化的一个组成部分。当它不复存在，再也不能作为一种信息作用于人类的时候，它也就不再是这个时代的社会文化的组成部分。例如，王之涣那些没有流传下来的诗歌，曾是唐代文化的组成部分之一，但已不再是现当代的文化的构成因素。而我认为，他那流传至今的诗篇，仍然构成我国现当代的文化。它们被人们阅读欣赏，就直接影响现当代人的审美趣味，并进而影响现当代的文学创作和其他创造。我之所以这样认为，是因为只有如此，我们才会更清楚地看到，一个民族乃至全人类的文化，有随着时代的推移逐渐发展变化的变异性的特征，有些文化产品消失了，新的文化产品出现了，旧有的文化产品在新的文化系统中所占的比重、发挥的作用与以前不同了，这个民族或全人类的文化也与以前不同了，它有时代性、民族性、历史性，不是万古不变的。但是，它较之个别的东西，又具有长期积淀的特征，前代的文化产品不断积淀在后代的

两种平衡、三类心态，构成了中国近现代文化不断运演的动态过程

文化系统中，并持续发挥着自己的作用，源源不断地向后代人释放出自己的信息，并影响着他们的存在和发展。因此，我认为，绝对意义上的文化断裂是根本不存在的，它只有变异的显隐程度的差别，但没有绝对断裂的可能。

在某种意义上，人，作为人的产品，作为一个特定时代、特定民族、特定文化环境的产物并以自己特定的生活方式、思想感情、精神品貌、思维方式、美感情趣、行为习惯、技能技巧等等作用于其他人以至人类社会的存在与发展的人，也是一种文化的产品，也是人类文化的一部分。只有如此理解，那些不是书诸竹帛而仅以自身存在的方式表现着的社会精神状态、道德伦理、风俗习惯等等，才是人类文化的重要组成部分之一。它们都是由一个个作为文化产品的人组成的，由他们的行为方式和交际方式表现出来的。每一个人都在周围人的语言、行动、表情等等之中获得大量信息，而这些信息便组成一个文化氛围，这个人便在这个文化氛围中存在并发展。与此同时，他又是这个文化环境的一个组成部分，周围人也在他的身上获得各种信息，并受到他的各种不同形式的影响。这样，文化作为人类信息就有了三种主要的输送渠道：一、人类各种有形的物质产品和各种可见的社会结构（如政治、经济、军事、法律的组织机构或设施等）。一般说来，它们是被当作纯使用价值创造出来的（经济学上的交换价值或价值，也是它们的使用价值进行交换时出现的一种价值尺度），除极少数之外，它们很快便被人类自己在使用中消耗掉了。它们的直接发生作用的文化价值，只是在它们存在的期间对人类发生的各种影响，其影响范围也是有限的。所以这个输送渠道，主要依靠大量产品的不断发生的新旧更迭，就其中的单个产品，较少行之久远的特征。二、人类各种以文字形式或其他形式（如现代的录音、录像等）自觉保存下来的自身存在和发展的信息。这些产品，当其被创造时，往往也有直接使用的目的，但它的使用价值也主要是一种信息的价值，并且具有自觉的信息保存的目的。它们具有行之久远的特征，人类文化的积淀主要依靠这类产品进行。所以，它们的创造的优劣和多寡，被我们当作一个民族、一个社会和一个时代文化发达与否的主要标志。三、人类自身。在文字产生以前的整个人类发展史上，在一个文化极端

落后的民族或社会阶层中，在人类的物质、精神产品受到严重摧残的历史关头，人类文化都主要依靠人类自身的存在来输送、来传递。即使在其他的历史时代，它也具有不可忽视的重要意义，上述两种输送渠道的信息都有可能转化为人类自身的信息释放，而在人与人的直接交往中发生作用。以上三种渠道互相联系、彼此渗透、不断转化，共同构成了一个笼罩全人类、全民族的文化环境，使每个人都在它的大小不等的一隅中生存并发展，无一得免，无一例外。

同样一件文化产品，却可以释放出各种不同的信息，因而由于时代、民族、社会或各个人的自身格局的不同，在同样一件文化产品上所获得的信息及其意义、作用都会有很大不同。它的信息的价值，亦即它的文化价值，有些是它的创造者意想得到的，而更大量的是他自己没有也不可能意想得到的。我认为，了解这一点对我们也相当重要。这可以把后人对它的接受和创造者对它的创造区别开来。例如，我们可以从《红楼梦》中获得当时阶级斗争的信息，但将此附会成《红楼梦》自身的主要性能并认为第四回是它的总纲就未必正确了。同样，如果我们认为《红楼梦》的主要结构并不建立在当时的阶级斗争的基础上并进而认为不需要从中获得当时社会的、阶级的各种斗争的信息，也就未必合理了。对于整个中国传统文化的研究也是这样。不能把研究者的价值同传统文化自身的价值等同起来，孔子自身的价值不等同于他的后继者的价值，同时也不应以其价值与五四新文化运动对封建传统的批判对立起来。

作为信息作用于人类自身的存在与发展的文化，在不同的历史时代、社会和民族中有不同的价值表现，但不同的文化产品，其特定价值的判断有难易的差别。根据价值判断的难易程度，我们又可以把文化产品分为三大类：一、各种具有直接使用价值的物质产品以及与此直接相联系的自然科学。这类产品的价值判断主要是其使用价值的判断，其文化价值的大小直接与其使用价值的大小相联系，因而其价值判断最明确、最易确定，不同阶级、不同倾向的人在此最易达到统一的认识。二、各种以复杂系统的方式存在于人类中间并以完整的系统的性能表现着自己的使用价值的文化产品。这类产品的价值判断也直接与其使用价值有关，但因为这种使用价值必须从整个复杂系统的性能得到判断，所

两种平衡、三类心态，构成了中国近现代文化不断运演的动态过程

以它的价值判断较前者为难，这类产品主要指社会上层建筑中的各个部门，例如政治制度、经济制度、法律制度以及它们的各种组织形式等等。三、各种具有抽象意义的人类精神产品。它们也有其使用价值，但它们的使用价值自身便带有抽象性、复杂性，极难以明确的价值量判断出来，它要经过多种曲折、多种变形才能转化为以上两种文化产品，得到自身的使用价值的表现。所以它的价值判断最难确定，不同的人对它的同一件产品可能做出迥不相同，乃至完全相反的价值判断，并且极难达到彼此的统一。这类产品主要属于社会意识形态的范畴。

当我们对文化做了以上界说之后，我们再来研究中国近现代文化发展的问题。

鸦片战争之后，我国正式介入了现代世界的广泛联系之中。在这时，我国面临的已经不是一种文化形态，而是两种文化形态：东方（以中国传统文化为主）文化和西方文化。因此，同时面临东西方两种文化形态，是中国近现代文化的第一个重要特征。这两种文化，都是人类的创造成果，有其相通或相同的本质，把二者截然分开，说成完全不能并存的绝对对立的东西是不对的，但它们又确实是在彼此长期隔离、在不完全相同的基础上、经历了不同的发展阶段形成的文化成果，将二者简单等同起来，说成彼此没有差别的东西也是不对的。严格说来，这是两个既有共性特征、相同的构成因素而又在整体性能上显现着巨大差异的独立文化系统。

一个民族，同任何一个事物一样，在其发展的过程中，总是遵循着省力原则的。也就是说，在没有任何必要的情况下，它总是顺其自然地向前发展，不去寻找更困难的发展道路，不难看到，正是因为如此，在中国进入近现代历史的发展阶段之后，首先存在的依然是这么一种文化心态：意识不到或不想接受外来文化的影响，意识不到或不愿对中国传统文化进行现代化的重新改造，依然在传统文化的惯性力的推动下顺其自然地生活下去，因而他们的价值观念依然是固有的传统文化的价值观念。在一般情况下，这种文化心态在近现代中国的社会上作为一种潜在的力量存在着，构成一种具有惰性的力量，而在一些历史转变的场合，则转变成一种公开的理论主张：坚持中国传统文化的固有基础，排斥外

来文化的影响，主张在固有文化基础上发展中国的近现代文化。但是，这种文化心态以及在这种心态作用下提出来的理论主张，当中国进入近现代社会之后，遇到了中国古代先贤所不可能遇到的不可克服的矛盾，因而也遇到了从别方来的严重的挑战。

在鸦片战争以前的整个历史发展阶段里，我国基本上处于独立自存的状态，即使与东方各国有着较之现代国际联系远为松散的世界联系，中国也始终以大国、强国、先进国的姿态出现。在这种情况下，我国寻求的只有一种平衡，即自我的内部平衡。只要达到了这个平衡，我国也便同时实现了与周围各国的外部的平衡。我国的传统文化，不论有多少种不同的具体表现形态，实际上都以实现这种自我的内部平衡为指归。影响整个中国传统文化全部历史发展的第一个强大的文化信息源，是春秋战国时期诸子百家的学说。在那时，正是统一的周王朝陷入列国争战、社会动荡、失去了周王朝内部平衡状态的历史时期，寻求新的平衡与安定、统一成了当时知识分子的主要目标，并在此基础上，从不同的角度，提出了各种不同的方案。它们互制又互补，构成了一个旨在寻求民族自我内部平衡的庞大文化系统，其他各种文化形态的东西，如哲学、历史、教育、法学、文学、艺术、科学等等，都在这个思想系统的制约下形成了自己的独立特征。在春秋战国时期形成的中华民族的这个已经趋于完整的文化系统，汉帝国建立之后，董仲舒又将它更集中化、明确化、丰富化，使之形成了一个统一的、在自身内部互补互制的大系统，不但加强了它自身内部的平衡性，也加强了它保持中国社会自身的稳定性、平衡性的职能。在此之后的很长时间内，它虽然也有很多量的变化，虽然也曾受到外来文化的某些冲击，但更多的是它同化掉所有异己的因素，而没有改变自己的整体的功能。但在鸦片战争之后，我国的情况发生了根本性的变化。我们介入了更广泛的现代世界的联系之后，已不是以一个强国、先进国的姿态出现，而是作为一个弱国、落后国厕身于西方列强之间。在这种情况下，我们仅仅寻求自我的内部平衡已经远远不够了，我们还必须努力寻求与西方各强大国家的外部的世界平衡，并且这两种平衡已经不能仅仅归结为一个内部的平衡。这两个平衡的要求彼此联系着，同时又尖锐矛盾着，并制约着中国近现代文化的发

两种平衡、三类心态，构成了中国近现代文化不断运演的动态过程

展。我认为，始终在相互联系而又尖锐矛盾着的寻求两个平衡的内在需要制约下发展，是中国近现代文化的第二个重要特征。

面对中华民族寻求两个平衡的历史需要，近现代的传统文化派在理论和实践上都遇到了我国古代先贤所未曾遇到过的深刻矛盾。当中国古代先贤旨在寻求中华民族自我的内部平衡的时候，是以"人"及"人际关系"的调整为重点的，是以维持在固有条件的基础上便可实现的平衡态为特征的。在当时的历史条件下，它的主旨不在于促进中华民族自身的根本性的变化，因为任何变化都有可能破坏现有的平衡，而破坏了现有的平衡便会带来社会的各种形式的动荡。这样，它同时也不着眼于促进社会生产力和生产关系、经济基础和上层建筑的发展，而是使"人""人际关系"适应现有的生产力发展水平，适应已有的经济基础，适应现有的生产关系，适应已有的上层建筑。所以，中国传统文化的一个显著特征便是使"末"消极、被动地适应其"本"：在生产与消费之间，使消费适应现有的生产水平；在生产力与生产关系之间，使生产关系适应现有的生产力发展水平；在经济基础与上层建筑之间，使上层建筑适应经济基础的要求；在生产方式、生活方式与意识形态之间，使意识形态适应现有的生产方式和生活方式；在农与商之间，使商业适应农业的需要；在现实需要与思想追求之间，使思想追求适应现实需要；在理性与感情之间，使感情接受理性的制约；在社会现实与文学艺术之间，使文学艺术适应现有的社会现实条件；在共性与个性之间，使个性适应共性的要求……总之，它总是以抑制可变因素、易变因素的方式加强与不变因素、难变因素的协调一致，以"末"固定"本"。结果将必然是这样，"末"不变也便难以推动"本"的变化，而"本"不变也就更需要使"末"消极地适应着"本"。正是在这种不断的循环中，使中国传统文化形成了一个超稳定的静态文化系统，这个文化系统又与建立在小农生产之上的缓慢变化的社会现实构成了一个超稳定的平衡关系。不难看到，它虽然在其意欲完成的职能上、在保持民族自我内部的社会平衡上具有相当高度的有效性，但同时也有一个不可忽视的弱点，即它自身无法造成一个强大的推动力，使自己能够在不断的发展中丰富自己、完善自己、壮大自己，同时它也不能对中国社会的发展造成一个强大的推动

力，使中国的社会生产力和生产关系、经济基础和上层建筑能够在不断的发展中完善自己、提高自己、强化自己。因为任何一个事物的前进性运动，都必须依靠自身有破坏旧有平衡、实现更高形式的平衡的能力，这样才能循着平衡→不平衡→平衡→不平衡……的线路螺旋式地向更高级的形态发展，而中国传统文化的主要性能是加强自我的平衡，就造不成向前发展的前进性运动，即使有不平衡现象出现，它也能够很快实现在原有的基础之上的平衡，结果造成的是像下图一样的简单的封闭式循环：

这就是在中国漫长的历史发展中，中国传统文化和中国社会极少质的变化的原因，也就是在介入世界联系之后，中华民族反落后于后起的西方国家的原因。传统文化派在中国进入现代的世界联系之后，依然企图仅靠中国传统文化的力量维持中华民族自身的内部平衡，其结果必然是，他们越是充分发挥了中国传统文化的自身功能，便越是使中华民族自身失去强大的自我推动力，中华民族自身的发展越是缓慢；而中华民族发展得越是缓慢，便越是难以同西方列强取得力量上和文化上的外部世界性平衡，当外部世界的不平衡性增强了之后，反转来又会破坏中华民族自身的内部平衡。这样，中国古代先贤追求并能够实现的目标，近现代的传统文化派已经不可能实现，不可能达到。有时还会出现这种情况：越是中华民族出现了内部的不平衡现象，传统文化派越是要加强中国传统文化系统的求平衡的固有功能，而他们越是这样做，便越是孕育着或直接出现更大的不平衡现象，这同时又反转来使他们加强传统文化的制约力量。这是一种恶性循环，在中国近现代史上，这种恶性循环经常造成对中华民族的大破坏。但在这种大破坏出现之后，传统文化派又会把原因归结在抛掉了民族传统的账簿上……如此往复，其祸无穷。

两种平衡、三类心态，构成了中国近现代文化不断运演的动态过程

但是，中华民族没有也不可能完全失去自新的能力。当它面临着东西方两种文化形态而又出现了寻求与世界各国的外部世界性平衡的需要之后，同时也出现了两种不同的抉择。如上文所述，在各类文化产品中，有一种极易做出明确的价值判断的文化产品，即物质形态的文化产品以及与此直接相联系的自然科学、技术技能，等等。鸦片战争之后，西方文化向中华民族的渗透，其前导是这类文化产品。西方发达资本主义国家的这类产品，以其不容辩驳的事实和极其确定的使用价值，证明着自己较之中国传统的物质文化产品的优越性。在这种文化成果面前，中国近现代历史上的传统文化派也不能不做出自己的让步。所以，在中国近现代历史上，"中体中用"只能存在于尚未发生任何新的变化的传统生活方式中和未获得任何新的文化信息的人们的自然心态中，而较少上升为一种明确的文化理论，而代之而起的，则是"中体西用"的理论主张。它在开始的时候，曾以"西用"的内容起到过积极作用，但继之便由于旨在维护中国传统的所有精神形态的文化的绝对统治地位而成为传统文化派的理论主张。

在此后的发展中，中国社会现实每提高到一个新的高度，从而也便把传统文化派逼向一个更高的历史层面。洋务派的经济、军事、技术的改革，使此后的传统文化派再也不会赞赏中国传统的大刀、长矛、九节钢鞭而否认洋枪、洋炮的军事威力；改良主义运动使此后的传统文化派再也不会公开主张科举制度、私塾教育、八股文、试帖诗而反对新式学堂、现代教育制度；辛亥革命的胜利使此后的传统文化派再也不会公开支持皇帝专政而否认现代民主政治体制，袁世凯的复辟也只如昙花一现，顷刻瓦解；五四新文化运动使此后的传统文化派再也不会公开主张妇女守节、包办婚姻、男尊女卑而否认婚姻自主、自由恋爱、男女平等……但传统文化派的这种"进步"，却不是由自身的主动进取得来的，而是由改革者的斗争积淀而成的。对于他们自己，不论在何种历史层面上，却始终贯穿着自己的固有本质：在中华民族已有的基础上寻求民族自身的内部平衡，排斥中国尚不具备的外来文化因素的输入。越到后来，他们的理论主张越会变得模糊不清，但作为一种文化心态，却始终存在着，并维持着在公开的理论主张中所不能表述的最陈旧的东西，乃

至男尊女卑、封建迷信等观念。

　　一件文化产品的文化价值永远对自身有其超越性，当帝国主义的大炮把中国闭关锁国的大门轰开之后，当西方的物质形态的文化产品不断地涌入中国之后，这些产品便不仅仅作为一种直接的使用价值，而且作为一种信息作用于中国人民。在这时，在中华民族的部分人中，首先加强了东西方物质文化的比较。我认为，始终在东西方文化的比较中，对中国传统文化进行反思，并由此获得吸收外来文化因素的决心，促进本民族文化和整个社会现实更迅速地发展，努力取得中华民族与世界各强国的外部的世界平衡，是中国近现代文化发展的第三个重要特征。

　　东西方文化的比较，使中华民族的内部产生了第二种文化心态：慕"外"崇"新"的文化心态。在中国古代的历史上，中国一直以一个先进国的姿态立于自己视野之内的世界的中央，它不但以最发达的精神形态的文化，而且以最先进的物质形态的文化优越于其他各国。在那时，具有最大势力的是对外国、异族的蔑视心理，而不会造成一个具有普遍性影响的慕"外"崇"新"的思想潮流，即使在外族入侵、夺取了全国政权的情况下也是如此。因为它可以依靠自己最先进的精神形态和物质形态的文化同化外族入侵者，而不会被他们所同化。但在中国近现代历史上，这种情况有了改变，外国物质文化产品的涌入同时也带来了一个信息：外国的物质文化优于中国固有的物质文化，而在中国，这类产品不是旧有的，而是新的，这种"新"的物质文化优于中国固有的传统物质文化。所以，这种慕"外"崇"新"的文化心态是中华民族进入近现代历史发展阶段之后，由于以落后国的姿态介入于更广泛的世界联系，产生的与中国传统文化、传统文化心态不同的一种新的文化心态。不论我们将如何评价这种文化心态，不论它在中国近现代史上曾给我们惹过何种麻烦，但我们都不能不认为，正是它，首先反映了中华民族努力实现与世界各国的外部平衡的愿望。同时我们也不能不承认，它是中国在近现代世界联系中处于落后国、弱国客观历史地位在意识形态里的一种必然反映。这种客观的历史地位一天不改变，这种文化心态便一天不会绝迹。它将始终与传统的狭隘民族主义、世界中心主义、不求发展的守旧心理构成尖锐的两极对立。正是这种矛盾对立，给中国的近现代文化的

两种平衡、三类心态，构成了中国近现代文化不断运演的动态过程

发展和整个民族的发展，带来了第一个推动力，使静态的中国传统文化，逐渐转变成了动态的中国近现代文化。我认为，在更大幅度上的两极对立因素的出现并在这种对立中使中国文化逐渐转变成一个动态的发展过程，是中国近现代文化发展的第四个重要特征。

所谓慕"外"崇"新"，永远不可能是慕"外"的一切、崇"新"的一切，人们只能按照当时的理解和世界发展的具体状况，欣羡他们认为"好"的一切、先进的一切。所以它也是有层次性的。它首先出现在物质形态的文化及与其有直接关联的自然科学、技术技能等领域，当洋务派"中体西用"以"西用"为重点，倡导并进行经济的、军事的和技术的改革的时候，便代表了这个层次上的慕"外"崇"新"的文化心态。他们正式撬开了中国文化的大门，引进了外国的物质文化产品，并将与此有关的经济体制、军事技术和自然科学的部分部门改换了一个新的基础。认识这个基础的变更是很重要的，任何时候，中国传统文化都将以巨大的文化价值受到中华民族乃至世界人民的重视，但在它进入中国近现代社会之后，其直接的使用价值却迅速地低落了下去。我在上文说过，文化的价值，并不着眼于人类创造品自身的直接使用价值，但它的发展，却要直接附丽在有形或无形的使用价值之上（在这里，我把满足审美需要的审美价值等等，也包括在直接的使用价值之中）。中国传统文化的这种直接使用价值的下跌，与西方物质文化产品直接使用价值的相对高昂，使中国近现代文化的发展发生了基础的变换。例如，中国古代的军事武器，在近现代的直接使用价值迅速地低落下来，它们的文化的价值依然存在，这使它们主要进入了文化研究的领域，而中国近现代的军事武器的生产却转换了一个新的基础。它不再是传统大刀、长矛的进一步丰富化和完善化，而是直接从现代西方的军事武器的基础上做进一步的发展。从此之后，中国文化再也不是一个发展基础，而是同时有了两个不同的发展基础。有的建立在传统文化的基础上，有的建立在西方现代文化的基础上。在这两个不同的基础上，建立起了两个不同的文化系统，中国近现代文化就是这两个不同的文化系统在对立统一中组成的一个大系统。随着这两个文化系统的比例关系的变化，连接方式的不同，消长形势的变动，这个大系统也将做统一的、不断的前进性运转，而它

的每一个特定的时刻，都呈现着承前启后的过渡性的特征。我认为，由两个不同的文化系统构成一个统一的系统，并在这两个系统的相互渗透、相互制约，彼此对立中发展，是中国近现代文化的第五个重要特征。

当"中体西用"因"西用"被普遍认可而转化为以"中体"为重点的时候，"中体西用"便转化为传统文化派的口号了。

在这里，我们借用一下中文译者在翻译皮亚杰的《发生认识论原理》一书时所使用的一个概念——"运演"。根据皮亚杰的理论，人的认识的发生和发展是一个不断建构的过程，认知的结构既不是在客体中预先形成的，也不是在主体中预先包含的，而是内部活动与外部活动相互作用的过程。主体在客体的刺激下才能发生变化，但客体的刺激之能够引起主体的变化还因为主体原有的格局可以接受这种刺激。主体把客体的刺激纳入自己的格局，既会对它进行同化作用，像消化食物一样把它吸收，变成自己的营养品，但同时也有自我调节的作用，引起自身固有格局的变化。通过同化和调节，认知结构便不断发展，以适应新的环境。皮亚杰把这一动态过程称之为"运算"，中文译者译为"运演"。我们讲的是一个民族的文化的发展，不是一个人的认识的发生、发展过程，但其中也有可供参考的价值。中国文化之能够接受外来文化的影响，其原因不只是由于外国文化中已经构成了中国近现代文化的现成模式，也不是中国传统文化便等同于中国近现代文化，而是两者相互作用的结果。外国文化作为信息能够给中国文化以刺激，而这种刺激之能够发生作用，还因为中国文化已具有接受这种刺激的格局。外国物质形态的文化产品及与此有关的自然科学，之能够被纳入中国文化系统中来，因为中国传统文化具有并不绝对排斥物质形态的文化发展的性能，仅仅因为它自身对这种发展无法造成强大的推动力量。所以，当外国帝国主义的侵略激起了中华民族中的部分人的爱国热情，刺激了他们的民族自尊心，从而带来了一定的推动力之后，它便能够把这类文化成果纳入自己的文化系统中来。但是，一旦把这类文化成果纳入进自己的文化系统，中国文化就产生了不同于传统文化的新的格局，这个格局也就有了接受新的刺激的能力。一方面，从外国引进的这些物质文化成果，作为文化，作为信息，自身就有一种膨胀力，它促使人们去考察、了解、研

两种平衡、三类心态，构成了中国近现代文化不断运演的动态过程

究与这些物质形态的文化产品紧密联系着的其他文化成果；另一方面，引进的这些物质形态的文化成果在中国文化系统中要自求发展。在其发展中，就会与中国固有文化系统中对它的发展有矛盾的因素发生抵触、碰撞。总之，旧的平衡打破了，它就要向新的平衡发展。这个不平衡的格局有可能接受两种刺激：一种是传统文化派要求排除外国物质文化成果再次返回旧有平衡的刺激信号，一种是有利于这种物质文化成果继续发展而调整固有传统文化中不利于这个发展的因素的信号。尽管前一种信号会起到极大的掣动作用，但中华民族与外部世界的平衡一天没有达到，它便一天不能消灭后一种信号，它便会在现实性、从而在理论论述上失去自己坚固的基础。而第二种信号，则不仅具有现实性的品格，也具有理论上不可辩驳的力量，并会随着新的物质形态的文化成果的发展而逐渐取得胜利。

在引进的物质文化产品的发展中，首先遇到的是上层建筑领域的政治、法律、文化教育等组织机构和管理制度的阻碍。而一旦前者的发展成为人们固定不变的需要从而成了人们衡量其他文化成果的价值尺度，后者的价值判断也就有了较为明确的结果。在这时，人们在这个文化领域里加强了东西方文化的比较，并形成了这个层次上的慕"外"崇"新"的文化心态。它带来了政治学、法学、哲学、教育学、文化学等等与上层建筑的组织机构和管理制度有关的诸多文化部门的新的发展基础，并进一步扩大、发展、巩固和强化了此前已经形成新基础的与物质文化发展有关的文化部门，二者组成了一个更为强大的新的文化系统并与进一步削弱了的中国固有文化的系统形成了新的组合格局。维新派和旧民主主义革命时期的革命派便是这个层次上的慕"外"崇"新"的文化心态的集中表现及其代表人物。

当这样一个新的文化格局形成之后，它就同时具有了接受新的刺激的能力。我们看到，当维新派企图在上层建筑领域实行革新的时候，已经把自己的文化触须伸展到了社会思想意识、伦理道德、风俗习尚、社会心理、文学艺术等等精神形态的文化部门了。而在中国近现代文化中的那个新的文化系统的自身发展过程中，也遇到了与这个形态的固有文化因素的矛盾。在这时，在精神形态的文化领域里，形成了慕"外"崇

"新"的文化心态，并酿成了中国的五四新文化运动。这个运动，使大多数精神形态的文化部门都改换了一个新的发展基础，并使中国近现代文化中的那个新的系统构成了一个比较完备的、粗具梗概的独立系统。正是在中国文化的这个新的格局之上，中国的新民主主义的革命，再也不会以中国固有的传统文化为自己的理论基础，而是以"外"的、最先进、最"新"的马克思主义为自己的指导方针。中国新民主主义革命的成功，建立了全国的政权，并宣布以马克思主义为自己的理论基础，这使中国传统文化派及其变态表现——"中体西用"的理论，受到了致命的打击。因为这里的理论基础的问题，就是一个"体"的问题。从此，在理论战场上，"中体西用"同"中体中用"一样，再也难以为自己找到可靠的、坚实的理论立足地了。

但是，当这个过程运演到这种程度之时，当传统文化派在理论上失去了自己的坚实的理论立足地的时候，并不等于传统文化的消亡。

一、新的文化系统的每一个发展，都是在中国固有的传统文化的原有格局上进行的。所以，它的新的基础仍不可能完全脱离开旧的基础。二、如上所述，文化的发展是在不断积淀的过程中进行的，中国传统的文化产品仍然在中国近现代发挥着自己的独立的、直接的作用，并构成中国近现代文化的独立组成部分。三、中国近现代文化中那个新建立的文化系统，其发展仍然是极其有限的，它没有也不可能深入到每一个文化部门的每一个层次中去。所以，这里仍是两个文化系统共同组成的一个整体的中国近现代文化系统。而在这时，传统文化心态也便以各种转化的形式存在在社会上。

慕"外"崇"新"的文化心态，在中国近现代文化的发展中，起到的是不断打破旧有的平衡的作用，但它的自身，也有不可克服的矛盾。因为作为抽象性的理论概括，这种心态是对外国文化最新发展成果的一种渴慕和把这种文化成果进行直接吸收的倾向。但是，中国近现代历史的发展以及文化的发展，是以中国与世界列强之间的不平衡为主要特征的，是以有不同的文化基础为主要特点的。这样，东西方文化的成果的交换，便是一种不同历史层面和不同文化基础之间的交换。任何外国最"新"的文化成果，一旦纳入中国的文化系统中来，其性质和功能都有可

两种平衡、三类心态，构成了中国近现代文化不断运演的动态过程

能发生巨大的变化。在这里，又有两种情况。其一是外国的某种最新的文化成果，就其独立的表现而言，恰恰是与中国固有文化传统中的因素相类似的东西，在这时，它尽管也会给中国近现代文化带来一些新因素，但同时又具有巩固和加强固有的传统的作用，从而把慕"外"与守"中"、崇"新"与保"古"结合起来。其结果是不但不利于实现中华民族与世界各国的外部平衡，而且在实质上加强了这种不平衡性。必须指出，在现代世界上，不但找到这类文化学说并不困难，而且直接找到支持中国的守"中"保"古"的理论也是极容易的。在西方一些正直的学者那里，我们会发现他们对中国传统文化的由衷赞叹，他们要把全人类的成果转变为自己的文化财富，就要向东方开放，取得他们本民族未曾具备的东西；在西方一些重视民族个性、主张民族平等、反对"欧洲中心主义"的先进人群那里，我们会听到让我们保持民族个性、保持本民族文化传统的劝告；在西方华裔学者那里，他们的爱国热情是以对与西方文化迥不相同的中国传统文化的热爱表现出来的；为了使中国继续保持固有的积弱状态，外国也会有人怀着秘不可宣的目的鼓吹中国传统文化。面对这些情况，我们都有可能由慕"外"崇"新"返转来守"中"保"古"。但当我们真正地走上了这条道路，其实质内容又与"外"与"新"发生了根本的暌离。在人是走向自我开放、取得外来文化成果的东西，在我则是走向自我封闭、保守本民族文化、拒绝外来文化新成果的东西；在人是坚持发展民族个性、反对自我中心主义的东西，在我则是不承认民族个性、坚持自我中心主义的东西；在人是真诚的爱国主义的表现，在我则是不顾民族发展的需要、不顾本民族前途的非爱国主义（至多是口头上的空洞的爱国主义）的表现；在人是保持本民族优势、抑制他民族发展的东西，在我则是抑制本民族发展、保持他民族的固有优势地位的东西。总之，外国的学说在这里发生了内质的变化，只保留了形式的相似。第二种情况是，不注意外国最"新"的文化成果纳入中国文化系统后有可能造成的破坏性作用。在这种慕"外"崇"新"的文化心态的作用下，其价值判断主要是在外国文化固有基础上对其作用和效能的判断，而不是对某种文化成果放入中国文化系统中所发生的作用和效能的价值估价，所以他们拿来的东西对中国文化的发展可能带来意想

不到的益处，也可能会给我们带来意想不到的破坏作用，而在其他人引进有益于发展中国文化和壮大中华民族自身力量的因素已不属于外国的最"新"文化成果的时候，在这种慕"外"崇"新"心态支配下的人们，又有可能与传统文化派组成联盟进行一致的排斥。而在慕"外"崇"新"的倾向给中国文化和中华民族的实际发展带来破坏性结果时，也有可能加强人们的传统文化心态，重新由民族开放走向民族封闭。正是因为慕"外"崇"新"的文化心态也有其不可克服的矛盾，所以几乎与它产生的同时，也发生了第三种文化心态：中西文化融合的文化心态。

这种文化心态，主要着眼于中华民族的自身发展。它既考虑到中华民族自身的内部平衡，又把自己的重心放在推动本民族自身的发展以达到与外部世界的平衡的努力上。在这个基点上，它努力把中国传统文化和外国文化中有利于中华民族发展的因素结合在一起，形成自己的一个独立的系统。在这时，这个文化系统的基础与中国固有的传统文化的基础有了不同，与外国文化的基础也有了不同，而把自己的基础建立在民族发展的现实需要上。如果说传统文化派以维护中国固有的传统文化为特征，他们不想也不可能在新的现实基础上重新清理并研究中国传统文化，使之成为一种新的信息系统；如果说慕"外"崇"新"的文化心态以简单输入外国最新文化成果为职责，他们不想也不能站在中华民族自身的立场上对之进行改造和发挥，那么，中西融合的文化心态则有可能以西方引进的新的文化成果重新清理和研究中国固有的传统文化，使之成为有利于中华民族现实发展的新的信息系统，也有可能站在中华民族的立场上，利用中国传统文化的成果对外来文化进行改造和研究，使之成为具有中国特色的、有利于中华民族的新的信息系统，因而它较之以上二者都有更大的创造性。在理论上，它则比较容易为传统文化派所接受，也容易为慕"外"崇"新"的文化心态所接受。所以，在公开的理论主张上，它将始终占据自己的优势，成为中国近现代文化发展过程中的一个具有最大影响力的文化主张。但在具体实践中，它也有自己不可克服的矛盾性。

这种中西文化融合心态的建构基础，便是中华民族自身发展的现实需要。但这种需要，并不是极其容易判断的，特别是对于带有高度抽象

两种平衡、三类心态，构成了中国近现代文化不断运演的动态过程

性和多方面信息职能的精神形态的文化成果。在这种价值判断做出之前，对于西方文化成果，就只有在西方文化的基础上进行价值判断，在这时，它就与慕"外"崇"新"的文化心态没有什么不同；对于传统文化成果，它又只好放在中国传统文化的基础上进行价值判断，在这时，它与传统文化心态也就没有什么不同。但当中外两种文化因素都纳入了中国近现代文化系统中，经过实践，已经做出了能为人们普遍认可的价值判断之后，现实却已有了发展，这时简单保守它，就与传统文化心态取得了一致，而要革新它，就要由慕"外"崇"新"的文化心态引进更新的外国文化成果，或自己转化为慕"外"崇"新"的文化心态。与此同时，在中外文化的这种融合中，有些以西方文化为基础吸收传统文化的有关因素，有些则以传统文化为基础吸收外国文化的有关因素，有些则两种情况都有，这有可能丰富、发展中外两种文化，但同时又有可能给中外各种文化成果，特别是精神形态的文化成果带来不明确性、模糊性或者蚀化了它们的实际内容。例如，当我们用西方的人文主义学说说明中国传统文化并把它与儒家学说的"仁"结合在一起的时候，人文主义这个在西方与封建传统对立的概念在中国也便带有了封建性的因素。不难看到，中国近现代文化中的大量语汇，都发生了这种中外融汇的现象，这有时是好事，但有时也是坏事。总之，尽管中西融合的文化心态在理论主张上带有全面、正确、有利于人们接受的特征，但它自身的矛盾性也是无法依靠自己的力量加以克服的。

历史往往不能完全按照人们的主观愿望而行动，不论我们在以上三种文化心态中做出怎样的理性的抉择，不论我们在公开的理论主张上怎样达成一致的结论，但只要中华民族在经济、文化上还落后于西方发达的资本主义国家，以上三种文化心态就将永远存在于中华民族内部。一种理论主张的胜利，只会使另外两种文化心态以曲折的形式在这种理论主张的旗帜下默默贯彻自己的意志，但却绝对不可能根本消除这三种文化心态的界限。

以上三种文化心态将随着中国近现代历史和文化的发展而有不同的具体表现。传统文化心态也将把中华民族已经确定下来的外来文化因素承认下来，而将之作为自己的传统予以维护，但它则始终只着眼于中华

民族自身的现有条件下的平衡，始终不会主动地接受任何与已有传统不相吻合的新的外来文化成果；慕"外"崇"新"的文化心态也将不会停留在一个水平上，它将不断抛弃原来的东西而把外国最"先进"、最"新"的发展成果硬塞在中华民族的胃肠里，让它慢慢消化；中西融合的文化心态在理论主张上有其稳妥性并将在理论界立于不败之地，但它也不是凝固的，它的基础便是现实的需要，因而也将随着现实条件的不断变化而变化。

以上三种文化心态不是互相绝缘的，而只是在理论上的抽象和概括。在现实中，即使同一个人，也可能同时具有三种文化心态的交错。在此问题上起作用的是这种文化心态，在另一个问题上起作用的可能是另一种文化心态。例如，在物质文化产品上不遗余力地追求最时髦的外国新成果的人，又可能是在伦理道德上最坚定地维护旧传统的人。这三种文化心态也时时发生着转化，受到冲击的传统文化心态可能转而成为慕"外"崇"新"的文化心态或中西融合的文化心态，慕"外"崇"新"的文化心态在遇到挫折后也可能转而成为传统文化心态或中西融合的文化心态。如上所述，在公开的理论主张上，三者也可能发生多种形式的交叉。

以上三种文化心态构成了三种不同的格局，对中国传统文化和外国文化的各种具体成果具有不同的接受性能，其价值判断也有不同的结果。我认为，中国近现代文化就在这相互联系而又相互矛盾的三种文化心态的默默作用下发展，并决定着中国近现代文化的内容和形式。可以认为，这是中国近现代文化的第六个重要特征。在这个运演过程中，传统文化心态是其制动性的力量，是不可能给中国近现代文化发展做出创造性贡献的一种文化心态，但在特定情况下，它可以以强大的力量维护住中华民族在现有条件下的表面的平衡，使它不至于因急骤的发展而迸裂；慕"外"崇"新"的文化心态带来的是旧有平衡的破坏，是向世界先进水平的突进性发展，是达到与世界各国的外部平衡的挺进力，使中华民族及其近现代文化不至于永远停留在一个历史平面上，但它有时会因忽略了中国固有的基础而起到破坏性作用；中西融合的文化心态是将传统文化与外来文化转化为民族现实需要的主观力量，但它必须在前二

两种平衡、三类心态，构成了中国近现代文化不断运演的动态过程

者的牵制下才能产生和发展。如果简单比附为皮亚杰所谈的人类认识发生的运演过程，我们则可以说，传统文化心态是中国文化的固有格局，它对外来文化有巨大的同化力，中西融合的文化心态起到的是调节作用（其中也伴随有同化作用），慕"外"崇"新"的文化心态表现了中华民族对外来文化刺激的适应性。三者的关系可以用下图表示为：

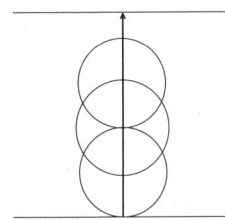
←与世界各国的外部平衡
←慕"外"崇"新"的文化心态
←中西融合的文化心态
←传统文化心态
←中华民族自身的内部平衡

综上所述，我认为，中国近现代文化是在实现两种不同平衡的历史需要的内在制约下，由三类文化心态相互联系、彼此对立构成的一个不断运演的动态过程。这是中国近现代文化不同于中国古代文化，也不同于西方文化，更不同于中国达到与西方发达资本主义国家的力量平衡之后的未来时代文化的总体特征。这个总体特征不是任何人事先规定的，也不会因个别人的主观意志为转移，而是一个社会化的客观过程。它以不同的表现形式表现在各个文化领域及其不同的发展阶段上。它集中地反映了中国近现代文化的民族性、现代性、世界性、独特性和过渡性的特征。

但是，在这个社会化的客观过程面前，我们仍有对它进行主动调节的能力。问题在于，我们的调节作用不能建立在改变这个总体特征的基础上，而是要使这个运演过程更加顺畅，避免它有可能给我们带来的巨大破坏性作用。

如上所述，物质形态的文化产品及与此有直接关联的自然科学，其价值判断最容易，优劣比较最明确，次之是上层建筑领域及与此有关的社会科学，最困难的是意识形态领域里的文化产品。因此，迄今为止，中国近现代文化都循着物质→上层建筑→意识形态这样一个总线路进行运演。但是，这种运演路线却是对我们极为不利的。物质形态的文化产

品，其直接的目的便在于使用，是关系到社会群众生活根本基础的一个文化领域。当这种文化产品纳入民族内部之后，必然破坏固有文化系统的平衡，并且直接表现为社会生活自身的不平衡。但在这时，上层建筑还没有做相应的调整，它的整体功能还难以适应这种社会生活的不平衡态的出现，在没有进行相应的调整之前，它的整体功能必然是将社会生活推回到原有的平衡态，而不是将其推向新基础上的新的平衡。社会意识形态领域的各种文化现象也是如此。如果后两者的力量足以遏制物质形态的文化产品的发展，中国近现代文化便停止了运演，这是不可能的，但如果物质形态的文化产品在后两者的抑制下坚韧地贯彻自己的意志，那么，这种变化不但不会给我们带来发展的喜悦，反而会造成实际生活上的紊乱和痛苦，而一旦物质形态领域里的文化发展储足了力量，迫使上层建筑领域不能不进行调整的时候，上层建筑领域的调整便将是爆发性的，也将伴随着巨大的破坏性力量。在运演进入上层建筑领域的时候，意识形态领域的各个文化部门还没有足以适应新的变革的能力，这时上层建筑领域的变革，要以固有的价值观念为基础，这便有可能把变革重新回噬到物质形态的文化领域，掐断中国近现代文化的运演路线，只有经过相当艰苦的努力，运演才会深入到精神形态的文化领域。我们看到，这是一条每走一步都极端困难，都有可能把运演程序滞塞在原地，并且整个过程都始终伴随着实际社会生活的痛苦动荡的运演路线。如果我们抽去它的具体内容，仅从整体特征着眼，不难发现，它仍然表现着中国传统文化的特征：上层建筑消极地适应现有的物质生活条件，社会思想意识消极地适应现有的物质的或社会的生活环境。而在现代世界上，又表现为中国消极地适应世界的环境条件。这个整体上的传统文化特征的高层次复演，是在传统文化心态的无形作用下产生的。因为传统文化心态，对物质文化的直接抗拒力最小，对上层建筑领域的变动的抗拒力较前者为大，对意识形态变化的抗拒力最大。在中国古代，它是以对后者的巨大抗拒力抑制着上层建筑领域的变革，又通过对后二者的强力抑制，无形地抑制着物质文化的发展。它在中国近现代社会的无形贯彻，决定了中国近现代文化的发展，在其开始阶段，必然沿着这条极其艰难的运演路线进行。这条运演路线，在慕"外"崇"新"文化

两种平衡、三类心态，构成了中国近现代文化不断运演的动态过程

心态和中西融合文化心态的作用下，已经改变了方向，向着实现与世界各国的外部平衡发展着，但又在传统文化心态的巨大力量的无形作用下，取着一条极其艰难的运演路线，由于外部世界自身也在发展，那么，这条运演路线仍难有效地实现中华民族与外部世界的平衡。

以上的运演路线，也影响到中国近现代文化各个部门的具体发展状况。在这个整体的前进性运动中，它使中国近现代文化组成了各种畸形的文化组合体。例如，由于物质形态的文化领域最早，也最普遍地产生着慕"外"崇"新"的文化心态，而上层建筑和意识形态领域的各文化部门占据着最大势力的可能还是传统文化心态，这样，前者的慕"外"崇"新"的文化心态便常常与后二者的传统文化心态共同组成一种畸形的文化心态，在这种文化心态的无形作用下产生的文化产品，则必然是一种畸形文化组合体。在这种组合体中，处于深层次的是传统文化心态的内容，处在浅层次的是慕"外"崇"新"文化心态的表现，所以这种畸形组合体又返转来成为传统文化派反对慕"外"崇"新"倾向的口实。例如，物质形态文化领域的慕"外"崇"新"倾向与传统的封建奴性心理组成的畸形文化心态，构成了一种奴颜婢膝的媚外主义，它的实质是以封建等级观念及其奴性意识对待中外客观存在的经济发展水平的差别的结果。这不存在在外国人对中国人的态度中，也不存在在中国古代人对外族、外国人的态度中，而是在近现代中国产生的一种畸形文化现象。但对这种畸形文化现象的批判，却常常被传统文化派利用来实现民族的自我封闭。因此，这种畸形文化现象的出现，也使上述这条运演路线变得异常艰难。

与此相反的另外一条运演路线是阻力较小且发展较速的路线。精神形态的文化，其价值判断比较困难，但它仅与社会思想意识、精神风貌、伦理道德、风俗习尚、审美观念、文学艺术、文化心理等等较少直接现实性的生活内容联系在一起，当运演首先在这里开始，尽管也会破坏它的固有平衡，但这种不平衡仅仅涉及于精神心理的方面，不具有对实际社会生活的破坏性力量。即使它可以转化为实际的、直接行动意义上的破坏性力量，由于上层建筑和物质生活的领域还保持着固有的平衡，社会对其行动上的实际破坏力量也有较强的抑制力量。而在这个领

域里，仍然保持着运演的势头。这个领域的特点是靠思辨的力量和审美的力量取得自己的优势，任何固有的文化因素都与现有的上层建筑和物质文化取得协调一致，而新的东西则必须依靠自己的思辨力量和美感力量才能得到发展。当它的发展波及上层建筑领域的时候，上层建筑便要适应发展了的社会精神要求，这虽然会带来上层建筑领域固有平衡的破坏，但这种破坏却与社会精神的发展取得了较大的和谐性，因而上层建筑领域里旧有平衡的破坏不具有爆发性的力量，主要是组织机构和有关的社会科学的外部调整。意识形态和上层建筑领域的变革，带来物质生产的新的发展，当社会群众的实际社会生活因物质文化的发展而变动的时候，已经不是社会群众心理上、思想上难以承担的变动了，所以这里的旧的平衡的打破也不会具有猛烈的破坏性力量。在这条运演路线中，因精神形态的文化走在最前面，又因对它的首先运演采取一种主动性的态度，那么它将不会与他种文化心态组成文化畸形体，而只以思辨的力量和美感力量发挥自己的所能具有的真实功能。上层建筑领域的文化发展将与更深层次的意识形态的发展相配合，而不会寻找与它的发展不相协调的意识形态的基础，因而它也不会成为畸形的文化组合体。物质形态的文化领域的发展也是如此。我们看到，在前一条运演路线过程中的中国近现代发展史，每前进一步都伴随着巨大的社会动荡，而在后一条运演路线过程中的国家，尽管平时不断有旧平衡的破坏，不断有小的波动，但就其整体，却显现着高度的稳定性和迅速运演的状态。这条运演路线，在总体上与传统文化的特征有所不同，它不是以"末"消极地固定"本"，不是以抑制易变因素固定难变因素，而是以"末"的变化推动"本"的变化，以易变因素推动难变因素的变化。因而它就在自身的内部造成了一个强大的推动力量，促使中国近现代文化以自身造成的惯性力不断发展，以取得与世界各国的外部平衡。

在将前一条运演路线向后一条运演路线的调整过程中，不是以抑制中华民族物质文化发展的速度而实现的，而是有意识地加强精神形态领域的文化发展速度而实现的。精神形态的东西与物质形态的东西的根本差别在于，前者对现实有更大的超越性，而后者则极少具备超越性的力量（它对现实的超越性有时会带来对现实发展的破坏性）。上层建筑领域

两种平衡、三类心态，构成了中国近现代文化不断运演的动态过程

的文化部门则介乎二者之间。因此，前者在吸收全人类文化成果的基础上迅速走上运演的路线是完全可能的。

在精神形态的文化领域里，我们主动调节的作用将如何发挥呢？

如上所述，文化是一种信息，凡是在中国近代仍然能发挥直接的信息职能的，都同时是中国近现代文化的组成部分之一。所以，凡是保存至今的中国传统的文化产品，都在中国近现代文化系统中发挥着自己的作用。仅就它们的直接作用而言，加强的是传统文化心态。

中国近现代新出现的文化产品（包括对传统文化的近现代研究成果、引进的外国文化产品及其研究成果、中国近现代所独立创造的文化产品）是在上述三种文化心态的无形作用下产生的，所以能够反转来加强以上三种文化心态。

我国文化发展的程度不高，对于不能接受文字符号系统释放的信息的社会群众，其新产生的精神形态的文化因素较难渗透进去，而我国物质生产发展的程度也不高，它只能在有限的范围才能转化为精神领域的东西。所以，在广大社会群众中自然渗透着的文化力量，仍然固有的传统习惯势力最大，新的文化因素在日渐增长着，但所占比重仍较小。我们必须看到，这个领域是一个人尚没有自我选择的性能之时便已经介入的文化领域，它构成了一个人未来发展的最基本的基础，认识的和审美的基本建构便在这个领域里初步形成，因而它对整个民族的精神发展具有极重要的作用。

总之，如果说在物质形态的文化领域中慕"外"崇"新"的文化心态占有绝对的优势，那么，在精神形态的文化领域中，传统文化心态则占着绝对的优势。它是一种维持现有自身平衡的力量，要使中国近现代文化的运演路线首先在这个领域开始，有一定困难性。在这里，要主动进行调节。调节的手段不是强制推行某种精神文化成果，而是自觉树立一种明确的观念：让不同的文化成果依其自身的理论说服力和审美感染力争取自己存在和发展的社会空间。这样，在这个领域便能调动起各种文化心态的力量，但又能适当抑制那些以固守旧的价值标准和审美形态为职能的传统文化心态的制动性力量，使代表着现代现实发展的新的成果不断扩大自己的影响，并在与其他成果的斗

争中完善自己、发展自己。当然，这也是一个相当艰难的过程，但舍此没有任何有效的调节手段。

当中华民族实现了与世界各发达国家的外部的世界性平衡之后，中华民族的内部平衡也便随之实现。到那时，两个平衡的要求重归于一，因为其中任何一个平衡都同时反映着另外一个平衡的实现。那时中华民族的发展也需要不断打破旧的平衡而向更高层次的平衡发展，但那不再是我们急切而又极其痛苦地追求的目标，而是由中华民族自身已具有的推动力较之现在更为自然地运演的结果。到那时，三种文化心态都将自然地泯灭其界限。因为传统文化心态的谋取民族自我的内部平衡与慕"外"崇"新"文化心态的谋取与世界各国的外部平衡已没有本质的差别，以上两种文化心态的自然消亡，也使中西融合的文化心态没有了存在的余地。在那时，中国古代的传统文化、中国近现代文化、外国文化都将以全人类的文化成果平等地出现在我们面前，它们都将不以中外之别而获得其不同的价值规定，而是以真正自由的心态对待它们、吸收它们或扬弃它们。那时有那时的矛盾和斗争，有那时的痛苦和喜悦，但不会以民族的界域为触须拨动文化发展的心弦。但只要那一天还没有最终到来，上述三种文化心态便将存在在中华民族内部，并以相互间的矛盾对立决定着中国近现代文化的总体发展及其各个门类的实际发展状况。

原载《东西方文化研究》创刊号，钟敬文、何兹全主编，
河南人民出版社1986年版

中国近现代文化和文学发展的逆向性特征

为了说明中国近现代文化发展的特征，我们首先重新思考一下西方近现代文化发生和发展的过程。

当我们把中国文化和西方文化摆在一起加以讨论的时候，首先出现的是这样一个不可回避的问题：为什么一度居于世界领先地位的中国文化没有首先进入近现代文化的历史发展进程，而西方文化却独立地进入了这一历史进程呢？在西方文化进入近现代文化的历史进程时，起决定性作用的因素是什么呢？

在这里我们必须看到，不论是中国的传统文化和西方的中世纪文化，都无意阻碍社会物质生产力的发展，假若说它们都在实际上束缚和禁锢了社会物质生产力的发展，那么，这也绝非它们的初衷，而是它们自身所具有的一种性质和功能，它们是通过束缚和禁锢了进行生产实践的人，束缚和禁锢了他们的思想和精神而间接地起到阻碍物质生产力发展的作用的。我认为，只要我们注意到这样一个基本事实，我们就会看到，尽管物质生产力的发展和社会思想意识的发展总是纠缠在一起的，总是像鸡生蛋、蛋生鸡一样互为因果、彼此影响的，但作为西方近现代文化的第一个逻辑起点，却只能是人的思想意识的变化，而作为西方近代文化诞生的第一个显著标志的文艺复兴运动，首先是一个思想精神的运动，是人的思想精神的解放运动。

我们说西方文艺复兴是一次思想精神的运动，绝非说它是一次有明确目的性的运动。在我们的文学教科书里，总给我们这样一个感觉，似乎当时的人文主义者是有目的地为了发展新兴的资本主义工商业，为了服务于新兴的资产阶级而进行创作的，似乎他们已经认识到了西方中世纪宗教神学的荒谬性而自觉地为推翻宗教神学的统治而斗争的，只是因为他们的"阶级局限性"，才使他们不可能彻底、坚决地同宗教神学观念实行决裂。我认为，这只是我们对历史的想象，是对当时反封建斗争的一种夸张性描写。事实上，不仅但丁、彼特拉克，即使薄伽丘，也从来没有意识到自己与基督教神学本身的矛盾和冲突，也从来没有怀疑过它的神圣性。我们从他们的作品中所直接感受到的是另外一种情况，他们自认为是站在上帝的立场上揭露宗教机关的腐败、教会僧侣的虚伪和他们对上帝旨意的歪曲的。他们与中世纪宗教神学的对立，与其说是理性上的，不如说是实际情感趋向和精神趋向上的。但这却也是一种更深层、更根本的对立和冲突，唯其有了这种冲突，他们与宗教神学的矛盾才是不可克服而且必定会通过社会的每一条隙缝向外挥发，逐渐由潜隐状态转为明确状态的。但在西方文艺复兴初期，它还主要停留在情感趋向和精神趋向的对立上，因而它还没有直接表现为像18世纪那样的理性上完全自觉的反封建观念的斗争，没有以完整明确的理论形式表现出来，而只有在文学艺术这种情感的、审美的形式里，它才得到了更充分、更明确的表现。

在我们中国人的观念里，很容易把西方近代科学的形成视为社会物质生产力发展的结果，并把它作为自觉服务于社会物质生产力发展的附属事业。必须指出，这仅仅是我们自身观念的外化形式，而绝非西方近代科学自身的存在根据。事实恰恰相反，西方近代科学的建立并不与当时物质生产力的发展直接相联系，它的最初的目的并不是自觉地服务于社会生产力的发展，倒是社会物质生产力的发展是它的派生物。西方近代科学是从天文学的新发展开始的。哥白尼、布鲁诺、伽利略用自己生命所维护的太阳中心说既不能产丝绸，也不能造轮船。而我们古代的精美的丝绸和郑和下西洋时乘驶的舰船却没有把中国推进到近现代文化的进程。这是为什么呢？这是因为西方近代科学的发展是在文艺复兴之后接踵而起的，它有更广大、更深刻的精神推动力。近代科学和文艺复兴的基点都建立在人的主体意识的加强上。人们开始感到,自己是能够独立地认识这个世界的,上帝通过它的《圣经》并没有告诉人们一切,并且它所说的一切远非都是正确无误的。人是有聪明才智的,这种聪明和才智是人的存在价值的表现,有智慧的人比愚昧的人更像一个人,更符合上帝创造物的本来面目。正是在这样一种观念的推动下,近代科学家才如饥似渴地去叩问自然之谜,并且以自己的独立发现为荣。任何上帝已经垂告的真理,任何别人已经发现的真理,都只是上帝或前人存在价值的体现,只有自己的独立发现和独立的创造,才是自己的生命和存在价值的体现。关于近代科学与文艺复兴的这种内在关系,英国科学史家亚·沃尔夫曾说:"科学的近代是跟着文艺复兴接踵而来的,文艺复兴复活了一些反对中世纪观点的古代倾向,而且部分地也是由于这个原因,那些对中世纪的生活和实在观心怀不满的人都拥护文艺复兴。不信宗教的古代和中世纪的基督教世界泾渭分明。中世纪基督教趋向于自我克制和想往来世。恪守宗教生活誓约的理想的基督教徒一心想着天国,对自然界的自然现象,从根本上说毫无兴趣。自然的欲望必须转变成隐秘的神迷;自发的个人思想必须服从权威。重见天日的希腊和罗马古籍犹如清新的海风吹进这沉闷压抑的气氛之中。诗人、画家和其他人激起了对自然现象的新的兴趣;有些勇敢的人充满了一种渴望自主的理智和情感的冲动。……"[①]不难看出,正因为西方近代自然科学家是在一种没有确定目的的一般的"认识兴趣"的推动下发展起来的,西方自然科学才有了持续发展的内在推动力,才在几乎每一个有可能发展的领域全面发展起来,没有直接实践性的理论科学才和有直接实践性的科学技术同时发展起来。几乎在每一个时期,西方近代科学的成果都只有一部分直接转化成了实利性的物质成果,推动了物质生产力的发展,而其余的大量成果却仅仅作为一种人类智慧的表现在社会上得到尊崇并作为一种潜能储存在人类智慧的武库里,为人类的进一步发展(既有物质的,也有精神的)准备着条件。

[①]亚·沃尔夫:《十六、十七世纪科学、技术和哲学史》,商务印书馆,1985,第6—7页。

在这里还牵涉着一个更为重要的问题，即西方近代科学家的"上帝"是谁的问题。如果认为西方近代科学家的目的主要是为了推动物质生产力的发展，那么，他们的"上帝"便是现实的物质实利。但事实并非如此，他们的"上帝"是"真理"，而"真理"则是既具物质实利性、又具有抽象精神性并超越于二者之上的东西。我认为，这是西方近代科学家对人类社会做出的最伟大的贡献。在他们那里，"真理"是以自我为满足的东西，它不从属于任何其他的目的，不是任何一个更高远目标的工具和手段。不难看出，只有这样理解，"为真理而献身"才是能够成立的精神命题，它是与宗教神学的"为上帝而献身"直接对立的。那么，"为真理而献身"与他们的人文主义理想又是怎样统一起来的呢？人的存在价值在于他独立发现和认识真理的能力，那么，"真理"也就是人的主体性地位的表征。"为真理而献身"也就是为人的存在价值而献身，为人的独立地位而献身，它区别于宗教神学的"为上帝而献身"，也区别于一切甘于奴隶性存在的肉体苟活。

在我们中国人的观念里，还有一个几乎牢不可破的错觉，似乎西方近代哲学是伴随着资产阶级政治意识的增长而发展起来的，是为他们的政治目的服务的。西方近代哲学形成的历史进程异常清晰地向我们表明，它并不直接植根于政治斗争的土壤上，而是植根在近代科学的土壤之上的。是近代科学为近代哲学提供了新的方法论和世界观。我们甚至可以说，西方近代哲学只是西方近代科学的世界观和方法论的抽象与概括。被马克思、恩格斯视为整个现代实验科学真正始祖的英国哲学家培根提出，要把属于信仰的东西归于信仰，亦即把信仰归于宗教，而把哲学归于自然科学。[①]对于当时的笛卡尔，情况也是如此。一个法国现代哲学家指出："笛卡尔的野心首先是看清他的各种活动及在此生中可靠地行进。而这也是文艺复兴以来人们的野心，即把人看成自然的主人和占有者，使人克服障碍（正像后来柏格森谈论的），也许甚至克服死亡。但是为此就需要科学。对笛卡尔像对培根一样，科学就是力量，对他像对孔德一样，必须为提供服务的预测去认识。因此必须在科学中找到某种

---

① 参看培根：《新工具》。

坚实可靠的东西。"[1]如果说"真理"被西方近代科学家视为自己的"上帝",那么哲学就是西方近代人的"宗教"和《圣经》,它所回答的是《圣经》曾经试图回答的一切。我们完全可以说,它与《圣经》的根本区别并不仅仅在于它们对相同的问题做了不完全相同的回答,而更在于它们的另一些更根本的区别:在《圣经》里,主宰整个世界的是"上帝",而在哲学中,主宰整个世界的则是人自己;在《圣经》里,上帝以教导人的口吻告诉我们应当知道的一切,而在哲学中,哲学家以一个人身份告诉我们他所发现的自以为是真理的部分知识;前者教导人时不须对自己的话予以证明,后者则必须对别人所可能不同意的结论做出尽量确凿的证明,有时用实验的方式,有时则用逻辑推理的方式;前者是中世纪带有立法性质的唯一思想法典,后者则是近现代社会供人自由选择的多种形式的学说。总之,西方近代哲学不但直接从近代科学中获得自己的营养,同时也通过它与西方的文艺复兴相联系,是人的主体意识强化到一定程度的结果。

一旦把在自然科学发展中形成的方法论与世界观以哲学的抽象形式概括起来,一旦这种方法论与世界观形成了人们观察世界、把握世界的一种自觉的或不自觉的思维方式,那么,人们在对人类社会问题予以感受和思考的时候,也便必然会有与以前不同的东西。我认为,这才是理解西方近代社会学、政治学、法律学乃至经济学等与上层建筑领域有直接关系的诸社会科学说的钥匙。中国数千年的封建专制制度的存在没有导致反专制政治学说的诞生,而西方17世纪、18世纪的封建君主专制则产生了18世纪的启蒙主义理论,恐怕其主要原因即在此吧!在我们的观念里,似乎西方18世纪启蒙思想家的社会学说仅仅是为了发展资本主义工商业而精心设计出来的,我认为这也是我们的一种错觉。历史事实是,他们所追求的绝不仅仅是一个社会物质生产力高度发达的社会,而主要是一个"理性的王国",亦即按照他们的理解、以科学精神自觉建立起的合理的社会,是自由、民主、平等的合理社会。只有这样理解这些

---

[1] 让华尔:《法国哲学概览》,转引自陈宣良《法国本体论哲学的演进》,湖南教育出版社,1987,第50页。

学说，我们才不会把他们仅仅视作资产阶级狭隘实利目的的代言人："在法国为行将到来的革命启发过人们头脑的那些伟大人物，本身都是非常革命的。他们不承认任何外界的权威，不管这种权威是什么样的。宗教、自然观、社会、国家制度，一切都受到了最无情的批判；一切都必须在理性的法庭面前为自己的存在作辩护或者放弃存在的权利。思维着的悟性成了衡量一切的唯一尺度……"①

法国18世纪的资产阶级思想启蒙家不但无意仅仅为资本主义工商业的发展设计一个社会方案，并且他们也无意发动一场资产阶级革命。革命的发生有它另外的历史条件，它是社会矛盾激化到一定程度的结果，任何的一种思想都不可能在社会矛盾没有激化到一定程度的时候凭空制造一次革命，并且只要社会实际矛盾激化到一定程度即便在没有任何新的思想学说为之张目的情况下革命也会发生。18世纪启蒙思想家的历史作用仅仅在于当革命实际爆发的时候，他们的思想学说已经被当时的社会群众所接受，从而为革命后的社会提供了一种新的社会选择的方向。中国历代农民起义没有类似这样的社会学说做基础，成功后的选择是建立新的封建王朝，西方资产阶级革命有了它们做基础，成功之后选择的是不同于封建君主专制的资产阶级民主制。只有在这时，我们才最终发现，启蒙主义者的"理性的王国"是较之封建专制制度更适宜于社会生产力发展的政治制度，其所以如此不在于他们仅仅追求物质生产力的发展，而是他们把物质生产力同精神生产力共同作为人的主体性的证明予以了肯定性的评价，而是在他们的自由、平等、博爱的"理性王国"里没有必要压抑人的创造物质财富的积极性。"资产阶级在它的不到一百年的阶级统治中所创造的生产力，比过去一切世代创造的全部生产力还要多，还要大。自然力的征服，机器的采用，化学在工业和农业中的应用，轮船的行驶，铁路的通行，电报的使用，整个整个大陆的开垦，河川的通航，仿佛用法术从地下呼唤出来的大量人口，——过去哪一个世纪能够料想到有这样的生产力潜伏在社会劳动里呢？"②

---

① 恩格斯：《反杜林论》，《马克思恩格斯选集》第3卷，第56页。
② 马克思、恩格斯：《共产党宣言》，《马克思恩格斯选集》第1卷，第256页。

中国近现代文化和文学发展的逆向性特征

当然，从文艺复兴时期，资本主义性质的工商业便在西方逐渐发展着，中经工业革命，至资本主义制度确立后而火炽。但西方从中世纪向近现代历史转变却不在首先有了高度发展的物质生产力。事实是，没有文艺复兴，便没有西方近代科学的兴起；没有西方近代科学的兴起，也便没有工业革命；没有近代哲学和社会科学，没有这一切，资产阶级政治制度以及此后的发达的物质生产力便是不可想象的。实际上，这一切都可以简化为这样一个极明确的道理：没有"人"、没有"人"的精神上的解放，没有富有创造力的"人"，便没有"人"所创造的"物"，没有真正发达的物质生产力。

西方由中世纪向现代历史转变的过程是如此，而中国向封建时代的传统文化告别的过程却有不同的特点。鸦片战争后，我们首先发生的是"洋务运动"，它直接追求的是西方高度发达的物质文化，并且不是文艺复兴时期萌芽状态的资本主义工商业发展水平，也不是资产阶级革命后初步繁荣的物质文化水平，而是足以和19世纪西方最发达的资本主义国家相抗衡的生产力发展水平，其中尤以军事工业为最受重视。在这时，西方的制度文化和精神文化是在他们自觉地排斥之列的。但在物质文化没有得到多么显著的发展的时候，已经患上了严重的贫血症，而喝血者更多于造血者是它严重贫血症的根本原因。事实证明，军事工业没有普遍发达的物质生产力做基础、物质文化没有相应的制度文化做保障，便像从外国折来一枝翠柳、鲜花而插在沙漠里，精神顿消，蔫蔫然失了生气。洋务派也开始重视科学技术和教育，但这一切都是直接嫁接在物质生产力发展的实利性目标之上的，这使科技教育自身的概念马上发生了与西方迥然不同的变化。在西方16世纪产生的西方近代科学，是作为人的主体性的证明而获得重视的，因而科学重于技术，先于技术，它具有为技术不能说明的独立意义。而在中国，似乎至今仍是科学技术连类混称，似乎科学只是为提高技术水平而做的知识准备，是技术的工具和手段。但科学是有更大生发力的东西，西方有了科学便有了不断提高的技术，而技术则只有极小的生发力，由专门的技艺是难以自生科学和它种技艺的。这种理解的错误是因为我们把科学和技术都当成了物质生产力发展的附属事业，而不是以人的创造性为衡量尺度的。这样，教育也直接实利化了，全面发展的人被能够劳动的机器人所取代，教育也不等同于西方的近代教育，形近而实异。在"洋务运动"之后发展起来的是"维新运动"。假若从西方发展历史上去观察，维新运动所要实现的目标不是更"先进"了，而是更"落后"了，它退回到了西方17世纪、18世纪已经实现了的目标上去。不论是虚君共和，还是资产阶级民主制度，都是西方一两个世纪以前曾经追求并实现了的东西。孟德斯鸠、卢梭等启蒙思想家的学说受到了维新派的重视。当时革命派和维新派的分歧，仅在政体形式和实现的具体途径上，其思想学说并没有根本的差异。但事实证明，他们也仍然患有严重的贫血症，一种民主政治的形式是不可能由一个个没有独立思想的人摆成的，它很快便会自行组合成固有的专制政体的形式。即使这时的政治学、法律学、教育学，也与西方18世纪启蒙思想家的学说有着根本的差异。在西方的启蒙思想家那里，具体的政治制度是作为他们的理性精神的创造物而存在的，因而他们每个人都是具有独立个性的人，正像恩格斯所说，他们不承认任何权威，传统的一切都受到了他们无情的批判。而中国的维新派却是把这些学说仅仅作为实现政治改良、救国救民的实利目标进行追求的，他们的自身并没有重新估定一切的勇气和才干，儒家文化传统一直受到他们的自觉的维护。他们也重视文学艺术，但他们的文艺思想却与卢梭、狄德罗有着天渊之别。卢梭和狄德罗的文艺思想都直接建立在文学艺术对人的精神发展的社会功能上，而梁启超等维新派人士则把文学艺术视为政治改良的宣传手段。我们看到，五四新文化运动的追求目标又一次向西方历史的遥远处反转了，他们实际上回到了西方与中世纪开始告别的文艺复兴时期。他们重点追求的是伦理道德的变革，是人的思想意识的变化，是人的主体意识的加强。而对于这个目标，他们认为文学艺术是最有力的。也就在这时，中国出现了真正意义上的现代文学。

如果把上述西方与中国由封建时代向近现代文化转化的历史进程勾勒出一个高度简化的流程图，我们便会发现它们实际上是互为逆向发展的——

西方：文艺复兴（文艺运动体现着的意识形态的变化）→启蒙

运动、资产阶级革命（社会上层建筑领域的变革及有关社会科学的发展）→资本主义文化的全面繁荣（其中包括物质生产力的高度发展）

中国：洋务运动（对西方高度发展的物质生产力的追求）→维新运动和辛亥革命（对西方政治制度的追求和有关思想学说的启蒙宣传）→五四新文化运动暨新文学运动（对社会思想意识变革的追求，中国的文艺复兴）

显而易见，西方文化的现代化进程是由于自身内部的矛盾运动引起的，它更具有自然发展状态上的和谐性，它的每一个后来的发展，都是前一阶段文化系统已经具有的潜能的进一步发挥，即使它的偶然性也包含着某些必然性的因素。因而我们必须认为它是一种顺向性的发展程序，而中国近代文化的发展进程，其原因并不仅仅在于自身内部的矛盾运动，即使这种内部矛盾运动，也是由于西方文化的撞击而大大强化了的。它的发展不具有自然发展状态下的和谐性，任何后一阶段的变化都无法仅仅在自身内部的前一阶段的文化系统中找到它的全部潜在势能，它更依赖于西方文化对中国文化的影响和提供的推动力量。这样，它的偶然性的成分更大、更显著，因为西方文化的发展状况并非由我们驾驭的。因而我将中国近代文化的发展称为逆向性的，这种逆向性特征，并不是从鸦片战争至今全部文化发展过程的逆向性，如若如此，我们的文化也便成了纯粹倒退的复古主义文化了。但它的前进性变化，恰恰表现在每个层次上的逆向性回溯，它反映着我们向外国文化学习过程中由末返本、由表及里、由浅层向深层、由有形向无形、由物及人的逐渐深入过程，但这种深入又不是一次性完成的，浅层变化的显著性和深层变化的艰难性使我们经常重新返回表层而追求较易到手的东西，但没有深层动力的外部变化不仅是有限的，且极易变形变质，只有在这时，我们才又一次感到更深层变化的需要。只要我们认识到这一点，我们便会发现，这种逆向性特征不仅仅表现在从鸦片战争到五四新文化运动这段历史上，同时也是此后各个阶段的共同特征，只不过后来的各个阶段带有了更多的附加因素，变得不那么清晰罢了。五四新文化运动对中国传统文化的反思，对新的意识形态的追求，对人的个性意识的呼唤，直接触到了中国传统文化的根柢，但它却也更难被人所接受，甚至连新文化运动的倡导者也鲜有能胜任此负荷者，五四新文化运动很快便落潮了。此后人们对中国贫穷落后的现状的关注逐渐加强。对"独立""富强"的新中国的追求推动了新民主主义政治革命的发展，对社会思想意识的追求再次被纳入到了政治革命的追求中，成了附属于政治革命的侧翼，文学艺术在更高的层次上被当作政治革命的宣传手段。新民主主义政治革命胜利后，我们仍然是沿着相同的思路发展的：政治是经济的集中表现，要发展社会主义的物质生产力，我们必须进行社会主义政治革命，而要保证政治革命的成果，我们则需要进行社会主义的思想意识革命，文学艺术仍是直接服务于政治的，从属于政权的巩固和政权的建设的。当它推进到极致，便走向了"文化大革命"。在这时，我们看到了这种思维线路的弊病。假若我们按照另一种思维线路思考同一个问题，情况便可能有所不同：人是整个社会的主体，社会政治变革的重心不是驱使人仅仅为物质生产力的发展尽心竭力，社会意识变革的重心不是仅仅造成有利于现实政权稳定的人，而是相反，它们都是为人的创造力提供越来越大的社会空间和思想空间的。在这时，精神的自由与人为自己的存在而自由地创造物质财富的欲望是同时受到重视的，精神的自由带来更大的物质财富创造的积极性，物质财富的积累又为人的精神自由提供更大的空间。文学艺术则是一个民族精神自由的最高、最显著的标志，它能首先在想象的、非实际功能的领域里满足并滋润人民群众的自由精神和创造精神。显而易见，这种思维路向不会改变我们的所有实际存在的困难，却可以使那些毫无必要的对人的残酷斗争找不到任何理论的根据。"文化大革命"的最大的恶果是对人民群众的精神摧残，但在当时的条件下，我们却难以以精神的东西摧毁这种精神的东西，我们给予它的第一个冲击仍是从物质文化的角度发出的，我们首先树起了实现"四个现代化"的物质文化发展的目标，正式结束了"十年动乱"，跨入了我们称之为"新时期"的历史阶段。正是在物质文化发展的强烈要求下，我们才感到了政治体制改革的必要，严格说来，这时期的思想意识领域的变革和与此相联系的文学艺术的新发展，仍是在发展社会生产力和政治体制改革的实践要求的推动下发生的，并且在它们的需要中找到了自己存在的根据。总而言之，迄今为止各个历史的发展阶段，我们的文化发展都是循着物质文化追求→制度文化追求→精神文化追求的路向前进的。

中国近现代文化的这种逆向性特征，也传递给了作为它的有机组成部分的中国现当代文学。二者的表现形式极为不同，但其原因却是完全相同的：内部动力机制的缺乏和对外部动力机制的过分依赖。

当文艺复兴初期的作家进行文学创作的时候，他的作品中所呈现的新的、不同于传统文学的新的审美特征，是不可能找到任何的理论依托的。这种特征仅仅来自他的内部，来自他自己的新的审美感受，客观世界仅仅为它提供了产生的条件与表现的可能，但却没有为它提供这种审美感受本身。因而他的作品的新的审美特征并不是他初始时便明确意识到了的东西。这种审美感受上的变化，具体表现为他对事物的情感态度，因而这种新的情感态度是与他的审美意识的变化相呼应的，是他的新的审美意识在他的具体情感态度上的表现。只有在这种新的情感态度与传统的理性教条发生了实际的矛盾的时候，他才不能不为自己的真实情感态度寻找新的理论根据。他们的理性得到了发展，但即使这种理性也不是外在于他的自我的，而是他的审美态度，情感态度的明确化。这一过程，在西方文学的后来的发展中由于理论的发展变得模糊起来，但只要承认人的审美感受都是先于理性认识的，我们便必须承认，它是西方文学发展的一种合乎规律的过程。

它的总体逻辑程序是：

新的审美感受→新的情感态度→新的理性认识

但中国新文学的产生，并不仅仅由于作家自我审美意识的变化，它是在两种外在的推动力的推动下产生的：一、它是中国物质文化、制度文化追求受挫后社会改革欲望向文学艺术领域的转移；二、它是在外国文化和外国文学影响下产生的。这两种推动力都是首先以理性认识的方式作用于中国新文学和新文学作家的。只有认识到中国社会思想意识是中国物质文化、制度文化的无形障碍，物质文化和制度文化的追求才会转变为对文学艺术的追求；只有认识到外国文化和外国文学较之中国传统文学具有更强烈的现代性质，是更为先进的文学，新文学作家才会主动积极地吸收外国文学的经验。只有当他们在理性认识上有更加明确的性质之后，他们才有可能用这种理性认识不断矫正自己过去对事物的具体感情态度，而只有这种新的情感态度已经成了自己的习惯性的态度之后，他们的审美意识才会逐渐发生现代性质的变化。也就是说，他们的转化程度恰好与西方近现代文艺家有着完全不同的路向：

新的理性认识→新的情感态度→新的审美意识

这种与西方文学逆向演化的情况，产生了中国现当代文学发展的一个重要的特征，即在它的每一个发展阶段，几乎总是理论提倡在前，文艺创作随后的。它所反映的恰恰是新文学作家理性追求在先，情感、审美追求在后的普遍倾向。

"白话文学的作战，十仗之中，已胜了七八仗。现在只剩一座诗的壁垒，还须用全力去抢夺，待到白话征服这个诗国时，白话文学的胜利就可说是十足的了，所以我当时打定主意，要作先锋去打这座未投降的壁垒：就是要用全力去试做白话诗。"①胡适在这里说得十分明白，他的创作白话诗，其目的并不在于自己先有了必须用白话诗才能表现的审美情感，而是首先有了诗也可用白话做的理性认识，然后才开始白话诗的创作。实际上整个五四文学革命的发展过程也是理论在前、创作随后的。胡适发表《文学改良刍议》的时候，文学实际上还没有"改良"；陈独秀发表《文学革命论》的时候，文学实际上还没有"革命"。在理论的锣鼓敲过一阵之后，鲁迅才作为一个文学家出现在中国新文学的舞台上。但即使鲁迅，关注的重心也不在中国的新文学，而在于中国社会意识形态的改造。可以说，整个《新青年》的宗旨便是鲁迅所说的"启蒙主义"，不过他们的"启蒙主义"已经不像维新派一样，主要依靠理论学

---

① 胡适：《逼上梁山》，载《中国新文学大系·建设理论集》，上海良友图书公司，1935，第19页。

中国近现代文化和文学发展的逆向性特征

说的宣传，而开始诉诸文学艺术，周作人发表了《人的文学》《思想革命》《平民文学》，其核心便是"辟人荒"。我们从《新青年》的这种倾向上，完全可以看出它实际上在完成着由西方18世纪的启蒙运动向14世纪至16世纪的文艺复兴的反转过程。他们的思想旗帜"民主、科学"是启蒙运动的，而手段则是文艺复兴时期的文学艺术。不难看出，正是这种由末向本的回溯过程，使它自身带上了由理论提倡到文学创作的逆向发展的特征。启蒙主义的理性目的在前，文学艺术的自身追求在后，使它与西方文艺复兴时期的文学艺术有了根本不同的特征。后者是没有先定的一种明确的社会目的。如果说《新青年》时期的文学是属于已经明确提出的社会思想意识改造的目的的话，那么，文艺复兴时期社会思想意识的变革则只是文学子宫中孕育着的一个婴儿。

假如说中国现当代历史上有一个主要属于新文学的时期，那么它就应是文学研究会、创造社成立后到1925年这样一个短暂的历史时期了。我认为，只要我们不囿于这时作家们的具体文学主张和文学宣言，我们就会发现，不论是文学研究会，还是创造社的多数作家，都与《新青年》诸同人有着根本的不同。《新青年》诸同人关注的重点是"辟人荒""改造国民性"，文学是因其能"辟人荒""改造国民性"而受到重视的。但文学研究会和创造社多数作家关注的重点则是文学，不论是文学研究会的"为人生的文学"，还是创造社的"为艺术的文学"，讲的、争的都是怎样的文学才是好的文学。这种区别是不难理解的，《新青年》的同人们原非以文学为职业的人们，他们之走上文学主要是由于感到"辟人荒"需要文学，但一旦新文学的阵地被开辟出来，新文学作家在社会上有了一定的地位，青年们走上这个阵地便企图以文学为职业了，至少是酷爱文学本身的人。当时纷纷成立的文学社团多是如此。我这里企图说明的是，只有这时，中国的文化才实际上实现了向西方文艺复兴时期的反转。但也就是在这时，他们却也不再以文艺复兴时期的文学旗帜为满足了，而把自己的追求目标推进到了西方启蒙主义文学之后，于是我们有了"现实主义"的、"自然主义"的、"浪漫主义"的、"新浪漫主义"的、"象征主义"的文学主张和文学倾向。

我认为，注意一下当时关于创作方法的讨论是十分有意义的。当时的新文学作家常常给自己提出我们应当提倡什么样的创作方法、什么样的文学等问题，也常常提出在当时的世界上最先进的文学是什么样的文学的问题。也就是说，他们要首先给自己确立一个"正确的""先进的"文学追求目标，然后再朝着这个目标前进，并且号召大家也为这样一个确定不移的目标而奋斗。正像我们不能笼统地否认《新青年》时期由启蒙主义的社会目的而切入自我，找到自我的途径一样，我们也不能笼统地否认这时期由对"先进的"文学的追求而切入自我、返回自我的方式，但也不能不说，恰恰是在中国近现代文化发展的特殊状况下，这两种寻找文学的方式才成了几乎所有新文学作家的两种基本方式，它们的总体特征都是理性追求先于审美追求。文学创作的真正动力来自内部，当一个作家开始文学创作的时候，他的审美情趣、人生态度、性格气质等等已经大部被铸定了，他已经成了一个不太容易重新拆修的整体的人，他的全部文学活动的主要目标便是努力寻找适于自我的文学道路，并在这种寻找中不断发展自我，调整自我。这种在别种文化系统中极易了解的真理或常识，在中国新文学的发展历史上却成了极难贯彻的东西，这是因为中国的新文学恰恰是在中国社会缺乏强烈的主体意识的状况下为自己寻找立足地的，这时不但广大的社会群众并不承认某个异己的纯粹个体特性的东西有什么存在的价值，甚至连绝大多数的新文学作家也不觉得真正属于自我，不与任何已有价值相重复的东西有什么存在的意义。他们或者沿着此前物质文化、制度文化追求中业已形成的物质追求的欲望和要求、制度文化改革的愿望和决心，而为自己的文学追求找到社会立足地，或者借用中国近现代文化发展过程中逐渐形成并强化起来的"进化论"的观念以某种文学的"先进性"相号召。只有很少作家在很少的情况下才有时在介入文学的这两个基本方式中进一步追问自己："我"是谁？"我"从哪里来？"我"要往哪里去？"我"的力量何在？"我"只能做什么和怎么做？……

《新青年》同人们关注的重点并非文学，所以在新文学运动真正展开之后，他们又重新返回了启蒙运动思想家所主要活动的领域中去了。陈独秀、李大钊主要转向政治斗争领域；胡适、钱玄同、刘半农主要转向了学术研究的领域，鲁迅、周作人留在文学领域，但仍以社会思想意识

中国近现代文化和文学发展的逆向性特征

改造的启蒙主义目的关注于文学。文学研究会和创造社的多数作家关注的是文学,他们虽小有分化,但多数作家都留在了文学阵地上。如果说文学研究会的"为人生的文学"更多表现了中国文化发展史上没有实现的物质文化、制度文化追求的欲望和要求对新文学的影响,那么创造社"为艺术而艺术"的主张则更多地表现了中国新文学作家对"先进的"文学的追求欲望。但在中国的具体历史条件下,我们不能不说"为人生的文学"更有坚实的现实基础,不但它易于被社会所承认,而且即使对于中国的新文学作家,也较有实际的说明意义。中国人已经在没有"自我"的情况下生活了几千年,我们已经习惯了这样的生活和文学。中国现代的人不是先有了自我意识而去经验人生,而是实际人生使他们体验到必须找回"自我"。中国的新文学不仅仅是文学,而且是区别于传统文学的"自我"的文学。"为人生的文学"让我们首先注视自我与人生的关系,它有可能使我们在适应现实人生中失去自我,但也有可能由于实际的人生体验发现自我、找回自我,而这时找到的自我才有可能是真正具有主体意识的自我。"为艺术而艺术"的文学强调自我表现,它有可能引导我们在任何情况下也不被他种目的所异化,但同时也可能使我们把在传统文化中已经失掉了自我的个体错误地当作已有主体意识的自我固定下来。这两个文学口号在已具有主体意识的作家们中间区分的仅仅是把握人生和艺术的不同态度,但在中国尚没有文艺复兴时期的社会思想意识变革的情况下,往往都会使我们完全失掉人生和失掉文学。

在文学研究会与创造社的论争中,创造社分明是处于劣势的,他们表现出了没有为社会群众和自我确认的理论基础的焦躁情绪。在这时候,他们不但要接过文学研究会血与泪的"为人生"的旗帜,同时还要进一步把自己文学追求目标的"先进性"强化起来。不难看出,正是由于创造社"自我表现"的文学在中国当时的文学环境中还不可能为自己找到坚实的立足地,才迫使他们要另寻理论支柱。而这,则导致了1928年的革命文学论争。也就是说,他们不是在已有丰富的无产阶级文学的创作实践的情况下而倡导这种文学的,而仅仅是一种理论的需要。这样,第二个十年的左翼无产阶级文学又一次走上了从理论倡导到文艺创作,前者指导后者、规定后者的逆向性发展路线,并且它比20年代文学的这种特征更鲜明、更突出了。20年代的文学家在提倡现实主义、自然主义、浪漫主义、象征主义等等文学的时候，还有外国的文学作品可资借鉴，而在无产阶级文学的倡导者这里，一下子把自己的文学追求目标推到了当时世界最"先进"的文学潮流上，但这也使他们失去了可资借鉴的成功的文学作品。只是到了后来，鲁迅、曹靖华等人才翻译了当时苏联文学中的一些代表性作品，但他们却并不是无产阶级文学的最早的倡导者。

如前所述，在左翼无产阶级文学这种理论→创作的逆向性运演路线中，包含的其实仍是物质文化追求→制度文化追求→精神文化追求的整个现当代发展的逆向性特征。"我从前是尊重个性、景仰自由的人，但在最近一两年之内与水平线下的悲惨社会略略有所接触，觉得在大多数人完全不自主地失掉了自由，失掉了个性的时代，有少数的人要来主张个性，主张自由，总不免有几分僭妄。"（郭沫若：《文艺论集序》）显而易见，郭沫若在这里是把物质文化的发展放在精神自由的前提的重要地位来论述问题的，而不是像西方近代文化的发展线路一样，把精神自由看作政治自由、物质发展的总前提。这样，左翼无产阶级文学的理论立足点便是同情人民的物质痛苦，为此进行政治革命，精神要求从属于前二者，文学艺术为前二者服务。

40年代解放区的文学成就，都是在毛泽东同志《在延安文艺座谈会上的讲话》精神的指引下取得的，这绝不是一句套话，而是符合历史事实的正确概括。我们不是先有了赵树理、孙犁、丁玲、周立波等人的小说，李季、阮章竞等人的诗歌和《白毛女》《逼上梁山》《血泪仇》等戏剧作品后才出现了《讲话》，而是有了《讲话》才有了上述所有的文学创作。五十年代、六十年代的文学创作，也是沿着《讲话》指引的方向前进的，其中虽有各种"支流"，但"主流"是如此。

我之所以把理论→创作这种文学推进过程视为一种逆向性的发展过程，并不仅仅因为它与西方文学发展的路向恰好相反，还在于在这种关系中模糊了二者的本质。创作→理论与理论→创作似乎只是两个概念的移位，在创作→理论→创作→理论的无限复杂的发展链条上，二者似乎是没有根本区别的。但实质上两者的内涵全然不同。在西方的文学发展

中国近现代文化和文学发展的逆向性特征

史上，文学理论首先是对文学创作的研究，文学创作是先在的，不以理论为转移的对象和材料，甚至布瓦洛的古典主义理论，都是以古希腊戏剧和高乃依的戏剧创作为对象总结出来的他自以为永恒的创作规律，他的保守性表现在把特定的规律绝对化了，而不表现在脱离开了文学这个特定的研究对象。西方美学则是从哲学的高度对美、对文学艺术的研究和思考，它们的任务都不在规定文学。在这种情况下，文学艺术家可以借助理论思考自我、思考文学，但他绝对不会认为他的创作是具体实践这种理论规定的。他的创作的动力在已经构成了的自我，他是以自我的方式创造自己的作品的。这样，文学艺术作品的每一发展，每一丰富化，文学理论和美学便有可能进一步丰富和发展，而文学理论和美学的每一发展，又有可能为文艺家打开他的内部的心灵空间，带给他更大的自由选择境地。因此，"创作→理论"这是一个互动的体系，带来的是二者的同时发展。而在"理论→创作"的逆向性理解中，理论是先在的，它不是对具体文学现象的研究，而是从外部引进的一种要求，一种需要，创作是要满足理论的需要的。在中国现代文艺思想史上，理论主要表现为一种评价的尺度，一种原则，一旦形成，便成了不变的教条，而创作是实践理论路线的，它只在这种理论框架的范围中才有自由活动的余地，但事实已经告诉我们，在这种情况下理论家的积极性往往是将这种理论框架进一步严格化，愈来愈严重地限制创作家自由活动的空间。五十年代、六十年代进行的理论批判，其主要形式便是以固有理论原则净化全部理论学说，更严格地框定文学作品的生产。而到"文化大革命"，我们便几乎只剩下了"理论"而没有"创作"了，并且只剩下了几个纯而又纯的理论教条。但当这种理论失去了对象，也就像对一个并不存在的作家进行作家研究一样，自身也便毫无存在价值了。必须指出，这不仅仅局限在文学的外部理论要求上，即使一种文学的理论，也会在这种逆向关系中失掉自己的固有本质。现实主义文学理论在中国的命运便是如此。

理论的束缚要求理论的解放，我们新时期十年文学的开始仍是从理论开始的。人们都会看到，这个十年几乎是中国近现当代史上理论兴趣最浓厚的十年，西方的各种美学理论、文学理论、批评方法、文学思潮和流派都得到了广泛的介绍,并且沿着文学理论、文学研究方法论、美学几个核心一直穿入到西方哲学、文化人类学、精神分析学和其他心理学理论、宗教学、神话学、科学方法论等等领域中去。这些学说开拓了我们的思维空间,扩大了我们的视野,从而也丰富了我们的文学创作,但相对于理论的提倡来说,创作仍像一个气喘吁吁在后面追赶的"落伍者"。理论、创作的总体逆向性特征依然在左右着我们,并且我们的理论武器仍然只有两大类:从物质文化、制度文化追求的社会欲望中为我们新时期的文学寻找立足地,从本质上属于进化论的观念中依靠对西方文学发展具有开拓意义的"先进性"说明我们文学追求的合理性。但这两种方式仍是我们在自己的文化发展过程中不能不用的东西。它们本身都有其局限性的一面:前者可以赋予文学艺术以存在的价值,也可以剥夺它的存在价值;后者可以开拓我们的视野,但也可以湮灭我们自我的创造力。我们现在还无法确立这样一个基本观念:精神的解放是一切解放的基础,文学艺术体现着的精神自由是全部近现代文化大厦赖以建立的基石。而精神自由的最鲜明的标志是人的自我创造力的开发,脱离开这样一个最根本的基点,一切现代的东西都会发酸发臭,一切理论也是毫无意义的。

假如我们综观全部的近现代文学,我认为,它在两大层次上也都表现着逆向发展的特征。中国的洋务派并不占有现代文学,他们的"中体西用"的思想使他们完全躺在了中国传统文化和传统文学上,"为艺术而艺术"的文学实际上也是不存在的,创造社成员后来的发展说明他们向来都不是真正的"为艺术而艺术派"。这样,我们便只剩下了两大类文学:为政治的文学;为精神发展的文学。维新派和旧民主主义革命者的文学观都属于为政治的文学,他们与中国的启蒙运动和政治改革相联系;五四时期的文学是为精神发展的文学,相当于西方的文艺复兴。从30年代开始我们的文学一直发展着为政治的倾向,至新时期文学开始重视它在国民精神发展中的作用。就这个总体特征而言,它是向五四新文学的复归,同时也是向西方文艺复兴时期的反转。

中国近现代文化和文学发展的逆向性特征

维新派与旧民主主义革命派文学（为政治的文学）　　启蒙运动政治革命
五四时期的文学（为人的精神解放的文学）　　　　　文艺复兴

三十年代左翼无产阶级文学
四十年代解放区文学
五、六十年代文学　　　　　　　　　　　　　　　启蒙运动政治革命
"文化大革命"文学
（为政治的文学）
新时期文学（为人的精神解放的文学）　　　　　　文艺复兴

　　在这两个大的层次上，我们都是从基本上相似于西方18世纪的特征的层次上重新返回西方的文艺复兴。这是为什么呢？因为我们的文学发展同整个文化发展一样，是在西方文化的强大的冲击下发生变迁的。我们的向外撷取，总是从西方的"最新潮流"开始的，但我们自身却处在封建时代向现代的转换途中，这个转换不可能一次性地完成，而这个转换没有完成，西方的"最新潮流"在我们这里便永如浮萍，没法扎根，也没法取得西方那样的实际成就。正像鲁迅常说的，"骨子里是依旧的"。矛盾积聚到一定程度，我们还得回到五四新文化运动所未曾完成的任务上去。我认为，新时期文学也还不能完成这个任务，以后的人们仍会时时回到"五四"的基点上去。但这种回转却也不会是简单的回转。

　　在中国近现代文化和现当代文学的这种潮流中的新文学作家，也发生着各种形式的逆转现象，他们的作品也带上了西方文学作品所没有的诸多特征。这些，我认为也是有必要具体分析的。

原载《文学评论》1989年第2期

中国传统文化对物质—自然系统的封闭性
——中国传统文化系统功能刍议之一

迄今为止，在讨论中国传统文化的系统功能的开放性或封闭性问题的时候，人们只着眼于不同文化系统之间的关系，我认为这是把一个文化系统功能的问题大大简化了，这种不应有的简化使问题变得复杂化起来，并且根本不能解决问题。就人类文化而言，首先是与自然世界相对立又相联系而存在的，而发展的。我们讲一个文化系统的开放性或封闭性，首先要讲它与自然世界的关系，不讲这种关系，就不存在一个封闭性与开放性的问题。至于文化系统之间的关系，只有在前一种关系的基础上才能成立，才有意义。如果两个系统之间是相互开放的，而两个系统都对自然世界取着完全封闭的姿态，那么这两个系统组成的仍是一个封闭的系统。一个文化系统之向另一个文化系统开放，归根到底仍在于增强自身向自然世界的开放性，因为只有在这种开放性中，人类的文化才会不断得到丰富和发展。

必须指出，中国传统文化绝非始终都是封闭的或基本封闭的。在一个相当长的历史时期里，它的开放性能远远大于封闭性能。这首先表现为它向自然世界的开放性上。在这样一个历史时期里，我们的祖先完善并发展着自己对自然世界的认识，努力解释（尽管未必是完全正确的）并从各种不同的方向上努力利用、改造自己所赖以生存的世界。为了这个目的，他们建立并发展着自己的物质文化；也为了这个目的，他们建

中国传统文化对物质—自然系统的封闭性

立并发展着自己的社会组织和制度文化，并在二者的彼此影响下，建立和发展了自己的社会组织和制度文化；并在二者的彼此影响下，建立和发展了自己的精神文化。在我国古代的神话传说中，这种特征表现得格外突出。盘古开天辟地、女娲炼石补天、有巢氏构木为巢、燧人氏钻木取火、神农氏初尝百草、精卫填海、夸父追日、愚公移山、黄帝造车与釜甑、羿射九日、大禹治水等等，虽然也带有中国文化的独立特征，虽然也经过了后人的取舍、改造和加工，但它却异常明确地表现了中国远古文化是怎样在向自然世界的开放中得到确立和发展的。所谓旧石器文化，所谓新石器文化，所谓彩陶文化，所谓青铜文化，都是认识、利用、改造自然世界的结果，都是以物质文化的发展为轴心辐射出来的整个文化系统，它们没有停留在一个特定的历史层面上，而是不断发展、不断进化、不断改变着自己的基本形态的。虽然那时就时间而言也是漫长的，但这种漫长是人类文化发展初始阶段的正常现象，相对于世界其他民族的文化，它则是迅速的。正是因为如此，中华民族，才成了世界上少数几个文明古国之一，中国文化也成为世界最早发展起来的几大文明之一。一言以蔽之，中国的远古文化，是一个向自然世界开放性能极强的文化系统，这带来了它的迅速发展，带来了它不断跨向新的历史高度的动态演化过程。

但是，我们祖先面前的自然世界，又是一个具体的、特定的自然世界，它向人做出的直接启示并不是没有任何限度的。我国是一个大陆国家，地处温带，有足以容纳古代人民驻足定居的平原地区，虽然由于大陆气候时有水旱灾害发生，但总括言之，较适宜于农业生产的发展。所以我国古代文化在社会生产力发展到足以进行农业生产、能够基本保证种族繁衍的时候，便较稳定地停留在了农业生产这样一个历史水平线上。在这时，人们是以农业生产的需要向自然世界提出要求的，是主要以这种目的性去认识、利用、改造自然世界的，这个过程还会持续相当长的历史时期才会最终完成，但这种认识的目的性却基本固定了下来。不难看出，仅从农业生产的角度向自然世界提出自己的要求和愿望，其本身就不可能无限地向自然世界进行索取，即使对农业生产发展的无限远景，也不可能仅仅在其自身的范围中得到解决。这样，在人的面前也便出现了一个认识、改造、利用自然世界的虚假极限。他们会觉得，可认识、可利用、可改造的程度已经接近到了它的顶点，余下的问题，已经是人如何适应自然世界的问题，而不再是一个如何不断探索、利用、改造自然世界的问题。不难看出，人的无限增长着的欲望和要求，在这样的自然世界面前，在这种对自然世界的理解和认识面前，受到了无形的阻抑。而一旦自然之谜被截然区分为可知且已知，未知且不可知的两个部分；一旦人们把自己的欲望要求理解为可满足且已满足、未满足且不可满足的两个部分时，自然世界的供品与人们对它的欲望和要求，便趋于了基本平衡状态，而平衡，便意味着开始向自然世界封闭。封闭了的文化系统，也便不可能向新的水平、新的质转化和发展了。

　　这是不是一种纯逻辑的推理呢？不是！我认为，我国古代文化的第一期大繁荣——春秋战国时期的文化繁荣，已经同时表现出了两种趋向性。一方面，它是此前中国文化在向自然世界的开放过程中得到繁荣发展的结果，人们对自然世界的认识、改造和利用那时已经取得了丰硕成果，自然科学的成就在当时的世界上也是名列前茅的。这一切，在此后的历史延续中还会自求发展，不致使中国传统文化立即实行对自然世界的封闭。但另一方面也是显而易见的，人类与自然世界的矛盾，继续认识、改造和利用自然世界，已经不是那时杰出的政治家、思想家、教育家、哲学家关心的主要问题了。如何调整人与人之间的社会关系，已经成了他们思维的中心，并且这种思考，不再是在认识、改造、利用自然世界的基本愿望推动下进行的，而是在整个自然世界、整个物质文化发展水平基本不变的前提下进行的。必须看到，我国春秋战国时期的这些思想家，与古希腊那些哲学家是迥不相同的。卡尔·波普尔在谈到西方文化传统时说：

　　　　我们西方文明最重要的成分之一，可称之为"理性主义的传统"，它是我们从希腊人那里继承下来的。……像希腊哲学一样，希腊科学也是这种传统的一个产物，也是了解我们生活于其中的世界的那种强烈欲望的产物。而伽利略开创的传统是对这个传统的复兴。
　　　　在这种理性主义传统中，科学所以被重视，大家公认是由于它

中国传统文化对物质—自然系统的封闭性

取得的实际成就；但是，它之所以受到高度的重视，更是由于它的内容能增进我们的知识，它能把我们的思想从古老的信仰、偏见和确定性中解放出来，它给我们提供新的猜测和大胆的假说。科学的价值在于它的解放力——争取人类自由的最伟大力量之一。[①]

我认为，仅就这一特定侧面，卡尔·波普尔的观点是可以接受的。他指出努力认识周围世界的强烈欲望是古希腊哲学家的基本出发点，他指出自然科学和哲学在古希腊是同时受到重视的，并且二者是彼此联系在一起的，他指出自然科学及与此联系在一起的科学精神不但直接作用于利用和改造自然世界的物质文化的发展，同时还作用于精神文化（并也会作用于制度文化）的发展。特别重要的是，他还指出这种从认识自然世界中形成的科学的、理性主义的精神，是引起整个文化系统内部矛盾运动，不断摧毁古老的信仰、偏见和旧原则而建立新的信仰、理想和原则的伟大力量。

如果说古希腊哲学家几乎无一例外的都是当时杰出的科学家，都是有着最丰厚、最先进的自然科学知识的人，如果说他们对人类社会的思考与他们对自然世界本质的思考总是结合在一起的，如果说他们是在完善、丰富着对自然世界的思考的同时完善丰富着对人类社会的认识的，如果说他们始终没有把自然世界当作现成的、静态的、不需探索和研究的东西对待过，那么，在我国春秋战国时期的思想家中，几乎极少同时是自然科学家的人，并且他们总是把自然世界仅仅当作现成的东西利用着。这就说明，他们是在与自然世界隔绝的文化系统内部提出问题和解决问题的。老庄哲学最重视自然世界，但它讲的是人向自然的回归，是人与自然的和谐平衡，在这里，自然世界是凝固、静态的背景，是绝对不变的标准，是人必须去消极适应的对象，而不是在主动认识、利用、改造它过程中发展人类文化，其结果不是导致人类文化向自然世界的开放，而是用"绝圣弃智""绝巧弃利"的文化取消主义实行了文化系统向自然世界的封闭；法家重视耕战，似乎是重视人类与自然世界的矛

[①] 卡尔·波普尔：《猜想与反驳》，上海译文出版社，1986，第143页。

盾，但归根到底它仍只是一个国家的政治学说，它致力的不是对自然世界的认识、利用和改造，而是利用现成生产条件保证国家经济力的强盛，所以这个重视社会经济生产的学说，反而更经常地与重农轻商的经济思想相联系，在这里，农业恰恰代表了已有的对自然世界的认识、利用和改造的水平，能在此基础上将这种水平提高到新的历史层面的，恰恰是它轻视和抑制的商业；墨子是在诸子中最重视自然科学的人，但即使是他，其政治思想学说也与他对自然世界本质的认识没有必然的联系，所谓"天欲人之相爱相利而不欲人之相恶相贼"，所谓天"兼而爱之，兼而利之"，只不过用自然世界的外部现象简单地附会一下自己的思想主张而已；至于后来上升为统治地位的儒家学说，更是集中于调整人与人关系的学说，对于它，物质文化和认识、改造自然世界的问题远非是重要的，充其量只是实现它的德治理想的背景条件，孔子轻视实际的生产知识，在他的教育学说中，自然科学知识的传授几乎全部被排除在了教学内容之外，造成了两千余年来中国教育制度的偏枯……上述这一切，并不说明这些学说不是伟大的，不是中国古代人的智慧的表现，而是说，如果后代人不在新的基础上重新创造，仅仅沿着这些学说直线前进，是可以把中国古代文化导向更加封闭之途的，是说在他们的学说中，是存在着向自然世界实行封闭的趋向性的。

必须看到，一个对自然世界实行了封闭的文化系统，与一个向自然开放着的文化系统，在整体的形态和具体的内容上是不会完全相同的。举个浅近的例子说，一个着眼工厂生产不断发展的人，和一个并不关心它的发展或满足于现有生产发展水平的人，同是思考并处理工厂内部的各种关系，其结果将有极大区别。前者追求的是动态的平衡，他不会把工厂内部的各种关系凝固起来，也不会把调整这种关系的方式和原则完全凝固起来，而要随着生产发展的实际状况和外部条件的变化，随时变动着工厂内部的各种关系，从而也不断变动着调整这种关系的方式和原则。后者寻求的则是静态的平衡，是将现有各种关系凝固化，做到各安其位、各司其职、各因其故。在我们研究中国传统文化的特征的作品中，常见把中国传统文化重视和谐和平衡当作它的一大优点，我对此持有完全不同的意见。我们必须看到，它追求的并非动态中的平衡，不是

中国传统文化对物质—自然系统的封闭性

发展状态的平衡,而是静态的、现有基础上的平衡,而这种平衡,从系统论的观点看来,恰恰是熵值增大的表现,恰恰是导致一个系统停滞、衰亡乃至崩溃的根本原因。杜亚泉说:"东西文明有根本不同之点,即东洋文明主静、西洋文明主动是也。"[①]我认为,这里的主要问题还不是"主静""主动"的问题,而是能动、不能动的问题。如果一个文化系统能够向自然世界取着较为开放的姿态,它则不会不动,欲静不得;如果一个文化系统向自然世界关上了大门,它则不能不静,欲动不能。

我们说在我国春秋战国时期的各种文化学说里,已经表现出了向自然世界实行封闭的趋势,但这并不等于说,我国古代的文化系统从那时起便是完全封闭的。在这里,还必须考虑下列诸种复杂因素:一、这些文化学说自身虽然没有表现出对自然世界的应有重视,但他们研究的社会问题本身,依然是中国古代人在与自然世界发生着多种形式交流的过程中形成并发展起来的,所以它们的出现标志着中国传统文化的繁荣发展,而不是它的衰退、消亡。二、这些文化学说自身还没有得到充分的发展,还有进一步完善的可能性,诸子百家的作品有些成于汉代,并在汉代得到了搜集、整理和传播,这仍应认为是中国古代人民在认识、征服自然过程中储存的潜在文化能量。此后的每一种文化新成果的出现,亦应作如是观。三、这些文化学说同所有书面文化的东西,是中国传统文化的重要组成部分,但绝非它的全部。事实上,一个社会的绝大多数成员,都是直接从事物质生产的,他们无时无刻不在与自然世界发生着联系,并在这种联系中重新认识、利用和改造着自然世界。四、任何一个民族的存在方式,都是一个系统,我们说中国是农业国,但农业自身也需要手工业、商业等经济形态与之配合,而任何一种生产方式,都是认识、利用、改造自然世界的一种特殊角度,都为丰富发展整个文化系统开辟着新的前景。五、我国是一个幅员广阔、民族众多的国家,各个民族、各个地区文化发展的不平衡状态和文化差异,决定了中国古代文化在本国内部的不断传播和交流,这种传播和交流,不仅自身便建立在征服、改造自然世界的基础上,而且也扩大着人们认识、利用、改造自

---

①杜亚泉:《东西文明根本之异点》,《言治季刊》1918年7月。

然世界的可能性。六、本民族内部各社会阶级、阶层、地区文化发展的不平衡状态以及彼此的文化差异，决定了本民族文化内部也发生着不断的对流运动。七、各种不同的文化学说之间的发展不平衡，使它们之间发生着各种形式的矛盾斗争，从而有可能在斗争过程中进一步丰富发展自己。八、自然科学成果在自身独立发展的基础上，仍有持续演化发展的能力。……

那么，为什么我同时又认为中国传统文化是相对封闭的文化系统呢？这是因为，即使在这些关系中，在从春秋战国到鸦片战争这整个漫长的历史进程中，也是差异渐次缩小、平衡逐步加强、熵值不断提高的过程。这在外部的表现，便是中国传统文化的发展日趋缓慢和停滞。

首先，从文化学说与社会形态的关系来看，春秋战国时期的文化学说与当时实际存在的社会形态还存在着较大的差异，它们都适应着以农业为主体的经济形态、以家庭专制为主的社会形态和以政治专制为主的政治形态产生出来，但那时农业经济、家庭专制和政治专制的制度还不十分稳固，特别是它们还缺少一套文化体系与之相适应。但在此后的发展中，二者相互加强着，这些文化学说的加强和普及，直接加强巩固着农业经济的主导地位和基础地位，直接强化着家庭专制和政治专制，而这种社会形态的稳固化，又反转来强化着这些文化学说的继续丰富和发展。在这个过程中，二者的差异缩小了，平衡性加强了，而这种平衡性的加强，使二者再也没有继续发展变化的需要，从此便相对凝固起来。我们看到，从整体上，两千余年来以农业为主体的经济形态未变，以家庭专制为主的社会组织形式未变，以政治专制为主的政治形态未变，除了佛教文化的输入和一些微弱的资产阶级民主思想的萌芽，春秋战国时期已经确立了基础的各种文化学说也没有发生质的变化。关于这种情况，梁漱溟先生曾做过这样的现象描述：

> 西方人走上了科学的道，便事事都成了科学的。起首只是自然界的东西，其后种种的人事，上自国家大政，下至社会上琐碎问题，都有许多许多专门的学问，为先事的研究。……而在中国是无论大事小事，没有专讲他的科学，凡是读过四书五经的人，便什么

中国传统文化对物质—自然系统的封闭性

理财司法都可做得，但凭你个人的心思手腕去对付就是了。虽然书史上边有许多关于某项事情——例如经济——的思想道理，但都是不成片段，没有组织的；而且这些思想道理多是为着应用而发，不谈应用的纯粹知识，简直没有。这句句都带应用意味的道理，只是术，算不得是学。凡是中国的学问，大半是术非学，或说学术不分，离开园艺没有植物学，离开治病的方书没有病理学，更没有什么生理学解剖学。……①

梁漱溟先生的话说得或许有些绝对，但中国的各种文化学说在与现实关系已经取得了适应性之后便不再会继续滋生、蔓延和丰富发展，则是合乎规律和合于事实的。如果说春秋战国时期的文化表现了中国古代思想家的巨大创造力，完成的是文化史上的一次质的飞跃，那么，秦汉及其以后则进入了量的积累阶段；如果说从汉代儒学独尊地位的确立，到魏晋南北朝的玄学盛行，再到隋唐佛教文化的发展，整个社会思想还在跌宕起伏、大幅度涨落中变化发展，那么，到了宋元明清则相对稳定下来，儒家学说一直稳固地处于统治地位。其间只有内部的细致化，而没有整体的开拓，承传多于创造，阐释重于革新，更多的是撷拾故技。但正是在这样一个阶段里，西方实现了文艺复兴，文化开始了突飞猛进的发展，两相对照，中国这时期从社会政治经济形态到文化学说的发展呈现出了极端迟缓、沉滞的状态。

从宏观上看，我国古代的文化学说与社会政治经济形态日趋于平衡和适应，但从微观上，则是从有序走上了无序。当这些文化学说在社会上凝固化起来，这些学说也愈来愈表现出了紊乱状况。如果说在开始阶段，它们都还是人们的独立主张和自由选择，后来人们对它们的信奉和接受则越来越是社会各种制约力的结果，是使人越来越失去了自由选择的可能性的束缚力量。而这种自由选择范围的固定化，使社会成员的文化心理、文化选择、理性信仰与其社会政治经济地位、与其实际的利益和愿望，有了较前更大而非更小的裂痕，亦即文化越来越成了凌驾于人

---

① 梁漱溟：《东西文化及其哲学》，商务印书馆，1987，第27页。

之上的一种新异己力量。不再是人驾驭文化，而成了文化驾驭人，不再是文化为人服务，而是人为文化服务，受文化摆布。找不到老婆的阿Q偏偏维护"男女之大防"；死了丈夫的祥林嫂偏偏信奉"从一而终"。这种文化价值与政治、经济、社会实际需要的错位现象，说明中国传统文化的无序性加强了。

　　类似的情况也发生在各种文化学说之间的关系上。在春秋战国时期，各种文化学说的地位是平等的，它们都要以自己的力量在社会上为自己争取存在的地位和活动的空间，在这时，它们之间的关系是极不和谐、极不平衡的，各自处于尖锐斗争、彼此争鸣的阶段。但也正是在彼此不平衡、不和谐的争鸣关系中，各种学说才得以建立并发展起来。我认为，董仲舒的思想之应引起注意，在于他第一次试图用一个统一的思想框架把先秦各种学说的关系固定下来，把它们依照等级关系和主次地位融汇在一起，使其相安相容、相辅相成、互补共存。可以说，在以农业经济为主体的中国古代经济基础上，在以家庭为细胞、以等级制度和君主专制制度为主要政治结构形式的中国古代社会上，它确实为先秦各种学说能够达成的平衡协调关系设计了一个最佳模式。对于他的天人合一论，人们褒贬不一，但我认为，这个学说确实极高度地概括了春秋战国各家学说的一个统一本质，同时也体现了中国传统文化的一个总体特征。它的实质就是在自然世界与中国文化系统间确立一个高度和谐、协调和平衡的关系，并在这种关系中把二者都凝固起来，用我们现在的话来说，就是把中国古代的"自然—文化系统"设计成一个完全封闭的系统。在其中，自然世界已是一个固定不变的整体，文化系统也再不会从对自然世界的重新认识、利用和改造中得到新的启示以进一步丰富，发展或改造这个系统，因而他的"天人合一"论又是与他的"天不变道亦不变"的结论互为表里的。但是，即使董仲舒自己的思想，在两汉也没有取得稳固的地位，"罢黜百家，独尊儒术"，在很大程度上还只是他的理解和愿望，还不是两汉社会思想的实际，在今古文两大派别的斗争中，他的独尊地位也没有牢固树立起来，因而他的学说也仍然是一个很有影响的学说，没有完全使先秦各家学说的矛盾消除和缓解。正是因为如此，魏晋南北朝时期道家学说向儒家的独尊地位发起了"反夺权"的

中国传统文化对物质—自然系统的封闭性

斗争。他们非汤武薄周孔，任性放诞而崇自然，蔑弃名教主张自由。显而易见，这时儒道的关系也是不和谐、不平衡的，这带来了道家学说的进一步丰富化并得到了广泛传播。但是，这些知识分子却与董仲舒不同，他们大多数不是当权的知识分子，少数权贵也无意像董仲舒那样为整个社会设计一个统一的思想模式。从社会状况而言，两汉是一个统一政权相对巩固的时代，魏晋南北朝则是战争频仍、政权极不稳固的动荡时代，因此我们不难看出，从西汉到魏晋南北朝这种思想的大波动，一方面是儒道关系并不和谐、尚未实现平衡的表现，另一方面，这两个波峰却也可以说明它们在各自向不同的领域流动，在各自寻找着适于自己生存的特定空间。在春秋战国时期，不论是孔子、孟子，还是老子、庄子，都基本属于"士"这个阶层，它们也都活跃在大致相近的社会领域里。但在这时，儒家学说则越来越向统治集团流动，并在统治集团的主动支持下，向广大社会底层渗透，而道家学说虽在上下两层都有自己的影响，但其主要活动空间仍在不当权的知识分子中间，道家学说虽然也严重影响着尚未当权或根本不当权的知识分子，但始终不可能完全占领这块社会领地而挤掉儒家思想的地盘。就时代关系而言，国家统一安定、政权巩固时，儒家学说的统治地位则相对巩固，而在社会动荡、政权不巩固时道家学说便乘机而起。总之，从这种各归其位的情况可以看出，较之春秋战国时代，二者的平衡关系已有加强。唐代的韩愈，再一次代表儒家向佛老思想发起"反夺权"，说明儒家与佛老学说的关系仍在矛盾斗争中，且韩愈仍不代表整个统治集团的意志，仅以个人的身份发言。但到了宋明理学时代，董仲舒的理想才得到了实际的实现，儒学的独尊地位巩固了下来。正像蔡元培所说："盖孔李之道在董仲舒时代，不过具有宗教之形式，而至朱晦庵时代，始确立宗教之威权也。"[①]宋明理学家之间，虽也有不同的主张，但却都是孔孟的信徒，儒学的传承者。他们直接得到了政权力量的维护，真正成了社会的统治思想。这样，先秦各家学说的关系才通过他们的安排凝固化起来，公开的斗争已很少可能，"平衡""协调"成了主要倾向。这种情况一直持续到清朝

[①] 蔡元培：《中国伦理学史》，商务印书馆，1987，"宋明理学时代"第40页。

末年。鲁迅说:"我出世的时候是清朝的末年,孔夫子已经有了'大成至圣文宣王'这一个阔得可怕的头衔,不消说,正是圣道支配了全国的时代。政府对于读书的人们,使读一定的书,即四书和五经,使遵守一定的注释,使写一定的文章,即所谓八股文,并且使发一定的议论。"(鲁迅:《且介亭杂文二集·在现代中国的孔夫子》)

当各家学说的地位和关系被硬性规定下来,表面看来成了秩序井然的一个整体,但实际上,它们的无序性却提高了。儒学成了唯一受尊崇的学说,人人也就唯儒是从,人人也便自封为儒,不论何种思想,都可以被偷偷纳入儒学模式之中,"假作真时真亦假",真儒也可能被作为有悖圣经贤传而遭到攻击或迫害,真假莫辨,错位现象成了不可避免的趋势。从春秋战国时期以迄清末,各家学说日趋平衡的过程,实际是它们的发展日趋停滞的过程。这连倡导中国本位文化的王新命等人,也不能不承认:"中国在文化的领域中,曾占过很重要的位置。从太古直到秦汉之际,都在上进的过程中。春秋战国形成了我们的希腊罗马时代。那真是中国文化大放异彩的隆盛期;但汉代以后,中国文化就停顿了。宋明虽然还有一个新的发展,综合了固有的儒、道和外来的佛学,然而并未超出过去的范围,究竟是因袭的东西。"①

物质文化的生产是整个文化系统与自然世界相沟通的主要渠道。一方面,人们为了进行物质文化的生产,才组成社会,才需要一定的制度文化和精神文化;另一方面,正是由于存在着物质文化的生产,人们才增长着自己认识、改造、利用自然世界的欲望和热情,才有自然科学的发展,而自然科学的发展,同时也会影响到人把握世界的方式,改变着人们的主体精神面貌和观念意识,并进一步影响到人们把握并改造社会的方向和原则。总之,物质文化的生产不发生任何变化,一个文化系统便不可能再有新的生机和发展前途,至多只能在固有的生产方式和生活方式的基础上做量的积累。因而,一个社会物质生产与自然世界的关系,内在地决定着该文化系统向自然世界开放性能的程度。那么,在这

---

① 王新命等:《中国本位的文化建设宣言》,载蔡尚思主编《中国现代思想史资料简编》(三),浙江人民出版社,1983,第764页。

中国传统文化对物质—自然系统的封闭性

个方面,中国古代文化系统的状况如何呢?"从战国起直到近代,历时两千多年,社会经济的基本结构形态始终是小农制经济。这样的经济结构,不但在鸦片战争以前的全部历史时期内没有发生过变化,就是在鸦片战争过了很长时间之后,虽然在外国资本主义的强烈震撼冲击之下,遭到了一定程度的破坏,但是它仍然苟延残喘地延续下来,并没有倾圮或崩溃,可以说,小农制经济是与旧中国的历史相始终的。"[①]而这种小农制经济,对周围的自然世界,恰恰是具有很高程度的封闭性能的。马克思说:"这种生产方式是以土地及其他生产资料的分散为前提的。它既排斥生产资料的积聚,也排斥协作,排斥同一生产过程内部的分工,排斥社会对自然的统治和支配,排斥社会生产力的自由发展。它只同生产和社会的狭隘的自然产生的界限相容。"

在小农制的生产条件下,是不可能容纳稍微大一点的科学试验的,是不可能产生出超于现有经验性积累之外的自然科学知识的,它对自然世界的认识只能达到一定的限度,并且是在被动认识和被动利用的范围内,亦即在不能不如此的范围内,在自然世界给它呈现出的直接可能性的范围内,而自然世界加于它的任何稍微大的祸患灾害,它既不可能从其发生根源上战胜它,也不可能从自然世界自身的原因上认识它,它所能做的,只是通过对自我精神的调整去适应自然世界。因此,自然世界在它面前永远是直接呈现出来的那副样子,永远是直观的形象,直觉的感受,并且是极少变化的直观形象,直觉的感受,除此之外,自然世界的本质就只有靠人们的主观猜测或精神体验来实现。(从这里,我们可以说明中国传统文学艺术的审美特征)在这种关系中,自然世界(亦即我们古代人心目中的"天")永远处于独立自主的地位,人们只能猜测它、体验它、被动地适应它,以调整自我的精神主体的方式与它达到和谐与统一,享受它的恩赐,赞天地之化育,在它加以自己的灾害面前反省自我,体会它的旨意。(不难看出,这便是我们古代人的"天人合一"观)自然在这种物质生产条件下对自然世界的认识、利用和改造的程度有一定的限度,那么我们便不难想象,在鸦片战争前那个漫长的历

[①] 傅筑夫:《中国古代经济史概论》,中国社会科学出版社,1981,第87页。

史时代里，中国古代人在这种生产实践中对自然世界的认识、利用和改造能力的提高，必然是以递减速度进行的。当从事农业生产伊始，需要认识且可能认识的方面极多，发展变化极速，随着时间的推移，可能认识的范围逐渐缩小，发展变化的速度减缓了，而一旦接近了这个限度，人们继续提高认识、改造、利用世界的能力便停滞在这个水平上，没有从外面引进的动力，它自己便再也没有自新的能力。用系统科学的话说，人的认识与自然世界达到了高度的平衡态，熵值提高到了最大值，这个系统也便陷入了混乱无序的状态。

甚至在这里它也不像有些同志想象的那样，似乎中国古代的农业生产发展速度虽慢，但是持续增长的，是不断进化发展的。我认为，情况并非如此也不会如此。必须看到，在小农制的条件下，生产水平的提高永远低于人口的增长速度，即使排除了土地在利用中必然日趋贫瘠化的因素，即使排除中国宗法制社会和以血缘亲属关系为轴心建立的有等差的礼教制度的影响，中国古代的农业生产也是一个日趋无序化的过程。在生产过程中，熵值的降低唯有提高对自然世界利用和改造的能力才是最佳的方式，除此之外，就必须通过内部"放血"的方式才能实现。天灾人祸，战争动乱、农民起义战争，便是中国古代常见的降低熵值的方式。通过这些破坏性的因素，人口大量死亡，土地在荒芜中得到休耕，人口与生产水平的矛盾关系暂时得到缓解，社会生产才又有正常进行的可能。在过去，我们仅用农民起义打击了封建统治或封建统治者采取让步政策、执行休养生息的方针来解释这种现象，固然都有部分的道理，但充其量这些都是农业生产过程的外部因素。生产过程中的现象必须在生产过程中找到发生的根源，外部的原因仅仅是内部根源的外在表现形式。农民起义绝非在任何状况下都可发生的，农民阶级与地主阶级的矛盾也不是在任何情况下都会导致外部的对抗斗争的，只有在生产停滞、生存竞争加剧、广大农民再也在正常的生产过程中得不到维持最低限度的生活需要的条件下，才会铤而走险，举起反叛的旗帜。而生产力提高水平大大落后于人口的增长速度便是造成这种现象的最根本的经济原因。正是由于如此，周期性的战乱和农民起义才成了中国古代历史的一个重要特征。从文化史的角度来讲，这种消极的"放血"形式，不是文

中国传统文化对物质—自然系统的封闭性

化发展的标志，而是导致文化毁灭的因素。不断毁灭，不断重建，使中国古代的文化发展呈现着循环式状态，大大影响了它的发展速度。从一个世界最先进的文明古国到后来沦为几乎是最落后的"一穷二白"的半封建半殖民地的国家，小农制这种自我封闭性能极大的生产方式，是起到了决定性作用的。

当然，在中国古代也不仅仅存在小农生产，同时还有大庄园、大地主经济，但在这种大量"小农"存在的前提下，这些"大农"永远可以在排斥"小农"的过程中为自己"输血"，这要比自己在经济冒险中提高对自然世界的认识、改造、利用的能力以获得经济利益要实惠得多，直接得多，因而与其说这些"大农"较之"小农"有更大的可能性主动提高认识、利用、改造自然世界的能力，不如说更少这种可能性。只有在整个社会上只剩下或主要剩下了这些"大农"因而它们不得不在"大农"与"大农"之间进行竞争的时候，它们才会由于极难吞掉对方而从征服自然世界中谋取发展自己、战胜对方的力量，但这种情况在中国古代历史上从来没有出现过，也不会出现。因为这意味着首先要无情地剥夺小农，把大量农民抛入毫无出路的境地（在近现代的西方、资本主义工商业对农民的无情剥夺，尚能给他们留下狭窄然而到底存在的一条路：流入城市，充当工人阶级的后备军），这势必带来社会矛盾的尖锐化，带来农民起义的暴力反抗；而在另一个方向上，不论在什么情况下，无数"大农"的存在和发展，对中央集权制的国家政权，对皇室的经济利益，都是一种直接而又巨大的威胁，因而在不能不有限地依靠豪强地主的支持的同时，中央集权制的国家政权又不能不设法抑制豪强地主势力的发展，这种实质是豪强地主之间的争夺而通过政权形式表现出来的经济竞争和权力竞争，不但使之无法走上征服自然世界的道路，而且也无法使这些"大农"们共同分享国家的经济利益以从根本上摧毁小农经济占主体的经济体制。再者，在生产力发展水平极为低下的情况下，任何"大农"都只不过是"小农"的拼盘，租佃制和分散管理实际上把"大农"的经济割裂成了"小农"的经营方式。总之，在中国一直存在的地主经济没有也不可能在继续提高对自然世界的认识、利用和改造的能力上做出自己的更大贡献。

农业生产必须要与工、商业等其他生产方式组成统一的系统，这为人们认识、利用、改造自然世界，丰富发展中国古代文化提供了不同于农业生产者的独立角度和新的前景，我国古代的四大发明都在这样一个领域实现，不是没有原因的。但是，小农制的农业经济要求着一定的工商业经济，同时又要求着极其有限的工商业经济，以极大的制约力限制着它们的发展。事实上，在一个大量小农存在的社会上，工商业从来是以农业为基础上，除此之外便是为非生产型的人员（皇室、官僚、地主、知识分子）生产奢侈品和生活用品，这两部分生产任务都不可能使它们脱离开原有基础独自发展。也就是说，它必须依照与农业经济、中央集权制国家政权的需要按比例地发展。而这种按比例发展的形式将永远不可能改变以农业为主体的封建经济的性质。现在通行的看法认为，如果没有外国资本主义的影响，中国也将缓慢地发展到资本主义社会。这种可能性当然是存在的，但另一种可能性也同样会是存在的，即工商业经济永远与广大的自给自足的农业经济保持着一定的比例关系，并且永远无法在整个国民经济中升为主导性的经济成分。事实上，远在春秋战国时期，我国已经存在着拥有大量财富的富商大贾，弦高、吕不韦和我们的财神爷陶朱公（范蠡），都是人所共知的，但他们没有发展为资本家；当时的冶铁炼钢技术已很发达，但也没有发展为资本主义性质的钢铁工业。历经两千余年。其发展是时涨时落的，并且其涨落的曲线基本上是和农业生产相同的。在这里，我们必须注意工商业与封建经济分手、独立发展为资本主义经济时的一个临界线，即只有工商业严重地摧毁着农业经济而不是服务、加强着农业经济的时候，它才有可能从封建经济中独立出来，走上资本主义经济的发展道路。而要做到这一点，它必须获得这样的前提条件，即它的繁荣发展较少地依赖于农业生产的存在和发展，较少地依赖于中央集权制的国家政权的巩固以及由此为它提供的政治局面，而农业生产与中央集权制国家则要更多地依赖于它。这样一个临界线，中国古代的工商业没有、几乎也不可能接近它。在这时，它有两个根本无法越过的障碍：一、当中央集权制国家可以仅仅依赖农业税收维持其生存时，它便不会像西欧国家一样，再重新为工商业经济提供最低限度的但却永久不变的固定法律保障，王朝的不断更迭使

中国传统文化对物质—自然系统的封闭性

这种保障也会成为一纸空文。而工商业经济在远未达到这个临界线之前，富商大贾势力的扩大已经会严重地威胁着中央集权制的国家统治，在这种没有任何固定法律保障的情况下，中央集权制国家就极易通过抑商措施挫伤工商业经济的元气。盐铁等业的官办措施，使这些主要企业永远被限制在小农制国家固有需要的程度之下，而不可能在不断扩大再生产中为它们寻找更广大的市场和新的用途。二、当农民阶级主要依靠自给自足的方式和手工业生产足以满足的少量补充便可维持自己的生存时，富商大贾同豪强地主便是没有任何区别的，在根本不会根绝的农民起义爆发时，起义者便会在"均贫富"的口号下给工商业经济以毁灭性的打击。如果说地主阶级的不动产（土地）极难被根本剥夺的话，那么，工商业者的动产、不动产则是可以轻易失去或被毁弃的，面对这两个不可逾越的界限，中国工商业者几乎必然地要把自己从事工商业获得的利润较多地转到农业上去，购置较稳定的田产，这就妨碍了工商业的扩大再生产，妨碍了它自身的发展速度和规模。在西欧封建时代末期，资产阶级已经是第三等级的领导力量，而中国的富商大贾，则始终处于中央集权制国家政权和汪洋大海般的小农制经济的上下夹攻中。因此，它的发展永远将是有一定限度的。现在我们分析宋、明、清三代的工商业经济的发展状况时，多着眼于它自身的数量和规模，给人造成了它们似乎有光辉发展前景的错觉，其实不然，我们应当时刻注意它与小农制经济的比例关系，它若不是在这种比例关系中不断增加自己的比重，一时多几个手工作坊，扩大了些生产规模，其意义并不一定是带有根本性的。至少马克思在谈到亚细亚生产方式时，只谈到它对资本主义经济的巨大排斥力，而没有把它纳入自己所提出的经济形态演变的历史链条中去。

我乞求读者不要在我下列一个似乎极其荒谬的观点面前扭过头去，而至少在否认它之前首先考虑一下它是否还有一点点道理。我认为，从春秋战国到鸦片战争这整个历史时期，仅就其中国自身历史的发展而言，随着时间的推移，中国在与外界封闭的状态下完全独立地走上资本主义发展道路的可能性，不是越来越大了，而是越来越小了，甚至可以说越来越不可能了。我并不想把中国历史硬套在热力学第二定律和某个系统论原理上，也绝非故作耸人听闻之言，而是以下的历史事实是不容否认的：一、在这整个历史发展过程中，中国小农制经济的主体地位不是越来越削弱了，而是越来越加强了。它增加了而不是减少了工商业经济上升为小农制经济主体地位的困难性。二、随着小农制经济主体地位的奠定和加强，平均主义思想在社会上不是越来越削弱着，而是在越来越加强着。如果认为农民起义是不可能根绝的必然历史现象，那么，平均主义思想的加强实质也便是加强了较大型工商业经济的危险性。三、在这个历史过程中，中央集权制的国家形式不是越来越动摇了，而是通过长期的历史延续越来越成了习惯性的信仰，中国古代的工商业者自己甚至也从未产生过用新的政权形式代替这种不利于自己发展的政权形式的念头，而广大的小农制经济则必然巩固、加强着这种制度。这使工商业经济越来越难以摆脱封建专制政权的束缚，而不是更容易了。四、中国的文化教育和知识分子越来越表现出了与工商业经济的分离倾向，而不是加强了融合的倾向。宋代以后儒家学说一直占据着统治地位，并且越来越严重地控制了教育，一千余年来的非自然科学性的文化典籍，为后代知识分子提供了较前更大的存身之地，而向来不被重视的自然科学，其实际地位较之以前更加低下了。在这种情况下，自然科学，特别是理论科学的发展与工商业经济的实际需要距离更大了，而有限的经验性积累和技术性记载是不可能促使工商业经济实现像西方工业革命那样的质的飞跃的。……这一切，并非说工商业经济在中国就不会再有某种程度的增长，而是说它的这点增长，较之它上升为国家经济主要成分时所遇到的阻力的增长来，是越来越小了，而不是越来越大了，因而中国独立走上资本主义道路的可能性也越来越小。

对于中国古代历史上某些民主思想的萌芽，也应作如是观。何其芳同志在谈到曹雪芹和几个清代具有叛逆思想的思想家时说："封建主义对于个性的束缚也是长期地普遍地存在的事实。对于这种束缚的不满和反对也是长期地普遍存在的事实。对于这种束缚的不满和反对是可以很早就发生的，不一定要以资本主义萌芽的存在和发展为前提。""新兴的阶级的思想除了这种和过去的传统的继承关系或相类似而外，还必须有质的差异，还必须有它那个阶级特有的色彩。而我们从清代的几位思想

中国传统文化对物质—自然系统的封闭性

家和《红楼梦》的思想中都找不到这种质的差异,这种特有的色彩。"①我认为,何其芳同志的观点是值得注意的。任何一种思想,在其贯彻的过程中,都会发生正反两种反响。它既会找到自己的顺应者、阐扬者和继承者,也会遇到自己的反叛者、破坏者和敌对者,但社会思想的总体发展趋向,却不能从任何一个单一的方向来判断,而必须纳入二者的力量对比中去把握。如果观察其中的每一个独立侧面,则不但要知道它有没有,还要知道它有什么,不但要知道它做什么,还要知道它是在一种什么境况下如此做。如果一种思想倾向不是在越来越自由的境况中出现的,而是在一种越来越困难的处境中挣扎着、反抗着,如果它的对立面不是在逐渐丧失着自己的统治地位,而是在逐步加强着它,那么,这种思想的存在就绝不体现着整个社会思想的趋向,而是在它的对立思潮发展中发生的逆流现象。就它的存在自身,可能是极有价值的,甚至比那些胜利的英雄更觉肝胆照人,但却不能仅仅由它们的存在判定整个社会思想的进步。陆游、辛弃疾、岳飞,就其个人的思想而言,体现了很可宝贵的爱国热情和民族精神,但他们并不是汉民族强毅化的象征,而是在它衰退中产生的历史现象。同样,黄宗羲、戴震、李贽、曹雪芹这类思想家,与哥白尼、布鲁诺、伽利略、但丁、薄伽丘、莎士比亚这类西方文化史中的人物,以及与谭嗣同、康有为、梁启超、孙中山、胡适、鲁迅、毛泽东这类中国近现代文化史上的人物,有什么根本不同呢?那就是前者是在他们的对立面巩固和加强着自己的统治地位时出现的思想现象,而后二者是在他们的对立面丧失着自己的世袭领地时出现的思想现象,前者的失败都失败在对立面的强大面前,后者若有失败都失败在对立面即将崩溃的时候或失败在更先进的思想潮流中。这种区别是不应混淆的。总之,当资本主义工商业经济还在小农经济与中央集权制国家政权的双重压力下难以获得持续的发展的时候,当它还没有为民主思想的存在开辟出更大的社会领地之前,中国古代的民主思想便永远只是封建传统思想具体贯彻中必然遇到的障碍力量和反驳力量,它们不但难以阻止封建传统观念在中国社会上越来越深入的贯彻和越来越广泛的推

---

① 何其芳:《论红楼梦》,人民文学出版社,1963,第150页,第151页。

行，反而会被它一次又一次地扼杀和摧残。而它们自己也将永难摆脱对立面的束缚和钳制，永难汇成像五四新文化运动那样足以扭转社会思想发展趋向的思想潮流。

综上所述，我认为中国古代文化在从春秋战国到鸦片战争这个漫长的历史过程中，其自我封闭的性能是逐渐加强的，这并非说它没有程度的增长和量的积累，并非说它的这些成果都是毫无价值的，而是说它的发展速度是日趋缓慢的，它的封闭性，首先是由于对自然世界的封闭性能的加强造成的，我们可以这样粗略地描述它的存在状况：农业的自然经济和小农制的大量存在，不但为自己的发展规定了一个无形的极限，同时也给工商业经济的发展，为自然科学的发展规定了一个无形的极限，使中国古代的物质生产力以及与此直接关联的生产方式和生活方式不可能发生本质不同的变化；在物质生产的领域无法在与自然世界的开放中发生质的变化的时候，在小农制的经济始终占着国民经济的主导地位的时候，以中央集权制封建专制统治为主体的制度文化，也是不可能发生根本变化的，也就是说，制度文化的发展也是有一定限度的；在物质文化和制度文化联合支持下的封建传统思想、特别是儒家精神文化，又给中国古代的民主思想的发展，划定了一个不可逾越的最高限度，因而中国传统精神文化的发展，也仅仅能够在这样一个无形然而确实存在的范围中发展变化。这样，中国古代文化在与自然世界的交流逐渐停止了之后，整个文化系统也便趋于封闭，被封存在了一个容器之中，它的每一步发展，都朝着充满这个容器的方向趋进，并且其速度是递减的。如果说它的熵值始终没有达到最大状态，直至鸦片战争以前，它还在迟缓地发展着，或曰蠕动着，只是由于它不断通过内耗的方式暂时降低着自己系统内的熵值。自然灾害和战乱造成的人口大量死亡、土地荒芜是物质文化系统熵值暂时降低的主要方式，统治阶级内部的权力争夺和大规模农民起义造成的王朝不断更替是制度文化系统中熵值暂时降低的主要方式；战乱中文化典籍的散佚亡失、焚书坑儒、文字狱是精神文化系统中熵值暂时降低的主要方式。但这种内耗方式，造成的是文化发展的迟缓，而不是不断在更高基础上的发展。

原载《北京社会科学》1989年第2期

中国传统文化对其他文化系统的封闭性

我在《中国传统文化对物质——自然系统的封闭性》中曾经认为，中国传统文化之封闭性的最根本标志是它越来越加强了对物质—自然系统的封闭性，这同时也是它越来越加强了对其他文化系统的封闭性的根本原因。本文在此基础上进一步考察中国传统文化与其他文化系统的关系。

中国传统文化是多民族文化的融合体，在少量的意义上，也是中外文化（包括中西文化）的融合体。但在多种文化的融合中，情况又有很大变化。在春秋战国以前，中国文化实际是在无数部落文化的融合中建立并发展起来的，这种各部落文化逐渐融合为一种统一的文化体系的过程，有着多种的具体形式，情况是非常复杂的，但就总体特征而言，有一点则是肯定的，即它绝对不是以一个部落文化为主，通过征服、同化、改造其他所有部落文化而成的统一体，而是各个部落在相互间的多种联系（既有彼此的和平交往、通婚、协作等友好联系，也有彼此的矛盾、冲突、战争等敌对斗争）中互相影响、彼此模仿学习、逐渐加强了彼此的共同特征，有了共同的语言和其他交际手段，有了更多的共同的思维方式和审美习惯，有了更多相通的劳动方式和生活方式，从而形成了一个统一的文化体。"近年来，随着青莲岗、大汶口、马家浜、良渚、河姆渡、石峡、屈家岭、大溪等新石器时代文化的发现与研究，学术界提出一个新的看法，即长江流域、珠江流域等地区，与黄河流域同样也是中华民族的文化发祥地，从而使中国文明起源单一中心说发生了动摇。"①这种单一中心说的破产，实际也是独立发展说的破产，任何一种文化没有它种文化的冲击、碰撞、交汇和伴随而来的平等融合、交媾和再生，都不可能实现由一种质向另一种质的飞跃发展。在中国古代神话传说中，那些现在被我们平等看待的中华民族的祖先和英雄们，实际是分属于各不相同的部落的首领和成员，这异常明确地说明，在这个融合过程中并不存在一种贯穿始终的主次关系。一般认为，在春秋战国以前，我国文化曾经经历了一个东西方部族集团文化的大交流。这个交流，至少在文化的意义上，也不是一种主次形式的融合，而是两种文化独立发展、彼此交媾的过程。可以想象，在这个过程中的各个文化区域的文化，发生的不是百徒师一的现象，而是在社会动荡中诸种文化浑融并化合的过程。直至战国时期，虽然在各诸侯国之间的关系中，日趋于不平等，有了尊卑上下的划分，但在文化上，这种平等的融合方式，仍然持续着。在当时，还有一个我们称之为南北方文化的大交流、大汇合。虽然这时已有一种以北方文化为主体的文化观念，从总体而言，这种区分还没有发展到后来那种绝对的程度。在中国哲学史上，北方的儒墨与南方的老庄，在中国文学史上，北方的《诗》与南方的《骚》，基本上还处于平等的地位，只是到了后来，儒学占据了统治地位，《诗》也被抬到了"经"的高度。但老庄哲学和楚骚文学传统，在整个中国历史上都没有被北方的儒学和诗歌传统所消化，而保持了自己的独立地位，发挥着特殊的作用。即使在当时思想家的著作中，虽然已经出现了对中国文化的规整化的倾向，开始把此前各部落文化多向发展、平等融合的过程描述为一种线形的发展过程，开始强调"华夷之辨"，但仍明显地保留着对传统文化中各不同文化因素的自由取舍的平等态度。例如孔子，为殷商苗裔，但主要崇尚周礼，"周监于二代，郁郁乎文哉！吾从周"（《论语·八佾》）。但同时对彼此又有取舍："颜渊问为邦，子曰：行夏之时，乘殷之辂，服周之冕……"（《论语·卫灵公》）

文化史的发展，不是按照预定的观念模式进行的，但我们后人却可

---

①吴浩坤：《中国古代文明的基石》，载《中国传统文化的再估计》，上海人民出版社，1987，第562页。

中国传统文化对其他文化系统的封闭性

以而且应该从文化史发展的事实中总结出当时实际存在的一种观念模式来。春秋战国及其以前中国文化在各部落文化、部族集团文化、各地域文化相互融合中形成和发展的过程，是在怎样一种文化观念的无形左右下进行的呢？我们完全可以说，他们在实际实行着这种融合的时候，至少是有一种超越于具体文化差异的文化价值观念的。这种文化价值观念，当然也是包容在他们所处的特定文化系统之内的，但在同时，它对自己文化系统已具有的各种具体文化现象，又有一种独立性和超越性。由于这种独立性和超越性，它能对包括本文化系统和其他文化系统所存在的各种不同的文化现象做出自己完全独立的具体价值判断，既不以本文化系统内的具体文化现象的是非为是非，也不以它种文化系统内的具体文化现象的是非为是非，而是能超越于各种文化现象之上，对它们做出自己的独立的价值判断。只有这样，人们才有可能对文化系统已经形成的文化习俗或固有规则做出否定性的价值判断（当然不仅仅是这种判断），对它种文化系统中的文化现象做出肯定性的价值判断（也不只是这种判断），从而有可能扬弃自身的旧因素而纳入、运用、包容、吸收、消化它种文化系统中所具有的异质文化因素，促成自身的变化和发展。可以说，一个文化系统的价值观念体系的这种独立性和超越性，同时也是这个文化系统之能对它种文化系统保持开放的内在根源和根本保障。这种独立性和超越性越强，它的开放性能便越大，失去了这种独立性和超越性，也便从根本上失去了它的开放性。

一般说来，在一个文化共同体内，人们不必也不会时时对那些彼此习以为常的东西采取超越性的态度，不必时时处处对它们进行重新的价值判断。在中华民族内部，摇头不算点头算，这是一种人人都能理解的表达意见的方式，至于为何如此，人们不必予以考虑。也就是说，没有必要对它采取超越性的态度。但这种做法，严格说来，仅仅适用于没有发生变化的文化系统内部，而不适用于存在着文化差异的两种或多种文化之间。但在春秋战国时期，汉文化已趋于成熟，汉文化圈外的少数民族，尚处于文化很不发达的落后状态，这样，在那时的汉族人中间，便渐渐形成了以汉文化为直接的价值判断标准衡量所有文化现象的思维习惯和思想观念。尽管在当时，这种判断形式与上述一种判断形式在大多数场合还没有明显的实际差别，但作为两种判断形式，却是截然不同的。前一种判断形式对本民族文化具有超越性的态度，能够在两种不同的文化系统的接触或碰撞中对本民族某些文化价值标准做出否定性的价值判断，能够对它文化系统中异质的文化因素做出肯定性的价值判断并予以认可和收纳，是开放型的，而后一种判断形式则缺乏对本民族文化的超越性态度，仅以本民族文化的固有标准为标准，因而不可能对自我认为好的东西重新做出价值判断，不可能去肯定一种不同于汉文化的异质文化因素，是封闭型。

这两种判断形式都是自然形成的，严格说来，从文化形成之后，二者就自然地存在于一个文化共同体中了，但它们存在的根据却有不同。当人们主要着眼于自然世界的认识、利用和改造的时候，它就会对本民族的文化取得更大的超越性，它不会排斥它民族文化中有利于认识、利用、改造自然世界的物质的、制度的和精神的文化因素，因为在这种关系上，人类的要求和欲望都是共同的，但当人们离开这种关系之后，其超越的程度就大大降低了。假若仅仅从人与人关系的协调和组织着眼，那么以本民族多数成员已经约定俗成的东西永远比一种人们尚不理解、尚不习惯的新东西更为方便和有利。在这时，还可能有两种情况：一种是存在着在对等条件下两个文化系统的相互竞争时，因为每种文化只有发展自我才能维持自我的生存或取得竞争的胜利，因为只有在它文化系统与本文化系统间存在一个共同的超越性价值标准时自己的胜利和成功才能得到彼此的共同认可，它便有可能部分地超越于本民族文化而具有较大的超越性立场，二是一个文化体的社会成员既相对地降低了继续认识、改造和利用自然世界的热忱，又不存在或意识不到与它种文化系统在对等条件下的竞争关系，这时它也便没有任何必要用超越性的立场对待本民族、本地域的文化了。我认为，我国春秋战国时代的文化，恰恰处在这三种状况的交叉点上。从历史的纵向发展而言，它是中华民族从重点认识、利用、改造自然世界并以此为动力带动了制度文化和精神文化的发展，开始转向了注意现有生产条件和生活条件下人与人社会关系调整的历史时期。前一个过程造成了这个时期文化的空前繁荣发展，后一个趋向使这个时期的文化相对降低了认识、利用、改造自然世界的热

中国传统文化对其他文化系统的封闭性

情,相对远离了自然科学和物质文化发展的目的,从而造成了向自然世界实行封闭的趋向性,并因此也降低了向它种文化系统实行开放的主动性,从空间的横向关系而言,各地域文化的共存,南北文化的对峙,特别是各诸侯国之间在政治、军事、外交上的竞争,造成了人们对不同文化系统的超越性态度,只要有利于本诸侯国在政治、外交、军事的竞争中取得胜利,他们原则上并不吝于抛掉什么或取得什么,具体的文化差异因这种超越性的立场而可以被忽略,这使各诸侯国在文化上取着较为开放的态度,造成了中国历史上绝无仅有的一个百家争鸣、百花齐放的文化大繁荣局面。但在汉文化与更落后的少数民族文化的关系中,由于汉文化的高度发展,少数民族文化的不发展状况,二者的差距扩大了,因而在二者的关系中已经构不成对等条件下的竞争关系,以汉文化为衡量文化优劣的绝对标准的思想倾向得到了加强。在这种情况下,文化的差异成了第一位的。夷夏之辨,首先是文化之辨;而文化之辨,同时也是优劣之辨、好坏之辨、美丑之辨、善恶之辨,乃至人兽之辨。显而易见,汉文化代表优的、好的、美的、善的、人的,少数民族文化代表劣的、坏的、丑的、恶的、兽的。在这种价值判断形式下,对本民族文化的任何超越性立场都消失了,从而只能导致对其他文化系统的封闭。它像一个恶性毒瘤一样从那时便埋藏在中国传统文化的价值体系中,并随着时间的延续而扩大、膨胀,以致在两千余年后面临西方文化的挑战必须迅速做出自己的抉择时,滞碍了中华民族的果决选择,使中华民族经历了漫长的阵痛和急遽的震荡。

用鸟兽之词称谓少数民族并不自春秋战国始,但在春秋战国以前,人兽之别并不带有强烈的文化价值判断的色彩。中国古圣人的名称和故事,大都与禽兽有关,其形体也常被描述为半兽半人形。但到了春秋战国时期,人兽之辨才逐渐发展为文化价值的判断形式,而夷夏之辨同时也纳入了人兽之辨的文化模式中。这种观念在当时大概已成为一种比较普遍的观念,但这并不意味着当时的各种文化学说对它种文化都具有同等的排斥力。老庄哲学表现了对自然世界的封闭倾向,在这方面,它比春秋战国时期任何一种学说都要彻底和坚决,这导致了它对文化的否定,对文化发展的否定,因而也从根本上导致了向它种文化系统的封闭性，它永远不会主动、积极地为发展改造本民族文化而输入它种文化系统的新因素。但也正因为如此，它也不会导致对它民族文化的绝对排斥和积极抵御，不会把夷夏之辨同时等同于优劣之辨。墨家学说重实利、讲兼爱，它的狭隘性使它趋于自我封闭，但在眼前实利关系的引诱下，它也并不会绝对排斥外来文化，它的讲兼爱，原则上不会导致对所谓夷、狄、蛮、戎的根本歧视，同法家学说一样，它在中国文化由封闭走向开放的过程中也曾发挥过一定作用。独有儒家学说，其着眼点既不在人类与自然世界的斗争，也不在诸侯国之间政治、经济、军事、外交的竞争，其追求的最终目标是本文化系统内部人与人社会关系的调整与和谐，其他一切都要服从于它，而它不能服从于任何其他原则。不难看出，它只能肯定本民族多数成员已经约定俗成的原则和观念，只能以这些原则和观念为判断一切文化现象的价值标准。正是因为这样，不论它如何强调入乡随俗、不抱偏见，他们都会自觉不自觉地感到本民族文化中固有的、已经约定俗成的东西永远优于一种外来的、尚不被本民族多数成员所习惯的新的文化因素。也就是说，儒家文化的致力重点已经内在地决定了它不会对本民族文化采取超越性立场，这使它不但对自然世界而且对它种文化学说、它种文化系统都持有封闭性的态度。它的封闭性和僵硬性，还直接表现在它所派生的思维方式上，因为它把本民族的文化习俗作为固定的价值判断标准，因而它永远不会由于外来文化的新因素的出现而在新旧两种因素之上重新找到超越于二者并能对二者做出统一的价值判断的新的文化价值标准，亦即它自身的价值标准永远不会发生变化，它只能让人屈己就他，而他却绝不会屈己就人。因此之故，它比中国传统文化中的任何学说，都具有更强的狭隘性和僵硬性，中国传统文化之走向越来越封闭的方向，是与这种学说越来越占据统治地位有密切关系的。

在这里，我们还必须特别注意儒家文化的这样一种特性：它把夷夏之辨同文化优劣之辨一旦完全等同起来，也就把民族矛盾、中外矛盾同文化斗争完全等同了起来，这导致了对外族、外国强权侵略的排斥总是伴随着对外来文化的排斥。越是中华民族需要吸收外来文化以发展壮大自己、加强自己对外民族入侵的抗争能力的时候，它越是要极力排斥外

中国传统文化对其他文化系统的封闭性

来文化、加强自我的封闭性能。文化都是在特定民族、特定地域范围中发展起来的,但是文化就其自身的性质和意义则是超民族超地域的,牛顿力学是英国文化的一部分,但牛顿力学的意义和价值却是超越于英国民族的,是具有全人类意义的东西。自然科学是如此,社会科学、文学艺术也是如此。但儒家文化的夷夏之辨却错误地同文化之辨完全等同了起来,把对外族侵略的抵抗同对外来文化的排斥等同起来,从而愈加强化了中国传统文化的封闭性能。这我们可以以明末清初的爱国学者王夫之的思想为例予以说明。清军入关非但没有加强他对中国传统文化的反思,反而强化了他对外族人民和外族文化的仇恨心。

> 夷狄者,歼之不为不仁,夺之不为不义,诱之不谓不信。何也,信义者。人与人相与之道,非以施之异类者也。
>
> (王夫之:《读通鉴论》卷四)

他这种仇外情绪不仅施予外族入侵者,而且施予入侵者的整个民族、民族的文化,甚而施予所有外族与外国的文化。因而他对西方文化包括西洋历法和西方科学技术都一概采取蔑视和排斥的态度。总之,儒家文化在中国传统文化历史上的持续贯彻和越来越强固的统治地位,不能不导致中国传统文化越来越走向对外来文化的封闭之途。

在当前的文化讨论中,不少同志举出中国传统文化对西方文化和东方其他民族文化的巨大影响作为中国传统文化并非封闭的证明。这是文不对题的。我们所说的开放性,主要是一个文化系统的整体功能,而由这种功能考察的是一个文化系统的发展前景和自身的生命力。它的开放性主要表现为它能够与其他文化系统交换能量,其作用是通过能量交换降低本系统内部的熵值,不致因内部熵值的升高而从有序走向无序,导致本系统的停滞或崩溃。如果一个系统只能输出能量而不能从这种输出中获得反馈,则依然难以避免自身熵值的增加,因而它依然是封闭的。正像一个工厂,只向外界销出产品,而从外界得不到足够的资金收入和原料补充,这个工厂依然是一个封闭的系统,其命运是危险的。我认为,中国传统文化相对封闭性的一个重要表现,恰恰就是它始终呈现着

"输出大于输入"的文化外流的状况。中国的四大发明传入欧洲，对欧洲的文艺复兴和现代科学的发展起了巨大的推动作用。但是，它们在中国本土，却没有引起类似的巨大变化，而且也没有更迅速地从欧洲文艺复兴和现代科学发展中获得推动自身发展变化的同样巨大的力量。再如日本文化，受到了中国传统文化的决定性影响，但中国传统文化从日本文化中所得到的影响却很小很小。这种"输出大于输入"的文化现象，也与儒家文化的特征有着密切的关系。儒家文化把夷夏之辨与文化价值的高低等同起来，不但表现了对外来文化的蔑视，同时也严重地束缚了自己。

汉文化与少数民族文化的关系稍有不同，但究其实质，这种情况仍是主导的方面。少数民族的文化，现在已被我们视为中国传统文化的有机组成部分，汉文化对少数民族文化的影响，就整体而言，促进了中国传统文化的发展和演变，但如若考虑到中国传统文化的整体功能仍是基本由汉文化所决定的，我们则应当看到，少数民族文化接受汉文化的影响仍然主要说明这些民族文化系统的开放性，而不能说明汉文化或中国传统文化的整体开放性能。在同化少数民族文化的同时，汉文化当然也包容、吸收了少数民族的文化，但这种吸收的程度，在春秋战国至鸦片战争的两千余年的历史发展过程中，却也不能不是一个递减的过程，这是因为：一、中国以"夏"变"夷"的过程，是随同尊"王"攘"夷"的过程同时进行的。这种可攘之"夷"的有限性，也决定了容纳、接受少数民族文化的有限性。二、在中国古代历史上，汉文化圈外的少数民族文化不但从整体上相对落后于汉文化，并且同样处于缓慢发展的阶段。汉文化从它们身上能够吸收的文化因素是有限的。随着同化过程的趋于完成，汉文化得以吸收的因素也趋于穷尽，如果没有主动积极的接受热情和文化差异的深层探讨与研究，汉文化便不可能持续地从少数民族文化中吸收新因素以发展壮大自己。三、这种同化过程，其主要倾向便是以"夏"变"夷"，它能够容纳和保留其中的部分因素，一旦"夷"完全被同化，它也便成了汉文化中的一部分，其独立特征日渐消失，这也决定了汉文化日渐趋于封闭。四、随着以"夏"变"夷"过程的反复进行，加强的不是汉文化吸收少数民族文化的主动性和积极性，而是对

中国传统文化对其他文化系统的封闭性

汉文化的自满自足的文化心理。五、从南宋开始,少数民族入主中原成了中华民族历史上的主要历史现象,但这些少数民族在文化上的落后状态,又使之在入主中原后不得不采用汉文化以执掌政权。这种军事上的失败和文化上胜利的奇特历史现象,进一步加强了汉民族对自己文化的自尊心和自满自足心理。……凡此种种,都使汉文化日益趋向于封闭。

那么,中国古代文化与我们现在所说的外国文化的关系怎样呢?我们并不主张地理决定论,但中国传统文化确实处在一个封闭的地理环境中。在这种情况下,中国传统文化要打破自己的封闭状态,便必须从自身产生一种更强大的主体力量,由此激发人们去战胜交通的困难、地理的险阻,冲出这个封闭圈,走向更广大的世界而与他民族的文化建立联系。但我们看到,一般说来,在中国传统文化中是缺少这种更强大的主体力量的。其中的原因很多,但至少有下列几个因素是不应忽略的:一、要打破地理环境为我们设置的这个封闭圈,最强大的力量是国家的有组织的力量。但中国古代只存在一种封建专制的国家形式,而这些封建帝王向来的理想便只是"统一、安定",只要不存在少数民族在边关的骚扰和侵略,他们更愿意把自己封闭在这个地理环境之中而安享太平。至少可以说,封闭的地理环境首先转化成了封建国家统治者们的封闭的文化心理,这种"主观与客观的统一"的形式使他们不可能再以主体的力量冲破这个客观上的地理环境的封闭圈。二、中国是一个农业社会,而农业社会是以定居乡土、厌恶迁徙为主要特征的。它使广大社会群众更难以跨越地理上的封闭圈而走向更广阔的世界。严重的自然灾害和艰难的生活也常常把中国人逼向海外、驱向异域,但这种到海外、异域寻求立身之地的有去无回的人口外流依然难以造成民族文化的开放性特征。三、中国传统社会中不存在一个独立的知识分子阶层,不存在一个职在进行社会科学或自然科学研究的知识分子队伍,这种知识分子官僚化和对科学研究的歧视,使知识分子不可能在认识世界、发展文化的热情推动下主动走出这个地理环境的封闭圈以打通中国文化与世界文化的联系渠道。四、中国固有的非宗教性、更带狭小实利特征的精神文化,使人安于自身的心理调整、安于周围人事关系的和谐、安于身边政治关系的处理和政治权力的争夺、安于内部的军事争战和政权更迭、安于自身生活命运的改善，它们无法激起中国民众，特别是知识分子认识整个人类、整个世界的主观热情，甚至也无法激起人们通过冒险获取更大物质财富的主观愿望。这也就意味着使他们局限在这个固有的地理环境中，求适应，求忍耐，求安居。……我认为，只要承认以上四点就应当认识到，在与外国文化的关系中，中国传统文化始终是一个孤立、封闭的系统。在这里，我们谁也不会否认张骞通使西域、法显和玄奘"西天"取经、郑和下西洋这样一些可歌可泣的历史壮举，谁也不会否认在丝绸之路上艰难奔波的那些行商们在中外文化交流史上的历史作用，但同时也必须看到，当中外文化交流还被一个民族当作历史的光辉业绩广为传颂的时候，当中外文化交流还是历史上引人注目的事实而被历史家大书特书的时候，它们证明的恰恰不是这个民族文化系统的整体开放性，而是它在整体上还处于严重的孤立和封闭状态。

　　如果我们细致考察中国古代中外文化交流的这些事实，我认为便很容易觉察到它们的下列两个特征：一、凡是对中国传统文化发生过显著影响的外来文化，至少在开始时都不是中国人主动到外国拿来的，而是外国人送进来的。二、凡是中国首先从外域拿来的，对中国传统文化的发展都没有发生较为重大的根本影响。

　　这里有必要特别谈谈佛教文化的输入，因为它曾经是人们说明中国传统文化具有开放性能的最有力的例证。但我认为，恰恰在佛教文化的命运中，使我们能够发现这样一个带有规律性的特征：我国古代先贤在对本民族固有文化原则的改造上，其胆识和魄力是极小的，但对于外来文化，他们却有异常强烈的改造意识和本能。直至宋明理学虽然被我们誉为发展了先秦儒学，但可以说，它对孔子提出的任何一个基本文化原则都不但没有推翻、没有抛弃、没有做过发展前人学说时所不能不做的证伪工作，而且更加加固了这些原则。他们的"发展"，只是寻找新的方式强化它们，通过新的途径更加彻底、坚定地贯彻它们。而佛教文化在中国的命运却大不相同了。佛教文化是在汉代、魏晋南北朝时期传入中国并得到初步传播的。这是一个王纲解纽的时代，是儒家文化的统治地位受到威胁的时代，可以说，这是一个外国文化学说最易挤进中国文化系统中的历史阶段。但即使如此，佛教文化的传播也遇到了巨大的阻

中国传统文化对其他文化系统的封闭性

力，并且无形的阻力较之有形的阻力来更要大得无法计算。在这些有形和无形的阻力干扰下，从一开始它便不断削弱自己的特性、不断改变自己的固有性质，从而在总体上为中国固有文化所消化。当佛教文化传入中国之时，中国的封建专制制度和宗法的家长制度已经在社会上下两层固定了下来，与此相应的封建等级观念在社会上已经根深蒂固。显而易见，佛教文化是根本无法动摇这种制度和这种观念的，在中国历史上，佛教组织的发展一旦与封建专制统治和农业自然经济发生了矛盾，佛教组织和寺院经济便要受到无情的摧残。至于它在精神上所受到的儒家文化的包围和压迫，情况就要更加严重。中国佛教徒本身便是因各种不同的原因从封建家长制的家庭和封建等级制的社会走出来的，他们反转来又必须与封建专制的官僚集团和封建家长制下的社会群众相交接，儒家文化精神便不能不严重地侵入寺院、侵入佛教徒的思想意识中去。只要承认实际的生活联系和思想意识联系是比任何理论和经典都更有力量的精神影响，那么，我们就不能否认不但在中国广大的社会上，即使在中国少量的出家修行的佛教徒中，佛教文化的影响也与儒家文化无法抗衡。佛教文化传入中国伊始，便直接受到了当时也在发展自己的势力的道教文化的狙击。在与道教文化的抗衡中，佛教文化根本不可能依靠自己的特质去争取群众，因为群众的价值观念与这些特质是相抵触的，而中国土生土长的道教文化则正是在中国社会群众的固有价值观念中建立起来的。这样，佛教文化便不得不被迫接受道教文化赖以存在并发展的基本文化价值观念。在汉末便发生并在中国传统小说中一再描写过的佛道斗法，便是佛教文化不得不接受道教文化的基本价值观念的有力佐证。在小农经济的社会里，带着命运观念和实利追求的目的接受佛教文化的人们，也必然以这种目的性去消化佛教文化，佛教文化之道教化同佛教文化之儒教化一样，在中国是根本不可避免的命运。事实上，在下层的佛教徒中，多数是不得温饱的贫困群众，他们以求温饱参加到佛教队伍中来，是不可能参悟到因温饱已足而深感精神需求的释迦牟尼的教义的。给佛教文化以最大助力的是中国的道家学说（老庄哲学）。最早的佛经翻译即大量借助道家学说的概念和语汇。但也正因为相近，佛教文化之道家学说化更是一种不可避免的趋势。照我看来，中国的知识分子始终主要是以老庄思想倾向接受并理解佛学的,也正是那些厌恶政治或政治上不得志的知识分子最热衷佛学。但是,佛教文化与中国老庄哲学的距离比与儒家文化的距离并不是更小。佛教文化是超越于人生、超越于现世的,它不但超越于现实政治,同时也要超越于现世的自我。儒家文化为现实政治而否认自我,老庄哲学为自我而否定现实政治,而佛教文化从其俗谛的层次讲,则既不否定现实政治,也不否定自我个人;若就真谛的层次讲,则既否定现实的政治,也否定现实的自我以及自我的精神世界。一切皆有,一切皆空,有即是空,空即是有。就这个意义讲,它是与儒家文化和道家文化等距离的另一种独立的精神学说。也就是说,在深层文化心理上属于道家文化的知识分子,同深层文化心理上属于儒家、道教文化的知识分子和普通群众,同样难以真正地接受佛教文化的精神影响。我认为,正是因为这种原因,佛教文化的中国化才成了势所必至的事情。由小乘向大乘的演变,由佛学向禅学的过渡,便是佛教文化中国化的过程。我们现在既不崇奉小乘,也不信仰大乘;既不宣扬佛学,也不提倡禅学;但作为一个历史过程,我们却也不能不说,大乘禅学实际已经根本上失去了佛教文化的固有特质,它标志着佛教文化在中国固有文化面前的失败,并且这种失败是如此之惨重,竟使它的带有特性的精神几乎没有在中国古代民众的深层文化心理上留下较为明显的、较为广泛的影响。按照我的看法,禅学实际是儒学化、道教化、道家化并特别是道家化了的佛教文化,说得更彻底一点,亦即它是在佛教文化外壳中包容着的儒家文化、道教文化、道家文化——特别是道家文化。"佛教一传入中国,就在思想、教义和祭仪方面陷入'中国化'的过程。把佛典译成汉文,必然引起佛教思想的变化,因为佛教专用语在汉语中表现为道家惯用语。随着时间的推移,儒教对佛教的影响越来越大,所以这里就不只是一个术语问题。佛教万神殿变得具有中国特色,有关超自然世界、人们迎合神的行为、'必要'祭仪的观念也改变了。"[①]我认为,这个结论是符合历史事实的。

[①] 约·阿·克雷维列夫:《宗教史》〔下〕,中国社会科学出版社,1984,第343页。

中国传统文化对其他文化系统的封闭性

佛教文化同中国传统文化一样，同属于在封建时代以前产生并在封建时代得到广泛传播的文化学说，它和一切宗教一样，可以同时是麻醉人民的精神鸦片，它的被中国固有文化所吃掉，似乎大可不必被视为惋惜的事情。但这仅仅是问题的一个方面。任何一种文化若在一个文化系统中无法保留自己的特质的东西，若要被它种文化因素所吞噬，那么，它便只能起到强化它种因素而无法制约它种因素的片面发展了。实际上，在中国传统文化中，只有佛教文化才具有宏观人生哲学的性质，它不像儒家文化、道教文化和道家文化那样，只具有个体的现实人生选择的性质，因而也只有佛教文化才具有超现实的精神理想和对这种精神理想的信仰与追求。它不像儒家文化那样，仅仅以具体对象的身份及其与自我的关系为转移。"忠君""爱国""孝亲""友友"，都只是一种关系。"君"一变，忠的对象即变；国籍一变，爱的对象亦变，"亲""友"不同，但"孝""友"的态度则同。它只能造成无信仰、无特操的文化心理；道教文化追求的仅是个人命运的东西，是实利关系的东西，它才属于真正狭隘的自私自利性质的文化，为了个人命运的好转，它的行为方式可以任意变化，因而也不具有任何特定的精神信仰。道家文化注重个体的精神状态，但却同样不具备精神信仰的性质，它的精神追求实际是什么也不追求。佛教文化有它自身无法克服的弱点，但它的特质则无法为中国固有文化学说所代替。而它的特质一旦被销蚀，也就变成了中国固有文化的强化剂，宋明理学便是被佛学的宗教性质强化了的儒学。在这时，我们应该对一个文化系统的封闭性特征有一个更精确的估计：一个文化系统如若没有或无法收纳任何外来文化因素，固然是一个封闭的系统，但如果一个文化系统在一定条件下可以纳入外来文化因素，但一旦纳入，这种文化便会迅速发生质变，无法保留自己的特质，无法发挥自己的独特作用，无法改变这个文化系统的整体功能与性质，反而会更形加强它，用系统论的术语来说，即不但不能降低它的熵值，反而更加提高了它，那么，这个文化系统的封闭性不是更小、更弱，而是更大、更强。

中国传统文化在漫长的历史发展过程中，由一个开放的文化系统逐渐转变成了一个封闭的文化系统。春秋战国时期的文化是它向封闭倾向转化的起点，明清文化是这种转变的终点。它留给从近代历史直至现在直至将来的中国先进人士一个艰巨的任务：打破中国传统文化给中国文化带来的封闭性，走向开放，走向世界，走向未来。

原载《学术月刊》1989年第7期

对全部中国文化的现代化追求
——论五四新文化运动的意义

假若人们仔细观察中国现当代的一切较为重大的文化现象，就会发现，在很多理论问题上的分野几乎都与对五四新文化运动的有关问题的不同态度或不同阐释存在着一定的联系。在这里，我们发现对五四新文化运动大体有两种态度，即基本否定和基本肯定。而在基本肯定之中，我们又可以看到一种是"五四"传统的发扬论者，一种是"五四"传统的超越论者。前者的思想基点实际建立在这样一种认识上，即认为五四新文化运动已为中国新文化建立了一个初具轮廓但却未得充分发展的完整文化系统，中国现当代文化发展的首要意义便在于进一步充实、发展它，实现它所追求的目的。后者的思想基点则建立在另一种认识上，即认为"五四"的意义是巨大的，但我们已经超越了"五四"的历史发展阶段，因而必须在新的时代条件下重构我们的文化。在上述三种不同态度当中，还有各种具体不同的文化倾向、文化派别和文化学说，它们彼此发生着各种形式的渗透。这里我并不想对上述各种文化倾向分出绝对的是和非，而是拟对这种种文化倾向发生的原因进行一些探讨。这有助于认识我们自己和自己的矛盾及现实文化选择的意义。为此，必须重新认识五四新文化运动的发展演化和具体内涵。

一

　　首先我们必须注意到，新文化运动并不仅仅是从"五四"开端的，就广义的文化概念而言，中国的新文化，是从鸦片战争后的洋务运动就已经开始发生。洋务运动所追求的是物质文化的现代化，它首先肯定了改造中国传统的物质文化、发展现代的物质文化，特别是军事文化的必要性。洋务运动的局限性并不表现在它要求物质文化的现代化上，而在于它错误地认为现代的物质文化可以在中国固有的制度文化和精神文化的基地上建立起来。"中体西用"口号的根本错误在于它割裂了现代文化的整一性和系统性，它不是从大文化内部各个子系统的有机联系中把握各个子系统的发展，而企图在抑制其他子系统的变化发展的前提下实现其中一个子系统的孤立发展。事实证明，洋务运动是不可能贯彻到底的，也就是说，仅仅依靠它自己的努力，根本无法实现它自己提出的实现物质文化现代化的具体目标。物质文化现代化首先要求现代科学技术的普及和提高，而现代科学技术的普及和提高则要求现代教育的发展，这一切包括它自身所要建立的现代军事、现代军事工业、现代工矿企业都要求得到制度文化的保障，而它自身却是反对传统制度文化的改造的。在这里，表现了洋务运动及其"中体西用"文化口号内部的一个自身不可克服的深刻矛盾：它一方面要求着物质文化的现代化，一方面又企图强化实际阻碍着它的实现的对立文化因素，抑制着它的实际发展。在这种情况下，中国现代的物质文化只得到了有限的、几乎是微不足道的发展，这种发展不是加强而是削弱了中国文化系统的和谐性，增加了各个文化子系统之间的不平衡性，强化了彼此的矛盾和斗争。这种矛盾和斗争是一个文化系统在发展过程中必不可免的，它给中国文化的进一步发展准备了条件，但可悲的是，它给中国文化系统带来的紊乱状态要大大超过它给中国文化带来的发展。与此同时，在制度文化和精神文化的旧基地上建立起的形式上属于现代的物质文化，其本身便不可能不是畸形的。现代的物质文化成果极大地刺激了中国统治阶级的物质享乐欲望。消费欲望的增长脱离开生产欲望的相应发展，不但无法抑制传统封

对全部中国文化的现代化追求

建王朝所一直存在的腐败现象，而且加剧了这种腐败现象的迅速发展。这种矛盾提示我们，现代的物质文化的发展是不可能脱离开现代的法律制度的，而现代的法律制度之具体的实施，又不可能在封建专制制度的等级关系中得到保障。

正因为洋务运动表达了中国物质文化现代化的愿望，而又根本不可能真正实现它，维新运动才在洋务运动之后发展起来。在这里，我们不能把维新运动同洋务运动绝对对立起来，它们二者的统一性恰恰在于洋务运动所表达的发展中国物质文化的需要上。维新运动的参加者并不否定洋务派富国强兵的主张，它们之间的分歧在于洋务派企图在旧的制度文化的基地上建立起中国现代的物质文化，而维新运动的推动者则认识到对要达到洋务派富国强兵的目的，还必须同时实现制度文化的现代化。因而，维新运动与洋务运动的对立只是重点的转移和整体与部分的对立，而不是绝对的对立。维新运动是包容了洋务运动所追求的具体目标的。从形式上来看，中国的维新运动是可以成功的，我们现在通常把它的局限性和失败的主要原因放在它的改良主义的具体方针上，而这是没有说服力的。因为我们的近邻日本恰恰是通过明治维新的改良主义道路实现了制度文化的现代化。中国的维新运动的失败教训固然很多，但其中一个重要的教训就是在中国传统的精神文化的基地上，是根本不可能实现政治制度的民主化即现代化的。维新派较之洋务派向前迈进了一步，扩大了中国文化现代化要求的具体内容，但其内部矛盾的性质却是相同的：割裂了现代文化的整体性和统一性。它不是在中国文化各个子系统之间的全部有机联系中提出问题和解决问题，而是企图在抑制部分因素发展的前提下片面发展另一部分因素。他们和洋务派一样，也曾努力通过对传统精神文化的所谓应时性转化以加强自己改良主张的精神基础，康有为的《孔子改制考》，就是这种应时的一个"创造"。他企图用孔子的改制论证自己改良主张的合理性，但儒家学说关于"君臣"关系的论述与康有为"君主立宪"的主张无论如何是难以协调的。结果，顽固派用正统的孔子君臣之义，把这些给孔子披上新衣冠怯弱地进行托古改制的维新派迅速彻底打垮。

维新派的失败把社会实际的矛盾转移到了革命派与清王朝统治的矛

盾上去。旧民主主义的革命派也没有在文化理论上做出全面完整的独立贡献。它所实现的仅仅是此前洋务派和维新派意欲实现而未曾实现的目标。它与洋务派和维新派的根本区别仅仅在于：洋务派和维新派企图通过固有统治集团自身的调整而实现自己所追求的实质属于现代化的整个民族的追求目标，而革命派则是决心通过摧毁固有的统治机构和国家机器而实现同样的目标。但是革命派及其所发动的辛亥革命的成功也还没有完全克服维新派自身在中国文化现代化问题上存在的内在矛盾，而且把这种矛盾从维新派的文化理论内部进一步转化成了中国社会的实际矛盾。

维新派的失败说明他们在中国社会上是势单力薄的，说明他们的政治改革缺乏广大社会群众的思想基础，辛亥革命的成功也还不能说明革命派已经有了与自己所建立的政治制度相应的群众思想基础。如果我们细加辨析，革命派的成功恰恰还由于它曾经也相当多地利用了传统文化的力量。因此，一度急剧膨胀起来的革命派的力量并不都是以现代性的文化选择作为思想纲纪的。这种文化选择仅仅是像孙中山等少数革命派领导者的思想。辛亥革命的这种矛盾在革命过程中相对地被掩盖起来，而在辛亥革命后却不能不愈来愈明显地暴露出来。中国历史的这种曲折发展过程，刺激中国的知识分子进一步思考精神文化与制度文化的内在联系。五四新文化运动正是在这样的基础上发生的。

必须指出，五四新文化运动就其实质意义而言绝非对洋务派、维新派和革命派追求目标的否定。它与前三者的矛盾对立不是部分与部分的对立，不是用精神文化的现代化去代替和取消物质文化与制度文化的现代化；而是整体与部分的差别与矛盾，是解决矛盾的重点的转移。在这里，我们只能在两个总体的意义上看待五四新文化运动与此前的洋务派、维新派和革命派的差别：一、五四新文化运动的倡导者认为中国物质文化和制度文化的现代化不能脱离开中国精神文化现代化这样一个精神基础，脱离开这样一个基础，物质文化和制度文化的现代化是不可能实际得到实现的，而不论洋务派、维新派还是革命派，都没有真正提出中国精神文化的现代化的问题，他们割裂了三者的有机联系。二、五四新文化运动重视中国精神文化现代化的独立价值和意义，认为只有物质

对全部中国文化的现代化追求

文化和制度文化的现代化而没有精神文化的现代化，只有物质产品的增加，政体组织形式的改变而没有人的内部精神的丰富化，没有在精神上摆脱自己的奴隶性意识，前二者是没有实质意义的，因而也不是真正的现代化转变。而洋务派、维新派和革命派他们几乎都没有解决正确地对待中国的传统文化与真正实现中华民族精神文化的现代化问题。

在这里，我们可以对五四新文化运动的最高层次的意义做如下的概括：它在中国历史上第一次提出了中国全部文化都必须现代化的历史课题，提出了中国精神文化也必须现代化的历史课题。

从本质的意义上讲，新文化运动的倡导者和洋务派、维新派、革命派都是进化论者，都是肯定现实变革的合理性的，但洋务派的进化观主要停留在物质文化的范围内，他们对变革的追求并没有深入到制度文化和精神文化的领域中去，在这两个领域他们是非进化论者；维新派和革命派在物质文化、制度文化的领域内都是进化论者，西方的进化论学说主要由维新派人士介绍到了中国，但在精神文化的领域，特别是在伦理道德的领域，他们仍然主要是非进化论者。只有五四新文化运动，才把进化论的观念贯彻到了中国文化的各个领域中来，贯彻到了精神文化，特别是伦理道德领域中来。从而使西方的进化论学说在中国的实际应用中其性质和内容都有了重大的变化。我们可以对进化发展观念与五四新文化运动的关系做这样的表述：在中国历史上，五四新文化运动第一次把进化发展的观念明确地引进了中国文化的全部领域，引进了精神文化，特别是伦理道德的领域。

连接五四新文化运动与洋务运动、维新运动、辛亥革命的第二个思想纽带是对中国传统文化的反思意识。在这里，它们之间的区别仍如上述：洋务派对中国传统文化的反思仅仅停留在物质文化的范围内，他们不但自己缺乏起码的反思意识，而且反对其他人进行这样的反思；维新派、革命派的反思主要停留在物质文化和制度文化的范围中，他们始终把传统儒家文化视为不可动摇的精神支柱，康有为甚而至于还要把它宗教化，立孔教为国教。梁启超虽提出了"新民说"，但他最终也不敢平视孔子；只有五四新文化运动才把自己对中国传统文化的反思推进到了中国文化的各个领域，特别是推进到了包括儒家伦理道德在内的传统精神文化的领域。不难看出，五四新文化运动的这种对中国传统文化的整体反思，是与它对全部中国文化的现代化追求彼此呼应的，是一而二、二而一的东西，同时也是他们的进化发展观在对全部中国文化进行审视时的具体体现。但奇怪的是，我们往往肯定前二者却否认后者的合理性，否认它的杰出的历史意义。我认为，五四新文化运动的最伟大的历史意义之一，恰恰在于它在中国历史上，第一次登上了自觉反思自己的全部文化包括儒家伦理道德文化在内的全部传统精神文化的思想高度，全面地对它们进行价值重估。这种反思，这种重估，不是对传统文化的全部抛弃或实际的毁灭，而是对它的重新审视、重新认识和重新评价，是把它们从盲目崇拜的对象转变为自由研究的科学认识的对象，是把它从限制、束缚现代中国人自由思维的桎梏变为现代中国人可以自由驾驭且有助于现代中国人自由思维的文化因素。这种反思由于受到守旧势力的抑制攻击以至迫害，从而使它具有了极大的感情力度和爆发性的力量。他们之所谓"打倒孔家店"，不是实际毁灭儒家文化的经典，抹杀它的历史存在和历史地位，而是打倒现实的、正在压制他们进行文化反思创造的"孔家店"。我们完全可以说，在中国历史上，开创了中国传统文化研究新局面、把中国传统文化研究作为自觉的社会事业确定下来的恰恰是五四新文化运动。

连接五四新文化运动与洋务派、维新派、革命派的第三个主要思想纽带是对西方文化的开放意识。洋务派仅仅意识到在物质文化的范围中我们需要向西方开放，向西方的物质文化发展水平看齐，但他们不承认西方的制度文化和精神文化的先进性，维新派和革命派开始注重西方的政治制度和有关社会科学学说的介绍和学习，但他们仍然把中国传统的伦理道德视作永恒的道德准则，在精神文化的范围中基本上保持着封闭性的心态。只有五四新文化运动，才彻底打破了封闭性的文化心理，在物质文化、制度文化、精神文化的各个领域都向西方文化敞开了开放的大门。

由上可见，五四新文化运动的最高层次的意义在于，它在中国历史上第一次提出了包括精神文化在内的全部中国文化必须现代化的历史课题，并为此目的而实现了对西方文化的全面开放，开始了对中国传统文化的全面反思。

二

除了同洋务派、维新派、革命派在思想上的普遍联系之外，五四新文化运动还与维新派有着特殊紧密的联系。在过去，我们一直把陈独秀提出的"德先生"（民主）、"赛先生"（科学）作为五四新文化运动的两大旗帜，我认为这两个口号并不体现五四新文化运动的独立本质，因为这是它与维新派（在其思想本质上同时也包括革命派）共同拥有的东西，只是在五四新文化运动这里，这两个口号都具有了与它们不完全相同的新的内涵。

在维新派那里，"民主"主要是一个政治制度和政治思想方面的概念，严格说来，这是符合西方同类学说的概念的，但到了中国，"民主"这个概念却不能不与精神文化，特别是儒家的伦理道德学说发生最直接的联系。儒家的全部伦理道德学说，都是建立在上下等级关系之上的，由此而形成的道德观念，是直接与民主的政治制度和政治观念相对立的。只要儒家的伦理道德观念还在中国社会上占统治地位，那民主的观念便只是一个虚幻的东西，便只是一个没有实质意义的动听的名词，便只能是一种外在的组织形式。这与西方启蒙运动时期的状况是不完全相同的。西方17世纪的封建专制制度，几乎并不存在自己的牢固的思想基础。因为它是在反对中世纪教权统治中建立起来的，宗教神学既有限地有利于它的统治又部分地不利于它的统治，彼此始终处于既相统一又相矛盾的复杂关系之中。在专制制度建立之前，西方已经发生了文艺复兴，文艺复兴带来了宗教改革，宗教改革加强了各民族的独立意识，形成了民族主义思想，在民族主义思想基础上，各民族的政权力量挣脱了教权统治，但文艺复兴发展起来的人文主义思想和近代科学以及由科学的复兴发展起来的科学意识又是不利于封建专制统治的。这一切，使西欧封建专制制度几乎没有什么牢固的社会思想基础，它借以维护自己的几乎只有自己手中的权力。西方启蒙运动的思想家是在已有的人文主义、人道主义思想基础上建立自己的政治学说的，它首先提出了为封建专制政治所不容的一种民主的政治制度，当这种政治制度代替了封建专制的政治制度，西方的封建主义时代便结束了。马克思说："现代历史编纂学表明，君主专制发生在一个过渡时期，那时旧封建等级趋于衰亡，中世纪市民等级正在形成现代资产阶级，斗争的任何一方尚未压倒另一方。"①但在中国却绝非如此。封建专制政治统治不是短暂的过渡形式，而是几千年来的牢固的、固有的政治形式，因为它在社会上并不缺乏牢固的思想基础，包括儒家道德、老庄哲学、道教文化、佛教文化在内的所有思想学说都以各种不同的形式支持并强化了它。维新派的根本思想矛盾，便是仅仅在政治制度和政治思想的范围内提倡民主和民主观念，而在伦理道德的范围内却始终维护儒家伦理道德学说的权威性，因而当革命派在形式上实现了民主的体制之后，"民主"却没有实现，在"民主"的形式里面包含的仍是专制主义的内容（我希望人们不要对这句话做字面上的绝对化理解而否认辛亥革命的伟大历史意义，更不应因此否认它所实现的民主制度本身的先进性以及它对社会民主观念的形成和发展所产生的有益影响）。只有五四新文化运动，才把民主观念引入到了中国精神文化的改造中来，才真正意识到儒家伦理道德是扼杀中国社会民主观念和政治民主的最可怕的敌人。如果认为中国政治变革的最根本、最艰巨的任务是实现政治的民主化，那么，我认为五四新文化运动在这方面的巨大意义我们是不应忽视的。在这方面，它的巨大历史意义在于：在中国近代史上，五四新文化运动首次揭示了中国封建专制政治的最深的根柢存在于中国传统的精神文化，特别是儒家伦理道德观念之中，中国为政治民主所做的任何形式的斗争都不能不与对中国传统精神文化，特别是对传统儒家伦理道德的思想批判结合进行。

"科学"也是中国维新派的一面旗帜。对自然科学的重视，从洋务派已经开始，但洋务派更重视的还是现成的技术和技术意义上的科学知识，真正从科学的意义上对科学的重视，应该说还是始自维新派，但维新派所说的科学，仍然主要包括自然科学和社会政治方面的社会科学，

---

①马克思：《道德化的批评和批评化的道德》，载《马克思恩格斯全集》第4卷，人民文学出版社，1958，第340页。

对全部中国文化的现代化追求

至于精神文化，特别是伦理道德，他们并不包括在科学的范围之内。维新派中的最激进分子梁启超，直至"五四"之后，仍然坚持科学和精神的两无涉论，他说："宗教这样东西，完全是情感的。情感这样东西，含有秘密性，想要用理性来解剖他，是不可能的。""只有情感能变易情感，理性绝对的不能变易情感。"①我们不能认为，他的话毫无道理，但当他把理性和情感绝对对立起来之后，也便同时否认了精神科学的存在意义，否认了科学地认识传统的伦理道德观念的合理性。不难看出，他的这种理性与情感的两无涉论，正导源于他把传统儒家伦理道德绝对化的企图。"社会凡百事物，今大与古异，东亦与西异，独至人之生理与其心理，则常有其所同然者存，孔子察之最明，而所以导之者最深切，故其言也，措诸四海而皆准，俟诸百世而不惑，岂惟我国，推之天下可也，岂惟今日，永诸来劫可也。"②在五四新文化运动这里，科学的概念发生了一个重大的变化，亦即它把精神文化，特别是伦理道德纳入到了科学考察的范围之中，带着现代的科学精神切实地思考中国传统的精神文化和儒家的伦理道德观念，认真地审视我们自己的思想观念和道德观念，成了五四新文化运动的主体内容。直至现在，我们对五四新文化运动在这方面的巨大贡献，恐怕还是怀有偏见的。我们往往把他们对中国传统精神文化的批判性考察仅仅视作"抨击""揭露"和"批判"，而不太愿意承认它的严格的科学性。实际上，他们对中国传统精神文化的态度是十分严肃的，他们观点的科学性并不亚于此前此后许多专门的学者的学术著作，其科学性的最突出的表现在于，他们不是把中国传统的精神文化，特别是儒家的伦理道德学说当作自己的信仰对象来论述的，不是把它们当作宗教教义来阐释的，而是把它们当作一种精神学说并按其衡量精神学说的基本价值尺度——它对实际社会生活和人的精神发展所能够和实际带来的影响作用——予以研究和考察的。正像在科学研究中也有失误和错误一样，他们的一些具体观点未必都是正确的，并且他们

---

① 梁启超：《评非宗教同盟》，《饮冰室合集·文集之三十八》。
② 梁启超：《孔子教义实际裨益于今日国民者何在欲昌明之其道何由》，载《饮冰室合集·文集之三十三》。

彼此之间也有差异和分歧，但这却是一种真正的科学态度。关于这一点，我们甚至可以用对他们的一种批评意见来证明，唐君毅先生认为"五四"以后关于孔子的研究失去的是对孔子先存敬畏之心的传统研究态度。他说："这一种直接依于对其人格先存畏敬之心，以了解孔子，乃中国以前人，了解孔子之一普遍方式。而是这数十年才丧失了的。这一种丧失，表示中国文化精神之一最大的堕落。"因而他提出"我们真要了解孔子之真价值当直接由对其人格之崇敬入手。唯透过对其人格之崇敬，乃能真与作为其人格流露之思想，与作为其精神之表现之对中国社会历史文化之贡献，逐渐有相应的了解。"①事实上，"五四"之后对中国传统精神文化，特别是儒家伦理道德学说的研究，依然存在着两种倾向：一是基于对中国古圣先贤及中国文化的畏敬之心进行的研究；一是以科学的、平等的对待研究对象的态度进行的理性主义的研究。后一种传统是由五四新文化运动开创的。如果我们在这方面总结五四新文化运动的意义，我认为可以说：在中国历史上，五四新文化运动第一次把科学的态度带进了包括精神文化，特别是伦理道德的全部文化领域中来，从而为中国现代的全部科学研究奠定了基础。

在现在，我认为我们有必要重新对五四白话文运动的意义做出评价。严格说来，白话文运动也不是五四新文化运动独具的实质性内容，而是从维新运动期间便酝酿发展着的东西。在当时，它反映了维新派重视启蒙主义教育的思想倾向，但其最终的实现却在五四新文化运动期间，并成了五四文学革命的旗帜和先导。这正像蔡元培所说："民元前十年左右，白话文也颇流行，……但那时候作白话文的缘故，是专为通俗易解，可以普及常识，并非取文言而代之。主张以白话代文言，而高揭文学革命的旗帜，这是从《新青年》时代开始的。"（蔡元培：《中国新文学大系·总序》）过去，我们并没有更充分地估价它的巨大的文化意义，而往往认为它只是形式上的改革，甚至于批评它带有形式主义倾向。但我们可以看到，在五四新文化运动的诸因素中，最有力、最带有不可逆转的

---

① 唐君毅：《孔子与人格世界》，载《近四十年来孔子研究论文选编》，齐鲁书社，1987，第571页，第572页。

对全部中国文化的现代化追求

稳定性的因素却恰恰是这个白话文运动所确立的语言文字的改革，虽然后来屡有白话与文言之争的余波，但它却像一堵牢不可摧的高墙一样堵住了重返古代文言的道路。我认为，它所具有的潜在能量我们至今还是难以估量的。至少人们还没有注意到这样普遍的事实：它使一代一代的少年儿童和青年再也不可能首先在中国古代的文化典籍中获得自己最初的思维习惯和审美意识，它使文言成了他们有类于外国语言的第二语言系统，并且永远与之保持着或显或隐的距离感，永远具有一种非自我的那种异己感，它使古代典籍中的东西都必须纳入他们首先在白话诗文中形成的思维习惯、审美意识，甚至思想观念的基础上来理解、接纳和运用并同时进行取舍。在生存竞争日趋艰难与激烈的现当代和未来的中国社会上，它逼使传统文化必须在现代社会生活中取得自己的立足地，而不是依靠人们对它自身的敬畏心。即使如此，它再也不可能维持在古代社会那样的绝对统治地位。它将被日益丰富着的中国现当代文化和未来的文化、外国文化所冲淡。总之，以白话代文言的语言改革对中国文化的发展所起的作用是十分巨大的，它的作用绝不仅仅局限在形式上。如果我们在这方面总结五四新文化运动的历史意义，我认为可以说，在中国历史上，它实现了一次空前绝后的伟大的语言改革，从而对中国文化发展的前景起了不可忽视的重大影响。

以上我们论述的三个方面（民主、科学、语言改革）都是五四新文化运动与维新运动相联系、但又有区别的三个方面。显而易见，它们的意义都是包含在我们所说的它的最高层次的意义之内的，是它对中国文化现代化追求的更具体的内容，因而我们可以称之为第二个层次的意义。将其归纳在一起，我们可以这样表述：

五四新文化运动的第二个层次的意义在于，它在中国历史上，第一次将现代的民主观念和科学意识贯注到了包括精神文化在内的全部中国文化之中，使维新派的启蒙主义获得了更完整的意义，它所实现的语言改革是中国文化史上最伟大的语言改革之一，对中国文化的现代化起了并将继续起到重大的推动作用。

三

如果说五四新文化运动的更普遍，因而也最易被人接受的意义在上述两个层次，那么，真正反映它的独立本质，并经常遭到人们有意与无意的抹杀的却是它关于人的解放的内容。——这正是五四新文化运动的独立本质，是它的核心和精髓。

我认为，无论如何高度地评价五四新文化运动在这方面的意义，在现在和在将来很长的一段历史时期都不为过分，这是迄今为止的中国思想史和全部中国文化史的最伟大的转变。这个转变不仅仅是对于中国古代文化而言，而且也是对近代文化而言。只有到了五四新文化运动之中，只有站在五四新文化运动的这个基点之上，我们才能够发现，不论是洋务派，还是维新派和革命派，尽管他们的历史功绩是不可磨灭的，尽管他们为中国文化的现代化也做出了不可磨灭的贡献，尽管我们对他们每个人在中国历史上的地位理应做出甚至高于五四时期某些个别人的肯定性评价，他们的文化思想在总体上却仍然属于中国传统文化的一部分，仍然与中国传统文化没有本质上的差别。只有五四新文化运动，才在本质的意义上属于中国现代的文化，才标志着中国现代文化的产生。如果说洋务派、维新派、革命派的文化思想与中国传统文化只有量的差异，只有部分的质变，那么，五四新文化运动实现的则是质的变化，是根本基点的变化。

在这里，我们不可能详细论述中国传统文化的各种具体的表现形态，但我们可以这样归纳它的最基本的特征：中国传统文化是在现实社会存在的固有基础上寻找人与之相适应的各种实利的或精神的存在方式的一种文化形态。这种文化形态的不变的前提和根本的基点便是现实的社会存在，人只能在这种现实的社会存在的基础上去规定自己，规定自己的行为方式和思维方式，规定自己的人生选择和思想选择，寻找实现自己的物质的或精神的需求。我们并不想绝对地否认它的历史的全部合理性，并不想绝对否定它在中国社会的形成和发展中所曾经起到过的历史作用，更不想绝对地否定中国古代科学家、思想家、文学艺术家、历

对全部中国文化的现代化追求

史家、政治家等等杰出历史人物所做出过的这样或那样的具体贡献,但我们却也不能讳言,在这种文化形态中人们的主体性地位从根本上被抹杀了。人不再按照自我实现的程度而被衡量、被肯定和被承认其存在的价值,而是按照其自我束缚、自我否定、自我牺牲的程度而得到肯定和弘扬的。我们应当特别重视中国传统文化的这样一个关键:它从根本上扼杀了人在自己的自由的创造活动及其结果中获得个人精神满足的可能。此时,个体精神的满足仅仅剩下了表面看来极端对立的两种形式:在社会道德的精神价值中,他是以自我牺牲、自我束缚、自我扭曲的纯工具的作用获得社会的承认并因这种承认获得自我的道德满足;而在纯个体的利益中,他又是在纯本能欲望、物质享受和肉欲满足的或压抑、束缚、控制别人的权力欲的实现中得到自我的精神满足的。中国历史便在这两种倾向的此消彼长、互补共存中发展,每个个体的人也是在这两种倾向的交织中被塑造出来。但不论这两种倾向的哪一种,都是人在社会的价值观念体系中失去了自己的主体性地位、人的价值再也不是以自己潜能的实现程度为尺度进行衡量。

我们反观洋务派的文化思想,便会看到它所表现的正是中国传统文化纯物质实利欲望满足的文化趋向,同时它同样以"国富民强"的国家整体的形式表现出来。洋务派之所以感受不到传统精神文化改造的必要性,就因为他们仍如传统思想家一样,不是把物质文化的发展看作人的自由精神、自由创造力的物化形式,他们对物质文化的追求只是作为对物,作为对财富、权力、军事强权的自身进行追求的,他们觊觎的是物的本身。这样,在物与人的关系上,人是物的奴隶,是生产物质产品的工具,这与传统的物人关系基本上是相同的。在维新派那里,国家政治是第一位的东西,人的价值是从属于国家政治的,人是实现某种政治改革的工具,在国家政治和人的关系的理解上,与传统儒家、法家并没有什么本质的差异。不难看出,只要物人关系、国家政治与人的关系仍如传统文化保持着一致,那么,物质文化和制度文化本身的性质也是没有变化的。在中国古代也有富商大贾,也有过雄踞天下的天朝盛世,但最终仍然不是现代化的文化,其根本原因便是现代物质文化和制度文化与传统文化的根本基点是不同的。现代物质文化和制度文化的基点是什么？便是人的主体性地位。西方全部的现代文化都是从文艺复兴开始发展起来的。文艺复兴首先确立的是人的主体性地位。此后的科学技术的发展是人为了自己的存在和发展主动认识、驾驭、改造客观物质世界的结果，其价值不仅在于它所获得的成果本身，还在于它是人的主体性地位的表征，是人能够认识、驾驭、改造客观物质世界的证明；西方启蒙主义思想学说及其在实践上的胜利是人为了自己的生存和发展主动认识、驾驭和改造社会及其组织形式的结果，是人的主体性地位在社会中的贯彻，是人能认识、驾驭和改造社会的证明。洋务派、维新派之所以依然崇拜儒家伦理道德塑造成的自抑、自屈性的人格，就是因为他们依然把人当作物和社会的奴隶和工具，把人的自由意志和自由表现视为国家、政治和某种抽象集体的敌人。就这样一个根本的意义讲，他们的文化思想依然留在中国传统文化的范畴之内。

直至现在，有些同志依然常常把维新派的启蒙主义同五四时期的启蒙主义完全等同起来，实际上二者是有根本差别的：维新派的启蒙主义是要把自己的政治主张贯彻到群众中去，是理性的诉诸宣传；五四新文化运动的启蒙主义是唤起社会群众对自我的意识，是情感和理性的感发和启迪，是"辟人荒"。前者是以政治国家为本位的，是把人的欲望和追求纳入政治和国家的统一意志中来，后者是以人为本位的，是由有自我意识、自我意志的人组成一个活的文化机体。如果说"民主""科学"是这两种启蒙主义共同拥有的旗帜，那么，五四新文化运动自行举起的最鲜明的旗帜便是这个"人"的旗帜。

五四新文化运动的这个"人"的旗帜，同时又必然是"个人"的旗帜，因而我认为，真正反映五四新文化运动独立本质的思想不是别的思想，而是"个性解放"的思想。

在西方中世纪，人的主体性地位丧失在人类的最高主宰"上帝"的手里，西方文艺复兴是从上帝的统治下解放人，还人以主体性的地位。中国人的主体性地位不是丧失在任何一个最高的主宰那里，而是丧失在现实的社会群体之中，丧失在人与人之间的彼此牵掣中。在中国古代占统治地位的儒家伦理道德，其根本特征便是用现存的人与人的关系规定个体人全部人生选择的合理性。个体人的全部价值便是为他上下左右的

对全部中国文化的现代化追求

任何人尽责，他的纯个体的存在和发展是没有任何独立意义和价值的，因而他的全部人生选择都要在周围的人与人之间的关系中来确定，他自己没有独立选择自己的人生道路的权利。正是在这种人与人彼此牵掣的关系中，每个个体的人都丧失了自己的主体性地位，丧失了自己的自由意志，他必须完全沉没在群体中，沉没在由群体传承的习惯势力中。儒家伦理道德使个体人成为群体的奴隶，扼杀了个体也捆住了群体，造成了中国特有的因循守旧和保守落后。五四新文化运动解放人的全部努力，便是争取个性解放的努力，便是为个体人争取独立存在价值、争取自由选择的权利、争取自由发挥自己的创造能力的思想空间和活动空间。我们可以看到，尽管五四新文化运动的倡导者之间也存在着各种各样的分歧，但个性解放的思想则是相同的。它是鲁迅的《文化偏至论》《摩罗诗力说》，陈独秀的《敬告青年》《一九一六年》，胡适的《易卜生主义》，周作人的《人的文学》等著名论文的共同思想基础。现在，五四新文化运动已经成为不可抹杀的历史存在，但在实际上我们又有各种形式的观感，由这种种观感我们则有从各种不同的角度解释它和利用它的可能性。在这种情况下，认识五四新文化运动的实质和精髓是区别对五四新文化的实际态度的关键所在。我们完全可以说，对个性解放思想的态度也就是对五四新文化运动根本性的实际态度。

个性解放思想之所以是五四新文化运动人的解放的核心内容，就因它不但是个体解放的需要，同时还是建立人与人真诚感情联系的基础。现在有些同志把五四时期的人道主义思想同儒家学说的"仁"等同起来，我认为这是毫无道理的。儒家的"仁"是在上下等级关系中抹杀人的个性价值而在牺牲、压抑自我的自由意志的前提下迁就现实对象的实利的、心理的或情感的要求，抚慰对象的心理、满足对象的现实需要的道德准则，它不承认人的独立个性要求，造成的是人与人之间的虚伪关系，严重摧残了人与人之间平等的、真诚的感情联系。五四新文化运动的人道主义思想是对儒家传统道德的直接否定，它的实质是要在个性独立的基础上重建中国社会人与人真诚的感情联系。这种人道主义，不是狭隘地对某个个别人的"忍让"和"照顾"，更不是虚伪的敷衍和奉承，而是在个体体验的基础上进入对更普遍的人、人类本体的体验，是在关心自我、承认自我存在的基础上进入对类的生存和发展的关心。在这时，个体与类应是融为一体的，人与人在情感上是相通的，一个人能同时感受到对象在某种状态下的喜怒哀乐，从而使人绝不在平等的生存竞争之外给任何别的人制造无益于己又无益于人的痛苦。这种人道主义是对人、对人的情感的更高的要求，尽管并非五四新文化运动的倡导者都在实际上达到了这种思想高度，但它却是迥异于中国传统伦理道德的全新的思想观念。

只有在人真正地重新返回自身、思考自己的前途和命运的时候，人才不是被分割了、扯裂了的人，人才作为一个复杂的整体出现在人的意识里。在传统的伦理道德中，人是作为与动物截然断裂的人而被要求的，是作为与个体人截然区分的人而规定的，但人却是复杂的整体，他不但区别于动物，而且承续着动物与人共具的特征；他不但是在群体中生存、需要人与人之间的感情联系和社会联系的人，而且是以独立个体的形式存在于群体之中的人。在彼此割裂的条件下，传统的伦理道德将人的本能欲望视为邪恶的、低级的东西，将个体的需求视为粗俗的、不道德的、罪恶的东西，从而造成了对人的摧残和压抑。只有在五四新文化运动提出了解放人的根本任务的时候，人的所有不可摆脱的需要才被视为正当的、合理的需要。

我认为，只要认识到五四新文化运动的启蒙主义与维新派启蒙主义的根本差别，只要认识到五四新文化运动的启蒙主义是呼唤"人"的觉醒，那么，我们便不难理解，为什么五四新文化运动同时又是一个新文学运动，并且主要是一个新文学运动。这个新文学运动从根本上改变了中国古典文学的发展方向，标志着中国文学的发展新阶段。在这个文学运动中，小说、戏剧、诗歌、散文四大体裁的文学格局才正式形成，改变了古典文学仅以诗文为正宗的古典格局，除了后来才发生的影视文学外，它基本仍是现在文学的总格局，并且小说的地位得到了提高，成了影响最大的一种体裁样式，现实主义、浪漫主义、现代主义等各种创作倾向也已在五四时期初露端倪，为整个现代文学倾向的发展奠定了基础。还在这个时期，中国新文学便产生了具有世界影响的第一个伟大作家鲁迅，他作为一个文化巨人、文学作家是在五四时期便站立起来的。

对全部中国文化的现代化追求

现在,我们对上述五四新文化运动的第三个层次,亦即它的独立的价值和意义归纳如下:五四新文化运动的第三个层次的意义在于,在中国历史上,它第一次揭起了人的解放的旗帜,把以个性解放为核心的人道主义作为全部文化思想的基础构架,为中国人的全面复归或曰全面的自我实现而建立起了一个迥异于中国传统文化的新的具有现代性质的初具轮廓的文化系统,并在此基础上实现了中国文学的根本革新,开创了中国新文学的新的文学传统。

四

正因为五四新文化运动仅仅依靠自由的思维和自由的感受超越了中国传统文化的束缚,给中国带来了一种新的文化和新的文学,因而它也就是难以在中国顺利发展的文化系统和文学系统。超越者一定被超越,这是历史发展的必然规律。一方面,超越者的成功向人们启示了超越的必要与可能,另一方面,超越者若不被超越,超越者的思想和事业便不可能得到继承和发展。但中国的矛盾恰恰在于,当五四新文化运动在思想上实现了文化的超越的时候,中国传统文化还是在现实社会和广大社会群众中具有实际力量的文化传统,人们沿着"五四"的整体方向实现对五四新文化和新文学的超越是困难的,人们从它的一个因素向前推进并借助传统的强大力量对它做单方面的形式超越则是容易的。20年代末,创造社、太阳社的部分青年,以五四时期发展起来的进化论思想为主要精神支柱,以五四时期在开放的文化意识的推动下输入的马克思主义为旗帜,以当时在世界上具有极大影响的无产阶级文学运动这种最新的文学潮流相号召,第一次实现了对五四新文化和新文学的超越。但正是在这种超越中,传统的思维方式和思想意识像洪水般倾流进来,等级意识代替了平等意识,定向思维代替了自由思维,解经术代替了科学研究,领导意识代替了民主意识,工具意识代替了个性意识,从属意识代替了主体意识,封闭意识代替了开放意识,先定理论代替了人生体验。单方面的超越掩盖了多方面向传统观念的复归,表面的超越掩盖了深层意识的复古。在此之后,我们不断超越又不断向传统观念复归,当暗中潜入的传统观念完全压倒了表面超越的意识，传统的封建意识便在现代的条件下以亘古未有的最强烈的形式和最巨大的力量爆发出来。这是一个极其深刻的教训。这个教训的最本质的意义在于：在一个有强大的旧文化传统的国家，在旧文化的影响力还远远大于新文化的影响力的民族里，不但旧文化自身还有强大的力量，并且它还会附着在任何新的文化形式中实际贯彻自己的意志。在这种情况下，往往在新旧文化的交接点上，在那二者直接的正面对立中，在它刚刚产生时的极简单、但却极分明的轮廓上，才能最深刻地感受、最清晰地看出新文化的特质及其真实意义。中国的新文化还没有成熟，不论在广大社会群众中，还是在我们自己的头脑中，它还只是微弱的萌芽和朦胧的感觉，恰恰在我们自以为实现了全面的超越和有了最明确的意识的时候，正是我们把大量的旧意识误认为现代意识并自我强化了它们的稳固性的时候。我们必须有超越的意识，才能不做五四新文化运动的简单模仿者和机械的传声筒，但同时我们必须意识到，只要我们的民族还没有从中国古代文化传统的影响下解放出来，只要五四新文化在我们社会上还只是极少数知识分子从书面文化中接受的东西，还不是广大社会群众所接受、所实际运用着的文化传统，这种超越便只是部分的而不是全面的。历史不是天天被超越，文化不是时时被超越，一个开创了新时代的文化运动，从整体上的超越是在它所开创的传统不但在形式上，而且在实质上取得了真正的胜利之后。我们还处在它的发展过程中，如果我们并不认为个体的价值只有在历史性的超越中才能得到体现，那么，我们重视五四新文化运动实质意义的体认或许对开发自我、发展自我、充实自我更有实际的意义和作用。

因而：
我不是五四新文化运动的否定论者；
我只在部分上是五四新文化运动的超越论者；
我更是五四新文化传统的发扬论者。

原载《中国社会科学》1989年第3期

完成从选择文化学向认知文化学的过渡

选择文化学与认知文化学是我生造的两个词，但我认为，从鸦片战争以来直至目前的中国的文化论战以及在这一过程中提出的各种文化观点，都只是选择性的，它们被一种选择意识所困扰，致力于为中国选择一种优秀的文化以作中国文化的发展方向，并在中国文化和西方文化的对立中思考一切问题。我认为，这种选择文化学一开始就带有严重的弊端，把中国近现代的文化学引向了一条邪路，把中国知识分子的思维方式搞得极为混乱，在实践上也造成了极大的损害。现在中华民族已经作为一个独立自主的大国出现在世界各民族之中，它存在的一切问题都不再是选择一条什么文化道路的问题，原来的选择文化学不但不再具有少量的积极意义，而且也不再有存在的基础。在这时，抛弃选择文化学已成为中国文化学的当务之急。而代它而起的应是认知文化学，这种文化学只是在与选择文化学的对立的意义上而使用的，它的基本要求即不再是选择性的，而是认知性的。认知不等于选择，选择是纯粹具体的实践活动，应由各项活动的实践者根据自己的具体条件来确定。知识分子只提供认知结果和选择的必要条件。

从选择文化学的角度，中国近现代文化的一切矛盾都是由中国文化与西方文化的冲撞带来的，但从认知文化学的角度，中国近现代文化的一切矛盾都还是中国文化自身矛盾在新的文化语境中的新的表现。在任何一个重大的历史转变面前，一种文化体系都会为这种转变提供两种或两种以上的选择机制，这根本不是两种不同文化体系对立的结果。在中国传统文化内部，也一向存在着两个大的选择机制，一种是以道统为标准的选择机制，一种是以事功为标准的选择机制。儒家文化是以调整人与人的关系为目的的伦理道德学说，它不以追求实践活动的成败为前提，因而就与具体的政治、经济、文化活动的实践性要求存在着尖锐的矛盾。一般说来，那些从事着具体的政治、经济、文化活动并对此担负着成败责任的官僚知识分子，更倾向于以实践性的活动为标准看待一切文化现象，他们需要充分利用现有的一切条件以实现目前的具体实践活动的成功，而他们的反对派则往往是道统的维护者，用抽象的、普遍的道统为标准衡量现实中的一切实践活动。道统派和事功派的斗争具有十分复杂的性质，并与各历史朝代的政治权力斗争相结合，贯穿在中国政治史的全过程。鸦片战争之后，林则徐、魏源这些被后来人认为是最早提倡学习外国的知识分子，实际都属于当时的事功派官僚，是从中国文化中产生的一支文化新军。他们的文化思想在开始时并不是选择性的，因而称他们提倡学习外国是并不精确的。在他们的意识中，还不可能产生中国文化是需要西化还是不需要西化的问题，而是如何在外国侵略者的斗争中取胜的问题。林则徐主持编撰了《四洲志》、魏源主持编撰了《海国图志》，这些都属于认知性的，它们的话语形式与古代的西域传一类的作品并无不同；认识我们还没有认识到的事物，扩大我们的认知范围。以谁为师的问题是道统派官僚提出来的，他们把事功派官僚的这种认知活动视为师事关系的变化：以前以中国的圣人为师，现在以洋鬼子为师，这就把认知的活动与师事关系的问题混淆了起来。显而易见，正是由于道统派官僚的非议和攻击，魏源才在《〈海国图志〉叙》中提出来了"师夷长技以制夷"的口号。面对道统派的攻击，魏源的辩护是有力的，但这到底只是一种辩护性词语，从文化学的角度讲来是有很大弊害的。但是，就是这个自辩性口号，成了后来中国知识分子普遍认可的口号，中国近现代的文化学也就被纳入了选择文化学的总体轨道。

同样一种文化现象，当纳入不同思维模式中的时候，其意义的显现是极不相同的。从认知文化学的角度讲来，鸦片战争之后，中国知识分子的认知范围扩大了，中国人需要了解和理解整个世界和整个世界的文化。认知活动是主体与认知对象间的活动。在这样活动中，主体永远占据着主动性的地位，所有活动都只能是主体的活动，认知对象则是被动的，是被主体所认识的被动对象。主体的价值是以它对认识对象的认识能力来体现的，它越能广泛而深入地实现对对象的认知，它的价值也就越大，认知过程是主体价值的实现过程。若依照认知文化学的原则发展起中国近现代的文化学，原本可以使中国的知识分子很简单地避免下列几个精神上的困惑。一、对西方文化的认知过程不是西方文化占据主动地位，而是中国文化占据主动地位，西方文化永远只是中国文化认识的一种被动的对象，并且这种关系绝不依对它认识的多少和对它的优劣评价所改变。二、在这样一个认知过程中，中国文化越能广泛而深入地实现对西方文化的认知，中国文化自身的价值越得以充分表现出来，中国文化的自身价值越高。三、当时中国知识分子对西方文化的认知与对中国传统文化的认知不是矛盾的，它们都是现代中国人需要认知的对象。但选择文化学把这一切都改变了。在魏源的口号里，开始把中国知识分子的认知对象人为地区分了开来，一次性地归属于中西两方。它的弊病一直贯穿到现在，使我们把从鸦片战争之后发展起来的全部现代文化，都几乎本能般地归属于西方文化，这给我们中华民族的精神造成了极大的压力。与此同时，这个口号还向人们暗示了在认知一个对象时，必须提出你认知它的理由，这个理由则是以先天地做出的价值判断为前提的，并且这种价值判断又必然地和它原来归属的整体有着必然的联系。在认知文化学里，人们是不必对自己的认知活动提出任何理由的，价值判断即使有也必然出现在认知活动的结束时，而不会出现在认知活动的前提中。这样，中国近现代文化学就一直处在极其被动的地位上，没有现实的实际教训使中华民族被迫承认西方文化优于中国文化，中国知识分子就不能或不愿去主动认识西方发生的一切，而一旦承认西方文化优于中国文化时，又丧失了自己主体性的地位，对西方文化表现出盲目崇拜的奴性态度。

　　魏源这个口号的局限性一方面来自道统派的攻击，一方面也来源于事功派官僚知识分子自身的局限性。道统派官僚知识分子的弱点在于不想在现实实践的发展中重新发展自己的抽象性的哲学认识，而只是抱住已有的观念衡量一切发展中的事物，事功派官僚知识分子的弱点则在于总是在特定的实践性目标的基础上直接建立自己的理论学说，很容易以非常单纯的方式与自己的实践性目的直接挂钩，而跨过更为复杂得多的认知性过程。中国文化的这种弱点是由于缺乏一个独立的知识分子阶层形成的。但是，魏源的这个口号却为当时事功派的官僚知识分子找到了有力的口实，在外国侵略者不断入侵的过程中维持了事功派官僚知识分子的地位并满足了他们的理论需要。但是，它本身埋伏着的危机也使他们越来越处于理论的困境之中，因为他们向西方文化认知的每一步深入，都同时意味着对中国文化的否定程度的增加，也意味着对西方文化优越性的承认。这在认知文化学的范围中原本是极容易得到解决的问题，在他们的选择文化学中却成了无论如何也无法摆脱的怪影。从认知文化学的观点，他们对西方文化认知的积极性本身，便体现了中国文化的生命活力。它证明中国文化中重事功、重实践、重成败的传统对于中国文化的持续发展具有巨大的推动作用，使它不易在任何一点上停顿下来，而这也是中国文化与西方文化相近而与印第安人的文化等完全不同的地方。但由于他们的选择文化学的模式，却漠视这种认知过程本身，把它当成了己不如人的根本标志。正是在这种矛盾困惑的心理中，张之洞后来提出了中国近现代文化学中第一个有代表性的理论口号——中体西用。

只要在选择文化学的范围之中，我们就会感到，张之洞的口号是一个最稳妥的口号。它把对西方文化的肯定降低到了一个最低的限度之内，而把对中国文化的肯定提高到了一个最高的限度之内。中国文化是重道轻器的，把器的优先权让于西方文化，而把道的优先权留给中国文化，既提供了发展中国社会生产力的理论根据，也满足了中国知识分子对中国文化的自信心。但由于它的存在就产生于一个完全错误的文化学框架，所以它既不具有理论的完整性，也不具有实践上的长远性。在理论上，他把人生哲学与物质文化的发展各自孤立起来，使他既不能在人生哲学上提出新的观念（尊古），也不可能在物质文化的发展中找出自己独立的发展道路（崇西）。而在实践上，由于当时中国知识分子范围的广阔性，它很快便被人们抛弃了。

完成从选择文化学向认知文化学的过渡

选择文化学的有限的积极性在于，当中国知识分子实际感到自己的落后和不如人时，它提供了一个向别人学习的途径，从而可以有限地扩大自己的认知范围。但它的一个严重的弊病却也发生在这种"学习"意识中。如上所述，在认知文化学里，认识主体永远居于主动性的地位，它既不会简单地否定自己需要认知的对象，也不会简单地肯定这样一个对象，它的目的仅仅在于提高对不同对象的认识和驾驭的能力。但在选择文化学里，不是简单的否定，便是简单的肯定。"学习"是对简单肯定的对象的态度。"学习"与认知的根本差别在于，在"学习"中，主体对对象不具有任何主动性，对象是凌驾于学习主体之上的最高标准。显而易见，从维新派到辛亥革命时期的激进知识分子，最大的弱点便是这种机械的学习意识。民主制度不是他们认知的对象，而是他们学习的对象，他们的做法是利用政权的力量在中国组装起一个民主的政治体制。这样，这个政治体制便只能建立在一个缺乏西方式的民主意识和法制意识的国民的沙堆上，如果从认知文化学的角度，从维新派开始的知识分子所首先实现的任务，便是利用新发展起来的教育制度，进行民主和法制的基本启蒙，实现后来五四新文化运动所致力的目标。但选择文化学却颠倒了这样一个历史程序，并使原本会带来政治安定和经济发展的民主制度却带来了军阀混战，丧失了作为一个政治体制的政治职能。五四新文化运动的一个天然的优点就是它是文化学意义上的运动。它的两大主将胡适和鲁迅尽管后来发生了向左与向右的分裂，但他们二人终其一生都坚持着文化学意义上的操作方式，即用语言的功能、认知的手段实现文化意义上的而不仅仅是学科意义上的认知目标。他们的文化活动不是纯道统的，亦即并不停留在原有的抽象人生哲学的信条上，但也不是事功性的，亦即并不把自己的思想局限在一个眼前可以实现的实践目标上。他们是中国现代严格意义上的知识分子。五四新文化运动则标志着中国现代知识分子阶层的出现。这个阶层担负着中国文化发展过程中提出的认知任务。鲁迅的改造国民性的思想，集中体现了中国现代知识分子认知社会人生、认知国民精神状况的积极性和主动性。可以说，鲁迅思想是在中国近现代选择文化学的框架中所可能取得的最大限度的创造性认知成果，但选择文化学也给他的思想留下了鲜明的印迹：他对现实人生认知能力的发展是同他对中国传统文化的否定成正比例的。在这里，他陷入了一个更大的文化怪圈：他无法从中国文化的自我发展中说明五四新文化运动发生的根源和自我认知能力的发展。实际上，他对西方文化认知的能力并不来源于西方文化的本身，仍来源于中国传统文化的内部素质。选择文化学的总体语境对他的压力是非常明显的：当社会以优劣为前提选择自己的认知方向的时候，当盲目排外主义在中国还是最强大的文化势力的时候，他对西方文化的认知热情便不能不表现为激烈的反传统态度。

　　鲁迅在反对中国传统文化的话语暴力的同时，也反对西方文化的话语暴力，但在选择文化学的总体框架中，他不能不更加倚重于输入外国文化的知识分子的群体。他的一个显著特点是不自称是一个外国的什么什么主义者，不以西方某种学说的现成标准衡量中国的具体文化现象。而在"五四"之后，西方文化的话语形式在很多知识分子那里也构成了一种话语暴力。他们以学习的意识对待所谓先进的西方文化，并把西方文化中的大量语汇被作为标准性的语汇输入到中国的语言中来。与此同时，另一部分知识分子为了反抗西方文化的话语暴力，又重新把中国古代文化作为中国文化的基本形态，这同时也意味着把中国古代文化中的话语变成了对中国现代知识分子的话语暴力。在这种情况下，中国现代文化出现了严重的分裂趋势，西方文化的话语和中国古代文化的话语像两堵墙一样各向自己的一侧倾斜，彼此之间没有连接的基础。在中国现代知识分子之中，有人以古代文化为师，有人以西方文化为师，各以其师的话语为话语，以其师的标准为标准，彼此之间甚至连相互攻击的语言也统一不起来了。传统派攻击西化派不忠不孝，西化派感到光荣倍至，西化派攻击传统派保守守旧，传统派觉得无甚羞耻。这种分裂趋势以20世纪30年代两个极端的口号表现了出来：一是王新命等人的"中国本位文化论"，一是以陈序经为代表的"全盘西化论"。我认为，在选择文化学的框架内，这两个口号都不缺乏理论根据。王新命等人从中国人必须以中国古代文化为本位的观点出发，强调了中国文化的主体性地位；陈序经则以现代中国的发展要靠学习西方的观念，提出要学得像，学得好，学得彻底。它们共同的弱点是，只把中国文化的发展当作学习某种优秀

完成从选择文化学向认知文化学的过渡

文化的过程。

中国本位文化论和全盘西化论因为与中国现代文化的实际状况距离太大而没有多少拥护者，多数人采取中西文化融合论的态度。但是，在选择文化学的框架中，这种融合论只不过是粉碎了的全盘西化论和中国本位文化论，它的意思是说，古代的好的我们也要，西方的好的我们也要。但这个好坏的标准是什么？是西方的，还是古代的，还是自己的？从实际情况来看，融合实际意味着混合。直至现在，中国文化中的话语形式主要是西方文化和中国古代文化的混合，现代中国的独立形式极少。我们有西方的哲学，古代的哲学，但没有中国现代的独立哲学体系；我们有西方的文艺学，中国古代的诗学，但没有中国现代人的独立的文艺学……

在选择文化学的框架里，一切的认知对象都作为学习的对象，都以话语暴力的形式出现在现代中国人的面前，这同时也孕育着一种极大的危险性，即为了反抗这所有的话语暴力形式而否定所有这一切的认知对象，并只以一个现代中国人的思想为绝对权威。不难看出，这就是中国"文化大革命"的文化思想根源。反帝、反修，否定了全部世界文化；反封、反资否定了全部中国文化。毛泽东思想作为唯一的选择对象，因而也成了唯一学习对象。"文化大革命"结束后，一切的文化重新争得了在中国生存的权力，但选择文化学的框架则依然存在着。在这时候，有类于中国本位文化、中体西用论、中西融合论、全盘西化论的口号又都重新提了出来，李泽厚先生又提出了一个西体中用的口号。虽然他未必有意坚持，但他实际补齐了在选择文化学中以道器为二元，以中外为分界的所有有可能存在的文化命题。（见下图）

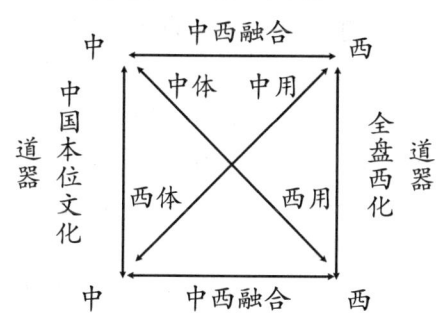

这个选择文化学的体系，是在中国盲目排外主义情绪极其严重、中国古代文化的话语暴力压抑着中国事功派官僚知识分子认知欲望的情况下产生的，但在这一过程中，西方文化也借助这一文化学体系构成了对中国知识分子的一种话语暴力。现在对西方文化的认知权力已经被确认，若继续维持这种文化体系，势必造成话语暴力对话语暴力的文化混战。它之所以造成这种情况，其根本原因是因为在学习意识左右下，各自以对象的标准为标准，彼此缺乏沟通的话语基础。认知文化学的话语基础不在对象，而在认知主体，它是以本民族成员普遍承认的公理为前提的，所以它的认知结果不再是认知对象本身，而构成中国文化的基础。它不是强迫性接受，而是认识主体的一种功能。它丰富着中国文化，同时也证实着中国文化的生命力。它不会把中国文化与西方文化、中国古代文化截然对立起来，但也绝不会以为一个可以完全代替另一个。

　　选择文化学是晚清官僚知识分子为直接的实践目的建立的。这造成了两个严重的弊病：一、缺乏普遍的认知功能；二、对政治实践者的话语暴力和直接依赖性。选择文化学一般是首先肯定对象的价值和作用，然后接受其内容，最后依其要求实现某一直接的宣传目的。在这一过程中，无法以此为基础升华为更高的理论认识，做出自己的独立创造。在中国近现代文化中，独立的理论体系大都是西方和古代理论的介绍和运用，属于近现代的理论多是实践性的政策和规定，这大大影响了中国知识分子的理论思维能力；这种文化学的文化选择是为直接的政治实践而选择，因而知识分子的这种选择往往依靠舆论的力量迫使政治实践者接受并付诸实行。这就势必对政治实践者构成强大的话语暴力，而政治实践者为了反抗知识分子的话语暴力，也往往选择一种理论迫使知识分子接受，从而限制了知识分子认知活动的自由性和积极性。这酿成了中国现代知识分子与政治实践者的旷日持久的战争，不是知识分子对政治实践者施行持续不断的话语暴力，便是完全听命于政治实践者的指挥，成为政治措施的消极阐释者。在认知文化学里，明确区分认知与实践的界限。认知在开始时只能是个人的认知，它以自身的完满性为满足，而不具有直接实践性的品格。政治实践要以一定的认知为基础，但认知只是众多条件中的一个条件，它必须加进具体时空的条件和策略性考虑，并

完成从选择文化学向认知文化学的过渡

通过正常的政治程序进行。政治实践以实践的成败为标准，认知活动以认知自身的完满性为标准。彼此不能完全混淆在一起。现在知识分子已成为一个独立的社会阶层，它担负的主要任务是认知的任务，而不应以个人暂时的认知结论代替整个民族的政治实践，并且知识分子的认知方式各有不同，其争论应在认知过程中解决。认知文化学不但有益于社会的稳定发展，同时也有益于知识分子认知主体性和积极性的发挥。

在整个近现代文化的发展过程中，实际很多知识分子已经实践着认知文化学的许多原则，但由于选择文化学的框架干扰着他们的正常认知活动，所以他们的原则并没有得到重视，也极大影响了他们的文化成果的取得和推广。所以我的意见并非多么新颖的意见，只是希望人们对选择文化学的弊病有更明确而较为完整的认识，坚决抛弃它的许多文化观念，而重视认知性的文化原则。

1993年8月27日
原载《中国文化研究》1993年第2期

文化危机与精神生产过剩

一、有没有文化危机？

马克思在自己的政治经济学著作中，曾对现代社会的经济危机现象做了比较深入的分析，经济危机这个概念遂被我们所熟知，但对文化危机这个概念却极少有人提到，有提到者也是泛泛而谈。对于文化危机，我们过去往往仅从一些人的主观目的和愿望来解释，或者归咎于某个人的过错（如说某人提倡了一种错误的理论），或归咎于外部社会力量的冲击（如说社会政治形势的变化），或归咎于知识分子的自身弱点（如说由于知识分子的软弱性和动摇性），历史唯心主义的方法在解释这类文化现象时还是占主导地位的方法，因为它们都不是从社会文化自身演变和发展的规律来说明问题，而是从人的主观方面来寻求责任的。历史唯物主义虽然会自觉舍弃许多活生生的历史偶然性，但对加强历史认识的自觉性和历史发展的预见性还是大有裨益的。我们应当注意从历史唯物主义观点出发来考察文化发展的问题。

要认识文化危机发生与演变的规律，首先要解决存在不存在文化危机的问题，要解决它是一种偶然现象还是反复出现的普遍历史现象的问题。但这不是一个理论问题，而是一个历史事实的问题。"文革"结束后，持续达十几年之久的文化繁荣发展的局面无疑遇到了危机的威胁，

文化危机与精神生产过剩

最近几年不仅学术著作，而且像小说、电影这类文化产品都呈现着衰败的迹象，有大量产品无法出版，出版后也少有影响。在十几年前刘心武依靠一篇《班主任》便轰动了全国，屡次在国际上得奖的西安电影制片厂现在却负债累累，难以为继。因此，文化危机绝非是有没有的问题，而是一个我们如何认识它的问题。

二、文化危机是怎样产生的？

文化危机是文化繁荣的对立面。所以，要了解文化危机产生的原因，首先要了解什么是文化？文化如何才能得到发展？

文化是什么？文化是人类思想认识和感情情绪的交流手段。思想认识的交流产生了自然科学、社会科学、宗教、哲学等等文化学科，思想感情的交流产生了文学艺术。在这里，有两个最简单的道理：人类若没有思想认识和感情情绪需要交流，便不需要文化；有了思想感情而不需要交流，也不需要文化。

文化是人类思想认识和感情情绪的交流手段，但并不是一切的思想认识和感情情绪的交流都属于我们现在所说的文化。一对情人在公园的长凳上的喁喁情话也是思想感情的交流，但却不是我们这里所说的文化，因为他们的交流是一种直接的交流方式。这种交流不需要社会公众的接受，因而也不需要借助社会的文化产品进行交流。总之，我们这里说的文化是一种社会的事业，是有普遍的可接受性的交流手段，并且是在交流双方互相隔离的情况下进行的非直接性交流。

为什么只有非直接性的交流才需要文化呢？因为在这里存在着交流梗阻现象。一种思想或感情需要向广大的社会公众进行表达，而广大的社会公众也需要或能够接受这种表达，但彼此之间又不可能进行直接的交流。在一般的情况下，这种交流便无法实现，交流梗阻现象便发生了。人类要打破这里的交流梗阻，便要创造一种特殊的手段，这种手段便是人类的文化产品。由此可见，交流梗阻既是文化发展的原因，也是文化危机的原因。当人们打破交流梗阻，实现了非直接性的交流，文化便发展了。但这种交流梗阻并不是在任何情况下都能打破的，当这种梗阻仍然是一种梗阻，交流便暂时中断了，文化危机便发生了。

非直接性交流的梗阻现象首先发生在语言上，这种语言形式必须超越纯粹个人与个人间的可理解性质，而成为一种社会性的语言。因此，人类的文明是从语言的产生开始的，有了语言，人才成为人，人才有了文化。但是，语言实现了交流，也造成了交流的梗阻。例如，两个民族有两种不同的语言，彼此之间的交流便会产生梗阻现象。即使在同一个民族中，语言梗阻也是极为普遍的现象。严格讲来，任何一种独立的思想和情感都是由其独立的语言概念系统组成的，不但在物理学与伦理学之间存在着语言梗阻，在马克思的哲学和尼采的哲学间也存在着语言梗阻。总之，全部人类文化的发展，都是以广义的语言表现形式体现出来的，而每一种语言形式间都会发生梗阻现象。

语言的发展，特别是文字的产生，使人类实现普遍的社会交流成为可能，但同时也提高了掌握社会语言手段的困难性。在这时，从社会上分化出了一个特殊的知识分子阶层，这个阶层是专职担负社会思想认识和交流工作的，社会对它的要求就是要它更熟练地掌握各种形式的社会语言，以便人类更有效地实现普遍的思想感情交流。知识分子阶层是适应人类的交流愿望而产生的，但它同时也是交流梗阻现象产生的重要原因。首先，知识分子阶层的出现，更严重地把交流双方分隔在两端，使社会交流必须通过知识分子这个"转播站"。一个社会需要表达的思想感情只有首先转化为知识分子自身的思想感情才能更有效地实现广泛的社会交流，而一个社会需要接受的思想感情的表现也只有从知识分子阶层的自我表现中才能得到更充分的满足。但这种转化并不是轻易可以实现的。其实现程度也是极其有限的，梗阻现象随时都能够产生。其次，知识分子阶层的出现，从根本上改变了社会双向交流的形式，使社会分裂成了两个不同的极端：一端是知识分子阶层，它成了知识的生产者阶层；一端是其他社会成员，它成了知识的接受者阶层。一个社会的最大量的知识都是从知识分子这个工厂中加工生产的，而其他社会成员似乎只是从这个工厂里购得自己所需要的知识。由知识分子所加工生产的知识，主要来源有二：一、在现实的社会实践中整理加工产生的知识；二、由知识自身的演化发展获得的知识。而后者则是更大量的，是知识分子利用固有知识材料加工制成的，而不是从当时社会的实践中搜集、整理、加工而成的。这样，在知识分子和知识接受者阶层中间便会发生多种形式的交流梗阻。一般说来，从当时社会实践中整理加工而成的知识较易返回社会实践中去，而利用固有知识材料加工而成的东西较难返回社会实践，因为它需要更不为人熟悉的知识材料做基础，所谓专业知识，则多属于这一类。总之，这种生产者与消费者的单向化，也是交流梗阻发生的重要原因。第三，知识分子阶层的出现，使知识分子不但成了知识的生产者阶层，同时也使知识分子成了一种独立的职业。知识分子的专业化和职业化一方面是社会实现思想感情交流的必要，而要专业化就必须为知识分子阶层提供必要的物质生活条件，并且按照生产知识分子比生产一个普通的劳动力需要花费更多的社会资金的道理，知识分子也理应获得多于一般社会成员的物质报酬。但也正因为如此，它把越来越多的社会成员吸引到知识分子的队伍中来并加剧了知识分子之间的竞争。这种竞争可以采取两种不同的形式：知识的竞争和职业利益的竞争。前者的竞争有利于社会文化的生产，而后者的竞争则不利于社会文化的生产。但这两种竞争又经常混杂在一起，极难明确区分。在职业利益的竞争加剧的时候，知识分子不但不再成为社会思想感情交流的积极力量，而且会成为壅塞交流渠道的主使者，指鹿为马、歌功颂德、欺上瞒下、传播谣言、陷害无辜都是知识分子中部分人的拿手好戏。如果说在别的社会阶层中也有这类的人物的话，至少他们还同时从事着实际的生产活动，创造着数量不等的有益社会的产品，而这类知识分子则是以此为职业并以此作为自己的社会贡献的。职业道德之所以成为知识分子的一个更具重要性的问题，原因就在于此。有的知识分子为社会思想感情的正常交流付出了严重的代价直至贡献出自己的生命，有的知识分子则在破坏社会文化的生产中获取高官厚禄。因此，知识分子的职业化一方面为社会文化的繁荣发展提供了良好的条件，同时也成为产生交流梗阻的重要原因。

最后，不论在何种情况下，文化产品都主要是以商品的形式进入社会的流通渠道的。在这里，它的文化价值和商品价格发生了比一般的商品更加严重得多的分裂。鲁迅的《阿Q正传》在投入流通领域后的经济价值要比张资平的一部三角恋爱小说小得多。这样，在文化产品的生产者、出版商、发行商、购置者这个流通渠道上也就会产生多种形式的梗阻现象。一部有价值的作品可能无法出版，出版之后可能积压在书店卖不出去，还可能买者买不到，在流通领域中失之交臂。

综上所述，在社会文化生产的越来越庞大、越来越繁杂的系统中，每一个环节都可能有益于文化的发展，但同时也有可能产生梗阻现象，小的梗阻有可能在整个系统的强大力量的冲击下得以清除，并且表现为一种文化的发展，但当它的梗阻截断了交流渠道，一系列的梗阻便会迅速蔓延，造成整个文化系统的瘫痪，文化发展就基本停滞了。在这时，就表现为文化危机的来临。

三、文化危机一定会产生吗？

文化危机一定会产生吗？我的回答是：正像经济危机一定会尾随经济繁荣之后而来一样，文化危机也一定会紧接着文化繁荣之后而产生。人们可能不太喜欢我这个结论，但事实总是事实，不是喜欢不喜欢的问题（我也是不喜欢这个结论的人之一）。

文化危机是整个文化发展周期的一个组成部分。我们从文化发展周期的描述中会发现文化危机是不可避免的。

每一个文化周期都紧接着上一个文化周期的危机时期而来。在危机时期，社会思想感情的交流陷于基本停顿状态。在这时，不是没有文化产品被生产出来，恰恰相反，倒是有过量的文化产品在社会上积压着。这里面有两类文化产品，一类是大量的文化代用品，它们是依照社会的惯例被制造出来的，是以前的成功作品的拙劣模仿，社会思想感情的交流原本可以不通过它们也可以，而且会更好地实现，只是因为商品生产的规律和社会对这类产品的需求量才使这类产品大量涌现。正像市场上的茅台酒，大量的冒牌货是在真的茅台酒不能满足市场的需要时被制造出来的代用品。这些文化代用品因千篇一律和缺乏独创性而渐渐引起了人们的厌倦情绪。第二类是真正有价值的文化产品，或者因为不符合当时人的习惯性阅读趣味，或者符合这种趣味而被淹埋在大量同类作品中

文化危机与精神生产过剩

而无法获得社会公众的重视。在这时，社会好像吃了过多的食物一样肚子胀胀的，其他的食物已经无法装到胃里去，文化产品的生产趣味跌落下来。但这并不意味着身体不再需要文化营养品，而是一种食物的过量纳入连身体的其他需要也掩盖了起来，就生产与消费的关系而言，社会不需要的东西知识分子已生产过量，社会需要的东西或者还没有意识到这种需要，或者还不具备这种生产能力。整个社会思想感情的交流渠道反被没有真情实感、用相同技艺形式出产的大量文化赝品所壅塞，一时呈现着大小路口都被堵塞的状况。但与此同时，正是由于这种交流梗阻，使得不到表现的思想认识和感情情绪由于蓄积而变得越来越强烈，表达的欲望和接受的欲望都在同时增长着。正像在经济的领域里，生产者的某种生产能力在增长着，一有机会便可投入生产，而消费者的需求、购买的愿望也在增长着，一旦产品上市就会购买。在这时，历史实际上在等待着一种偶然性，一旦某个渠道的梗阻被冲决，文化的发展便在某个局部实现，整个社会的文化生产便出现了回升的局面。

　　处在危机阶段的知识分子，往往会发生这样的错觉，似乎新的文化回升会由在危机阶段直接受压抑的知识分子那里开始，失败者成为胜利者，而矛盾论的观点也为这种历史发展直线论提供了哲学的依据。但历史满不是这么一回事儿。在危机时期，矛盾对立最严重的领域恰恰是社会交流梗阻最严重的地方。斗争的双方都已充分表达了自己的理论主张，但由于社会实际利益的不同和立论基础的不同，在整个文化系统未变的情况下，对立的双方再也无法真正地实现思想感情的交流，而交流的中止也是理论的中止，二者的争论早已停留在老生常谈的阶段。新的交流机制往往是在当时人不易预想的领域开始。在这样一个领域中，原来斗争的双方都还没有现成的主张，因而也是他们不予重视的问题。而对于这样一个新起的文化势力，则是具有核心意义的。只有在这样一个文化势力公开向社会提出了自己的理论主张或显示了自己的力量，针对他们的新的文化斗争才逐渐开展起来，而这时这种文化势力也已经在社会上有了一定影响，不可能被扼杀在摇篮里了。新的斗争代替了旧的斗争，文化开始在一个新的基点上展开。文化回升期的代表人物，不是在预先握有成功的把握的条件下开始提倡一种新的文化倾向的，因而这时也极少有人与他们争夺倡导者的地位。如果说在危机时期由于价值标准的明确性使各种知识分子都拥挤在一起，造成了历史面目的极端模糊的话，而这时的历史面目则是极为清晰的。他们是一种新的思想认识和感情情绪的表达者，不论你对之持有何种具体态度，但你无法不承认他们的文化产品的社会交流职能，因而也不会认为它们是文化赝品。

  一旦交流梗阻在一个重要的交流渠道上被冲决，不断流动的血液就开始清刷各个渠道上的梗阻物。因为文化系统是各自连带的，任何一种全新的文化倾向都会波及不同的领域中去。有了新文学，便要有新的文学理论，二者又会波及哲学、社会学等等不同的学科，而一旦它被升华为一种新的人生观或宇宙观，整个文化系统便会发生根本的改观。回升期之后整个文化系统便开始活跃起来，而首先跟上来的是那些早已具有这种新的文化观念但却无力冲破本流通渠道梗塞的人们，他们这时借助回升期少数文化前驱者的影响，开始公开表达自己的思想认识或感情情绪，并且将新的文化观念具体体现在本部门的文化产品中去。他们带动了整个社会的文化发展，一些更严谨细密的作品开始产生。这个时期的文化代表人物，在整个社会上数量较多，但具体到各个文化部门中仍是少数。他们是带着对旧文化传统的不同倾向冲破一定阻力走向社会的，因而虽然没有回升期少数代表人物的首创精神，但却显现着一种坚实的力量，不论他们的文化产品成功的程度如何，但与他们自身的思想追求是相一致的，并且都带有新鲜的见解或感受。通过他们的努力，新的文化倾向在整个社会的地位被确定下来，不论反对者怎样予以反对，这种新的倾向已经能够依靠自身的力量扩大自己的阵地。如果考虑到原来的文化系统已经是一个处处梗塞、到处挤满了过剩的知识分子和过剩的文化产品的文化系统，而新的文化系统却是一个初具轮廓、尚有着广大活动空间的文化系统。这时它对整个社会的吸引力已经大大超过了旧的文化系统。

  但就在它的吸引力似乎以爆炸的形式在社会扩大的时候，这个文化系统的单纯性也开始丧失了。回升期有少数知识分子也有自己的职业和物质收入，有时还有更多的物质收入，但这与他们的文化取向不发生任何的直接关系，因为这种与众不同的文化取向只会有损于他们固有的职

文化危机与精神生产过剩

业地位而不会有益于他们的这种地位，只是到了这种倾向真正发展了起来，他们才在后继者中获得了有类于权威的地位，但这种后续性的变化在当时是过于渺茫的。他们的第一批追随者在各自的部门中也有类于此。但在这时，文化取向与职业选择有了更紧密的关系，大量涌入的知识分子也便有了更复杂的情况，其中有与前两批知识分子完全相同的知识分子，但也有更多以此为谋生出路的人。而在这批人中，一种文化的幻象开始形成。这种新的文化取向在第一、二批人中，是在对旧的文化传统的切实感受中形成的。一般说来，他们的各种语言概念都有一种比较确定的内涵，他们与其说更重视自己的理论，不如说更重视这种理论背后的那种更具实质性的意蕴本身。但在这时，有更多的人是从这种理论自身的威力出发而去信仰这种理论的，似乎这种理论之在社会上发生了强大的影响是因为这种理论比原有的理论更"正确"、更"全面"，似乎这种理论本身便有一种点石成金的力量。正像当前社会上很多人看到做买卖的赚了钱，便形成我做买卖也会赚钱或做买卖就会赚钱的幻象一样，这时的文化界也形成了一种只要掌握这种理论便一定会有文化建树的幻象。而在这种幻象形成之日，也便是这种理论的危机开始之日，因为他们是带着各种不同的人生体验和感受理解并运用这种理论的，各种不同的乃至相反的人生体验和认识都被纳入同样的理论概念中来表述，这种概念的不确定性便加强了。各种名词概念像断了线的风筝，漫天飞舞。一般说来，其中有三种不同的倾向在同时发展着：一、把种种理论概念纯化到与现实的文化追求无关的抽象高度，使其仅具一种理想的色彩，从而不再能起到实际推动文化发展的作用。二、仍然保持着提倡者的特定人生追求的具体内涵而使之更具体化、系统化。三、把固有的传统观念用新的语言形式翻译出来。在这时，活跃着的各种文化倾向开始更多地离开回升期的首倡者。在首倡者那里，只有与固有的文化传统的对立，其自身是无所谓左中右、正确与错误之分的，因为他们是以自我为标准，以其内在的要求为标准的。只有在这时，这种新的文化倾向由于发生了分裂而有了左中右之分，内部的论争随之发生。但这时的争论与回升期的论争极不相同。在文化回升期，新的理论是一种新的语言形式，它能把社会上很多没有找到这种语言形式而又有这种朦胧思想倾向的人的思想感情明确化，从而起到更广泛的社会交流的作用，发掘了社会的新的文化潜力。但这时的争论却更多是由根本不同的思想感情之间的差异造成的，理论的争论只起到自我诠释的作用而没有增加新的内涵。这种争论一般不会产生实际的效果。争论的一方越是把自己的理论与要求阐述得明确具体，对立面便越是不会接受，而若是把自己的愿望和要求掩盖起来，其作品的交流职能也便不存在了，文化的价值遂低落下来。当各自都把自己的意见阐述出来，交流的梗阻便在这争论中形成了。

但恰恰是在这时候，整个社会文化呈现着一派繁荣的景象。每一个有能力与有兴趣注视着文化动态的人，都会从中找到自己思想感情的表达者，同时也会遇到自己难以忍受的观点和理论。整个文化界像块大的磁铁，吸引着越来越多的人投入其中。有缘投入者欢喜若狂，无缘投入者也各自以自己的方式发泄着不满，感到参与者出尽了风头。人们这时不会感到文化是无用的，因为他们相信自我的意见是正确的，相信自己的理论能够说服或者战胜对方，相信社会只有按照自己的意见进行治理才会臻于完美。他们的自我表现与社会的责任感是融为一体的，似乎具有无限大的能量。整个社会的生命力从来没有像这时表现得如此充沛、旺盛。

可是，危机发生了。

危机就孕育在这种繁荣中。

在每一个发生着严重争辩的领域，对立双方都在当时的条件下尽其所有地发掘着文化的潜力，但很快便发掘尽，能说的话都已说尽，不能说的话仍然不能说；对方能接受的话已经说尽，对方不能接受的话已经说得太多，如若对立仍难消除，交流遂告中止，梗塞随即形成。在这种剩余的对立中，人们一眼就能直穿到社会实际的利害冲突中去。于是，说服对方的愿望遂告结束，自我表现的作用上升为主要的目的。在这时，人们关注的重心已不在理论的征服力和内在精神的震撼力，而在于观点的鲜明。人们要在人声鼎沸中唤起人们注意倾听自己的声音，必须提高嗓门，以奇制胜，以怪招徕，用戟刺公众神经的办法吸引他们的注意力。在这耀眼炫目的形式下可能并没有与别人本质不同的思想认识或人生感受。但他们却把这个时期的文化倾向以过量的程度传播出去，并使之达到饱和状态。如果说回升期产生的多是革新家，第二个阶段产生的多是实干家，这时期产生的则多是宣传家。但宣传多半伴随着公众情绪的刺激，痛快淋漓的宣泄，使不同观点间的对立愈加强化，同时又有可能把文化上的对立引导到社会实际的斗争中去。一旦对立由文化界转入实践领域，起决定性作用的就不再是文化，而是实际力量的对比和各种历史的偶然因素。在这里谁胜谁负都不是文化上的胜负，交流梗塞仍然继续着，并且更加严重。

但是，在这时，由于文化的一度繁荣而扩大了的知识分子阶层仍然存在，一座庞大的文化加工厂还在惯性的作用下运转着。由于交流梗塞，这时的文化产品已经严重地失去了自己的读者：他要说服的对象已经不会被说服，与观念相同的人已经不必通过他的文化产品接受他的观念。与别人相同的观点不必再说，与别人不同的观点无人再听。整个社会的嘴唇都被繁荣期的大辣大咸刺激得麻木了。一般的味道很难激起人们的食欲。所以这些仍在生产着的文化产品一时呈现着过剩的现象。过剩造成产品积压，流通领域积压的大量文化产品壅塞起来，当文化梗阻在印刷、出版、发行、销售的渠道成为主要趋势，文化危机就正式到来了。

总之，文化危机是文化发展过程中的一个环节，它直接根源于文化繁荣的土壤上，由盛而衰，是根本不可避免的。人的主观能动性只表现在如何认识它，把握它的规律，左右它的发展趋向并尽量避免它给社会造成的严重损伤。

四、文化危机在文化发展中的作用

文化危机是文化繁荣局面的终结，是一个民族整体文化发展的暂时中止。在这个时期，知识分子阶层和关心社会文化发展的社会群众在精神上和在实际人生利益上都感到前所未有的窘迫，其政治、经济地位也迅速下降，但这并不说明它在文化的发展中是没有任何作用的。

在回升、发展、繁荣三个阶段，不论每个人的理论观点会有什么不同，但文化进化论都是社会上占实际统治地位的文化观念，他们坚信社会文化是做着前进性运动的，未来的文化环境将大大地优于现实的文化环境，他们做的便是促使本民族文化向前发展的努力。特别是在文化繁荣发展的时候，文化的乐观主义情绪笼罩着整个社会。但是，文化危机出现后，文化梗阻在人们极少注意的环节上形成，而人们对这种梗阻几乎是束手无策的，文化上的悲观主义情绪就不知不觉地蔓延开来。曾几何时，整个社会都对文化界翘首以待，似乎拯救这个世界的不是政治家，不是经济家，也不是工农大众，而是思想家和学者，文化精英受到社会的普遍崇奉，但在一眨眼的时间，不但整个社会的人对只会耍嘴皮子的知识分子大失所望，就是连知识分子自己也感到了理论的空洞和文化的无用。昨天还相信文化万能的人们今天又叫起了文化无用论，甚至连叫嚷文化无用论的文化也变得无用了。

　　随着文化悲观主义情绪的增长，知识分子开始对自我进行反思。虽然这时知识分子的自我反思是散漫无归的，是不伴随着新的文化追求和文化选择的，它像一个软体动物的哼叽声一样软弱无力，但到底有一点是只有在这时感受得最深刻的，即知识分子自身也永远是不完美的，它无法仅仅依靠自己的力量支撑这整个世界，甚至也无法仅仅依靠自己的力量支撑一个民族的文化，它受制于整个社会、整个社会各个阶层的发展和变化，而对于政治、经济和日常社会生活领域的变化，文化虽不能说一点作用也没有，但文化无法左右整个社会，知识分子的力量是极其有限的，并且任何一种理论都无法代替实践的经验。

　　文化落潮了，文化的悲观主义蔓延开来了，知识分子的眼里开始有了整个现实社会。恰恰在这时，由于文化繁荣期文化界的肚子里吞下了大量的社会成员，这些社会成员已成了文化界的过剩人口。在这时，他才重新返回到自己从事文化事业的最原初的推动力上去。在文化繁荣期，一种高雅脱俗的感觉在那时的知识分子身上保持着。但当这种事业与名、利这些粗俗的物质欲望完全脱了钩，知识分子遂在文化狂热中苏醒过来，发现人生的最根本的基础还是金钱、权力和性这些物质欲望的满足。精神是空的，物质则是实的，但在这些物质实利的追求上，自己则是人生的失败者。不论在社会群众的眼中，还是在自己现在的人生实

文化危机与精神生产过剩

感中，知识分子再一次呈现出有类于孔乙己的形象，寒酸则是他们的主要特征。这种自由意识加强了知识分子与文化事业的离心力倾向。过去是凡有可能者都留在文化界，现在则是凡有可能者都流入另外一些社会领域。面对这种人员的流动，知识分子中笼罩着一片秋风萧瑟的凄凉景象，但它却也是符合规律的现象。

除了向外的转移之外，知识分子内部也发生着极大的变化，由雅向俗的转化是这时知识分子的重要趋向。在文化危机阶段，大量知识分子重新返回到个人的实利目的的关心中来，文化的产品遂有了明显的"俗"的色彩。一切读者欢迎的、可以赚到钱的题材都走向市场，甚至连极严肃的政治题材都成为赚钱的手段。在文化发展的过程中，作者和读者的关系是以作者为主的，但在文化危机阶段，这种关系发生了根本的变化，这时的作者要更多地迁就读者的需要，读者喜欢看什么作者就试着写什么，读者希望作者怎样写作者就怎样写。"可读性"是这时对文化产品的主要的、第一位的要求。在这种情况下，知识分子再一次感到自己成了社会的奴隶，知识分子的自尊心受到了严重的伤害，但这种变化也包含着具有积极意义的东西。现在知识分子对读者的迁就固然也使绝大多数作品成了粗制滥造的文化用品，但同时也在无意间完成着吸取散存在整个社会的文化矿藏的作用，当他们再一次走向雅化的时候，这次的雅化在内容和形式上就不会与上一个时期的雅文化完全相同了。

知识分子到底是应当以雅文化的生产为自己的主要职责的，在这个时期仍有一部分知识分子坚持着雅文化的根本方向，他们往往是那些在以往的文化发展中进入文化界并在文化界取得了较稳固地位的知识分子，并且往往以学院派知识分子为核心。在文化繁荣期过后，一个民族特定时期的最低限度文化领域仍然会相对稳固地存在下来，特别是以知识的传承为主要目的的学校教育中的最具权威性的部分。在这时，知识分子开始竖起"为学术而学术"的旗帜，并以此把知识分子的专业研究同社会现实思想情感的交流划出严格的界限。他们对外挂起免战牌，开始躲进学术的硬壳，去从事那些不必惹人注目的学术工作。从本质上讲，"为学术而学术"是知识分子的社会愿望不得实现后的一种战略退却的方式，但这种退却也使文化发展期收缩了的文化布局重新疏散开来，使知识的各个领域重新恢复到平等地位上来，把一度变得浮躁张扬的文风趋于平实，并把前一时期形成的新的观念和方法沉淀到各个学术研究领域中去，以普遍认可的形式被肯定下来。

以上所有这些变化都以人们难以觉察的方式改变着整个社会文化的布局，社会其他领域活动着更多有着较高文化层次的成员，俗文化中混杂着新的雅文化的血液，在更专业化的研究中贯注进了新的思想观念和思维方式的成分。与此同时，整个的社会布局也在发生着另一种变化。文化危机使文化界的社会成员不断向其他领域转移和流动，在开始时它满足着其他领域的人员饥渴，但它也使其他领域的竞争力加强，热衷于政治的人太多便会有太多的人争夺同一个官职，热衷于实业的人太多就会有太多的工厂生产同一种商品，过剩现象又成了其他领域的事情，社会在新的基础上产生了新的矛盾，而这些新的矛盾因知识分子一是集中于读者热衷的俗文化，一是集中于专业内部的纯学术问题的研究而无法得到及时的解决。社会的人这时又重新感到一种文化的饥渴，由于内心中积聚着一些不得索解的矛盾，精神的失落感愈益增强。在这时候，人们不再感到精神是空洞的，物质是实在的，而是相反，物质的东西反倒成了空洞的：高官厚禄并不一定让人感到幸福，腰缠万贯并不一定心情舒畅，性的餍足带来的不是爱情的温暖，更何况社会上开始堆积起越来越多的官场失意者、经济破产者。在这时，实干的政治家已经听厌了聒噪刺耳的歌功颂德和不关痛痒的高头讲章，希望有些真正有利于自己政治治理的理论学说出现，而失意的政治家则希望会有更多的人理解和同情自己未得实现的政治主张；实业家尽管不乏物质生活保障但也仍需要更多的社会和经济的知识以应付越来越严重的经济竞争局面；乃至失去了升官发财希望的老百姓也需要把这个已经变化了的社会想个明白，以使自己心里亮堂些。文化危机时大量泛滥的俗文化已经招数使尽，不再使人感到新鲜有趣；倒是雅一些的，有些审美趣味的独特作品更易吊人胃口。臭下去了的知识分子在整个社会中又有了一点香味，人们的耳朵又一次转向了知识分子，希望知识分子说出他们希望听到的一些话来。总会有那么一个偶然的机缘，表达者与接受者又在思想感情上接通了线路，它像一个引信一样不断燃烧，嘭的一声便引起了社会心灵的大爆炸。

文化再一次回升。一个新的文化周期到来了。

总之，文化危机期是知识分子最难耐的时期，但它又不是白白度过的。

五、中国的知识分子应当追求什么？

在过去，中国知识分子有个错觉，认为自己的任务就是追求中国文化的持续繁荣发展。表面看来，这是一个再简单没有、再正确没有的目标了。但只要回忆一下我们已经走过的路，我们就会发现，这只是一种空想。没有危机的繁荣和没有繁荣的危机同样是不可思议的。历史还能够向我们证明，在很多时候，中国知识分子争取文化繁荣的积极性带来的并不是文化的持续繁荣，反倒是危机的更迅速的逼近和危机破坏程度的超常加大。在当前的西方世界，大概已不会有任何一个经济学家敢于宣称，他的经济学说可以从根本上消灭一切形式的经济危机，他的经济政策能够保证社会经济的持续繁荣发展。他的最高的目标也只能是降低危机的破坏程度、缩短危机持续的时间、保证繁荣期取得更坚实的发展成果，争取下一个经济繁荣期在更高的基础上获得发展。

在文化发展上又何尝不是如此呢？

在这里，我们首先应当分析的是，在社会文化的这个客观性的过程中，人的主观意志亦即我们常说的人的主观能动性在哪些环节上能够得到贯彻？实际上，这才是知识分子应当为社会文化的发展做出贡献的地方。

首先，文化的回升期是一个社会文化的自然生成过程，在这里，人的主观意志几乎无法发挥作用。在文化危机阶段中的知识分子，是对整个社会文化发展失去了具体方向感的知识分子，一种尴尬的局面困扰着当时的知识分子。在他们自觉意识到的方向上，他们无法启动整个社会的文化这个庞大的机器；在他们没有意识到的方向上，他们也无法发挥自己的主动性。

发展期的情况与回升期的情况大致相同。在那时，新的文化还刚刚产生，在整个社会上还受到歧视，仅仅因为这些人与回升期的先驱者天然地具有大致相同的文化观念和思维方式，所以才一拍即合，使他们走向了与文化传统不完全相同的道路。在我们还难以断定这种文化现象只是昙花一现的现象还是一个文化新时期的开始的时候，我们的主观能动性是没有足够的发挥空间的。中国的知识分子总是好把历史发展的责任推在回升期和发展期的文化先驱式的人物身上，其实这是极为不合理的，我们永远不能责备孔子为什么创立的是儒家伦理道德而不是马克思主义，不能责备牛顿为什么没有发现爱因斯坦的相对论，任何的创造者都不能为自己的创造品负责，因为，他们在自己的创造上是没有任何自由选择的空间的，除非他不去创造。

到了文化繁荣期，情况就有了很大变化，这时候新的文化在社会上已成了走红的文化，人们都有了主观的积极性，如何发挥这种主观积极性便成了文化发展中的关键因素。在这时的情况是，回升期和发展期的知识分子已经表达了一种新的总体的认识或感受，并在这一过程中也已为新的文化形式建立了最基础的语言概念，繁荣期的知识分子即使有相同的总体认识或感受也不再是在社会上受到压抑的东西，而他们具有了更方便的条件可以利用回升期、发展期建立的基础语言而深化自己的理性认识或审美感受，从而建立更完备的新的概念系统。也就是说，假若仅仅从文化发展的自身规律着眼，文化繁荣期恰恰应是学术性或艺术性加强的时期，通过繁荣期知识分子的努力，一种或几种文化学说或创作倾向的内部潜力被充分挖掘出来，并使它们走向成熟和健全。在文化繁荣期，文化界容纳了更多的社会人口，使他们从事着非实利性的思想和文化的事业，他们的活动加强着整个社会的思想和情感的交流，不论社会上还有多少无法解决的实际矛盾，这是任何时代都有的，但在特定历史阶段上的文化繁荣都是彼此理解并在理解的基础上包容度最大的时期，它为社会在较从容的心境下求得稳步发展提供了更大的可能性。但在中国，情况却并非如此，或者说并不完全如此。往往是在文化的繁荣期，精神产品的学术性降低，审美趣味下降，为中国的文化发展留不下更多的优秀成果，而社会也有些动荡不安。

这是为什么呢？

在这里，我们需要更细致地检查我们的文化观念。我们曾经说，文

文化危机与精神生产过剩

化实际是社会思想或情感的交流形式，但在中国古代社会，文化主要指的是古圣先贤的伦理道德学说，是广大知识分子赖以进入政治统治集团的阶梯，它还标志着人们的一种身份和地位。从春秋战国之后，文化的交流意识便逐渐淡漠下来，而代之而起的是与道德意识、权力意识结合在一起的教化意识。教化意识的发展，从根本上破坏了表达者与接受者之间的平等关系，破坏了彼此加强理解的可能性。"你教训谁？"至今仍是随时随地都可听到的口头语，它体现了表达者和接受者之间的剑拔弩张的关系。这种教化意识在中国近现代文化发展中起到了极大的破坏作用。在回升期和发展期，少数的文化先驱面临着强大的社会压力，交流的愿望仍是他们的主要愿望，但到了繁荣期，知识分子在社会上有了很大的影响力，这种教化意识便有了增长的土壤。在这种意识支配下，开始有越来越多的知识分子不是在提高学术水平和艺术水平上用力，而只想躺在一种有影响的现成学说上取得文化的制高点。他们的目的不是努力取得本民族更多成员的理解和同情，而是为了获得更多人的尊敬和崇拜。对别人，他们则耻于理解，常常以挑剔别人的弱点以满足自己的虚荣心。在他们的文章中，开始掺入了越来越多的恐吓性语言和羞辱性语言，从而把论敌和更多的接受者置于屈辱的地位上，增加了接受者的心理抵抗力。这种倾向的侵入，使社会的文化交流在彼此并没有充分发掘各自的思想潜力和艺术潜力时便及早中止了。与此同时，整个社会的教化意识又往往把本民族的文化繁荣视为知识分子争夺教化权的斗争，从而加强了对文化发展的抑制力，当社会的几大板块间因教化权而发生矛盾的时候，整个社会的动荡力也就加强了，文化危机时期也就迅速到来。西方文艺复兴后的人文主义、17世纪的新古典主义、18世纪的启蒙主义、18世纪末至19世纪前半叶的浪漫主义、19世纪的现实主义，19世纪末叶至20世纪的现代主义、后现代主义，大都持续了一个世纪左右的时间，每一个潮流都取得了许多至今仍被人们注目的辉煌文化成果，但中国近现代的文化周期往往只有十年左右的时间，真正的繁荣期就更短，几年一变，各种理论学说和创作倾向像走马灯一样几年一个样，倏忽而来，倏忽而去，还没有取得实质性的文化成果便变得陈旧了。这不能不说是一个十分令人沮丧的事情。

显而易见，在这里中国的知识分子是有自己的主观能动性能够发挥的。在文化繁荣期坚定不移地坚持平等交流的原则，坚持对论敌的充分理解，坚持理性的或审美的原则，坚持不借助非思想性的或审美的手段迫使别人信从自己，坚持以自己的语言与自己假想的读者对话并尽量获得他们的同情，坚持不以文化的手段实现非文化的目的，并且以同样的态度注视文化发展的动向，不仅仅以观点的异同而且以从业的根本规则衡量文化现象。只有这样，才会把文化繁荣期的速率减缓，从而为产生较多的优秀成果留出充裕的时间。文化的繁荣不仅仅是哪一个和哪一派知识分子的利益所在，而是整个中国知识分子和整个中国社会的利益所在。在文化上，是没有绝对的胜利者和失败者的，文化危机不仅仅使现实主义或浪漫主义或现代主义哪一种创作方法受到损害，而是使所有有价值的文学作品找不到发展的机会，德国哲学若产生不了康德、谢林、黑格尔、费尔巴哈、叔本华和尼采，也就产生不了马克思和恩格斯，知识分子之间是有矛盾的，各种文化学说或创作倾向之间也是有矛盾的，但知识分子又是一个生存在同样文化环境中的整体，各种文化学说和创作倾向又都有赖于其他不同的文化学说和创作倾向的发展，"文化大革命"的事实已经证明，消灭了自己所有对立面的知识分子最终自己也必将被消灭。在这里，知识分子应当有点主观能动性，应当有点牺牲精神，应当为了民族文化事业的发展放弃点个人眼前的利益，因为只有知识分子共同遵守知识分子的职业道德和文化斗争的根本规则，使繁荣期的文化发展相对放慢些脚步，不致因大量非文化因素的介入而使之陷入紊乱状态，我们才会充分利用这段时间取得各方面的更优异的成果。

知识分子可以发挥自己主观能动性的第二个时期是文化危机期。

在文化繁荣期，似乎每一个学派都又僵又硬，你要叫它多多地理解些别人，把自己的主张搞得开放些、灵活些、丰富些，他们是不干的，每个人都以立场鲜明、思想坚定著称，但到文化危机到来之后，反思的潮流发展起来了，甚至连自己的思想基点也成了要不得的东西，纷纷改弦易辙，去到与原来的主张完全不同的主张上去找根据去了。这是为什么呢？

中国古代的教化意识是以古圣先贤的理论教化民众的，知识分子的

文化危机与精神生产过剩

思想基点就是代圣贤立言，除了代圣贤立言的目的之外，那就是自己非文化性的名利追求和流芳百世的梦想了。他的文化上的追求与自我的追求不是一回事儿，他的思想并不建立在他的全部人生体验中的一种坚不可摧的社会愿望与追求上。及至进入近现代社会，古圣先贤学说的权威地位丧失了，东方的和西方的各种文化学说都涌进了中国，但这种文化选择的方式并没有完全改变。知识分子的文化观就是在这种现成的文化学说中选择一种或数种自己认为最正确、最全面的学说予以提倡、宣传或研究。他的思想基点也就以这种学说的基点为基点。在文化繁荣期，文化的自由度较大，任何人也没有权利和能力迫使他放弃这种学说，他于是便在这种学说的基点上理解这种学说。在这种情况下，他越学习越觉得这种学说深刻，越想越觉得它有道理，但到文化危机时期到来了，他的主张遇到了阻力，而他原来是不一定非要坚持这种学说的思想基点的，当背着它太沉重、放下它倒轻松的时候，他是极易放下它而以其他思想基点代替它的。在这时，由于思想基点变化，他用别的思想基点衡量这种学说，便越看越没有道理，越想越觉得它浅薄，遂弃之如敝屣，感到它不屑一顾了。但是，任何一种文化学说都是在社会思想认识或情感情绪的交流中产生的，因而它只是参与交流的两种或多种文化学说中的一种，它之所以有其作用，不在于它可以满足一切人的一切愿望，而在于它表达了人类中一部分人的一种真实而又强烈的愿望与追求。没有对在和平条件下实现印度独立的不可摧毁的真诚愿望，就没有甘地主义；没有对现代工人阶级生存权利的真诚而又不可动摇的关怀，就没有马克思主义；没有改造中国国民性的坚不可摧的愿望和要求，就没有鲁迅思想，我们要在"理论"上颠覆它们，是极其容易的。你只要用"人活着就应该追求个人的现世幸福"一句话，就可颠覆掉整个的甘地主义；用无产阶级仅是人类社会的一个阶级并不能代表全人类的利益一句话便可颠覆掉整个马克思主义；用人应该有宽容大度这种品德要求就可否定鲁迅的全部思想，因为当你什么也可以包容，中国的国民性也就不必改造了。但是，不论我们可以怎样轻易地否定它们，它们仍是伟大的文化学说，因为他们都表达了人类社会中的一种强烈的、正当的愿望和追求。为什么他们自己能意识到他们的局限性而仍持之以恒地坚持着自己的文化追求，因为他们的文化追求就建立在他们在自己全部人生体验中最强烈、最难放弃的那种社会的愿望和追求上，就因为他们以自己主观意志的力量在最艰难的条件下坚持并发展了表达自己这种愿望和追求的语言形式。我认为，我们所应注意的也是这么两点：一、我们中国现代知识分子不论怎样崇高评价和借鉴中国古代的或外国的现成文化学说，但我们的思想基点都应建立在我们自己的人生体验的一种坚不可摧的社会性愿望上，它不是在别人的文化学说中得到的，而是在自我的、民族的、现实的（现实生活或文化生活）中建立起来的，没有这种确定不移的真诚愿望（不论它是大是小），我们的所有文化都必将是软弱无力的，再广博的知识也救不了我们中国文化的命。二、只要是建立在这种内心坚不可摧的社会性愿望和追求上的思想基点，我们就应在任何艰难的条件下都坚持它，并利用一切可以利用的人类历史积累的知识财富充实它、丰富它、发展它。这样，在文化繁荣期你不必惶急地去反对它，也不会惶急地去赶时髦，故意提高嗓门廉价推销它，而会实实在在地在充分理解别人的基础上去争取别人对自己的真诚的理解和同情。你的心灵会告诉你哪些是你需要的，哪些是给你你也不愿接受的，但到文化危机期，你也不会痛哭流涕地去忏悔，不会慌慌忙忙地去向人表白心迹，因为你在自己的思想基点上是不会发现有任何见不得人的邪恶目的的，因为你最能清楚地知道你的追求同时也是整个社会应当注意和了解的追求，你从未想霸占这个世界，但世界也应为你留下你自己从事社会文化事业的一席空间；你不想整个社会给你提供你所要求的全部条件，但你也知道你有自己克服人生道路上的困难而朝着自己追求的目标前进的权利。在这时，你只要仍然坚定不移地坚持自己的思想基点，就会在度过一段困难惶惑期后重新找到能够发展和完善它的文化因素，从而在新的语境中以新的形式贯彻它。文化危机期和此后的另一个文化周期恰恰是社会文化语境发生了巨大变化的时期，你要坚持它，就要付出更大的代价。

总之，在文化危机期，中国知识分子发挥自己主观能动性的主要方式是更加充分调动自己主观意志的作用，把自己的思想追求贯彻下去，在繁荣期，由于文化条件较好，这种主观意志的力量往往会加强自我的

文化危机与精神生产过剩

排他力,造成一种虚幻的胜利的感觉,而在文化危机期,它则是坚持自己独立立场的努力。假若有更多的知识分子能坚持住自己的独立立场,各自在不同的方向上尽可能地充实它、完备它,社会交流的机制就会更快地形成。而文化危机阶段便将很快结束。正像经济危机期,如果连能做的买卖都不做了,所有资本家都拿着剩余的资本回家过清闲日子去了,这个经济危机期何时才能结束呢?

原载《文学世界》1993年第6期、1994年第1期

中国文化的亚文化圈及其在中国文化发展中的地位和作用

一、中国文化格局的变化与中国文化亚文化圈的形成

中国古代文化的发展是浸润性的,以汉文化从中心地带向四周做浸润性的渗透为主。在当时中国人的视野之中,汉文化是唯一最先进、最繁荣的文化,汉族人民对自己文化的这种伴随着自尊的自信,使当时文化在空间上的发展主要采取着"以夏变夷"的形式。汉文化逐渐由中心地带向四周浸透,而汉文化的纵向历史发展,则主要表现为汉文化自身潜能的不断发挥,外来影响在汉文化发展中起的作用是极次要的,即使像对汉文化发生了巨大影响的佛教文化,其影响也主要发生在汉文化影响较薄弱的领域或地区,在社会政治制度、经济观念、伦理道德标准等汉文化的主干道上,其影响极其微弱。这种影响或直接来自发源国,或来自另一个流经国,但在汉文化和异域文化中间,却没有另外一个与汉文化的主体结构不尽相同且具有独立结构功能的文化结构,其影响是在两个民族的文化之间直接进行的。鸦片战争之后,中国文化被强行组织到整个世界文化的格局当中,由于开始阶段的这种被动性,汉文化在空间上向外的浸润过程处于暂时中断的状态,而外来文化则呈现为向汉文化的压迫性注射,这时中外文化的交流(如果可以称为交流的话)仍是

中国文化的亚文化圈及其在中国文化发展中的地位和作用

直接的，是在不同的两种文化结构之间进行的。不论是西方帝国主义的军事入侵、政治压迫、经济剥削，还是传教士的文化传播，都被外人硬性楔入中国文化的内部，然后又在中国文化的内部做浸润性的扩散。因为这些文化细胞不是从中国文化自身发展的需要出发而是从西方文化发展的需要出发滋生出来的，所以它在中国文化内部发生的是一种足以导致中国文化灭亡的癌病变。从洋务运动开始，中国知识分子开始主动吸收外来文化，这种吸收和此前外来文化的强行楔入的根本不同之处在于，它是建立在中国文化自身发展需要的基础之上的，边吸收边消化，在中国文化的基础组织中发挥作用，为中国文化的发展开辟了新的道路。这种由被动向主动的发展逐渐形成了中国文化的另一个相对独立的文化圈——中国文化的亚文化圈。这个文化圈在开始时主要由两部分人组成，一是到异域谋生的非知识分子，以他们为主形成了世界各地的华侨社会，二是以各种原因在异域生活的知识分子。他们之到异域，不像初期西方人之到中国，是为了在中国发展西方的文化，具有文化扩张主义的性质，所以他们不但对西方文化不具有颠覆性，而且为西方文化的发展做出了许多贡献。但他们同时又是中国人，汉语是他们的母语，中国文化是他们的文化母体，他们不但对中国主体文化的发展有着自己的关心，并且他们自己也构成了一个相对独立的文化整体。这个文化整体的最大特点是不受中国本土文化结构的直接控制，其结构功能与主体结构不尽相同，但它又是中国文化的一种发展形式，汉语仍是它的语言载体。我称由他们构成的这个文化圈为中国文化的亚文化圈，在这个文化圈中形成的文化结构为中国文化的亚文化结构。它之不同于中国文化主体结构当中的地域文化或少数民族的文化是显然的。虽然后者也有自己的相对独立性，但他们的发展限度和发展趋向都是受它所从属的主体结构制约的。这个文化圈的存在和发展则有更大的主动性和自由性，它的出现从根本上改变了中国文化的存在形式和发展道路，形成了中国现代文化的一系列新的特征。

二、中国文化亚文化圈的演化过程

中国文化的亚文化圈初步形成于戊戌变法失败之后。洋务运动期间，中外关系的加强和交通的发展，除以个人身份到海外谋生的华侨渐渐增加之外，清政府也开始有计划地向海外派遣留学生。到19世纪末叶和20世纪初年，这两类在海外的中国人都已具有了相当的规模。仅就留日学生而言，1896年（光绪二十二年）清政府首批向日本派出官费留学生13名，到1899年增至200名，1902年达四五百名，1903年约1000名，到1906年，就有了8000名左右，加上各种出居日本的中国知识分子，大概并不会少于一两万名。1898年戊戌变法失败，康有为、梁启超等维新派人士逃亡日本，在日本从事文化活动，宣传维新变法主张。与此同时，孙中山、章太炎等革命派的领袖也在国外留学生和华侨中从事革命的宣传，国外留学生的文化活动也积极开展起来，成立组织、举行集会、创办刊物，正式形成了一个独立的文化结构。在中国本土所无法进行的文化活动，在这个文化圈中不但能够发展，而且受到鼓励，其作用与中国文化的主体结构是不相同的。这个文化圈，对于孙中山领导的辛亥革命有着特殊重要的意义，可以说，它是当时革命派的一个革命根据地，当时革命派的力量之所以能够保存和发展，主要依靠这个亚文化圈的存在，它使清王朝的政治专制制度失去了固有的完整性。与此同时，它也是五四新文化运动的最早的策源地。胡适的白话文主张，最初是在美国留学生之间形成并坚定起来的；鲁迅的思想正式形成于留日时期，并且发表于留日学生创办的刊物上。陈独秀、李大钊、钱玄同等人都留过学，并在国外留学生社会中形成了自己最初的思想观念。这是中国文化亚文化圈的第一个发展阶段。

五四新文化运动之后一直到1949年为这个亚文化圈的第二个发展阶段。这个发展阶段的第一个特点是中国文化亚文化圈在观念上地位的提高，因这提高而产生的第二个特点是它的自身分裂；由此又产生它的第三个特点：它对中国文化主体结构实际影响作用的降低，但同时它也具有另一个为前一时期所没有的优点，即它在西方的发展，扩大了中国文

中国文化的亚文化圈及其在中国文化发展中的地位和作用

化在西方的影响。从洋务运动到五四新文化运动，都是在输入外来文化的旗帜下进行的，这造成了文化标准的外移，科举制度的废除，中国大学教育的不完备，使出国留学实际成了中国教育的最高学历；国内的战乱和经济发展的落后，也使更多的人到海外谋生，国外华侨社会也成了一个在整体上较之中国本土更富裕的社会。如果说在"五四"之前整个中国社会以排外为主要思潮，"五四"之后则变排外而崇外，亚文化圈在观念中的地位提高了，这使国内各派政治和文化的势力都到外国取经，从而把内部的分裂转化为亚文化圈的分裂，同时又把西方文化的分裂带入中国文化的内部，加强了中国文化自身分裂的程度。在20年代，日本留学生社会和英美留学生社会就表现出了不同的发展方向，从而在20年代的中国文化中形成了以留日学生为主体的青年浪漫派，以英美留学生为主体的学院派和以中国本土知识分子为主体的社会派的文化分裂现象。30年代，在苏联留学生、法国勤工俭学的学生和部分留日学生中，发展起来的是中国共产党的政治势力和文化势力，而在英美派的知识分子中发展起来的则是学院派的文化势力。华侨社会也因国内的政治分裂而发生分裂，与此同时，在不同派别中，亚文化圈与主体文化圈的分裂也在加强。亚文化圈较之中国主体文化圈的优点是有更大的自由性，但它的弱点也由此而产生，即文化的意义大于实践的意义。在这个文化圈中得到更充分发展的倾向，在中国本土往往是受到更强烈压制的倾向；当他们带着这种倾向回到主体文化结构当中来，在同一方向上较之本土派的其他人更为激进，但在实践上则更难实行。而亚文化圈较之主体文化圈是一个太小的文化圈，在他们与主体文化圈的矛盾中，被孤立起来的注定是从亚文化圈中发展起来的思想文化倾向。在中国共产党的革命中，王明派之被毛泽东所代替，就因为王明路线在实践上是行不通的，他无法获得由毛泽东一手缔造的井冈山革命根据地多数共产党干部的支持，他的空洞的文化威信无法长期维持下去。同样的情况也发生在英美派知识分子身上，他们之所以大多数滞留于学院派文化之中，就因为他们在亚文化圈所发展起来的民主和自由的要求，在当时尖锐对立着的两派政治势力之中，没有一派能够完全满足它。而在文化上，他们在亚文化圈所产生的对宽松的秩序化文化环境的要求也与本土广大中下层知识分子在主体文化结构中因文化禁锢造成的激进动荡的情绪难以沟通。但在这个过程中，中国文化的这个亚文化圈在西方文化中具有了更大的规模，一些自然科学家和实业家在西方文化的发展中做出了为西方人所瞩目的贡献。像林语堂等中国的知识分子也在向西方社会介绍中国文化方面做出了更多的努力，它加强了中外文化的交流，使更多的西方人增加了对中国文化的兴趣，西方学者对中国文化的了解更多也更细致了。中国古代思想家和文学家的著作开始像亚里士多德、柏拉图成为中国知识分子所关注的研究对象一样，成了西方学者所关注的对象，中国现代文化的成果也开始介绍到国外，中外文化交流的平衡性有所加强，"五四"之前文化关系中只进口、无输出的局面得到了初步的缓解。

从1949到1976是中国文化亚文化圈发展的第三个阶段，这个阶段的特征是亚文化圈的自行发展以及与主体文化结构关系的断裂。在这里，我把港台文化也作为中国文化的亚文化圈来论述，但这不意味着我对港、台存有政治偏见和文化偏见，而是从文化对整个中华民族生存和发展的关系着眼以及我自己所处的文化环境而言的。大陆文化的发展不论其程度与性质如何，它都与中华民族更多得多的成员有着更密切的关系，从历史发展而言，它处于中国文化发展的中心区域，它的发展状况体现了整个中国文化发展的基本状况。我是这个文化结构中的一员，首先关怀的是这个结构的现实状况和未来的发展，所以我很自然地把它作为研究的基点，并由此而观察其他文化结构及其作用。1949年之后，大陆文化逐渐把自己从世界文化中孤立起来，也主动断绝了与中国文化各个亚文化圈的关系。在政治制度相同的国家里，如苏联等等，这个亚文化圈没有存在的可能，而所有亚文化圈都存在于不同政治制度的国家或地区。从总体发展方向看，中国文化亚文化圈和中国文化的主体文化圈各向歧异处发展，亚文化圈的独立性更强了，但它对主体文化圈的作用却减弱了。同时，二者在其内部却发生了更深刻的分裂。大陆与外界的分裂使其内部产生了开放的要求，这种在当时受压抑的文化倾向到"文革"结束后成了在文化界占主流地位的文化倾向。但在亚文化圈中，由于处在西方文化的包围中，它们的独立性是在与西方文化的区别当中坚持下来的。随着大陆政权在国际政治中地位的不断提高，特别是在原子

中国文化的亚文化圈及其在中国文化发展中的地位和作用

弹试验成功之后,西方各国了解中国、了解中国文化的愿望更加强烈。60年代之后,汉学在西方教育中的地位有了提高,中国文化亚文化圈在西方世界的地位也有所提高,这对中国文化向西方文化的浸透是有益的。但这时由于亚文化圈与主体文化圈的对立性质,决定了这时在亚文化圈和在西方文化中得到传播的还不是中国的现当代文化而是中国古代文化。这种矛盾直接带到了新时期的中外文化交流中。

从1976到1989是中国亚文化圈发展的第四个阶段。这个阶段正是中国大陆的新时期,是在中国主体文化圈自我封闭达四分之一个世纪之后重新走向开放的时期,在这个时期,中国主体文化圈与中国亚文化圈重新建立了联系,中国亚文化圈的范围和性质都开始发生了重大变化,大陆更多的抱着吸收西方文化热诚的知识分子和到西方谋生的知识分子与非知识分子充实了这个文化圈,同时也把中国现当代文化以自己的方式带到了这个亚文化圈之中。与此同时,亚文化圈中的中国人也在主体文化圈中看到自己发挥作用的空间,虽然人员的外流大于内流,但文化内流却大于外流,两个文化圈在共同的民族主义感情的基础上找到联合的基础,其内部的文化矛盾暂时掩盖在外部统一的民族感情之下。里面的要出,外面的要进,交流发生了。

从1989至今为中国亚文化圈发展的第五个阶段,这个阶段的特点是在新时期急剧发展之后进入相对静止的阶段,沟通了的交流因各自现实容纳力的限度而减缓了流量和流速,同时也开始暴露出这两个文化圈所不能没有的矛盾。

三、中国文化亚文化圈的独立性和局限性

中国文化亚文化圈的产生与发展是中外文化交流过程中形成与发展的,它在中外文化交流中起到了为中国主体文化圈所无法起到的作用,它对西方现当代文化的发展具有比主体文化圈更为敏锐的感受和直接吸收的有利条件,同时它也是把中国文化输入世界各国的一个最有力的管道。但是,它同时也具有了与中国主体文化圈完全不同的建构基础。文化的创造是建立在个体人创造的基础之上的,而在这两个文化圈之内的

个体人，其创造的基础是不同的，其价值观念也自然有着根本的差别。中国文化的亚文化圈是在与外国文化的不同中显示自己的独立性的，假若它只是西方文化的储运站，与西方文化没有任何差别，它就没有自己存在的独立价值。西方文化的价值观念不但在理论上，而且在现实生活中都构成了对他们的压迫，他们文化创造的永不枯竭的源泉来源于对西方文化压迫的反抗，而中国文化则是他们反抗西方文化压迫的精神支柱，文化上的爱国主义是他们的最基本的文化观念，而在中国文化的主体结构当中，一个人的创造活动是在与已有传统的区别中显示自己的独立性的。不论这个文化圈中的一个人持有何种具体的观点，他的创造性成果都不可能只是传统文化成果的简单重复，人们是在他与传统的区别中感受他的独立存在的价值的。中国固有的文化创造代替不了他的创造，要有所创造就必须抗拒传统加在他思想和现实生活上的压迫力量，并在发展中国文化的愿望中获得自己创造活动的不绝的源泉。文化发展观构成了他们文化观念的根本基础，他们的爱国主义不主要表现为爱中国固有的文化，而表现为以中国实际发展的需要改造中国文化。正是由于这两个文化圈是在两种不同的基础上建立起来的，所以二者的交流不像商品的直接交换，而像不同货币的彼此兑换。直至现在，因这种兑换的艰难还造成了各种令人困惑莫解的文化现象：一些怀着学习西方文化的热诚或抱着到西方淘金的幻想进入中国文化亚文化圈的中国人，在那里却得到了对中国传统文化的向往；而到中国大陆寻找自己的文化之根的中国人却看到了大陆对西方文化的崇拜。伴随这种种文化现象的还有两个文化圈的话语权的争夺和彼此趋同的愿望，前者使二者相对立，后者使各自在对方之中找到自己的拥护者，从而使中国文化的复杂性同时带有无序性的特征。

中国文化亚文化圈还有一个不能忽略的特征，即它自身的不统一性。在中国文化的主体文化圈内部，由于它对鸦片战争开始，都存在一个封闭与开放的问题。它把中外或中西文化的对立作为一对基本的范畴，但这对范畴只在封闭与开放这对矛盾中才有其实际意义，一旦离开这对矛盾，中国文化和外国文化都不再具有确定的含义。中国文化是由各不相同的文化现象和具体文化产品组成的，没有任何一种学说足以体

中国文化的亚文化圈及其在中国文化发展中的地位和作用

现中国文化的整体特征，外国文化或西方文化也是如此。时至今日，中国文化的亚文化圈还是极其分散的，它们各在世界不同民族文化的内部生长起来，因而也带有这个民族文化的文化环境以及这个民族与中国本土政治关系、文化关系影响下产生的一系列特征。各个不同亚文化圈的内部也有各种不同的倾向，作为一个整体也在历史的流动中发展变化着。这就产生了一个如何对待中国文化的这两个文化圈的关系的问题。我认为，这两个文化圈实际是中国文化在现代世界上继续得到繁荣发展的一种方式，唯其有了这两个文化圈，中国文化才在现代世界上有了更丰富的内容和更稳定的发展。历史常常是这样的，在主体文化的发展处于相对停滞的时候，也正是亚文化圈繁荣发展的时候；在某种文化倾向在主体文化圈中受到压抑的时候，这种文化倾向便在亚文化圈中得到更迅速的发展，但这绝不意味着亚文化圈的发展可以代替主体文化圈的发展，不意味着亚文化圈的发展倾向也应当是主体文化圈的发展倾向，主体文化圈不能把自己的话语形式强加于亚文化圈，亚文化圈也不能把自己的话语形式强加于主体文化圈，因为二者的建构基础是不相同的。在不同文化圈中进行着文化创造活动的中国知识分子所关心的文化问题、所采取的操作方式以及在论述过程中遇到的困难、所面对的接受者以及一种话语在接受者那里所具有的实际意义都是极不相同的。这两个文化圈就其本来的意义就不可能具有完全相同的倾向和相同类型的创造产品。中国现代文化是由这两个文化圈共同结构而成的，它们以不同的机能共同促进中国现代文化的发展，任何一个文化圈意图取得对整个中国文化的统治权都不利于整个中国文化在现代世界的繁荣发展。

1995年9月1日于湘京师范大学中文系
原载《张家口师专学报（社会科学版）》1995年第4期

鲁迅在中国文化史上的地位和作用

几乎在每一个历史时期，都有人断言鲁迅及其作品已经过时，已经不能跟上历史的发展，并且认为他很快就会被历史所抛弃，但事实总是与他们所预料的相反，不是鲁迅及其作品在下一个历史时期变得黯淡无光，而是这些红极一时的预言家们在中国的社会变化稍有转折之后便不再为人所注意，而鲁迅及其作品反而在这种转变中愈加为人所重视、所理解。历史为人们认识鲁迅、发掘鲁迅作品的内在潜力提供了一把把钥匙，每一次历史的转折都为人们打开鲁迅及其作品的一重大门。鲁迅及其作品的这种潜力是怎样产生的？它为什么总是受到很多中国人的攻击而又总是受到另一部分中国人的欢迎和支持？它的不可替代的社会地位是怎样产生的？我想通过对中国文化结构的分析说明这个问题。

我们总是把中国传统文化说成像是中国古代固有的、与中国现当代文化不同的一种文化。实际上，中国传统文化绝非只是古代的、与中国现当代文化无涉的另一种文化，它就是中国现当代文化的一个有机的组成部分，只不过这个组成部分就其渊源产生于中国古代社会，是为中国古代人民所创造、是通过对古代文化的继承和发扬而继续在中国现当代文化的整体结构中发挥作用的。与此同时，我们所说的中国传统文化从来都不是指的所有的中国古代的文化，而是至今犹存并且被中国现当代人作为一种有价值的东西所保存、所运用的文化，所以在不同的历史时期，我们对中国传统文化的理解实际是极不相同的。在清朝末年，男子

鲁迅在中国文化史上的地位和作用

蓄发辫、女子缠小脚是作为中国传统文化的一部分来理解的，但时至今日，它们已不被作为传统文化所理解和运用，不但复古主义者不再把它们视为中国的文化传统，而且反传统者也没有必要把它们作为中国传统文化来反对，因为这种反对已经毫无意义。我们所说的中国传统文化自然是中国现当代文化的一个有机组成部分，那么，它就不再是中国现当代文化的整体，它是在自己与其他部分的特定联系中发挥自己特定的作用的。我们现在所理解的中国传统文化是什么？除了各种可见的典章文物、风俗习惯之外，儒家文化、道家文化、法家文化、墨家文化、兵家文化、道教文化、佛家文化是我们所公认的中国传统文化的主体。这些带有精神性特征的文化不但是它们自身存在的根据，同时也是一系列有形的典章文物和风俗习惯存在的精神的或思想的基础。佛寺道观，是由于佛教道教的存在而被中国古代的人民创造出来，它们自身负载着这两种文化的精神或思想。上述这些文化是至今活跃在中国现当代社会的文化，它们统称之为中国传统文化。现在我们所要解决的是这些文化是怎样被创造出来的？它们在中国现当代文化的结构整体中各起到一种什么样的作用？

儒家文化是由我国春秋时代伟大的思想家和教育家孔子所创立的，它为后来历代的儒家学派的代表人物所丰富、所发展，构成了在我国古代社会占统治地位的社会文化、道德文化。我之所以称它为社会文化，是因为中国古代社会基本是以它所倡导的原则维持着并完善着的。它的道德文化不是唯一的道德文化，但却是被社会公认的、占统治地位的道德文化。它在中国古代教育事业的建立和发展上做出了最卓越的贡献，因而它也在中国古代的教育界占有统治地位，成为中国古代知识分子的主要思想基础或思想出发点，也为中国知识分子社会价值的实现开辟了道路。当它与当时的政治统治集团结合为一体，使它在整个中国社会上得到了最为广泛的传播，对于塑造中国人的精神品格和形成中国人的基本思维方式、生活方式起了最重要的作用。春秋末期是统一的周王朝趋于分裂的时期，这种分裂造成了社会秩序的紊乱，造成了人与人关系的恶化，所以儒家学说的建构基础是使社会秩序化。不论后来的儒家文化发生了多么巨大的变化，有着多么丰富的内容，但这种秩序化的要求都是它的最根本的要求。这辐射为它的思想学说、伦理道德、仪礼形式、审美态度等各种具体的要求。它的这种秩序化的要求是在当时的现有条件的基础上进行建构的,当时的分封制的社会组织形式,是一种"家""国"同构的形式,这为孔子在家庭关系的基础上思考整个社会关系的秩序化提供了现实基础,从而构成了中国儒家特有的家族制度。当时中国的分封制下的家庭是以土地为基础的,是以分配给成年男子为基本形式的,此后由父传子,子传孙,因而父子关系构成了家庭关系的核心。儒家的家族制度以父子关系为中轴组织起整个家庭并在此基础上实现家庭关系的秩序化。在这里,父亲占据着主导的地位,儿子居于从属的地位,形成了儒家最基本的上下等级式的管理制度,同时也形成了中国儒家对于人及人的社会存在的最基本的理解方式。在中国儒家文化中,人,不是作为一个独立的人被理解的,他永远是在关系中的人,并且是在上下等级式的管理关系中的人。人的性质是在这种关系中被理解的,他不是一个管理者,就是一个被管理者。管理者有自己的独立意志,是一切事务的仲裁者,他负责由这种关系构成的整体的一切事务,而被管理者则不应有与管理者不同的意志,他应以在上的管理者的意志为意志,对他的最高要求是对上的服从。这样一个关系,被儒家文化模式化,成为所有社会关系的基础模式,它的原则也成为处理一切社会关系的准则。在家庭内部,夫与妻、兄与弟;在社会上,君与臣、长官与下属、师与徒、老辈与幼辈、老人与青年,构成了各种各样的上下等级关系,它又在全部社会关系中抽出了三种主要关系作为最主要的关系:家庭中的父子关系(不同辈分间的关系)、夫妻关系(同辈中的两性关系),社会中的君臣关系。在这三个关系中,在上者为"纲",为在下者所遵从的准则,从而维系住整个社会的关系,达到社会秩序化的目的。儒家文化在这样的认识基础上建立了一整套的礼教制度。这种礼教制度是以它的家族制度为基础的,是具体实行家族制度的实践性措施。迄今为止,对儒家文化的研究多着眼于它的"仁",但岂不知儒家文化的最有力的地方是它的"礼"。孔子之所以罕言"仁"而多言"礼",就因为它的"礼"才是保证儒家文化学说对整个社会的维系作用,其中也包括推行他的仁学主张的最关系的内容。孔子是通过自己的礼乐制度培养人的道德素质和心理素质的，而不认为他所主张的道德素质和心理素质能够在这种礼乐制度的实践之外或之前建立起来，这是他比他后来的一些继承者高明的地方。正是因为儒家文化特别重视礼教制度的建设，所以它才逐渐占领了中国社会。道家知识分子或一个普普通通的老百姓，都不能不是儒家文化的实际传承者，因为他们在中国社会上不可能不以儒家的礼仪形式实现自己与周围人的思想的和感情的沟通。儒家通过它的礼教制度把中国人的各种言行方式符号化，使其带上确定的思想感情的意义，周围的人就以这种意义解读你的言行方式，并以他们的这种解读为基础形成对你的具体态度。中国人把儒家仪礼的学习当成了生存的必备训练，是每一个家长对子女进行教育的自觉行为。但所有这些言行的规定，都是在它的上下尊卑关系的基础上建立起来的。上有上的言行方式，下有下的言行方式，周围人并不把你的言行理解为你自己的事情，而理解为你对他的态度的表现，而这种态度说明了你是否把他放在应当放的位置上。儒家的"仁"是它的全部思想学说的基础。在这里，"仁"可以从两个不同的角度来理解：一、儒家学说的整个建构基础是为了实现中国社会的秩序化，而这种秩序化在儒家学说的创始人那里是为了拯世救民，所以它的创始人把自己关于人的最高理想的"仁"就理解为爱人，仁者是爱人的人。二、儒家把为了实现社会的秩序化的家族制度和礼教制度视为正确处理人与人关系的唯一正确的准则，因而它也把严守这些准则的人视为爱人的人。在过去，我们把儒家文化仅仅作为为统治阶级服务的文化，实际并不能准确反映它的创始人的主观目的，实际上，即使那时主要为了统治者的社会治理，也同样可以出于对人的关心，因为社会的治理总是和整个社会人的生存息息相关的。但是，儒家文化的"仁"，亦即它所说的爱人的"爱"，却与我们现在所说的"爱"，与西方人道主义者所理解的"爱"有巨大的差异。人道主义者所说的"爱"是一种个体人的内在感情体验，是面对特定对象时实感到的一种感情波动，而儒家的"爱"则主要是一种主观目的，它不带有先天的规定。儒家的"爱"不是在人的平等关系的基础上产生的，而是在上下关系中被规定的。在这种情况下，儒家所谓的"爱"是对对方保持一定心理距离的结果，而不是泯灭这种心理距离的结果。当你意识到自我在对方之上时,你对对方的"爱"是慈爱,而当你意识到自我在对方之下时,你对对方的"爱"是敬爱,这两种"爱"是两种根本不同的爱。真正维系儒家的"仁"的,除了主观目的意识外,起内在保证作用的是"恩",儒家的爱是有等差的,这种等差就在实际的利益关系,即恩情关系。"忠"为报君恩;"孝"为报亲恩;"节"为报夫恩;"义"为报友恩。因此,在儒家的伦理道德中,感情关系是被实利关系所规定的。

儒家学说并不是一种政治学说,而是一种社会学说,因为它研究的不是政治学的最本质的东西。孔子不言刑,声言不懂军事,不言利,而这三条恰恰是体现政治本质的东西。政治家通过权力作用于社会,法律、军队、经济是政治的三大杠杆,脱离开这三者就无法构成一种严格意义上的政治学。在先秦,儒家的创始人孔子和孟子周游列国而不得重用,与它的这种非政治的本质有着莫大关系,在任何一个诸侯国都处于其他诸侯国的包围当中,自我没有强大的军事力和经济力就会被其他诸侯国所消灭的世界上,是不可能有人真正采纳儒家的思想学说的。在当时,被各诸侯国国王所重视的是法家学说。法家重军事,重经济,讲耕战;法家讲法制,主张以法治国;法家重视战略战术,讲法、术、势,研究当前具体的形势,根据具体形势制定有效的战略战术;法家注重现实,一切根据现实的条件,因时而变。所有这一切都远较儒家的文化学说更有利于政治统治者。但是,在中国知识分子阶层刚刚产生的中国,法家文化较之儒家文化有更加严重的自我异化的特征。儒家文化虽然极力说服当时的统治者采用自己的学说,但就它的基本性质仍在于以自己的思想学说作用于社会,舍之则藏,用之则行,不必一定通过政治权力实现自己的人生追求,但法家学说则是一些知识分子专为帝王设计的一套治国之术,反映的不是本阶层的利益,使用的也不是本阶层所能够具有的操作方式。它主张绝对的帝王的个人专制,它讲私言利,把帝王一人的私利置于合情合法的地位;它主张人性恶,让帝王把包括全体国民置于敌对者的地位,为了自己的权力地位而不惜牺牲任何人。这产生了中国特有的专制制度和专制观念,产生了无限发展的个人权力欲望,产生了各种对付国民的严刑酷法,而这些法家知识分子自己也往往是自己学说的受害者。实际上,在中国古代异常发达的兵家文化也是在法家文

鲁迅在中国文化史上的地位和作用

化的基础上发展起来的，是适应各诸侯国之间的军事斗争的需要而产生的。在战国时期，秦国依靠法家的政策发展了自己的国力，统一了中国。当它已经失去了自己外部的敌人，法家思想学说的作用便转移到这个政治结构的内部来，上下关系便成了主要的关系。在这时，法家文化学说对社会结构的瓦解力便表现出来。在有外部敌人的时候，国民是帝王对付外部敌人的工具，国民把自我的生存系于帝王权力的巩固和加强，造成一种内部上下统一的假象，但一旦外部的敌人已经不存在，帝王的私利便与臣民的私利构成了直接的对立。帝王的无限权力把他周围的臣僚变为奴才，帝王的功利把全国民众置于繁重的徭役之中，而社会群众则把任何社会的公益事业都视为帝王的私利事业，用法家的私和利无法将上和下、国家和个人在观念上连为一个整体，二者的矛盾就赤裸裸地暴露出来，并且在毫无限制的情况下飞速发展着。这使秦王朝成了一个短命的王朝，被灭亡的六国的贵族利用这种矛盾乘势而起，瓦解了秦王朝的统治。当汉王朝重新以军事的力量统一了中国，儒家文化才在董仲舒"罢黜百家，独尊儒术"的旗帜下与政治统治实现了直接的结合。这种结合实际上是法家文化和儒家文化的一种结合方式。用武力夺取并以武力维持的专制政治只是把自我纳入儒家的文化模式中来理解，而绝不是放弃自我的本质而使自己变成纯道德性的文化机关。它之所以能够把自己纳入儒家文化的模式中来，也因为儒家自己这种上下管理的社会模式与法家的个人专制的政治体制是同构的。当在儒家的思想关系中充实进军事的和法律的手段，儒家的文化学说便把法家的文化学说全部吞进了自己的肚皮。在这种结合中，法家因被儒家学说所容纳，而使自己具有了道德的外观，一切为了维护政治统治者的私人统治的言行，都可以以儒家的道德名义出之，而儒家文化又由于法家文化的加入而使自己具有了力量。先"礼"后"兵"，"礼"使"兵"变得合理，"兵"使"礼"变得有力。这种政教合一、儒法结合的形式使中国专制政治具有了更大的柔韧性。

儒家文化与法家文化的结合巩固了两种文化在中国文化中的地位，但同时也在这种结合中削弱了各自的本质。儒家文化削弱了法家文化的政治本质，使中国后来的专制政治越来越仅仅成了维持现实秩序同时也是维护自己的现实政权的机关。法家是讲进取的，讲耕战的，它使统治者即使为了个人政权的巩固也不能安弱守雌，而当儒家文化作为一种政治学说被理解和运用，整个专制体制便成了没有事情可做的文化机关，只要无人威胁到现实统治秩序，整个专制政治就偃武修文，政治、经济、军事都不是作为一种事业来思考的。这个没事干的阶层渐渐腐化、弱化，当外敌内乱发展到一定程度，这个庞大的王朝便走向覆灭。与此同时，法家文化也削弱了儒家文化的道德本质，当儒家的伦理道德经常性地用法家的强制性手段维持着的时候，它作为一个道德学说的本质就不存在了。道德应是一种自觉性的行为，用强制手段维持的东西对人造成的是畏惧感，而不是道德感。儒法结合构成的中国政治既是一种毫无力量的政治，又是充满残酷的内耗性斗争的政治，用法家的手段进行本质属于道德范畴的斗争，使这种斗争既无实际意义，又表现为超常的残酷。知识分子带着从儒家著述中形成的世界观进入政治集团，而在这个集团中真正起作用的却是法家的思想和法家的手段，这使大量知识分子失望于中国政治。而在这些知识分子中，道家文化扩大着自己的影响。

　　道家文化学说是先于还是后于儒家文化学说而产生，这对我们没有本质的意义，因为它们体现的是人的不同的欲望和要求。儒家和法家的知识分子都追求自我价值的社会实现，他们的学说是实践性的，不是纯精神性的，而道家文化关心的是个体人的生存意义，它要在人的存在本身思考人的存在价值，因而它具有纯精神性的思考，具有自己的哲学学说。道家学说的创始人首先思考的是整个宇宙的生成以及人与整个宇宙的关系。它发现宇宙间的一切差别都来源于人的意识。在没有人的主观意识之前，是没有"有"和"无"的区分的，"有"即"无"，"无"即"有"，宇宙是一个浑然一体的存在，没有任何分别，因而也是一个和谐的整体。自从有了人的意识，人才有了"有""无"的概念，宇宙才有了自己的名字，才作为一种"有"而存在。也是人的主观意识，才对这个浑然一体的存在做出了进一步的区分，使之有了彼此的区别，有了二，有了三，有了世界的万物，这些都是人的主观意识对之做出的区别，而一旦做出了这种区别，整个宇宙就不再是一个和谐的整体了，就有了分别，有了矛盾，有了斗争。人与自然的关系也是这样。人在人没

鲁迅在中国文化史上的地位和作用

有对自我的意识之前原本是与整个宇宙浑然一体的，天人一体，没有分别。只有在人产生了自我意识之后，人才把自己同整个自然界区别开来也对立起来。人与人也是这样，人为自己建立了各种各样的价值标准，然后又去追逐这些目标，从此劳心费力，生活中充满了痛苦。所以它认为人被自己的意识所束缚，被自己的意识所建立的各种文化价值标准所束缚，人要重新获得自己的自由，必须放弃自己的意识，去欲去私，泯灭意志，弱化感觉。道家主静，外静是为了内静，内静就是意识活动停止时的状态。道家的社会理想是非社会的，儒家和法家都是以自己的方式加强人与人的联系，使社会关系密集化，而道家则不主张加强人的社会联系，而主张疏离人与人的关系，不要形成一个社会，国要尽量小，人要尽量少，彼此之间不要往来，各自独处，才不会彼此干扰，每个个体的人才有更大的自由。它主张以弱胜强，以无所为而为，像大自然一样，无目的，无意识，但无所不能，无所不为，弱者能适应任何环境，以不变应万变，故无往不胜，强者不去适应环境而以强力改变环境，有自己的意志，因而最容易被没有自己的固定目的和意志的弱者战胜。道家文化从人与大自然的共同性出发思考人及人的本质，为中国人提供了一种看待世界、看待人生、看待自我的方式，但道家文化对人与宇宙关系的哲学思考在中国如空谷绝响，只此一家，儒家和法家的实践性目的，使他们没有从人的存在本质中对人、对人与世界的关系做出自己的解释，这样，在对人的个体性存在的价值和意义的理解上就被道家文化所独占。实际上，道家文化对人及其存在意义的思考所发掘的只是它的一个侧面的意义，人有与无生命的自然界相联系的本质特征，也有与自然界相区别的特征，而彼此的区别就在于人是有意识、有感觉的生命体。没有对周围世界的意识，没有对自我的意识，也就不再是一个活生生的人，因而也就无所谓人生哲学。道家文化以人的个体性存在作为自己人生哲学的建构基础，但个体人的存在是没有自我完满性的，他只有在与周围世界的联系中才能找到自我存在的意义和本质，才能具有自我存在的完满性。一个男性在作为一个孤立的个体的时候是不具有自己的完满性的，他至少需要被一个女性所认知，需要以二者结合的方式实现自我的本质显现，因为二者的结合才为人类的繁衍提供了可能,才有了人类持续存在的可能;有了人类的持续存在,个体人的存在才获得衡量自我的方式,获得自我意识的标准。后来的道家知识分子没有发展道家文化创始人对人的存在本质的哲学思考,而只是接受了这种哲学所直接提供的人生态度,从而构成了在野知识分子阶层的人生观念,构成了他们拒绝社会责任、寻求个体人的心灵安宁的生存方式。他们重视个体人的自由,但却认为在社会中不可能获得自由,自由只能在社会之外,在无所追求的闲适生活中才能找到。儒家和法家的知识分子占领了中国社会,但他们不把人的自由作为政治事业的目标,他们的目标是迫使人们履行对社会、对国家、对别人、对君主的责任,是放弃个人的自由,为社会牺牲自己。这种区别不仅造成了中国文化的两大板块的拼接式结构,同时也造成了每个个体人板块拼接式的人生观念。入世的知识分子在自己所从事的事业本身感觉不到自我的自由,他自我的自由就只有在他的事业之外,在他的清闲中去寻找,这使大量政治官僚在口头上为国为民而在实际上把他所从事的事业只当作沉重的负担,造成了中国封建专制政体的特有的涣散无力,越到后来,越成了一架空洞的政治皮囊,对中国社会事业的发展几乎毫无建树。与此同时,当道家文化学说只成了一种人生态度的说明,在野的知识分子可以在对社会事业一无贡献的情况下获得崇高的社会威望,这也形成了中国文化中的一种特有的文化现象:"清高"本身是一种社会价值,大量知识分子安于做社会的旁观者。

儒家和法家主要依靠社会的组织形式实现社会的秩序化,而墨家文化则从人与人的内在联系思考人与人的社会联系,所以它反对儒家所提倡的有等差的爱而提倡"兼爱",认为只有建立全社会人之间的普遍的爱,才能做到对彼此都有利。它的这种思想是对战争的思考中建立起来的。战争这种人类相互杀戮的形式对双方都没有利益,但由于互相仇恨而导致彼此损害,如若彼此相爱,也就彼此互利。墨家是和平主义者,反对一个国家进攻另一个国家,认为首先发动战争的人应对战争负有责任,其他国家应当帮助弱小的国家抵御强国的侵略,制止战争。在经济上,它主张平均主义,反对社会分工,认为国王也应以自己的劳动维持自己的生活,公共的事务只在业余的时间处理。实际上,他认为社会中

鲁迅在中国文化史上的地位和作用

的一系列矛盾都是在社会分工中产生的，而社会组织者与被组织者则是主要的社会分工形式。要消灭社会的分工，社会的联系主要靠人与人之间的爱，但这种爱又是没有保障的，因而他又主张宣扬鬼神的力量，用鬼神威胁着世人，使他们不敢做坏事，不敢为所欲为。中国的知识分子是社会分工的结果，墨家这种反对社会分工的学说不可能在中国知识分子中受到普遍的欢迎，儒家和法家的知识分子在与政治统治者的结合中获得了发展，因为它们都是社会分工的产物，墨家在战国时期就与儒家学说直接对立，墨家学说后来没有传人，只在下层群众中保留着它的绝对平均主义的社会理想，那种无等差的兼爱主张则连普通老百姓也不接受，倒是在社会氓流中实行着路见不平、拔刀相助的极粗野的兼爱传统。在这些社会氓流中发展起来的剑侠传统，由于没有固定的社会理想，所以有的以自己的价值标准扶弱除强，有的以自己的勇武独霸一方，有的与地方势力结合犯上作乱，有的也为朝廷利用充当统治者的保镖。墨翟还有自己的逻辑学说，连同当时的名家学说，都在儒家思想的统治下没有得到进一步的发展。

中国春秋战国时期是一个社会动乱的时代，社会问题形成了那时刚刚发展起来的"士"这个阶层的思考中心，列国彼此的争战也不可能形成全民族共同信仰的宗教，所以中国成了一个没有自己的宗教的国家，汉族成了没有自己的宗教的民族。东汉末年，佛教文化传入中国，成为在中国文化中非常引人注目的文化现象。但是，当佛教传入中国的时候，中国的基本社会结构和文化结构已经形成，对上，它无法改变以儒法结合形成的政治体制和政治思想；对下，它无法改变中华民族的风俗习惯；对内，它无法改变中华民族的价值观念。所以不论它在表面上取得了怎样的发展，但作为一种文化、作为一种宗教，对它在中国发生的影响作用不能估计过高。在整个世界上，佛教文化也是一个最纯粹的精神性的文化。基督教文化承认人的现世性存在，但承认人的存在的物质基础，承认人的存在不可能完全摆脱物质欲望的束缚，它把人的精神追求转化为对彼岸天国的追求，并以此制约人的现世行为，而佛教文化则是彻底否定现世人生的，它认为整个的现象世界都是虚幻不实的，人对世界的感觉和思维都是不可靠的，人的唯一的出路就是摒弃现实世界，摒弃一切的现世愿望，超越整个的物质世界，把自己的精神从物质实体中提升出来，进入纯精神性的存在，进入涅槃境界。佛教的人生观的纯精神性特征，使它不可能转化为一种向外追求的社会文化，而只能是向内追求的个体性的信仰，因为一切的社会文化都只能建立在人的现实存在的基础之上。佛教文化是一种外来文化，它不能不受到中国文化的有形与无形的巨大排斥，这使它没有从根本上改变中国文化的固有结构，而是使它自己愈来愈适应中国的现实，成了中国固有文化的一种补充形式。后来在中国产生的禅学，发展了中国文学中重感悟的思维形式，对语言的表现功能的有限性和变动性有启示作用，但在整个的人生观上则远离了固有的佛学。

　　佛教传入中国之后，中国人自己才创立了自己的宗教——道教。这种宗教严格说来只是一种群众性的组织形式，而不是一种宗教，因为它没有给中国人提供任何精神性的追求目标，它的追求目标是纯实利性的。儒家文化、法家文化、道家文化都着眼于社会的组织形式和个体人的人生态度，它们都没有在满足人的物质实利的要求上做出自己的努力，但是，人是不可能彻底摆脱物质实利的欲望的，中国人的这种愿望在道教中获得了一种虚幻形式的体现。道教文化发展了中国人的想象力，但这种想象力却是在一种非理性的形式下发展起来的。理性思维不是人的唯一的思维形式，但却是一种重要的思维形式，它的作用是连接人的直接经验性知识和人的想象力的结果，在这样一个中间地带，人通过理性思维的合理程序把人的想象转化为现实。儒家文化、法家文化、道家文化不以满足人的物质实利欲望为自己的目标，从而把反映中国人这种欲望要求的文化挤出了雅文化之外，使它不但构不成整个社会组织的有机组成部分，而且也不是整个知识分子阶层所致力的目标。当这种欲望追求主要在无文化或半无文化的社会群众中发展起来，它就只成了各种直接经验性知识的积累和各种幻想性结果的直接结合形式。道教文化为中国人创造了体现人的理想的神仙系统，他们是长生不老的，体现了人的长生不老的愿望；他们是无所不能的，体现了人克服任何困难，克服自身的局限性的愿望；他们的生活是游悠自在的，反映着人对繁重劳动的惧怕；神仙的世界是无比优雅的，充满奇花异葩，充满珍馐佳

鲁迅在中国文化史上的地位和作用

肴，充满琼楼玉宇，充满美衣华装，反映了人对各种物质享受的欲望，在神仙的生活中没有尔虞我诈、争权夺利的残酷斗争，反映了人对人的和谐关系的追求。但所有这一切都以极虚幻的形式存在着，都作为个体人的追求目标，似乎只要每个人都修炼成仙，这一切便可实现。在道教文化提供的这种理想的形式下，中国人也积累了很多奇异的经验性成果，如养身术、特异功能、中医秘方、偏方等等，但也有很多装神弄鬼的迷信形式。道教文化的芜杂性，其源在于它缺乏科学研究中所必备的预验系统，或者靠现身说法，或者靠对个人的信任，其效用难以预测，这也给各种江湖骗子提供了方便条件，使之鱼龙混杂，难以得到正常的发展。道教文化与社会文化的脱离，使它主要是个人性的，一切只有依靠各文化部门的协作才能得到发展的科学技术部门都没有希望得到发展。道教是一种民间性的组织，它为民间力量的联合提供了可能，但它没有自己独立的社会学说，没有自己独立的道德体系，这决定了它不可能形成改造社会的力量，中国的农民起义多借用它的组织形式，但中国的农民起义在造成了多次的封建王朝的改朝换代的同时，对中国社会的发展几乎没有任何积极作用。

中国社会这几种主要的文化形态在中国历史的延续中逐渐聚合为一种稳定的结构系统。例如，在政治领域占统治地位的是儒法联合的形式，儒家文化为表，法家文化为里，王道霸道并用，维持着万世一系的专制制度。中国的社会一直是这样一个政治体系组成的社会；中国社会的基础是无数个以血缘关系为线索组成的家庭和以家庭为基础联合而成的家族，在这样一个社会基座上起维系作用的永远是儒家的家族制度和礼教制度，形成了与上层政治结构的同构体。上层政治结构用专制政治的手段维护下层社会的家族制度和礼教制度，下层社会以自己的伦理道德观念维护着上层的专制政治；在野的知识分子中除依然持有儒家文化思想的知识分子之外，道家知识分子的认可乃至尊重使他们得到社会的身份；佛家文化在中国社会内部自组一个小的社会，这个小的社会不需要另一种政治结构和下层社会结构相配合，中国的政治结构在佛家寺院经济没有发展到对专制政治权威的直接威胁时宁愿承认它的存在，而在构成这种威胁时又可以随时对这实行镇压；道教文化与佛教文化的矛盾不但不会动摇整个中国社会的基础，反而使它们都争取专制政治的支持。农民起义引起的社会动乱不但不会动摇整个中国社会的基础，反而为这个基础一次一次地注入希望，使之在无所变动中呈现着形式的变动。在先秦，这各种文化学说是同处于一个平面上、在竞争中互存的，因而它们呈现着生命的活力，表现着中国古代知识分子的创造性，其学说也在竞存中发展和完善，但越到后来，它们越向不同的领域流动，构成了彼此互补、相互僵持的局面，各种学说自身既无新的发展，因而也无法构成对社会思想和社会实践的推动力量，内外两面都陈陈相因，处于停滞状态。一旦各种文化学说和整个中国的社会结构形成稳定不变的体系，人的活动便失去了自己的意义，而在中国各种文化学说的自身，又是不可能找到人的存在价值和意义的。儒家文化和法家文化把人的存在价值看作是为他人的价值，为君尽忠，为父尽孝，为友尽义，然后落一个忠臣孝子的好名称，其价值评价操在别人的手里，因而也要视别人的需要而决定自己的言行。这种生存对自我的意义何在？儒家文化和法家文化都没有做出回答，它们否认人为自我而存在的价值和意义；道家文化和佛家文化实际都是对人的现实存在价值和意义的否定形式，道家文化否定人的社会性存在，否定人的存在的社会价值，而人的存在价值是无法脱离开人的社会性存在而被确定的，佛家文化则否定人的整个现世性的存在，使人找不到作为一个人的存在价值，实际上，道家文化与佛家文化都是对人的生命力的否定，把人的生命力就作为人的悲剧性存在的根本原因，并且以对人的生命力的否定作为人的救赎的根本途径；道教文化的实利性质使之趋向享乐主义，用物质的满足代替了精神性的感受，并且它的虚幻性就产生于人的精神追求力的萎靡。总之，在中国文化逐渐形成一个超稳定的文化结构之后，外部世界的稳固化与内部世界的萎靡化便成了相互推动的因素。内外两面的生命交流就基本中止了。人对整个外部世界是无能为力的，人的存在在外部的世界得不到证实，自身的生命力也就日趋委顿，这种委顿精神只有在个人的物质享乐中获得片时的刺激，这就导致纯粹的享乐主义，用饕餮的物质欲望的满足填补心灵的空虚。所以中国以道德文化的发达为标志，同时又以道德腐败和政治腐化为特征。两者是互为因果的：人越是在自认为有意义的生活中找不到自我存在的价值和意义，越是要到自认为没有意义的生活中去寻找，而越是到没有意义的生活中去寻找，他也越是寻求不到。当一个官僚认为自己做的一切都是为了报君之恩的时候，他也就自然地认为自我只在职务之外的个人享受中，但这种享受又被他自己当作纯个人性的行为，当作道德堕落的表现，因而他的内在精神仍是骚乱不宁的。中国人在自己的文化中失落了自我，失落了自我存在的价值和意义的感觉，这便是鲁迅在走到中国文化之中时的基础状况。

鸦片战争之后，中国文化在外国文化的推动下开始发生缓慢的变化，但直到五四新文化运动开始之前，中国文化的发展还是完全被动的，没有人从中国内部思考自身发展的动力，也没有人不是在迫不得已的情况下提出发展的要求。洋务派是最早提出学习西方的先进技术的知识分子。他们是一些官僚知识分子，他们是在儒家忠君的形式下提出改革要求的。他们从这个改革中发现的不是对自我的意义，而是对清王朝统治的意义，是在这个王朝的统治受到外国侵略者的威胁时不得不做出的战略转变。正是这种非自我的感觉，使他们的改革不可能具有人生观的意义，不具有文化转变的性质。充其量，他们是先秦法家文化的实际传承者，先秦法家主张耕战，是作为政治统治者巩固自己的专制统治而提出的战略措施，这种措施既不从国民的共同利益出发，也不建立在自我实际所能致力的范围内。在文化思想上，他们维护传统儒家文化的统治地位；在政治态度上，他们维护清王朝的专制统治，即使他们的改革获得成功，在中国出现的将是一个现代的秦帝国，这个秦帝国不但在对国民的专制统治上更为有力，而且这些原来主张学习西方的知识分子自己也有可能重复商鞅、李斯这样一些法家知识分子的命运。这种异己的感觉不但使大多数清朝王公贵族、朝廷官僚成为极端的保守派，而且也使这些改革派的官僚没有内在的精神驱动力，使他们充分调动自己所可能有的所有力量致力于改革的事业。他们没有起码的民主观念，在对待人民的反抗斗争上与传统儒家和法家的知识分子没有任何实质性的差别；他们没有起码的自由观念，对异于儒家伦理道德的思想学说一概采取排斥态度。维新派的知识分子在外国的政治制度的影响下提出了虚君共和的主张，在中国的政治改革的道路上迈出了具有实质意义的一步，但他们的改革仍然建立在挽救清王朝的灭亡的意义上，是在外国侵略者的直接威胁下做出的战略选择。他们是一些在野的儒家知识分子，他们像传统儒家知识分子一样先要进入政治结构之中去，然后才能够施展自己治国平天下的雄才大略。他们是忠君的，为王前驱，因而他们也不反对儒家的伦理道德，甚至在维新变法失败之后康有为还要立儒学为国教。他们仍把整个中国理解为一个家庭的形式，皇帝是我们的家长，官僚是我们的家臣，老百姓是这个家庭的子女，家长要关心自己的子女，子女要服从家长的领导。他们的地位有类于家臣，替家长管好家政，所以他们自己必须依附在更高的政治统治者的身上，没有更高的政治统治者的信用，他们便一筹莫展。他们没有自己的独立性。再后的革命派用革命的方式推翻了清王朝的统治，模仿西方民主政体的方式建立了新的政权，但在文化思想上，他们与此前的维新派没有什么不同。他们不是从自我的民主要求出发进而从事推翻清王朝的统治的，而是由于清王朝的腐败无力，民主形式是他们从西方学来的现成形式，而并不是他们自身的生命要求。他们是从拯世救民的观念出发看待自己进行的这场革命的，他们要把民主给予人民，而不是人民需要民主，这种拯世救民的思想之所以极不可靠，就是因为他们从为民牺牲的角度意识自我，夺取政权以后他们也便是当然的政权执掌者，民主是由他们给予的，民主也不能违背他们的意愿。只有到了五四新文化运动，中国的知识分子才表现出了一种与传统知识分子完全不同的新的世界观，而对它的意义与价值有着最明确的理性把握的则是鲁迅。

　　洋务运动、维新运动虽然失败，但它们造就了一批新的知识分子，这批知识分子是在新的教育制度中形成的。他们之被造就，并不是为了为哪一个政治者服务，也不是为了去当上帝，拯救整个人类社会或整个民族。他们是作为一个人被造就的，并且是作为一个有创造能力的人被造就的。他们不是以一个社会主子的身份加入社会，但也不是以一个社会的奴才的身份加入社会，他们是以一个人的身份加入社会，以一个个体人的身份加入社会。在这个社会上他不代表任何人，但任何人也都不能够代表他。他就是他自己，他以他自己的独立性参与社会，并在社会上以自我的才能与力量获得社会的承认，获得自己的存在空间。他们是入世的，但他们的入世不同于儒家知识分子的入世，不是去为君主效劳，也不是代表全体人民哀求君主实行仁政，而是以自己的才力从事自己的事业并获得自己生存和发展所需要的一切。他们需要自己存在的独立空间，但他们不是出世的，不是社会之外的人，社会是他们生存和发展的环境，也是全社会人共同生存和发展的环境，所以他们尽管不以社会的救世主的姿态意识自己。但他们依然关心社会，关心社会的改造。这种关心是从与自我生存和发展有关的意义上出发的，所以它具体而具有内在情感的力量，但正因为他们是以独立的个体人的身份参与社会，所以他也必须以与其他所有独立的个体人的共存的需要参与社会和社会的改造，把自我最基本的需要也作为所有人的最基本的需要，为了整个社会的发展而不是为了谋求个人独霸世界。在这种意义上，他们是人道主义者，他们以自我的内在体验来体验整个人类的愿望与要求，并为实现这要求而做出自己的努力，但这种努力又不是无我的，为我与为人类在人的统一本质中获得沟通。社会是全社会人的，他不会像儒家知识分子那样，认为牺牲自我而拯救社会是合理的，社会的改造必须是全社会人的共同事业，必须由全社会人的共同努力。所以他们不会像传统儒家知识分子那样，希望全社会的人都成为君主的顺民。他们希望全社会的人都是有独立个性的人，有独立思考能力的人，有独立追求意志的人，有独立的人格尊严的人，能意识到自我的最基本的生存权利的人，为了自我最基本的生存权利而参与社会竞争的人。这竞争需要规则，但这规则不能是儒家的家族制度和礼教制度，在这种竞争中，人人都是平等的，人人都有平等地参与竞争的权力，但这种平等又不是墨家的绝对平均主义，墨家的平均主义是结果上的平等，现代的平等是起点上的平等，在竞争规则面前的平等。保证社会人平等地参与竞争的权利，保卫平等的竞争规则，保卫这平等的竞争规则的顺利执行，是现代人保卫平等的基本内容，而这又是建立在人的分工原则的基础之上的，由这种分工构成现代社会的结构，整个社会的发展不取决于哪一个单方面的发展，而取决于整个社会结构的运演变化。这规则也不是法家的法，法家的法是专从帝王统治的需要出发而制定的，是治民之术，现代的竞争规则则是参与社会亦即参与社会竞争的人共同制定的，是彼此为了竞争的需要而要遵守的规则。在这样一个社会上，关于人的思考是关于现实的人的思考，它是把人作为有着各种不可摆脱的基本欲望要求的人来思考的，是作为与无生命、无感情、无主观意志的非人的物质世界相联系但绝不相同的个体而思考的，是把人的这些特性作为人不可或缺的本质特征加以思考的，所以它不同于传统道家的人生观，并不认为人去私去欲、泯灭个人的意志是符合人性的，也不认为上对下的意志压抑是合理合法的。它承认人生的痛苦是不可摆脱的，人的灾难是不会根除的，人的矛盾是永恒存在的，但它并不会由此而像佛家文化一样否定整个人生，否定人的存在的合理性，它在人的生命本身体验人的存在本质，体验自我的存在和自我存在的价值和意义，这种价值和意义是不假外求的，但又不是脱离社会的。每个人都先天地被生于一个特定的现实世界上，人必须在这样一个世界上做出自己的选择，所以人都无法最终地脱离开自己所存在的现实社会，企图逃避这个现实社会就是企图逃避自己、逃避自己的生命、逃避自己对自己的责任。他不会是十全十美的，不会成为理想的人，因为任何的现实都是不完美的，但在这不完美的现实中，人必须生存和发展，正是这生存和发展的需要推动你作为一个有生命力的人去活动、去创造，你只有在这活动和创造的过程中才能感觉到自己的生命的存在，感觉到自我的存在，它是物质的，也是精神的，是肉的，也是灵的，这是你生命的劳动，也是你生命的嬉戏。你的生命的意义在你的生存中，不在过去也不在未来；在你的内在体验中，而不在别人的评价中，不在你的墓志铭中，但你这活动，你这创造，是在对于人类的意义上被意识的，是在社会的价值当中被衡量的，所以它不等同于传统道教的纯享乐主义。它不认为无意识的物质的自我的存在就是一种幸福的存在，所以他需要的不仅仅是长寿，不仅仅是享乐，但没有物质的自我也就没有自我的意识，所以他也不会像传统儒家文化一样，认为别的人有要求自己为他献出自己的生命的权利。生命是自我的，他可以为自我保存这生命，也可以为自我献出这生命，为摆脱自己的奴隶地位而献出生命。人的活动和创造是在社会上的创造，是在社会联系中的活动和创造，所以人要在社会中构成一定的关系，他不认为道家知识分子那种对人的漠不关心的态度是合理的，但也不认为儒家那种先天规定的固定的人与人的关系是绝对合理的。人的关系是在社会交往之中自然形成的，人的爱和憎是在特定关系中形成的，是在彼此关系的变化中发展的，它是即时性的，不是永恒的，不是由需要所支配的，人有即时性的表达对周围世界和周围的人的感情态度的权利，人的关系的不和谐不能靠儒家文化那种掩盖彼此的真实感情态度的方法，而应在彼此的真实感情的交流中，有时是有感情的碰撞中加强互相的了解。人的道德不在于他所表达的感情态度本身，而在于他表达的是不是对特定对象的真实态度，是不是在平等的基础上的感情表现。这种平等的感情交流的原则，是与建立在上下等级关系的基础上的传统儒家、法家文化基础上的道德规范是绝然不同的，当对上的尊敬和对下的权威成了固定的道德要求的时候，人与人是没有平等的感情交流的，在上的压抑形成的感情积淀必然在对下的弄权使气中发泄出来，从而将对上的谄媚和对下的训斥当作正常的人伦关系。中庸和平只是一种表面现象，实质上人与人无法建立真诚的爱情关系。正是在这平等交流的关系中，才有现代科学和现代文艺的发展，才能摆脱传统儒家和传统法家那种以身份决定真理的文化专制的观念和文化专制的政策，实现全社会的文化交流，提高全社会的文化（理性的和感情的）素质，使中国社会变成更有利于人的生存和发展的社会。不难看出，正是在这种文化观念中，中国近代先进知识分子文化思想的那种被动性才被消除了。中国人是从自我发展的需要，从自我生命的要求当中改造我们自己以及我们的社会，而不再是在外国强权的压力下才学习西方的方法。

　　五四时期由少数知识分子构成了这样一个社会，但这个社会存在于由传统遗留下的一个更庞大的社会之中，存在于中国传统文化观念的包围之中，它的原则不是通过所有这个社会中的知识分子而体现出来的。在任何时代，都存在着两种人，一种是主要适应现实生活的需要而生存的人，一种是生活在自己的思想需要中的人。前者在各种实践性的领域获取自己的成功，后者则完善着自己的思想和人格。为了自己实践领域的成功，前者更灵活地利用各种与之有利的条件为自己服务，灵活地变换自己的言行以适应不同的对象，因而他们的一生在不同场合、不同环境和不同境遇下的言行没有本质上的统一性，经历少则简单，经历多则杂乱，形不成具有本质上统一的复杂思想结构，其思想因素也多是传统思想的简单因袭，无法形成与传统思想本质不同的思想系统。人们完全可以抛开它而从别的思想学说中获得与之完全相同的思想认识或情感体验。只有后者，因为生活在自己的思想需要中，他们在不同的对象、不同的境遇和不同的环境条件下以本质相同的思想原则感受人生和解剖人生，并在这种感受和解剖中体现着自己的思想愿望，完善着自己的思想结构。任何新的经验都会给他们带来新的人生体验和新的思想认识，他们的思想永远不会停留在一种简单的思想命题上，永远不会简单因袭前人的固有传统，他们用自己的生命和生命力的表现照亮自己的思想。他们重视自己的思想正像重视自己的生命，因而他们不会故弄玄虚以破坏自己内在的心理平衡，但他们不惜被周围人所反对，绝不会为一时的顺利而出卖自己的灵魂。正是在这一点上，鲁迅与中外所有伟大的思想家有着共同的本质，有着与孔子、老子、韩非子、墨子、释迦牟尼、苏格拉底、亚里士多德、柏拉图、耶稣、伏尔泰、卢梭、马克思、尼采、列夫·托尔斯泰等等伟大的思想家相同的本质。"五四"以后的中国知识分子，逐渐向两个方向发展，一派是传统文化的提倡者，一派是西方某个思想学说的宣扬者。他们都有自己的贡献，但在他们依靠这些学说获得一定社会地位之后就滞留在某个局部的知识范围中，他们更是固有文化的传播者，而不是中国现代社会人生观念的体现者。体现了中国现代社会人的最基本的人生观念的是鲁迅。鲁迅是新文化的提倡者，是主张向西方文化学习的人，但他不是西方某个学说的信徒。当他吸收了中外文化的营养之后，便专注于自己的使命。他是中国文化的现代解剖者，是中国国民性的改造者，是各种现实文化现象的诠释者。他按照他所存在于其中的现代社会的需要而思考人、思考人生、思考世界和人类，正像孔子和老子以自己社会的需要所做的那样。

我们现在已经能够看到，五四时期由少数知识分子组成的那个小的社会，也就是我们越来越多地投身于其中的现代中国社会。在这个社会中的所有人已经不是中国古代那个主要在父亲专制的官僚大家庭里生存并发展自己的人，也不是出了自己的小家便进入由君主专制的官僚大家庭中生存和发展的人，我们都以个人的身份来到这个庞大的、由我们共

鲁迅在中国文化史上的地位和作用

同联合形成的社会上。我们共同在其中生存和发展,我们其中的绝大部分人都不可能像传统道家知识分子那样纯然地离开社会去与麋鹿为伍,有志于摒弃现世人生而出家为僧的人仍然是极少数,我们必须在这个社会中获得自己生存的痛苦和欢乐,因而如何在社会中生存和发展、如何把我们生存于其中的社会改造得更适于我们的生存和发展,亦即我们应当以什么样的原则共同生活在一起,必然是现代中国人经常遇到的主要问题。现代的中国离不开古代的中国,它是从古代中国发展而来的,传统的文化还是我们中国现代文化中的重要组成部分,以传统的人生观看待现代中国社会并改造这个社会还是一种可能性的方式,在现代中国,仍然时有动乱,仍然会有各种各样的社会矛盾,儒家的秩序化的要求还会时时产生,但儒家文化的秩序化不是在加强人与人的互相理解的基础上、不是在完善社会民主机制的基础上实现的,而是在加强上对下的压制力中实现的,这时儒家文化必然同法家文化相结合,在下的道德修养与在上的专制力的加强总是相互呼应的,从而把人民置于更没有民主权利的地位上。这增加了官僚集团走向腐败的可能性,积聚着的社会矛盾孕育着更大的社会动荡;在社会的矛盾面前,中国现代人仍然会时时产生出世的愿望,但在现代社会,真正出世的可能性较之古代知识分子更少可能性,所谓的出世只是躲避社会矛盾的一种方式,它使社会矛盾依然存在,依然使你不可能获得真正的自由,而在现代社会上真正实行佛教人生观的仍是极少数,多数人是不会绝对地遗弃人生的;道教文化使人们返回纯个人的实利要求,它把一切物质文化仅仅视为满足物质需求的手段,并用物质文化的发展压抑精神文化的发展,用享乐主义取代精神美化,用宿命论逃避人生竞争,用虚幻的追求替代现实的追求,但它最终将导致人心涣散,使社会丧失起码的心理承担力,增加社会动荡的力量。墨家的绝对平均主义起到的是阻碍社会生产力发展的作用,中国古代的剑侠传统向黑社会输送的力量将永远大于向社会发展输送的力量;西方一些具体的文化学说也会使中国知识分子产生新的希望,但一旦把这些学说输入到中国,中国的知识分子便会感到,在西方曾经产生过巨大社会推动力的文化学说,到了中国便失去了它原有的活力。所有这些,都会成为中国现代社会第一位的选择,因为它们是我们的传统,我们最容易做出的选择，但这些对于现代中国社会，都不可能是没有并发症的选择，鲁迅所提供给我们的人生观念和社会观念可能是最难做出的抉择，它在开始时是被大多数人所反对的抉择，是有悖于中国人的人情物理的选择，但在中国现代社会中总会有人感到它的必要性，终会有人像鲁迅那样不顾世人的白眼而做出新的呐喊，因为在中国现代的社会中，它是一种不可逃避的真理。到那时，中国人不得不重新思考自己，思考自己的文化，思考我们的人格建设，因而对于鲁迅的追求才有更切近的感受。它会提醒你是生活在现代的中国，生活在理应不同于中国古代社会也不同于西方社会的中国现代社会，提醒你是这个社会中的一个人，而不是一个主子或者一个奴才或者一个社会的旁观者，提醒你必须直面现实并用自己的力量去进行我们的社会改造、文化改造和国民性的改造。

　　我认为，这就是鲁迅在中国文化史上具有的特殊地位和特殊作用，他的思想不是中国现代社会的唯一的思想，他不是中国现代的圣人，但他与他的思想却是中国现代社会不可或缺的，他体现着一个现代的中国人不能没有的一种新的人生观念和人生态度。至于他在中国文学史和中国学术史上的一些具体贡献，也只有理解了他在中国文化史上的地位之后，才能给予更充分的估价。

原载《中国文化研究》1995年第1期

鲁迅与中国文化

一

　　如果说20世纪20年代的鲁迅研究主要是鲁迅作品（主要是小说作品）评论的年代，如果说从30年代左翼知识分子的鲁迅研究一直到"文化大革命"结束主要是鲁迅思想研究的年代，那么，从"文化大革命"结束至今的鲁迅研究则主要是对鲁迅的文化价值和意义进行研究的年代。在这个时期，不论是对于鲁迅与外国文化关系的研究，还是对于鲁迅与中国古代文化关系的研究；不论是对鲁迅具体作品的艺术分析，还是对鲁迅生平思想的论述。无不带有文化研究的色彩。它是把鲁迅及其作品放在人类文化，特别是中国文化的大背景下进行把握和了解的，这同"文化大革命"前把鲁迅及其作品放在"革命—反革命"的固定政治思想框架中进行研究有了根本的不同。在这个历史时期，鲁迅研究的成果是异常丰富的，几乎涉及了鲁迅与中外文化的方方面面，但我认为，我们在进行这样一个课题的研究时，自觉或不自觉地运用着的还是一种纯客观的线状体或流状体的文化历史观。这种文化历史观把中国文化视为一个绵延不断的线性发展链条，视为一种文化流状体，视为与我们研究者的叙述毫无关系的纯客观的历史进程，视为从古代旧文化逐渐演化为现代新文化的单一的前进性运动。它好像被别人驾驶的一驾马车，一直从古代开了过来，在五四时期卸下了车上的旧货，添上了西方的新货，又继续向当代开了过来。这种历史观不是没有一定的真理性和一定的历史价值，它在追求中国文化的发展、提高我们文化革新的主动性和积极性上是有其价值和作用的，但它对文化历史的描述却是不精确甚至是不准确的。这在鲁迅研究中产生了两类四种不同的倾向：一类是在"传统—反传统"的文化框架中产生的。按照这样一个框架，鲁迅的价值主要表现为一种反传统的价值。他被视为结束了传统文化而开启了中国现代文化的一个文化巨人。毫无疑义，这是有其真理性的，鲁迅在中国古代文化向现代文化的转变过程中所起的作用是有目共睹的，是不容忽视的。但与此同时，它也为中国文化"断裂说"提供了理论根据；而"断裂说"是维护中国文化的独立性的，是反对西方文化霸权的。我们不能不承认，这种维护民族文化的独立性、反对西方文化霸权的意图同革新中国文化、提倡中国文化向外来文化开放的意图对于我们是具有同等价值和意义的意图。这样，中国的鲁迅研究就具有了两种不同的发展倾向。一是高度肯定鲁迅反传统的价值和意义，把鲁迅视为一个"彻底地、不妥协地"反对传统封建文化的最伟大的文化革新家，而他们越是高度评价鲁迅及其作品的这种价值和意义，越是把鲁迅视为一个伟大的文化革新家；另外一些学者就越是把鲁迅视为中国文化的罪人，越是认为鲁迅对中国文化的发展起到了严重的破坏作用。不难看出，迄今为止，围绕着鲁迅展开的学术论争主要是在这个文化历史模式的基础上展开的。另一类是在"继承—革新"的文化框架中产生的。在这样一个框架中，任何一个革新家都是在继承本民族文化传统的基础上实现自己的革新的，鲁迅也是这样。在这样一个观念的基础上，我们的鲁迅研究者广泛而又深入地研究了鲁迅与中国古代文化传统的继承关系，仅从这些论著或论文的本身，可以说极其有力地反驳了文化断裂说，强调了鲁迅与中国古代文化的千丝万缕的文化渊源关系。但与此同时，在这样一些论著和文章中，我们又感到程度不同地模糊了鲁迅文化革新的意义和价值，并且在一系列具体问题上，研究者往往与鲁迅本人取着截然不同的文化视角。例如，鲁迅终其一生都坚持着对孔子思想的批判，而在我们强调鲁迅与中国古代文化传统的渊源关系的文章中，鲁迅似乎更是一个传统儒家文化的传承者，二者根本的对立关系被淹没在大量相同或相似观点的叙述中。正是由于这种"继承"性研究所不能不具有的弊病，使部分研究者感到鲁迅还是守旧的，他对中国传统文化还有着过多的依恋和保留。他们把鲁迅思想仅仅视为"历史的中间物"，从而认为自己已经超越了鲁迅思想，鲁迅的思想已经过时，对于我们已经不具有先进性和革命性。实际上，这些矛盾都发生在我们的文化历史的观念中。我们把所有的文化学说或文化现象都按照一种历史的顺序排列起来，从而把文化的历史构造成了一个仅仅有历时性关系而没有共时性关系的流状体，我认为，我们要克服当前鲁迅研究中的这诸种矛盾，首先要从思考我们的文化历史的观念入手。

只要我们从文化历史发展的具体情况出发，我们就会看到，我们当前普遍持有的文化历史观念是有其严重的不足的。它无法真正描述一个民族文化的发展历史，无法较为确切地感受并评价一个人或一种文化现象的价值和意义。一个民族的文化史同整个人类的文化史一样，不仅有着历时性的关系，同时也有着共时性的关系。一个人或一种文化现象的价值和意义不仅有着历时性的意义，同时也有着共时性的意义。一种文化学说从来不是单独存在的，而是在与诸多不同的文化学说的关系中共时性存在的。它的意义和价值首先是在这种共时性的关系中呈现出来的；但这种共时性的结构同时有其再生的能力，外来文化可能成为文化再生的触媒，但人的创造性却始终是这种再生能力的根源和基础。就其产生，文化有其现实性，任何一种文化都是在当时历史条件下为了满足人的物质的或精神的需要而被人所创造出来的。在这个由有到无的创造过程中，一种文化、一种文化学说是在跳跃性的断裂变化中产生的。它与产生它的历史背景在时间上不是连续不断、在空间上不是融为一体的。老子的哲学思想不仅仅是此前中国人的哲学思想的继续和积累。在《老子》成书之前，没有一个老子的哲学学说；在《老子》成书之后，就有了老子的哲学学说。在这时，老子的哲学思想是独立存在的，它不是一部更完整的哲学著作中的一章，而是一个完整的哲学学说。鲁迅思想也是这样：在鲁迅之前，没有鲁迅思想；在鲁迅之后，才有了鲁迅思想。这个过程是跳跃性的，不是连续性的。它不是章太炎、严复、梁启超、王国维思想发展的必然结果，甚至也不是他们的思想共同结构成的一种更宽泛的思想。胡适、陈独秀、李大钊、周作人，都是"继承"着中国近代思想家的思想的，但他们的思想与鲁迅的思想不是等同的思想。鲁迅的思想与章太炎、严复、梁启超、王国维等人的思想在时间上是有间断的，与胡适、陈独秀、李大钊、周作人的思想在空间上是有间隙的。这种时间上的间断性和空间上的间隙性是怎样产生的呢？是由人的创造性带来的。一种创造性的文化成果必须经过特定个人的主观想象力和独立的思维过程才能被实际地创造出来，它不仅仅是已有事物的自身连接或重新组合。它是在另一个世界里产生而后被直接送入现实的文化历史的，它在这个世界上同所有其他的事物都失去了时间上的连续性和空间上的交融性。鲁迅小说同苏曼殊的小说不是直接相连的，鲁迅思想同胡适思想不是融为一体的。就这个意义而言，说鲁迅思想与中国传统思想发生的是断裂性的变化并没有根本性的错误。它的错误在于把这种"断裂"视为一种不合理的文化现象，视为对中国文化独立性的戕害。实际上，任何民族文化的发展都是在这跳跃性的"断裂"过程中实现的。没有这种断裂性的变化，就没有文化的发展。这种"断裂"，在我们中国现代文化中就叫作"革命"。但是，这种"断裂"只是一种新的文化产生过程中的现象，中国文化迄今为止也不是、也不可能是仅仅由鲁迅一个人的思想构成的，甚至也不仅仅是由"五四"以后产生的新文化构成的。我们的图书馆里不仅仅有鲁迅的书，也不仅仅有"五四"以后出版的书；我们课堂里讲授的不仅仅是鲁迅的小说和杂文，不仅仅是"五四"以后的白话文作品，我们的城市里不仅仅有现代的建筑物，我们的农村里不仅仅有"五四"以后形成的新风俗，我们的政治结构不是按照鲁迅的设计建构起来的，我们的经济家不是按照鲁迅的思想进行经营的。我们的文化是一个极其庞大、极其复杂的文化结构体。鲁迅与中国文化的关系就是鲁迅在这样一个极其庞大、极其复杂的文化结构中与其他各种文化成分所构成的共时性的关系。就这个文化的整体，是没有断裂的。中国文化至今还是中国文化，而没有变成美国文化或俄国文化。正像太阳天天发生着内部物质的裂变而太阳还是太阳一样。在这里，我们首先应当指出的是文化的超越性特征。文化，就其产生，有其特定的

鲁迅与中国文化

现实需要，但它一经产生，就具有了超越性。语言文字本身就是具有超越性的，语言文字作品超越了时间上的瞬间性和空间上的一隅性，使一种思想学说能够跨过时间和空间的界限而在人类社会和人类历史上进行广袤性和久远性的运动。老子的思想并没有因为老子的死亡而死亡，孔子的思想并没有因为孔子的死亡而死亡，我们至今可以通过《老子》《论语》等著作接受他们的思想影响。正是这种超越性使不同时代产生的文化可以同时存在于一个共时性的文化结构中，并发生各种形式的对立统一的关系。这种超越性同时也表现为流动性。文化是可以流动的，它不仅在时间中流动，同时也在空间中流动。过去我们说思想是有阶级性的，但思想绝不仅仅有阶级性，它还可以在不同阶级和阶层之间做空间上的流动，并且在这种流动中发生各种形态的变化。儒家思想产生在中国知识分子阶层内部，但它同样可以转化为一个封建帝王的思想，也可转化为广大无文化群众的思想，并依靠他们得到持续的传承。与此同时，鲁迅与中国文化关系的研究永远是一个有前提的研究，而不是一个无前提的纯客观事实的研究。鲁迅不是像西湖、庐山这样的物质性的存在，他是以自己的作品为载体的一种精神性的存在，他的存在是离不开人们对他的作品的接受的。鲁迅可以被我们所抛弃，也可以被我们所接受；鲁迅可以被我们这样接受，也可以被我们那样接受。我们抛弃了鲁迅，鲁迅与中国文化就没有了任何关系。我们接受了鲁迅，鲁迅就与中国文化有了关系。我们这样接受了鲁迅，鲁迅就与中国文化有了这样的关系，我们那样接受了鲁迅，鲁迅就与中国文化发生了那样的关系。这种关系是在我们的思想中被组织起来的，而不是外在于我们的感受和理解的。我们对鲁迅与中国文化关系的阐释得有一个思想前提，那就是我们对中国文化现代化发展的追求。我们永远无法证明一个复古主义者、一个站在中国文化的外部静观中国文化发展的学者关于鲁迅与中国文化关系的论述是"不符合历史事实的"，但我们这些生活在中国文化内部、身受着这个文化结构的束缚、希望中国文化继续朝着更加科学、民主、自由的方向发展的中国知识分子却必须以不同的形式整理和阐释这些历史的事实。我们的研究应当有一个潜台词，那就是：只要我们希望中国文化继续朝着更加科学、民主、自由的现代化方向发展，我们就应当这样看待鲁迅与中国文化的关系,而不应当那样看待鲁迅与中国文化的关系。总之,这种历史观不是线状体或流状体的历史观,也不是一种纯客观的历史观,而是带着我们自己的思想追求在共时性关系的历时性运动中感受、认识和理解一种文化现象的历史观。

与文化的线状或流状历史观相应的研究方式和叙述方式是相对单纯的历史研究和历史叙述的方式。这种方式有整体研究和分别考察两种不同的形态:整体研究首先把中国传统文化概括为一种什么性质的文化,然后叙述新文化的产生过程及其基本性质。鲁迅就是在这种性质的变化过程中发挥了自己特定历史作用的一个文学家、思想家和革命家;分别考察是鲁迅同中国古代特定人物和思想关系的考察,这种考察在于发现二者的相同和相异之点,并把相同视为联系,相异视为革新。前者是建立在中国传统文化有一个共同的本质而中国现当代文化又有另一种不同的本质的基础之上的;后者是建立在两个不同文化学说之间的相同之处就具有相同的价值和意义,而不同之处就一定具有不同的价值和意义的基础之上的。不难看出,它在方法论上也有极不精确的地方。中国传统文化真的有一个共同的本质吗?中国现当代文化真的可以用一种与中国传统文化不同的本质予以概括吗?《韩非子》与《红楼梦》真的有一种共同的本质吗?《阿Q正传》和《智取威虎山》真的有一种共同的本质吗?《红楼梦》与《阿Q正传》的差别一定大于《阿Q正传》与《智取威虎山》的差别吗?我们常常喜欢谈中国文化是什么,西方文化是什么,但这种概括又是因人而异乃至彼此完全不同的。有的人把中国古代文学概括为"表现的",而另一些人则把中国古代文学概括为"再现的",那么,中国古代文学到底是"表现的",还是"再现的"呢?恐怕这是一个永远也无法说清的问题。在鲁迅与中国古代思想家和文学家的比较研究中也是这样。在两个不同的文化结构体之间,相同的未必有相同的价值和意义,相异的未必不具有相同的价值和意义。西施皱眉是美的,东施皱眉就成了丑的了;杨贵妃胖,林黛玉瘦,但二者又都是美的。所以用同异的比较代替联系和区别的论述也是不尽合理的。本文试图改变一种叙述方式。我不想仅仅运用历史的叙述,而是在历史叙述的同时进行共时性关系的考察;而在共时性关系的考察中,注重的不是各个部分之间同异的比较，而是首先区分整体与整体之间的联系与差别。由于作者本人中国文化史知识的不足和这种新的叙述方式的试验性质，以下的论述可能是错误百出的，希望读者仅仅在一种试探性的意义上理解它并原谅它可能出现的错误。

二

当我们放弃了对中国文化和西方文化的性质的概括，留给我们的主要问题就是我们中国古代文化中有些什么，西方文化中又有些什么，它们各自是怎样产生的，以及它们在与其他文化的共时性关系中曾经发挥过怎样的历史作用，这些作用到了中国近现代历史上有没有以及有什么样的变化。我认为，只有在这种共时性的历时过程中，我们才能较为深刻地感受并认识鲁迅思想产生的意义和价值，以及它在中国现当代文化中所能够发挥的具体历史作用。在这种考察中，鲁迅思想不是中国古代文化，但也不是中国现代文化，它只是在中国现代历史上产生的一个独立的文化现象。它在中国现当代文化发展中发挥着自己的独立作用，但却不是中国现当代文化的本身，不是它的全体，它也永远不会成为中国文化的全体。当代的中国文化是包括在中国古代产生的文化和在中国现当代产生的文化在内的一个更庞大、更复杂的整体。

自然，当代的中国文化仍然包括在中国古代产生的文化，我们就应当了解这些文化在当时是怎样产生的，它具有一些什么样的具体内容，以及它们在中国历史上发生过怎样的变化，并在中国当代文化中仍然发挥着怎样的作用。

如上所述，文化的一个最基本的特征是其具有超越性价值。它是在特定历史时期的特定需要中产生的，但它的影响和作用却是超越于它所产生的时间和空间的限制的，它具有空间上的广袤性和时间上的久远性的特征，而这种特征是借助人类的语言形式而实现的。在人类历史上，文字语言使人与人之间的交流具有了非直接性的特征，为人类文化克服时间和空间的局限提供了新的可能，把文化的超越性特征提高到了一个前所未有的新高度，从而使文化开始成为民族的文化，开始成为一个民族成员间相互联系的纽带，并且使这种民族文化有了更紧密的历史承续性。所以，一个民族第一期书面文化的繁荣，就构成了这个民族文化赖以发展的基础文化构架。这是一个民族的知识分子开始从浑融的社会群体中独立出来，成为专门的文化创造者的时期；也是一种超越于每个具体社会成员的意志与要求、凌驾于一个民族之上的民族文化开始形成的历史时期。这个民族此前的文化只有到了这个时期，才被一些知识分子搜集、整理并通过自己的取舍、感受和理解用书面语言的形式记载下来。也就是说，这个民族此前的文化是在这个历史时期取得了一种相对固定的形态的，是通过这个时期知识分子的感受、理解和表达才被后代人所接受的，其中凝结的是这个历史时期的知识分子的文化价值观念，而他们的文化价值观念，却以这种书面文化的形式相对固定地流传到后世，在一代代民族成员由幼年到成年的成长过程中持续地发挥着自己的影响作用。这种影响可能是直接的，而不必通过另一个人的转述。书籍和人的关系的建立，删除了人与人之间在没有书面文化时必须经过的大量中介，使历时性的关系变成了共时性的关系。所以，不论是西方文化，还是中国文化，这个时期的文化对于整个民族文化的建立和发展都是具有关键性的。我们考察西方文化往往首先从古希腊罗马文化开始，而考察中国文化，往往首先从春秋战国时期的文化开始。就是因为它们是形成一个民族文化的基础文化构架的时期。

当我们重新回到春秋战国时期具体考察中国文化的基础构架赖以构成的社会基础的时候，我们首先应当注意这个历史时期的特定性以及我们的古圣先贤所表达的对人、对人与人关系的感受和认识的特定性。一个民族文化的形成和发展不都是必然如此的，而是有其偶然性的，这种偶然性首先表现在一个民族书面文化的发展同当时具体的社会现实状况的偶然性遇合上。在一个民族内部，文字语言的发展与使用，是与这个社会的具体现实状况没有确定无疑的联系的，但这个社会的具体状况却能影响一个时代知识分子对人、对世界以及对自我社会作用的思考。这就使各个民族的文化在开始建立之时起就有了巨大的差异。

我国春秋战国时期的基本社会状况是怎样的呢？首先，它是一个周天子领导下的大一统的社会逐渐趋于分裂而在各诸侯国的相互兼并中又逐渐趋于集中的历史时期。这是一个双向性的社会运动。一方面，统一的周王朝正在失去自己的权威性；另一方面，各个诸侯国的政治统治力量却在急剧加强着。一旦一个诸侯国能够以自己的政治统治把整个诸侯国在政治、经济上构成一个统一的整体并在这种统治中获取更大的政治和经济上的利益，各个诸侯国之间的矛盾也就是难以避免的了。每一个诸侯国都希望统治更大的地区上的更多的民众，彼此之间的矛盾就加剧了，彼此之间的政治的、经济的、军事的斗争就加强了。与此同时，当一个诸侯国的政治统治力量的加强给统治者个人带来更大的权威性和更多的经济利益，各诸侯国内部争夺政治统治权的斗争也必然趋于频繁和激烈。我认为，这实际是政治上的自然联系逐渐破裂而政治上的社会联系更加强化的表现。周王朝是统一的，但这个统一的王朝却更是在一种自然联系的形式下获得自己的统一性的，它依靠军事的侵略推翻了殷商的统治，但它却没有能力把整个中国纳入自己统一的政治结构体系中来。它是通过分封诸侯的方式极其勉强地把当时的中国联系成一个统一的社会的。这种联系还不是真正的政治联系，而是一种自然的、血缘的联系。它是通过把土地分封给自己的亲属和有功的大臣而实现各个诸侯国之间的联系的。但是，这种联系只是观念上的联系，而不是实际的社会联系。这种联系随着时间的推移和自然的、血缘的关系的淡化必然趋于解体。周王朝最高统治者无法用这种形式长久地控制整个的中国；而各个诸侯国却是以自己的政治的统治更严密地控制着自己的国家的。内部的矛盾使各个诸侯国的国王倚重的更是忠于自己的臣僚，通过这些臣僚控制着整个诸侯国的政治经济的权力，并且能够调动整个诸侯国的力量进行对外的战争。这更是一个政治的、社会的结构，而不再主要是一个自然的、血缘的联系。但是，对于当时正在形成的中国知识分子（"士"）这个阶层来说，这两种趋向却有完全不同的意义。正在形成和发展着的社会的和政治的结构形式带来的是人与人矛盾和斗争的激化，带来的是各个诸侯国之间的连绵不断的战争，带来的是社会统一、安定、和平生活的破坏和人民生活的痛苦和不安，而正在解体着的周王朝，虽然在历史上也是以自己的军事侵略建立了自己的统治的，但在这时它体现的却是安定、统一、和平的生活和人与人、国与国之间的自然的、相对和谐的关系。我国春秋战国时期的知识分子当走上自己的文化的历史舞台的时候，不能不首先陷入这个矛盾的旋涡之中去。即使那些与这样一个矛盾没有直接联系的思想学说和文化知识，也不能不因这个影响及于全社会的矛盾所同化、所理解和运用。他们可以以各种不同的形式介入到这种矛盾之中去，但这个矛盾还是他们所无法回避的矛盾。当我们把视线转移到构成西方文化基础框架的古希腊文化产生的历史时期的时候，情况就与我国春秋战国时期社会状况有所不同了。古希腊文化不是在一个大一统的社会中形成的，但却是在一个相对和平的发展时期形成的。从整体上，当时的希腊社会不是一个政治上统一的社会。它是一个民族，但却不是一个国家。作为一个民族，它依靠的是自然的联系。它的各个城邦国家之间没有一个像周天子一样的统一的政治领导，没有一个像周王朝那样的统一的政治机关，因而各个城邦国家也没有夺取对整个希腊民族的政治统治权的愿望和要求。这种要求是在它的书面文化繁荣发展之后的很长一段时间之后发生的。古希腊文化不是产生于国家与国家的关系之间，而是产生在一个个城邦国家的内部，产生在各个城邦国家和平发展的历史时期。在这样一个历史时期，各个城邦国家的社会化程度逐渐提高着，但这种提高不是仅仅通过政治统治力的加强提高的，而是通过人与人的各种不同的联系提高的，通过政治的、经济的、文化的各种不同的联系形式提高的。当时开始独立发展的知识分子阶层也存在在自然和文化的矛盾之中，但这种矛盾是从人感受、体验、认识、驾驭自然和自然的社会联系的能力的加强中产生的。这些知识分子在总体上不像我国春秋战国时期的知识分子一样，在社会化的发展中感到的主要是和平、安定生活的破坏，而是人对自然和人类社会驾驭能力的提高，是人对自我存在价值和意义的感觉的加强。在这个文化层面上，没有一个绝对的文化价值和意义的比较，因为在不同的语境中产生的不同的文化之间，是没有一个超越性的价值标准的，我们只能说，我国春秋战国时期的文化和古希腊文化产生于各自的社会背景上，各有自己不同的特征，并且导致了此后发展趋向的差异。我们既没有必要把中国的文化绝对化、神圣化，也没有必要把西方的文化绝对化、神圣化。

鲁迅与中国文化

三

当我们把我国春秋战国时期的文化视为一个共时性的文化结构的时候，我们已经不能把孔子所创立的儒家文化视为中国文化的代表，不能把它视为一种绝对正确的圣贤文化。因为结构是相互支撑的，每一个成分有每一个成分的独立作用，满足的是社会上部分人的物质的或精神的需要，不可能找出一个代表来，也不可能把其中任何一种文化视为无所不包的绝对正确的圣贤文化。但是，这毫不意味着我们轻视儒家文化在中国文化中的重要性。我认为，儒家文化对中国文化的重要性首先表现在它是中国古代唯一一个影响深远的社会学说，并且在它的基础上逐渐强化了中国社会的整体联系，使中国社会始终作为一个独立的社会整体而存在着，实际上，时至今日，中国社会的整体性大半还是依靠儒家文化的影响而存在的。它不是中国文化的唯一组成部分，但仍是它的一个重要的组成部分。

在过去，我们一直把儒家文化视为一种政治文化，视为维护封建政治统治的文化支柱。实际上，儒家文化在其本质上就不是一种政治文化，它不具备一种政治文化的基本素质。什么是政治文化？政治文化首先是使用政治权力的文化。儒家文化是不是一种政治文化呢？不是！因为它对政治的基本要求是"德治"而不是"法治"。他认为："道之以政，齐之以刑，民免而无耻；道之以德，齐之以礼，有耻且格。"（《论语·为政》）在这里，它明确把"德"同"政"对立起来，说明他讲的不是"政治"，而是"道德"。他的意图是要以道德的力量维系整个社会的稳定。在这个意义上，他是政治的取消论者，虽然他取消的不是执政之人，不是国家的政治权力结构，但它却反对政治家用政治的手段治理社会。作为一种学说，它是拒绝所有政治权力的干预的。不论是古代的政治，还是现代的政治，都是由三根主要支柱支撑起来的。一是军队，二是法律，三是经济。军队的作用是抵御外来的侵略，镇压内部的武装反抗；法律的作用是制裁严重破坏社会政治秩序的犯罪分子，维护现实的政治秩序；经济是增强国力所不可少的，它不但要维持国家政治结构所需的经济营养，同时还要应付可能发生的对外对内的战争。没有这三个因素，任何一种政治统治也不可能得到维持。但儒家文化对所有这些都是拒绝的。显而易见，孔子并不是不知道这些对于政治统治的必要性，但在他的时代，恰恰是由于政治统治力量的加强造成了整个社会关系的混乱，造成了国家与国家之间的战争，造成了人民生活的痛苦。他的学说不是为了加强政治统治的职能，而是要用他的非政治的手段削弱乃至完全代替这些政治的手段。子贡向他请教政治治理的经验，他说"足食""足兵""民信"为政治治理的三个必要条件，但他又指出，若必不得已而去之，要首先"去兵"，其次"去食"。（《论语·颜渊》）"卫灵公问陈于孔子，孔子对曰：'俎豆之事，则尝闻之矣；军旅之事，未之学也。'明日遂行。"（《论语·卫灵公》）他的学说不是为了加强政治统治的军事力量的，所以他拒不谈军事，也不研究军事斗争的经验。法律对于政治是重要的，但他认为用道德的力量维持社会的安定比用法律的力量维持社会的安定更有效益，所以他的学说并不建立在完善政治的法律制度上，并不主张加强法律制度的建设。"季康子问政于孔子曰：'如杀无道，以就有道，何如？'孔子对曰：'子为政，焉用杀？子欲善而民善矣。君子之德风，小人之德草。草上之风，必偃。'"（《论语·颜渊》）经济对于政治治理的重要性孔子也是了解的，但当时诸侯国之间的战争和诸侯国内部的政治倾轧，无不伴随着经济利益的争夺。对于孔子，重要的不是经济发展的程度，而是人对物质利益的态度。他认为："有国有家者，不患贫而患不均，不患寡而患不安。盖均无贫，和无寡，安无倾。"（《论语·季氏》）必须指出，当时政治统治力量的加强没有给社会带来正面的效应，作为一个知识分子的孔子没有责任对所有发展着的事物都做出正面的价值评价。他必须依照自己的感受和理解对社会和人生做出自己的反应，并以自己的这种感受和反应对现实的世界做出自己独立的评价。历史的发展不总是进化的，不总是有利于人类的，过去对它的"推动了历史的发展"或"阻碍了历史的发展"的评价都是毫无意义的，因为所有那些评价都是建立在历史进化论的基础之上的。作为一个知识分子的孔子，对当时政治统治力量的加强做出感情上的对立反应，并企图用自己认为合理的方式改善现实的世界，拯救正在沉沦着的人类社会，并提出了自己独立的一套思想学说，本身就体现着中国文化的发展，体现着中华民族独立地思考社会、思考人类、思考人生的自觉性的提高和能力的加强。但也正因为如此，孔子的学说就其基本倾向，就不是一个政治的学说。我们不能用政治学说的标准要求它、评价它。它不是为了加强当时的政治统治的，但也不是为了推翻当时的政治统治的。孔子关心的是更普遍的社会问题。

　　同把孔子开创的儒家文化当作一个政治学说来对待一样，我们过去也常常把孔子学说主要当作一种伦理道德学说。毫无疑义，这比把它当作一种政治学说更趋近了它的本体，但我认为，这对我们思考和研究儒家文化仍然是极为不利的。我们必须看到，孔子当时关心的并不是一个个具体人的道德表现，他也没有更多地从人的行为动机上考虑人的外在言行的性质。道德学的本质是什么？道德学的本质永远是对人的内在世界的重视，是从完善人的内心世界的角度提出人的言语行为的表现的。它不是为了完善人的外在的、社会的联系，而是为了建立人与人之间的内在的精神联系。不难看出，孔子首先关心的不是人的内心世界的性质，而是当时的社会，他更是从改善外在的现实社会关系的角度思考人的道德规则的。他对人提出了一系列伦理道德的要求，但即使是这些伦理道德的要求，也是在现实社会的需要的基础上提出来的，而不是从人的内在精神需要的基础上提出的。儒家文化告诉人们的是：为了整个社会的安定和人与人关系的和谐，你必须这样说、这样做，而不应当那样说、那样做；而不是为了人的道德心的增长，应当这样看待并处理人与人之间的关系，而不应那样看待并处理人与人之间的关系。这是两个根本不同的命题。前一个是社会学的，后一个是道德学的。孔子开创的儒家文化回答的是第一个问题，而不是第二个问题。所以，我不把孔子创立的儒家文化首先作为一个伦理道德学说来思考，而是首先把它当作一个社会学说来思考。

　　作为一种社会学说，它的基础不是怎样加强当时社会的政治统治，也不是主要为了建立人与人之间的普遍的内在精神联系，而是怎样感受和理解人类社会，怎样感受和理解人与人的社会关系，并在此基础上实现现实社会关系的改善。我认为，正是在这里，我们才能真正看到孔子开创的儒家文化学说是有自己的独立性的。可以说，在迄今为止的世界文化中，作为一种社会学说，孔子开创的儒家文化仍然是具有自己的独立性的，这种独立性首先体现在它的基本社会模式的独立性上。它为人类建立的基本社会模式不同于西方民主社会的社会模式，也不同于西方专制主义社会的社会模式，甚至也不同于西方社会主义者在自己的学说中所建立的社会主义的社会模式。它有仅仅属于自己的对于社会及其社会关系的理解形式和处理形式，有自己独立的社会模式。它的社会模式是在当时"家""国"同构的社会存在形式中抽象出来的。武王克殷之后的周王朝是通过分封诸侯的形式建立起自己的整个国家的，得到分封的是他的亲属和作为亲属对待的有功的大臣。这个"国"本身就是以一个"家"的形式存在的。直至现在，在我们中国文化中，"国"和"家"还是作为一种同构关系来理解、来接受的。在我们的观念中，"国"就是一个大"家"，"家"就是一个小"国"，在全国范围内的各种不同的社会关系，几乎全部可以用家庭内部的血缘亲情关系来理解、来思考、来表现，反之亦然。实际上，这仍是儒家文化给我们建立起的社会观念。这种"国"与"家"的模式，不仅仅是一个领导与被领导的关系，同时更是一个包含与被包含的关系。"家"完全被包含在"国"之内，"国"外无"家"。"国"外的"家"不是我们的"家"，而"家"则是"国"的组成部分。"国"是由一个个"家"组成的，"家"外无"国"，少一个"家"，"国"就受一点损害，当所有的"家"都脱离了"国"，"国"就不存在了。"家"和"国"在形式和内容上是完全相同的，只有繁简的差别，没有本质的不同。"家"就是"国"的一种简化形式。这就为孔子建立自己的社会学说提供了方便的条件。它是从分析、理解"家"的关系而分析、理解整个社会的关系的。正是在这种"家""国"同构的关系模式中，儒家文化建立起了自己的一个完整的社会学说，并且持续地影响着我们中国人的社会观念和伦理道德观念。

当我们回到孔子建立自己社会学说的春秋战国时期的时候，这个"家"的形式就有了自己的确定性。首先，这个"家"是属于一个成年男子的，周王朝分封诸侯是把土地分封给了一个成年男子，当时的女性没有受封的权利。这种财产仅仅属于男性的家庭观念通过儒家的文化一直持续到鸦片战争以后的中国社会。也就是说，在家庭的关系中，男和女（丈夫和妻子）的关系不是平等的。"家"仅仅属于男性（丈夫）。女性（妻子）是在属于自己的丈夫之后才成为家庭的一员，她是依附于男性的。她通过顺从男性（丈夫）而依附在他的身上。"女子之嫁也，母命之。往送之门，戒之曰：'往之女家，必敬必戒，无违夫子！'以顺为正者，妾妇之道也。"（《孟子·滕文公下》）自然"家"仅仅属于成年男子，这个"家"的传承就绝对不是在夫与妻之间进行的，也不是在父亲与女儿之间进行的，而是在父亲与儿子之间进行的。在这里，产生的是父与子的关系。"家"是属于父亲的，只有当父亲去世之后这个"家"才属于儿子所有，这时候儿子在家庭中扮演的已经不是儿子的角色，而是父亲的角色了。所以，在这个"家"中，居于主人地位的仍然只是父亲，而不是儿子，儿子是依附于父亲的，是通过对父亲的依附才取得在这个家庭中的地位。在父亲存在的情况下，同辈的弟兄都必须服从自己的父亲，而在父亲不存在的情况下，长兄起到的就是父亲的作用，弟弟必须服从兄长的指挥。长兄如父，幼弟如子，兄弟关系本质上仍是父子关系。在这时，家庭中的所有这三种主要关系（夫与妻、父与子、兄与弟）都只是上与下、尊与卑、主与从的关系。也都可以用父子关系来理解，来处理，而在"国"这个更大的"家"里，"君"与"父"是对应的，"臣"与"子"是对应的。"臣"称"君"为"君父"，"臣"自称为"臣子"。"内则父子，外则君臣，人之大伦也。"（《孟子·公孙丑下》）在这内外两个世界中，儒家文化都有一个基本的前提，那就是"家"是属于父亲一个人的，"国"是属于君主一个人的。这就决定了儒家关于人与人关系的基本性质。在所有这些关系中，都是包含与被包含的关系。在父子关系中，"父"是包含"子"的，"父"体现的是整体，他的意志就是整体的意志，"子"只是一个虚设的"位"，但这个"位"上的人却不是作为一个独立的人存在的，他已经被包含在"父"中。"君"与"臣"、"夫"与"妻"的关系就更是如此。父子关系中的父亲专制，夫妻关系中的丈夫专制，君臣关系中的君主专制，在儒家文化中不是作为一种政治制度而存在的，而是作为一种自然的关系而存在的，它像一个老鸡应该孵化小鸡而小鸡必须被老鸡所孵化一样是天然如此的。这就形成了后来被概括为"三纲"的三种主要社会关系。它向内可以浓缩成一种关系：父子关系；向外可以放射为各种不同的关系，除伯父、叔父、舅父、姨父、姑父等亲属关系之外，师徒关系、上级与属下的关系，乃至朋友关系，都可以被纳入以父子关系所体现的这种上下等级的关系中来。它可以是这样一些横向的社会关系，也可以是纵向的传承关系，祖父与父亲是父子关系，父亲与儿子是父子关系，儿子与孙子也是父子关系。这样，孔子开创的儒家文化就以父子关系为轴心，构成了整个社会的时空结构，同时也找到了处理所有这些社会关系的基本方式。在儒家文化中，一个社会用什么政治形式来统治并不重要，重要的是人与人这种"天然"的关系以及处理这些关系的基本原则。辛亥革命瓦解了中国古代的皇权政治，但没有瓦解儒家文化为我们建构的这个社会结构。儒家文化仍是构成中国现代社会整体的主要形式。

　　整个儒家的伦理道德体系，像所有伦理道德学说一样，必然包括两个层面的内容：一、内在情感层面；二、外部表现层面。前者在儒家文化中概括为"仁"，后者概括为"礼"。但不论是"仁"还是"礼"，都是在父子关系模式中产生的，也是在这样一种关系中被理解、被运用的。在这里，首要的问题不是考察矛盾产生的原因以及具体的解决办法，而是首先要"正名"，要把人纳入自己的"名分"中来，意识到谁为"父"，谁为"子"，"父"应是怎样的，"子"应是怎样的，然后才能判断出是非、善恶、美丑来。所以孔子开创的儒家文化的一个重要内容是"正名"，是要把具体的事物纳入它的"名分"中来，并以这种由"名分"规定的观念衡量这个具体的事物。这是一种儒家特有的形式主义，这种形式主义也一直延续到鸦片战争以后的中国社会，至今是我们中国人的一种主要的思维形式：以"名"责"实"。"子路曰：'卫君待子而为政，子将奚先？'子曰：'必也正名乎？'子路曰：'有是哉，子之迂也！奚其正？'子曰：'野哉，由也！君子于其所不知，盖阙如也。名不正，则言不顺；言不顺，则事不成；事不成，则礼乐不兴；礼乐不兴，则刑罚不中；刑罚不中，则民无所措手足。故君子名之必可言也，言之必可行也。君子于其言，无所苟而已矣。"（《论语·子路》）毫无疑义，儒家这种"正名"的努力，对于中国文化的发展是有极大促进作用的。为此它建立起了越来越复杂的概念系统，以满足自己判断是非、美丑、善恶的标准和依据，从而也促进了中国语言、中国文化的发展。在这个意义上，儒家文化是具有极为开放的性质的，但儒家文化这种开放的性质，必须伴随着"正名"的意图，而这种"正名"的意图就是把所有的事物都纳入自己的尊卑、上下、主从的关系当中来，使之构成一个有序的等级结构。"天尊地卑，乾坤定矣。卑高以陈，贵贱位矣。动静有常，刚柔断矣。方以类聚，物以群分，吉凶生矣。在天成象，在地成形，变化见矣。"（《周易·系辞上》）"有天地然后有万物，有万物然后有男女，有男女然后有夫妇，有夫妇然后有父子，有父子然后有君臣，有君臣然后有上下，有上下然后礼义有所错。"（《周易·序卦》）儒家文化就是在这种区分尊卑、上下、主从关系的"正名"意图中逐渐建立起自己整个的宇宙观念和社会观念的。时至今日，儒家文化仍然可以不断纳入新的内容，以扩大自己的结构体系。"五四"以后，我们中国知识分子常常只注意区分中国文化和西方文化，并把产生于中国古代的文化称为中国文化，产生于西方的文化称为西方文化。好像文化只是一种永不变更的固状体。实际上，文化是有容受性的，儒家文化的这种容受性就更大。它可以通过命名的方式把所有文化转变成自己的文化成分，并起到加强自己文化影响的作用。

　　如果说儒家文化通过"正名"建立起了它整个的语言世界、文化世界，那么，它通过自己的"仁学"则建立起了自己的整个情感世界。"仁"是孔子独创的一个文化概念，并通过它建立起了一个独立的概念系统。"樊迟问仁。子曰：'爱人。'"（《论语·颜渊》）正像所有学者所指出的那样，"爱人"就是"仁"的核心意义。但这个"爱"却与西方人文主义、人道主义学说中的"爱"有着根本不同的含义。在西方人文主义、人道主义学说中的"爱"是一种内在的感情体验，是在内在情感上与对象密切地联系在一起的感觉，是自我的感情与对象发生共振时表现出来的一种心理状态，它的外在表现不是被固定了的，也不是只有一种单一的表现形态。而儒家文化中的这个"爱"，则是在尊卑上下关系中被规定下来的，它有两种不同的表现形式，一是"慈爱"，一是"敬爱"。前者是上对下的爱，后者是下对上的爱。同是下对上的"爱"，子对父要

"孝",臣对君要"忠",妻对夫要"节"。说到底还是一种对人的"态度"。这种态度是通过对自己的欲望、情感、意志进行约束和节制而成的一种情感态度,是要进行后天自觉的学习、长期的磨炼而转化成的一种近于"自然"、合乎"自然"的人的素质。它成为儒家教育的中心内容。在儒家文化中,所有的情感表现形式都可以纳入这种"态度"中来评论、来判断。对不同的人应有不同的态度,应有不同的情感表现形式。从而也生发出了儒家文化观念中的整个情感世界。这是一个情感的世界,但又是一个有等差的世界,一个内外有别、上下有别的世界。"何为人情?喜、怒、哀、惧、爱、恶、欲七者,弗学而能。何谓人义?父慈、子孝、兄良、弟弟、夫义、妇听、长惠、幼顺、君仁、臣忠,十者谓之人义。讲信修睦,谓之人利。争夺相杀,谓之人患。故圣人之所以治人七情,修十义,讲信修睦,尚辞让,去争夺,舍礼何以治之?"(《礼记·礼运》)不难看出,治我们的七情,仍是我们现代中国道德教育的主要内容。儒家文化仍是我们当代中国人情感世界的主要形式。

  儒家文化的核心是"仁",但孔子却很少对"仁"做出明确的说明:"子罕言利,与命与仁。"(《论语·子罕》)他罕言"利",是因为他认为对物质实利的追求是导致人与人关系恶化的主要原因之一;他罕言"命",是因为在他看来,"命"是由天意决定的,人对自己的命运没有主动性,不必过于关心;他罕言"仁",则因为"仁"是一个更抽象、更内在的要求,只有通过人的外在表现"礼"才能得到具体的体现。所以,他追求的最高目标是"仁",但他的学说的主要内容则是"礼"。"颜渊问仁。子曰:'克己复礼为仁。一日克己复礼,天下归仁焉。为仁由己,而由人乎哉?'颜渊曰:'请问其目。'子曰:'非礼勿视,非礼勿听,非礼勿言,非礼勿动。'"(《论语·颜渊》)"仁"是孔子独创的文化概念,"礼"则不是,但我认为,真正给儒家文化带来力量的除它的家国同构的社会模式和它的"正名"的理论和实践,就是这个礼法思想了。如果说它的家国同构的社会模式实际上规定了中国几千年的专制主义制度以及它与西方专制主义的根本不同的特点,如果说它的"正名"的理论和实践实际构成了一个庞大的中国社会语言的概念系统,构成了中国文化的主体形式,它的"礼"则实际地占领了从婚丧嫁娶等民间风俗到宫廷政治礼仪形式、从社会集体的娱乐活动到各个具体社会成员的一举手一投足、一颦一笑、一言一行的日常生活内容的全部现实世界的存在方式和活动方式。正是这种现实世界的存在方式和活动方式，保证了它的仁学思想的贯彻，保证了它的情感世界的存在和发展。它甚至把文学艺术这样一些审美感知的方式也纳入自己的礼法思想中来，形成了中国文化特有的礼乐制度，牢牢地控制着中国人的情感世界。这些礼仪形式不都是孔子及其门徒发明的，但他们搜集、整理了此前各个历史时期形成的风俗礼仪，赋予了它们以精神的内涵和社会的意义，并随着历史的发展不断地把自然生成的所有生活细节都纳入自己的礼法体系中来，构成了一个具有开放性的现实文化系统。"殷因于夏礼，所损益，可知也；周因于殷礼，所损益，可知也；其或继周者，虽百世，可知也。"（《论语·为政》）它能消化一切，也能吞噬一切。它以顽强的生命力跨过中国历次政治的和文化的大变动而延续至今，并在中国的社会生活中起着主要的作用。"五四"以后的每一代青年知识分子大都非常轻视儒家文化，但他们最终大都失败在儒家文化的手下，这是因为我们往往只重视书面文化中说的什么"内容"，而忽略了文化存在的现实形式。儒家文化恰恰不仅仅是以书面文化的内容而存在的，同时更是以其形式而存在的，甚至当我们走进纪念鲁迅、纪念郭沫若、纪念茅盾的大会礼堂并发表着批判儒家文化传统的论文的时候，很可能已经被组织进了儒家文化的礼法关系之中；甚至当胡风以三十万言的意见书阐释着自己对马克思主义文艺观的独立理解的时候，他已经把自己纳入儒家文化的"进谏"的形式里，并把判断是非的最终权力交给了处于"尊位"的另一个人而把自己留在了听从判决的"卑位"上。……我们天天处在这种礼法关系之中而无所觉，也就逐渐习惯了这种关系，习惯了儒家文化的思想要求。儒家文化这种特有的魅力，就来自它的无所不在的"礼"。这个"礼"的主要作用是什么呢？"博我以文，约我以礼"（《论语·子罕》），它的主要作用起的就是约束人的内在的欲望、情感、意志和外在的言语、表情、行动的作用。在人的精神世界里，它是与儒家的"仁"的要求相应和的；在外在的表现中，它是与儒家维系以父子关系为模式的尊卑、上下、主从等级社会关系的社会目的相应和的。这样，孔子开创的儒家学说就构成了一个完整的文化世界，这个世界体现的是孔子寻求一个安定、和平的社会秩序的意图和要求。在这个世界里，有一个安定的、和平的社会理想，有为这样一个世界的结构赋予其意义的语言概念系统，有维系这样一个理想的社会而需要的情感世界的保证，有为这样一个世界上的各种不同的人制定的伦理道德的标准。这不是一个现实的世界，而是一个孔子所希望的世界。他不是为了任何一个特定的政治统治者的利益，而是为了整个中国社会的安定和幸福。作为一个社会学家，孔子是无可指责的。他在他的历史条件下思考了人，思考了人类社会，思考了改造社会的方式。对于一个两千年以前的中国知识分子，我们还能要求什么呢？

但是，儒家文化也有一个自己根本无法克服的矛盾，即作为一个社会学说，它缺少现实的可行性。在春秋战国时期，中国知识分子（"士"）是在社会平民中产生的，而不是在政治集团中产生的，他们通过文化的接受和创造超越了一己的存在，获得了思维上的整体性，但他们这种思维上的整体性却并不同时伴随着实践上的整体性，他们没有左右整个社会的政治权力，这种权力掌握在各个诸侯国的国王手中。这是一种知识与权力的分裂状态，知识分子与政治家的分裂状态。知识分子要把自己的思考转变为社会的实践，必须通过各个诸侯国的国王，必须借助他们的政治权力。这就决定了儒家文化的话语形式与话语内容的分裂。就其话语内容，它是社会学的；就其话语形式，它是政治学的，是诉诸政治统治者的。它的话语内容的社会学性质使政治统治者不可能实际地接受它，并把它转化为自己的一种信仰，一种全身心追求的社会目标，而它的话语形式又使社会平民无法把它变为自己的信仰，变为自己日常社会生活的目标和原则。社会平民首先要谋食，然后才能谋道；他要首先为自己负责，然后才能为社会负责。儒家文化不是他们的文化。它是作为一种政治治理的方式而存在的，但它同时又严重缺乏政治学的本质特征。

所以当时的孔子和孟子为了推行自己的主张四处奔走，游说诸侯，却没有一个诸侯国的国王真正接受他们的思想学说。在诸侯并立的世界上，强则立，弱则亡，道德可以治自己，但治不了环绕自己的虎狼之国。他们不需要儒家文化，他们需要的是法家文化，因为只有法家文化才体现了他们的根本要求,体现了政治学的本质。

四

　　政治学只能是政治学,而不能同时是道德学。因为道德学必须建立在人的自然存在的基础之上,是人与人自然关系的社会表现,而政治本身就是超自然的,就是建立在社会分化的基础之上的,建立在人与人的矛盾和斗争的基础之上的。社会没有分化,人与人之间根本没有矛盾和斗争,要政治做什么呢?要政治统治机构做什么呢?

　　儒家文化是提倡道德的,道德是建立在人与人之间的自然联系的基础之上的,所以儒家文化的理论基础就是人性本善:"人之初,性本善。性相近,习相远。"(《三字经》)就其自然联系,儒家这种人性善的说法不能说没有一点道理。在家庭关系中,丈夫与妻子,是通过性别的不同联系在一起的,是相互依存的,是可以通过爱情在感情上融为一体的;父与子的关系是由于辈分的不同联系在一起的,是可以在保护与被保护的关系的基础上产生感情联系的;君与臣的关系是可以通过职位的不同联系在一起的,是可以在长期的合作中建立起情感关系的。但家庭和国家又都不是纯粹的自然联系。没有私有制,没有社会的分化,没有人与人之间的利益冲突,没有人与人之间的矛盾和斗争,不但不会产生国家,同时也不会产生家庭。国家和家庭都不只是一种自然的存在形式。它们更是一个利益集团,是在意识到人与人之间的矛盾和斗争,意识到人与人之间的利益关系之后才产生的。家庭与家庭之间会有矛盾和斗争,会有各种利益的冲突,家庭内部各成员之间同样也会有矛盾和斗争,同样也会有利益的冲突;国与国之间会有矛盾和斗争,会有利益的冲突,国家内部同样也会有矛盾和斗争,会有利益的冲突。在利益的冲突中,各个人首先意识到的是自己的利益,不论他最终是否放弃了自己的利益,但这种利益意识实际已经存在着,他放弃自己的利益也是因为自己的利益。一个家庭之有家长,一个国家之有君主,正是因为这种矛盾斗争的存在,这种利益冲突的存在,他们被赋予了更大的权力,同时也就意味着被赋予了更大的利益,或获得更大利益的可能。在这个意义上，他们不是存在在更被爱戴的位置，而是存在在一个被更多人觊觎、更多人争夺的位置上。一个英明的君主是一个看不到各自利益的特殊性、看不到彼此的矛盾、意识不到自己所处地位的危险性因而也无法驾驭这种矛盾的人呢，还是能够看到各自利益的不同、看到彼此的矛盾、意识到自己所处地位的危险性因而也能够努力去驾驭这种矛盾的人呢？显然是后者。只要我们意识到这一点，我们就能够理解，法家知识分子的"人性恶"的理论与儒家知识分子的"人性善"的理论是有同等的真理性的，不过二者有着观察、感受、认识和理解人生的不同的思想角度。法家知识分子认为，一个君主首先应当意识到人性是恶的，人是自私的，每个人都不会平白无故地忠于你、爱戴你，为你的国家牺牲自己的利益。你不能绝对地信任任何一个人："人主之患，在于信人。信人，则制于人。人臣之于其君，非有骨肉之亲也，缚于势而不得不事也。故为人臣者，窥觇其君心也无须臾之休，而人主怠傲处其上，此世所以有劫君弑主也。为人主而大信其子，则奸臣得乘于子以成其私，故李兑傅赵王而饿主父。为人主而大信其妻，则奸臣得乘于妻以成其私，故优施傅丽姬杀申生而立奚齐。夫以妻之近与子之亲而犹不可信，则其余无可信者矣。"（《韩非子·备内》）所以法家知识分子认为君臣关系不是道德关系，而是利益关系。臣有其私心，也有其公义。关键在于君主有没有能力制其私心而用其公义。君臣非一心，二者以"计"合。"故君臣异心，君以计畜臣，臣以计事君。君臣之交，计也。害身而利国，臣弗为也；害国而利臣，君不为也。臣之情，害身无利；君之情，害国无亲。君臣也者，以计合者也。"（《韩非子·饰邪》）儒家知识分子为人们塑造了一个爱护臣下的君主的形象，法家知识分子认为这是诈诬之辞，万不可信。"今学者之说人主也，皆去求利之心，出相爱之道，是求人主之过于父母之亲也，此不熟于论恩，诈而诬也，故明主不受也。"（《韩非子·六反》）显而易见，法家知识分子对于政治关系的理解，较之儒家知识分子对于政治关系的理解更具有真实性，也更具有现实性。政治斗争是在社会分化的基础上产生的，是在经济私有制的基础之上产生的，是在人与人之间的矛盾斗争的基础上产生的。政治学必须建立在对于矛盾斗争的认识和理解上，而不能建立在没有矛盾斗争的认识和理解上。所以，

鲁迅与中国文化

作为一种政治学说，法家文化较之儒家文化的建构基础更为稳固，更为坚实。儒家文化给人的政治的理解带有更多的轻飘飘的虚幻成分，像雾里看花，朦胧而不实，而法家文化给人的政治的理解则是更为切实而有用的。

儒家知识分子把政治关系理解为仁义关系，所以主张"德治"，而法家知识分子则把政治关系理解为利益关系，所以主张"法治"："治民无常，唯法为治。"（《韩非子·心度》）所谓"法"，就是"编著之图籍，设之于官府，而布之于百姓者也。"（《韩非子·难三》）有了"法"，就有了标准，使人"不得为非"。对于官僚，也不是用其"善"，用其"好心"，而是用其"事"，用其做事的能力。"为人臣者陈而言，君以其言授之事，专以其事责其功。功当其事，事当其言，则赏；功不当其事，事不当其言，则罚。"（《韩非子·二柄》）赏、罚就是君主执掌权力的两个"柄"。它实际是以"利"为本的。"国"为君之私，于"国"有利则为于君有利，于"国"不利则为于君不利。君赏有功之臣，臣则得其利；君罚有过之臣，臣则失其利。"臣"能意识到自己的利益，于是才为君尽力，为"国"建功。"利"就把君臣联系在了一起，构成了一个有效的政治统治结构。"霸王者，人主之大利也。人主挟大利以听治，故其任官者当能，其赏罚无私。使士民明焉，尽力致死，则功伐可立而爵禄可致，爵禄致而富贵之业成矣。富贵者，人臣之大利也。人臣挟大利以从事，故其行危至死，其力尽而不望。此谓君不仁，臣不忠，则不可以霸王矣。"（《韩非子·六反》）不难看出，这是政治与经济的直接结合，权力与财产的直接结合，财产成了政治的杠杆，经济成了政治的基础。从而把儒家文化的"道德"逐出了政治的关系。"法不阿贵，绳不挠曲。法之所加，智者弗能辞，勇者弗敢争。刑过不避大臣，赏善不遗匹夫。故矫上之失，诘下之邪，治乱决缪，绌羡齐非，一民之轨，莫如法。厉官威民，退淫殆，止诈伪，莫如刑。刑重，则不敢以贵易贱；法审，则上尊而不侵。上尊而不侵，则主强而守要，故先王贵之而传之。"（《韩非子·有度》）

这个"法"怎样制定呢？在儒家知识分子那里，是提倡向先王学习的，是主张以古圣先贤为榜样的。这一方面因为过往的政治还保留着更多的自然联系的因素，更合乎儒家知识分子的社会理想，另一方面也因为当时无权无势的儒家知识分子要说服政治统治者接受他们的社会理想，而这种理想又不完全符合政治统治者的现实实利要求，就只能以古圣先贤的名义将其神圣化。法家知识分子则是从政治统治者的现实实利出发的，是符合他们加强自己的统治力量的主观要求的，所以他们不必依傍于古圣先贤的榜样。他们强调"法"的制定必须根据现实的需要，必须根据现在的政治统治者的要求。不能"厚古薄今"，不能"以古非今"，不能"法先王"，用先王的标准怀疑、批评乃至反对后王的政策和法令。因为历史是发展变化的，古与今的社会状况已经发生了巨大的变化，古代的法度已经无法适应现实的需要。"古今异俗，新故异备。如欲以宽缓之政，治急世之民，犹无辔策而御骅马，此不知之患也。"（《韩非子·五蠹》）在儒家知识分子那里，历史虽然是变化的，但父子、夫妻、君臣的那种自然关系不能变，原则不能变，历史的变化破坏了这种人与人自然的、情感的联系，所以他们的文化战略是以古非今、以古矫今。而法家知识分子则从君主治国的需要出发，认为历史自然发展了，社会既然变化了，治理的方式也必须发生变化。不变，就无法维系自己的统治地位了。在此基础上，韩非子建立了自己独立的历史观念。他指出历史的发展是由于人口的增加和物质的相对匮乏引起的。他说在远古时期人寡物多，所以轻利重德，后来人渐多、物渐少，只有通过聪明才智才能获得充足的物质补给，所以德渐轻、智渐重，而现在是财用少而人民多，财用不足，则相互争夺，武力成了最重要的生存手段。"古人亟于德，中世逐于智，当今争于力。"（《韩非子·八说》）在这里，法家知识分子就建立起了一个"时"的概念。这个"时"就是变化了的历史，就是不同于"古"的"今"，就是现实。君主的政治统治，君主为巩固和加强自己政治统治所制定的"法"，都要建立在这个现实的基础上。

  在过去，我们讲法家文化，通常是以法、术、势为顺序的，我倒认为，把"势"提到"术"之前来讲，更能体会到"势"这个概念的重要性和丰富性。"势"首先是个"位"的问题。有"位"就有"势"，但"位"本身还不是"势"，"势"是"位"所具有的一种潜在的能量，一种"势能"。韩非子说："贤人而诎于不肖者，则权轻位卑也；不肖而能服于贤者，则权重位尊也。尧为匹夫，不能治三人；而桀为天子，能乱天下：吾以此知势位之足恃，而贤智之不足慕也。夫弩弱而矢高者，激于风也；身不肖而令行者，得助于众也。"（《韩非子·难势》）"势"是事物自身所具有的一种潜在力量，"位"本身就有一种力量，这就是"权力"，但所有的事物都有一种势能，这就可以引申为所有的"势力"；一种地形有一种潜在的力量，这就是"地势"；一个历史时期的情形也有一种势能，这就是"形势"。政治统治者要充分利用这些力量，以实现自己的主观目的，巩固、加强自己的政治统治。这就叫"因势利导，夺取胜利"。而在具体施行自己的统治的时候，则要有"术"，要有具体而有效的方法。"法"是公开的，"术"则不能公开。"法"公开了才便于臣民遵行，"术"公开了，别人知道了，就能事先想好应付的办法了，就起不到应起的作用了。"人主之大物，非法则术也。法者，编著之图籍，设之于官府，而布之于百姓者也。术者，藏之于胸中，以偶众端而潜御群臣者也。故法莫如显，而术不欲见。是以明主言法，则境内卑贱莫不闻知也，不独满于堂；用术，则亲爱近习莫之得闻也，不得满室。"（《韩非子·难三》）这个"术"，在军事学的辞典里，就是"战术"；在政治学的词典里，就叫"策略"。而中国知识分子多是从儒家文化的角度给以贬义的理解的，称之为"权术"。实际上，自从人类社会有了矛盾和斗争，就有了一个"术"的问题。政治本身就是社会矛盾斗争的产物，这个"术"的问题就更加重要。法家知识分子讲的是政治学，不是道德学，所以这个"术"就成了它的一个有机组成部分。

儒家文化作为一种社会理想，是不言兵，不重经济的，法家文化作为一种政治学则重视耕战。"富""强"只有在法家文化的典籍里，才是作为两个褒义词而存在的。

如前所述，春秋战国时期是中国知识分子（"士"）这个阶层刚刚产生的历史时期。这个阶层一经产生，就要在社会上找到自己发挥作用的社会空间。古希腊知识分子产生于和平发展时期的高度集中的城邦社会中，他们的各种才能很容易在这样一个城邦社会中得到社会的表现，而中国春秋战国时期的知识分子则不相同，他们产生在一个庞大而分散的社会上，这个社会的集中性几乎仅仅是由政治上的集中性带来的。知识分子的才能获得政治统治者的赏识几乎是知识分子获得自己社会性影响的唯一形式。而诸侯国之间的政治军事的竞争和诸侯国内部的政治治理为他们提供了一个无限广大的空间，也为他们提供了更优越的条件，舍此之外则几乎没有其他的文化孔道。这不仅是文化传播学的问题，也是文化发生学的问题。为政治统治者进行文化生产成了那时中国知识分子的主要文化业务，这同时也决定了这种产品的内容和形式。儒家知识分子是带着在政治领域之外产生的社会理想而到这个领域来寻找实现的途径的，但他们不可能获得当时政治统治者的真正同情，而更多的知识分子则是带着自己的才能来为政治统治者服务的，他们更是根据当时政治统治者的实际需要提出自己的见解、发挥自己的才能的，这就是法家文化产生的社会基础。从这个意义上，我把过去称之为兵家、纵横家的知识分子也包括在法家知识分子之内，因为他们都是到诸侯国国王这里来打工的，法家文化从文化思想的角度体现了他们的世界观和人生观，是他们的理论家，兵家则是专门从事军事指挥的，是研究军事学的；纵横家是主要从事外交活动的，是一些外交家或演说家。正是这些广义上的法家知识分子，在春秋战国的社会舞台上发挥了更重要的作用。处于西部边陲的秦国正是通过商鞅变法改革了自己的政治，加强了自己的政治统治的力量，发展了自己的经济力量和军事力量，最后得以灭掉六国，统一了中国，建立了中国第一个真正的政治王朝的。我认为，只有到了秦王朝的建立，中国的社会才正式结束了自然社会的时代，进入了真正政治社会的时代。它不再是通过人与人之间的自然的血缘联系组织起整个社会的，而是通过一个完整的政治结构把整个中国联系为一个整体的。秦王朝的建立同时也意味着法家文化的胜利。

但是，当秦始皇统一了中国，建立了一个统一的大帝国之后，法家文化自身的弱点也更加明显地暴露了出来。法家知识分子之所以在春秋战国时期的各诸侯国中获得了普遍的重用，是因为各个诸侯国之间的矛盾和斗争是一个主要的矛盾和斗争，每一个诸侯国都在这种诸侯争霸的斗争中陷入了危机状态。这种危机是每一个诸侯国的国王和他的臣僚都能意识到的。它也使一个诸侯国内部的矛盾必须服从对外的战争，而加强诸侯国国王的权力是使自身具有凝聚力的前提，是有利于对外的战争的，也是这个诸侯国的臣民所无法回避、无法否定的。虽然最后胜利的只有一个诸侯国，但每一个诸侯国都不能坐以待毙，而法家文化为他们提供的则是唯一一条现实的、切实可行的政治途径。这决定了法家文化能够为他们普遍所接受，法家文化也乘机扩大了自己的社会影响力。但当中国只成了一个统一的大帝国，外部的矛盾在这个帝国的统治集团中迅速淡漠下来，只剩下了这个统治集团君臣之间、臣僚之间的相互对视，这个政治集团之间的相互关系就发生了根本的变化。它已经没有了一个统一的政治目标，也没有了一个统一的功过标准。在存在外部矛盾的时候，臣僚的政治军事才能和具体社会作用是国王巩固和发展自己政治统治的必不可少的力量，即使从自己的私利出发也不能随意处置他们，而真正忠于职守的臣僚至少在心理上可以找到一点安全感，并且能够在自己君主的统治下获得自己立身扬名的个人人生价值的体现。君臣之间的关系是一种互相利用的关系，但这种互相利用的关系到底还可以把他们联系在一起，构成一个效能很高的政治统治集团。而到了只剩下这样一个统一的大帝国，帝王和臣僚已经没有了一个共同的政治目标，彼此分享的是帝王一个人的"国家"，一个人的权力，就像一群狗抢食着同样一盆狗食，内部的矛盾斗争就尖锐起来了。而在法家文化的观念下，彼此这种利害的冲突则是正常的、合理的，胜利是有才智、有能力的表现，失败者是愚蠢无能的表现，其价值观念不是限制着内部的分裂而是鼓励着这种分裂。帝王为了控制群臣可以指鹿为马，臣僚为了获得帝王的欢心、利用帝王获取更大的权力和更多的财富可以颠倒是非、蒙上欺下，而臣僚之间更是钩心斗角、尔虞我诈。这个政治统治集团就迅速走向瓦解。失去了诸侯并立时的生命活力。与此同时，分封制下的诸侯国君主对于自己治下的国家有着天然的私有权，这种私有权作为一种传统是得到臣民的认可的，而秦王朝则是在消灭六国的战争中建立起来的，它的所有权靠的仅仅是武装的侵略，被消灭了的六国贵族并不认为秦始皇及其子孙具有对全国的统治权。秦始皇用武力夺取了政权，他们也可以用武力再把这个政权夺回去。法家文化无法赋予秦王朝以道义上的合法性和合理性。秦王朝建立了一个郡县制的统一的政治统治机构，把政治统治提高到了社会性的高度，但其经济基础却依然是非社会化的农业自然经济。这种自然经济与其社会化的政治统治构成了尖锐的矛盾。秦始皇任何一个大规模的社会化措施，都与分散的农业自然经济发生着尖锐的矛盾，这种矛盾使整个社会民众陷入一种无序的生活状态，把政治统治与人民实际生活的矛盾无限扩大开来。这些矛盾都暴露出了法家文化的一个根本的弱点，即法家文化是建立在帝王个人专制基础之上的政治文化，是把整个社会视为帝王一个人的私有财产的文化。他的"法"不具有普遍的社会的性质，只是帝王统治整个社会的方法和手段，这导致了帝王与他治下的臣民的绝对分裂。当有外敌时，它是加强内部的凝聚力、发掘内部潜力、强化自身的一种政治统治方式，而一旦失去外敌，它就失去了明确的政治目标，成了加深内部矛盾、加速内部分裂的文化倾向。法家文化使秦国强大起来、统一了中国，但也使这个帝国迅速瓦解、走向了灭亡。它同时也使此后建立的汉王朝，不再把自己的基础完全建立在法家文化上，汉武帝接受董仲舒的建议，"罢黜百家，独尊儒术"，把儒家文化的旗帜高高插在中国政治统治的战车上。

五

中外文化的交流，使我们把产生在西方的学术概念也被广泛地运用于中国古代文化的研究。自从胡适出版了《中国哲学史大纲》(上卷)，中国学者也开始研究中国古代的哲学，于是有了儒家的哲学、法家的哲学、墨家的哲学等等，但我认为，在中国古代土生土长的思想学说中，真正具有哲学性质的是老子开创的道家文化。老子是中国古代最伟大的一个哲学家。

哲学是什么？哲学是人类对整个宇宙和人生的理解和认识。人类可以对宇宙人生有各种不同的理解和认识，但只有那些把宇宙和人生作为一个整体来理解、来认识并提出了自己独立见解的知识分子才能够被视为一个哲学家，他的思想学说也就可以被视为一种哲学。儒家文化是一个伟大的思想学说，它在总体上是一种社会学，但不是一种哲学。孔子并不关心整个宇宙是什么，它是怎样产生的，怎样构成的，它和人的关系是怎样的；他也并不真正关心人是什么，人是怎样产生的，怎样构成的，人应当怎样对待外部的世界，怎样对待自己的人生。他是从现实的社会中看取社会的,是根据现实的需要建立起自己的社会观念的。他不言"天道","夫子之言性与天道,不可得而闻也。"(《论语·公冶长》)他是把"天"当作一个不可认识也不必认识、不可抗拒也不必抗拒的整体来接受、来对待的。"天何言哉?四时行焉,百物生焉,天何言哉?"(《论语·阳货》)"天之将丧斯文也,后死者不得与于斯文也;天之未丧斯文也,匡人其如予何?"(《论语·子罕》)"君子有三畏:畏天命,畏大人,畏圣人之言。小人不知天命而不畏也,狎大人,侮圣人之言。"(《论语·季氏》)他对待宇宙、自然只是一种敬畏的态度,而没有认识它、把握它的主观意愿,怎么能建立起自己的哲学思想呢?孔子的后学也曾把孔子的社会模式移用到自然世界中去,但那是把世界纳入于社会模式,而不是把社会纳入于世界模式。《周易》是一部人生棋谱,不是一部社会科学著作。法家文化没有自己的哲学,韩非子是把老子的哲学搬来作为引诱帝王的诱饵的,而不是他的思想学说的真正基础。他的思想学说的真正基础是政治的实践经验,而不是对宇宙、人生的整体理解和把握。而老子是真正从思考宇宙和人生的关系出发建立起自己的思想学说的。

在中国古代神话传说中,有盘古开天辟地、女娲造人等传说,但我国春秋战国时期的文化不是在中国古代神话传说的基础上发展而来的,现实社会和现实人生的问题截断了中国古代神话传说的思路,使之没有成为一个统一的系统,也没有发展出自己完整的哲学世界观或宗教人生观来。老子是在人类社会发生了严重的分化,人类社会和人类文化充满了矛盾和斗争的情况下重新思考世界和人及其相互关系的。他的宇宙观不是神造的宇宙观,在我的理解里,它实际是一种文化的宇宙观或意识的宇宙观,亦即从宇宙与人的意识的关系来看待宇宙和人以及二者的关系的。他认为在人的意识产生以前或人没有意识到客观世界的存在的时候,亦即在无意识状态中,世界只是一个"无",一个没有概念可以表述的浑融整体。但这个整体不是我们平常意义上所说的"没有",不是绝对的、什么也不存在的"没有",而是根本谈不到"有"还是"没有"。当人开始意识到它的存在,当人在直观中意识到了它的存在,人的意识中就有了一个概念,整个宇宙也就有了一个名称,它就成了"有"。这个"有"是与人对它的意识共生的,并且是无法分开的。在这时的意识是一个整体的观念，一个关于世界的概念。这个整体的观念，这个概念，与客观世界是同体的，是浑融一体的。这个世界就是这个概念，这个概念就是这个世界。这个概念在语言中就是一个名称，一个"名"。在这时，这个"名"也就是这个世界，这个世界就是这个"名"。从这个"有"，我们又会感觉到，那个无意识中的"无"也不是什么也没有的，只是当人没有意识到它的时候根本没有一个存在与不存在的问题。它与西方哲学（不论是唯物论还是唯心论的哲学）的一个根本的区别就是西方哲学在一开始就区分了物质和意识的差别，从而也承认了可以有脱离开意识的物质，也有脱离开物质的意识，而老子哲学则认为没有脱离开意识的物质，也没有脱离开物质的意识，在开始，二者是共生共存的。不但物质和意识是共生共存的，物质、意识和语言（文化）也是共生共存的。它是一个未曾分化的浑然整体，是无法分析，无法清晰地加以描述的。它就是整个宇宙的本源，是包容一切的万有，并且老子把它命名为"道"。世界的本源、意识的本源、文化的本源都是这个"道"。所以这个"道"既不是纯客观的，也不是纯主观的；既不是一个纯粹的语言形式，也不是一个纯粹的实体内容，所有这些在后来被人类区分了的东西在"道"中都还没有被区分开来，也没有必要加以区分。"道可道，非常道；名可名，非常名。无，名天地之始；有，名万物之母。故常无，欲以观其妙；常有，欲以观其徼。此两者同出而异名，同谓之玄。玄之又玄，众妙之门。"（《老子》第一章）在老子这里，"有"和"无"实际是同样一个完整的整体，是"同出而异名"。当你还没有意识到它的存在，它就是"无"，当你已经意识到它的存在，它就成了"有"。"有"和"无"只是它的两个不同的"名"，是人对它有了意识之后赋予它的两个不同的名称。"有"是指称这个意识到的整体的，"无"是指称尚未意识到它的存在的时候的那个整体的。这个还没有被意识到的整体是世界、宇宙存在的原始状态，"有"是生于"无"的，这个意识到了的整体是从那个尚未意识到的整体转化而来的，而这个意识到了的整体则又是孕育着万事万物的母体。这种"有""无"混同、"有""无"同体的状态是一种无法分析、无法解说的状态，是一种玄妙的状态，它被指称为"玄"，越是抽象，越是往"有""无"相同的本根处设想，把它最终设想为一个极点,一个"有""无"完全等同了的极点,那就是产生纷纭复杂的全部宇宙现象(物质的与精神的、自然的与文化的、内容的与形式的等等)的根本原因或绝对本体,是"众妙之门"。它也就是"道"和"道"的本体。

"道之为物,惟恍惟惚。惚兮恍兮,其中有象;恍兮惚兮,其中有物。窈兮冥兮,其中有精;其精甚真,其中有信。自古及今,其名不去,以阅众甫。"(《老子》第二十一章)"道"的存在状态是一个模糊不清、恍惚不定的整体。在这时,它还是以一个整体的形式存在的,它还没有分化出任何具体的事物。它是作为一个"物"而被认识的,但却不是一个具体的事物,而是唯一的存在,唯一的"物"。这个"物"是一个整体。作为一个整体,它是浑然的,无法分析的,无法给以精确的阐释的。但这并不意味着它是绝对空虚的,其中有"象",其中有"物",但其中的"象"和"物"却呈现着若有若无的状态,是恍惚不定的,模糊不清的。若有若无、若明若暗,但又不是没有任何确定的内核,其中有"精",这个"精"虽然仍然是无法精确表达的,但它是确实存在的,是可以确信的。正像我们关于"宇宙"的观念,是不明确的,是恍惚的,但却不是空虚不实的。虽然我们无法精确地捕捉住它的具体的形象,无法精确地描述它的内涵,但它却有自己的形象和内容,我们也知道它有自己的本质。宇宙的本质是真实地存在的,是有其确定性的。正是这个宇宙的本质,是宇宙间所有事物的原因,是宇宙的不变的本质,"自古及今,其名不去"。"道"之为名,是一切的"名"的总汇,是永恒不变的,绝对的。

"道"不仅是浑然一体的客观世界的未分化状态,同时也是人的意识的未分化状态。它是人的意识与意识对象的浑然一体的状态,因而这时的意识对象是未被区分的,这时的人的意识也是未被区分的。人的各种感觉、感受、感情、意志和认识都还没有从这种浑然一体的意识状态中分化出来,成为独立于其他意识形式的单一的意识形式。"视之不见名曰夷,听之不闻名曰希,搏之不得名曰微。此三者不可致诘,故混而为一。其上不皦,其下不昧,绳绳不可名,复归于无物。是谓无状之状,无物之象,是谓惚恍。"(《老子》第十四章)从这里可以看到,老子所说的

"道",是包含着人的意识的,也是包含着后来被区分开来的各种感官的感觉的,但所有这些都还没有获得自己的独立性。视而不见不是无视,而是不见;听而不闻不是无听,而是无闻,搏之不得不是无搏而是无得。"夷""希""微"这三种意识状态混而为一,就是恍惚,就是"道"。

在过去,我们往往把老子的"道"仅仅视为有类于西方唯物主义哲学中的宇宙发生论,我认为,这并没有把握住老子哲学的基本出发点。老子哲学中的"道",既是一种宇宙发生论,又是一种意识发生论;既是历史观,也是认识论。因为他的"道"是意识与意识对象的浑然一体的状态。在老子哲学中,没有脱离开意识的意识对象,也没有脱离开意识对象的意识,他把二者的浑然一体作为客观世界的本源,也作为人类意识的本源。从整个人类的发展而言,它是历史性的,而从个体人的认识过程的角度,它又是认识论的。从宇宙发生论的角度,宇宙开始只是一个浑然的整体;从意识发生论的角度,人的意识在开始也是一个浑然的整体,这两者的遇合既是宇宙存在的本原状态,也是意识存在的本原状态。这种意识与对象的遇合才有了存在及其存在的观念,而只有在存在及其存在的观念产生之后才有了不存在及其不存在的观念,才有了"无"及"无"的观念,而这个不存在,这个"无"又是"有"的前提,所以它不可能是绝对的"无",绝对的不存在。人类的语言也是伴随着意识与意识对象的遇合而产生的,只有在这时,才有了"有"的观念、"无"的观念,它们同时是语言概念,是"名"。这种"有""无"浑然一体的存在,老子用"道"这个概念指称它,这个"道"也是"名",但它不是平常人所说的"道",也不是后来滋生出来的各个个别事物的"名",而是包容一切而又消融了所有差别的总名。

只要从整体上把握老子哲学,我们就会知道,老子哲学中的宇宙万物不是一个自生的过程。它不同于西方的自然哲学,不同于西方的唯物主义学说。它考察的不是客观世界发展变化的规律,不是人对客观世界的改造,而是人与自然的关系,是人的意识的发生发展及其对意识中的世界的影响。它是一种文化哲学或意识哲学。在老子的哲学里,世界的分化,浑然一体的"道"向宇宙万物分化的过程是由于人的意识的产生与发展。"道"是意识与意识对象的浑然一体的状态，但这种状态只是人对意识对象的初始的意识状态，是无意识中的意识，非自觉、非自动的意识，是在这种意识状态中意识对象的存在形式。但人的意识是处于流变过程的。它是向着由朦胧到明晰、由恍惚到确定、由抽象到具体的方向演化的。这种意识的流变不是纯粹意识的流变，而是同意识的对象同体共生的流变，因为老子不承认有脱离开意识对象的意识，也不承认有脱离开意识的意识对象。这导致了浑然一体的"道"的分化。"道生一，一生二，二生三，三生万物。"（《老子》第四十二章）"道"是浑然一体的，所以它是以整体一的形式存在的。"一"就是"道"，"道"就是"一"。有了"道"的观念，有了"道"这个概念，这个"名"，也就有了"一"，有了"一"这个"数"。当意识进一步向明确化的方向发展，这个浑融的整体就有了分别，有了不同的感觉，"一"就变成了"二"，一个统一的概念就变成了两个概念，一个统一的观念就变成了两种不同的观念，一个统一的世界就变成了两个不同的世界，一个统一的"名"就变成了两个不同的"名"。其中的每一个又要继续分化，就有了"三"，这个"三"实际已经是"多"，这样不断分化下去，一个统一的世界就成了万事万物的世界，一个纷纭复杂的世界，人们的意识世界也就随之分裂成各种不同的感觉、感受、感情、意志和认识，"道"这个统一的"名"也就滋生出了人类的全部语言。"有物混成，先天地生。寂兮寥兮，独立而不改，周行而不殆，可以为天地母。吾不知其名，字之曰道，强为之名曰大。大曰逝，逝曰远，远曰反。故道大，天大，地大，王亦大。域中有四大，而王居其一焉。人法地，地法天，天法道，道法自然。"（《老子》第二十五章）我认为，老子在这里说的实际是"道生一，一生二，二生三"的过程。在天地的观念产生之前，整个宇宙是浑然一体的，这样一个浑然一体的宇宙是唯一的存在，是自然，是永恒，是绝对，没有任何外在于它的力量能够改变它的存在形态，它自身周而复始地运行着，没有终极，没有灭亡。这就是老子所说的"道"。"道"也可以被命名为"大"，而一旦我们将它命名为"大"，它就离开了我们，成了我们所命名的一个对象，一个客体。在这时，这个浑然一体的"道"就分化为客体与主体，分化为人和人所意识的对象。"一"生成为

"二"。二者之间有了距离，所以"逝"也即意味着"远"，而"远"同时又意味着"反"。"反"即"返"，客体离开主体，同时也返回主体，成为主体意识中的存在。人的意识的进一步明确化，使浑然一体的外在世界也发生了分化，宇宙分化为"天"和"地"，"道"在这时就分化为"三"：天、地、人。作为"天""地""人"的总名的"道"是一个整体的"一"，是"大"，作为"天""地""人"也各自是一个浑然的整体，也是"大"。在这里就有了四"大"：道大、天大、地大、人大。人是这四"大"之一。"人"是一个浑然整体，是"大"，但它已经不等同于"道"，不是唯一，而只是四"大"之一。天有天道，地有地道，人有人道，但它们都已经不等同于那个总体的"道"。"人"与"天""地"分裂开来，"人"与"道"也分裂开来。人要重新返回到"道"的浑然整体之中去，必须以"地"之"道"为"人"之"道"。从对"地"的感受和理解中建立人的生存原则，而"地"之"道"则应以"天"之"道"为"道"，"天"之"道"应以那个作为宇宙整体的"道"为"道"。而作为宇宙整体的"道"就是"自然"，就是没有任何外力干扰下的自在自为、"独立而不改""周行而不殆"的状态："人法地，地法天，天法道，道法自然。"在这里，老子就从他的自然哲学中引申出了他的人生哲学。

　　老子人生哲学的最高原则就是"自然"。自然是在人与世界没有发生分化的那个浑然整体中、那个"道"中才是存在的。宇宙间的一切矛盾和斗争都是由于人类的意识把原本浑然一体的世界区分成了各自独立的万事万物，人类不再把万事万物都视为一个浑然的整体，而是把它们都视为有独立存在价值的个体，世界就失去了原有的和谐性，差异和矛盾就产生了。万事万物要重新获得自己的和谐性，就必须放弃自己的独立性，回归到那种无意识的浑然整体的状态。"道生一，一生二，二生三，三生万物。万物负阴而抱阳，冲气以为和。"（《老子》第四十二章）万物怎样才能回到和谐的浑然一体的自然状态呢？首先必须放弃自己的独立性，不以物自身的要求为"道"，具体到人自身，就是不以人自身的要求为"道"，因为它们是从浑然一体的"道"的分裂过程中产生的，它们之间的愿望和要求是彼此矛盾的，是相互斗争的。它们的独立性越强，彼此之间的矛盾越尖锐,斗争得越激烈。它们要重新获得自己的统一性,首先要以"地"之"道"为己之"道"。"地"是生养万物的,是负载万物的,是包容万有的,没有"地"就没有万物,就没有存在的根据,万物的统一性不是从各个物体自身获得的,人的统一性不是从各个人的个性中取得的,而是从"地"获得的。万物和人各以自身为根据,万物就没有统一性,彼此就是有差别有矛盾的,就是彼此对立的,就有彼此的斗争。只有以"地"之"道"为己之"道",彼此才能获得统一性,才能构成一个和谐的整体,才能返回到浑然一体的"道"之中去。"地"是怎样生养万物的呢?地为万物和人提供的是一个空间,在这个空间中流动的是"气","气"的流动使空间成为一个浑然的整体,但却没有占有这个空间,它就是空间的存在形式。"气"没有排他性,空间没有排他性,万物在"气"、在空间中是自由生长的,是和谐相处的。万物和人只有像"地"一样,像空间一样,能够容纳万有,才不会相杀相残。但是,这并不意味着"人"就完全等同于"地"。就完全等同于地之道。而是使自己首先具有了"地"的性质,才能获得"天"的性质。"地法天",天覆地载,"地"是承接"天"的,"地"是应当以"天"之道为己之"道"的。"反者道之动,弱者道之用,天下万物生于有,有生于无。"(《老子》第四十章)万物只有立于地才能承接"天",才能生长发育,具有向上的力量,具有生命的活力。这种向上的力量就是"天"之"道"了。"地"之"道"是空间之"道",是"气"之"道","天"之"道"则是生命之"道",生长之"道",万物和人需要空间,而空间提供的则是生长的条件,是生命存在和发展的基础。"地"属"阴","天"属"阳",所以万物和人要"负阴而抱阳",立"地"向"天",阴阳混同,融为一体,返回到原初的浑然一体的"道"的状态。

在过去,我们把老子关于人生哲学的所有论述都视为对"道"本身的阐释,我认为不是。"道"是一个惟恍惟惚的浑然整体,是没有天和地、阳和阴、动和静、刚和柔、尊和卑、高和下、大和小、先和后等等这些差别的,而老子有关人的一切,都是纳入这些有分别的关系中来论述的,这种分别,实际是"地"之"道"与"天"之"道"的分别。"地"之"道"与"天"之"道"不是作用于一个没有差异的浑然一体的世界，而是作用于万物和人生成后的大千世界。我认为，它们实际都属于老子所说的"德"的范畴。"道生之，德畜之，物形之，势成之。是以万物莫不尊道而贵德。道之尊，德之贵，夫莫之命而常自然。故道生之，德畜之，长之育之，亭之毒之，养之覆之。生而不有，为而不恃，长而不宰，是谓玄德。"（《老子》第五十一章）万物是从浑然一体的"道"中分化而来的，是在"德"的包容涵蕴之中的，它们各以自己的具体形象表现出来，并以自己的特定用途作为一种器物存在着。"道"与"德"不同，"道"是万物未生时的浑然一体的状态，"德"则是在万物已生之后包容涵蕴万物的，使万物生长发育并依然成为一个和谐的整体。它养育万物而不据为己有，它为万物提供了生长发育的条件而不视为自己的功劳，它处在很高的位置而不限制束缚万物的自由。这就是德，是宇宙、人生之大德、玄德。这个"德"首先是立于"地"之"道"的基础之上的，是"负阴""守静""贵柔""处卑""处下""知小""不敢为天下先"的。是"无为"的，但是，德者，得也。"地"之"道"只是"德"的表现，"得"的手段，而不是"德"的目的，"得"的内容。"德"的目的还是万物的生长和发育，还是生命本身。这种万物和人的向上的愿望和生命的要求，就是"天"之"道"（"天道"）。"天道"属"阳"、主"动"、贵"刚"、处"尊"、处"上"、知"大"、能为"天下先"，是"有为"的。它是生命的原则，万物和人的愿望和要求，但却不是个体人和个体物的生命原则，不是具体的人和具体的物的愿望和要求，而是作为整体的人类和世界万事万物的生命原则，是它们的被抽象化了的愿望和要求。"天道"不是更接近了"人道"，而是更接近了"道"本身，它是以"道"的原则为自己的原则的，是以"自然"为原则的，它使大千世界不但充满生命的活力而且仍然保持着高度的和谐。所以，"地"之"道"与"天"之"道"同属于"德"，是万物和人赖以存在的基本形式。"人法地，地法天，天法道，道法自然"。人通过"德"把自己提高到"道"的高度，从而升华了自己，使自己的生命更加坚强和长久。"治人事天莫若啬。夫唯啬，是谓早服。早服谓之重积德。重积德则无不克。无不克则莫知其极。莫知其极，可以有国。有国之母，可以长久。是谓深根固柢、长生久视之道。"

(《老子》第五十九章）总之，"德"是涵蕴包容生命的，是固生命之本而使之长久的。它同于"道"但不等于"道"。

"天道"和"人道"都是生命的原则，但"天道"是升华了的"人道"，是升华了的生命原则。它已经从根本上不同于"人道"。"天之道，其犹张弓与？高者抑之，下者举之，有余者损之，不足者补之。天之道损有余而补不足，人之道则不然，损不足以奉有余。"（《老子》第七十七章）在这里，老子接触到的是人的两种自然本性的问题：人作为一种自然的存在物，是与整个宇宙、整个世界同体共生的，是整个世界的一个有机组成成分，它无法脱离开宇宙和世界而独立生存和发展，无法失去同大自然的有机联系。在这个意义上，它有适应周围环境、适应大自然的本性，在适应中求生存，在适应中求发展，适应如"地"之"道"，生存和发展如"天"之"道"，以适应为基础，以生存和发展为目标，正如以"地"之"道"为基础，以"天"之"道"为目标，构成了人类生存和发展的基本形式，构成了人类生命存在的基本形式。在老子的哲学里，这种生命的原则就是大德、玄德。是有利于整个人类的生存和发展的。但是，人类的本性并不只有适应环境的一面，它还有自己的本能欲望。这种本能的欲望是个体性的，在它的基础上形成了人不同于大自然的独立特征。人的感觉、欲望、情感、意志、认识、改造自然和社会的实践活动，所有这些属于人所独有的东西，这些构成了人类文化的东西就是老子所说的"人之道"。"人之道"是个体性的，是导致人与人之间的差异、矛盾和斗争的根本原因。所以老子认为，"人之道"都在人必须克服之列。克服了"人之道"，才能有"德"，才能有利于生命的存在与发展。在这里，老子建立了自己的生命的哲学。它不像后来的中国知识分子所理解的那样，是人的精神生命的哲学，而是一种物质生命的哲学。这决定了它后来向道教文化转化的可能性。"五色令人目盲，五音令人耳聋，五味令人口爽，驰骋畋猎令人心发狂，难得之货令人行妨。是以圣人为腹不为目，故去彼取此。"（《老子》第十二章）"为腹"就是为物质生命的延续，"为目"就是为人的感受和体验。人的感受和体验是建立在人的感官感觉的基础之上的，没有人的感官感觉就没有人的感受和体验。有了感受和体验，人与自然就有了分别，人感到了自己的存在，感到了自己的主体性。自然和社会成了人的感受的对象，物和我就有了区别，就有了距离，物和物也有了区别。万事万物在自我的感觉和感受中就有了各不相同的关系，从而有了人的欲望、人的感情、人的意志和人对世界和社会的认识。所有这一切，都是建立在事物与事物之间的差别和矛盾基础之上的，在这里，有两个东西起着关键作用：一是人的智慧，一是人的意志力量。人的智慧就是认识事物的能力，就是认识事物与事物之间的差异和矛盾的能力，就是认识不同事物与自我的不同关系的能力，由于这种认识能力的发展，人愈加凝固和强化了现实世界的分裂。人在这种分裂基础上的任何追求，只能更形加强这种分裂，更形加强人与自然、人与人的矛盾和斗争。所以他提出去私去欲，绝圣弃智，绝巧弃利。"绝圣弃智，民利百倍；绝仁弃义，民复孝慈；绝巧弃利，盗贼无有。此三者以为文不足，故令有所属：见素抱朴，少私寡欲。"（《老子》第十九章）"大道废，有仁义。慧智出，有大伪。六亲不和有孝慈，国家昏乱有忠臣。"（《老子》第十八章）也就是说，人类的所有文化价值标准，人类所有有意识的努力，都是无法改变自我的存在困境的。人类只有回到无意识的自然状态，才能从根本上克服人类存在的困境。第二，人为了实现自己的追求目标，强化了自己的意志力量，但这种意志力量是极其有限的，它加强了人与自然、人与人的分裂和斗争，必然遇到更强大的意志力量的压迫和摧残，带来更大的痛苦乃至自身的毁灭。人要与整个大自然和人类社会和谐相处，必须放弃自己的意志，挫其锐、弱其志，以柔弱胜刚强。"天下莫柔弱于水，而攻坚强者莫之能胜，其无以易之。弱之胜强，柔之胜刚，天下莫不知，莫能行。"（《老子》第七十八章）显而易见，所有这一切，都是为了消除人与自然、人与人之间的矛盾和斗争，使之"不争"，使之成为一个和谐的整体。但人的各种本能欲望以及在本能欲望的基础上发展起来的感情、意志、理性和改造环境的实践活动却是人之作为人的基本特征，是它区别于自然事物的表现，是人的独立性和主体性的证明。失去了这一切，也就失去了人的自我感觉和自我意识，把生存与死亡完全等同起来，使生存变得对于人自身毫无意义和价值。在老子这里，人的生命主要是作为物质生命而存在的。他实际上取消了人生，他的人生哲学实际是人生取消论的哲学。

老子的自然哲学产生了他的人生哲学，也产生了他的独立的政治哲学。老子的人生哲学其实是人生取消论哲学，老子的政治哲学其实也是政治取消论哲学。如上所述，政治是在人类发生分化之后产生的一种社会性的需要。没有人类的分化，就没有人类的社会；没有人类的社会，也没有社会的政治。老子开创的道家文化是在人类由自然化走向社会化，由自然状态走向文化状态、中国的社会也从无意识的自发性社会联系转变为有意识的政治联系的过程中产生的一种文化现象。它在其创立者的人生感受的基础上敏感到文化对人的异化，敏感到政治化对人类社会的和谐性的严重破坏作用，这使他重新返回到人类社会的自然存在状态寻找克服人类异化发展的方式。所以，他在理论上否定了人类文化的作用，更否定了社会政治的作用。如果说法家文化企图通过帝王的绝对统治把全社会都纳入自己的政治体系之中来，完成全社会的政治化；如果说儒家文化企图通过君与臣、父与子、夫与妻的关系的密集化把全社会的人都组织进自己的社会系统，完成全社会的社会化，并建立一个相对疏朗的政治体系，道家文化则企图通过人与人关系的重新疏离化而实现中国社会的非社会化、非政治化，重新回到人的自然存在状态。消解社会职能，消解政治职能。法家文化和儒家文化的社会理想都是一个大一统的社会，只有道家文化主张"小国寡民"，主张淡化人与人之间的社会联系。"小国寡民，使有什伯之器而不用，使民重死而不远徙。虽有舟舆，无所乘之；虽有甲兵，无所陈之。使人复结绳而用之。甘其食，美其服，安其居，乐其俗。邻国相望，鸡犬之声相闻，民至老死不相往来。"（《老子》第八十章）老子也曾提出许多具体的治国方略，但所有这些方略都归结为一句话"无为而无不为"。所谓"无为"，就是取消实际的政治干预，消解政治职能；所谓"无不为"，就是说现实政治所追求的一切正当的社会目标，在没有政治干预的情况下都能得到实际的实现，并且也只有取消政治干预，这些目标才能真正得到实现。在这里，老子实际仍然是把社会分为治理者和被治理者的，被治理的"民"相当于自然中的"地"，而治理者的圣贤则相当于自然中的"天"。"地法天"，在社会关系之中就是"民法圣贤"，而圣贤则是以"道"为榜样的，则是以自然为法则的。所以,《老子》书中所有关于"地道"的论述,同时也是有关于"民"的论述;所有关于"天道"的论述,同时也是有关于圣贤之道的论述。道家文化中的圣贤不同于儒家文化中的圣贤。儒家文化中的圣贤是伦理法则的执行者,是区分君子与小人的,是崇君子而黜小人的。他们的职责首先是区分世界,并且对不同的事物以不同的态度和方式对待之。道家文化中的圣贤是把有区别的事物混同化,他们不区别这个世界,不区别不同的人,也不以不同的态度和方式对待人。"圣人无常心,以百姓心为心。善者吾善之,不善者吾亦善之,德善;信者吾信之,不信者吾亦信之,德信。圣人在天下,歙歙为天下浑其心。百姓皆注其耳目,圣人皆孩之。"(《老子》第四十九章)儒家文化中的圣贤是"亲政爱民"的,是"牧民""教民"的,是行"仁政"的,道家文化中的圣贤则像"天法道"一样,以"道"为"道",以"自然"为"道"。"天地不仁,以万物为刍狗;圣人不仁,以百姓为刍狗。"(《老子》第五章)所以,道家文化中的圣贤实行的这种"无为而无不为"的政治,其实就是"天道"的政治。大自然没有任何主观的目的性,但大自然中的万事万物都能获得自己的生存和发展。但是,这种自然政治实际上是对政治职能的消解,是在整个人类的蒙昧状态才有可能实现的(但那时也就不需要政治的组织和政治的管理)。人类一旦进入文明状态,就无可挽回地进入了自我分裂和自我矛盾的状态中,政治不但不是在人类的融合趋势中产生的,而且它的产生本身就标志着人类矛盾的进一步强化和深化。从此,不但社会有了各种不同关系中的矛盾和斗争,而且有了政治利益与社会利益之间的矛盾和斗争。政治统治集团永远有着它独立于全社会的仅仅属于自己的利益和要求,这种利益和要求是围绕着政治权力自身形成的。也就是说,政治永远不可能是无主观目的的,"无为"的。老子哲学为人类提供了一种理想的政治模式,但却是一个没有政治的政治模式。它取消了所有的政治权力,而政治权力恰恰是政治的命根子。他的政治哲学是政治取消论的哲学。

除了老子的人生哲学、政治哲学,老子的语言哲学也是值得重视的。他的语言生成论是与他的宇宙生成论、意识生成论紧密结合在一起的。在他的语言生成论中,语言不是从个别上升到一般、从具体上升到抽象，而是从一般走向个别、从抽象趋向于具体。所以他认为"知小曰明"。仅仅有一个抽象的观念，仅仅有一个"道"，一个"德"，一个"理"，一个"主义"这样的整体的概念，而对具体的、微细的事物不熟悉，不了解，不是"知"的表现，而是"无知"的表现。但他的哲学不是求知的哲学，而是消解文化、消解知识的哲学。他敏感到人类语言是在与客观的宇宙本体和人的意识本体的分裂过程中产生和发展的，从而把人的言语状态视为人类异化的表现，无语状态则是人类的一种最真实的状态，从而走向了语言取消论。"信言不美，美言不信；善者不辩，辩者不善；知者不博，博者不知。"（《老子》第八十一章）"大直若屈，大巧若拙，大辩若讷。"（《老子》第四十五章）他的这种对人类语言的不信任感不是没有任何道理的，但人类语言同人类与人类文化一样，是在分化中发展，在演变中求实的。人类语言是在人类的现实需要中产生的，但又时时离开这种需要而取得自身的独立性，构成自身的形式，而又由这种形式构成人类的意识形式，从而成为感受世界、感受人类自身存在的新的形式。语言在人类的生存和发展中所发挥的作用不仅仅是被动的，同时也是一个主动的力量。老子的语言哲学具有自身的独立价值，但它在总体上却属于语言取消论的语言哲学。

正像儒家文化、法家文化和人类历史上所有独立的文化学说一样，道家文化至今对我们是有启迪作用的。但在春秋战国时代的中国，当中国的知识分子刚刚产生，尚没有取得自己直接的社会影响的时候，当中国的知识分子的思想学说还必须通过真正社会化了的政治实践发生自己的折射作用的时候，老子哲学的非政治性质乃至反政治性质，决定了他无法实际地影响中国社会乃至中国文化的发展。它的真正的后继者是那些以自我为中心、不关心社会人生、拒绝社会实践特别是政治实践、以旁观者的姿态对待社会人生的知识分子。这使老子的哲学失去了自身的整体性和社会性，失去了自身的哲学性质，而成为一种没有原则立场的处世哲学。这种转化实际从庄子已经开始。庄子学说后来被中国知识分子纳入道家文化中来，并且成为道家文化中的主体内容。实际上庄子学说已经不具有真正的哲学性质，而成为一种具体的人生态度和应世方式。这种人生态度与人生哲学的根本区别在于，人生哲学是对整个世界和整个人类存在方式的理解，它自然地具有社会改造的性质，而人生态度则是建立在特定阶层的特定人基础上的一种生存方式，它着眼的不是社会，而是个体的人，因而也不具有社会改造的性质。但中国知识分子所理解中的道家文化，恰恰是依照庄子学说建立起来的，它影响了中国文化此后的发展，但却把老子哲学的社会理想和反文化、反异化的性质遗落在书本中，使之成为一种没有实际意义的空洞的"玄学"。

六

在先秦，墨家文化是中国文化的一大派别，儒墨之争是当时影响最大的学术论争。孟子站在儒家文化的立场上说："圣王不作，诸侯放恣，处士横议，杨朱、墨翟之言盈天下。天下之言，不归杨则归墨。"（《孟子·滕文公下》）可见墨家学说在当时影响之大。但到秦王朝统一中国之后，特别是在儒家文化占据了中国文化的统治地位之后，墨家文化就在中国销声匿迹了，直至晚清，随着非儒、反儒倾向的产生，墨家文化又曾一度受到中国知识分子的重视，章太炎、梁启超、孙诒让、胡适、鲁迅直至后来的杜国庠，都给墨家学说以极高的评价，梁启超甚至说："今欲救亡，厥惟学墨。"（梁启超：《子墨子学说》）胡适则说："墨翟也许是中国出现过的最伟大人物。"[1]但到了文化阶级论运用于中国古代文化研究，对墨子的评价又一次跌落下来。郭沫若曾经是一个扬墨派，但后来则把墨子当作了没落奴隶主统治阶级的代言人。他说儒家是帮助"乱党"而墨家是反对"乱党"的，亦即儒家是当时的革命学说，而墨家则是当时的反革命学说。[2]李泽厚则认为墨家文化是小生产者的思想代表，并认为墨家思想传统对于中国现代文化的发展是有破坏作用的。他说："中国近代这种站在小生产立场上反对现代文明的思想或思潮，经常以不

---

[1] 胡适：《先秦名学史》，载欧阳哲生编《胡适文集》第6卷，北京大学出版社，1998，第53页。

[2] 郭沫若：《十批判书·孔墨的批判》，载《郭沫若全集》（历史编）第2卷，人民出版社，1982。

鲁迅与中国文化

同方式或表现或爆发出来,具有强烈的力量,得到广泛的响应,在好些人头脑中引起共鸣,这一点却是不容忽视的。它对中国走向现代化并非有利。"[1]我认为,这里的问题不是一个如何评价的问题,而是这种文化阶级论在文化研究中有没有完全的合理性的问题。若说文化的阶级性,先秦所有文化学说都是新生的"士"这个阶层创造的,体现的都是这个新生的阶层的性质与特点。至少在春秋战国时期,还没有一个社会阶级是比"士"更先进的阶级。正是这个阶层,把中国社会带进了文明的发展阶段,带进了世界几大文明古国的行列。他们之间是有具体主张的不同的,但那也只是思想视角的不同,是"士"这个阶层内部也有各种不同的着眼点,并形成了各种不同的文化学说。文化从来不是统一的,墨家文化不是完全完美的文化,儒家文化也不是完全完美的文化。重要的不是各种不同的思想学说有着什么样的具体主张,重要的是他们已经开始思考世界和人类,已经开始思考自己的社会和人自身的存在价值与意义。墨家文化沉寂了两千年,中国的反革命的势力并没有灭亡,中国小生产者的力量也没有削弱,而崇墨的章太炎、梁启超、胡适、鲁迅在现代文化史上也不是小生产者的思想代表,而是在中国现代文明的建设中做出了自己各不相同的贡献的人物,若说他们是小生产者的代表,此外也就没有中国现代文明的代表了。事实上,墨家文化同儒家文化、道家文化、法家文化一样,是一个先秦知识分子创造的完整的思想学说,是为中国历史上其他任何一个学说也无法代替的思想学说。这就是一切。在这个基础上,我们首先需要解决的不是如何评价他们的问题,而是他们这些主张都是在一种什么样的愿望和要求的基础上建立起来的,为什么他们走向了与其他知识分子不同的文化道路。假若从这样一个角度思考墨家文化,我则认为,墨家是中国古代文化中唯一一个和平主义文化学说。墨翟的立场是和平主义的。由于这种和平主义,他走向了与先秦其他知识分子根本不同的文化道路。

当我们回到春秋战国的历史时期,我们首先遇到的就是诸侯国之间

---

[1] 李泽厚:《墨家初探本》,载《中国古代思想史论》,人民出版社,1985,第75页。

进行的连绵不断并且是愈演愈烈的相互兼并的战争。这样的战争局面是在此前的中国历史上所亘古未有的，它是周初分封制为中国社会留下的隐患的恶性复发。当整个中国都被划分为各个诸侯的世袭领地，当这些世袭领地不但在实际上、同时也在观念上成为他们的私有财产，当他们都膨胀了维护并扩大自己的私有财产的欲望和要求的时候，他们彼此的兼并就开始了。必须看到，中国春秋战国时期的这种诸侯争霸局面，并不是我们常说的"历史的必然"，而是"历史的特殊"，古希腊各个城邦国之间并没有形成军事争霸局面，因为它们的国家观念与我们的完全不同，它们还没有把国家当作哪一个人的私有财产。只有中国的各路诸侯，才把自己的领地视为自己的财产，各个诸侯国也就成了一个个战争的火药桶，一旦战争的引信点燃，战争便以一种无序的状态发生着连锁性的爆炸。战争是人类发动的残杀人类的运动，是人类对人类的异化，谁都无法在抽象的意义上肯定战争对人类的意义和价值，只有当时诸侯国的政治统治者以及为这些统治者出谋划策的法家知识分子才有可能从各个具体诸侯国的需要中感到他们所面临的战争的意义和价值，即使他们，也无法在抽象的意义上肯定战争对于人类的合理性。在当时不满于这样一个战争局面的绝不仅仅是贵族奴隶主阶级，也不仅仅是小生产者阶层，而是除了那些诸侯国政治统治者以及为这些政治统治者出谋划策的法家知识分子之外的所有人，甚至连儒家知识分子也认为"春秋无义战"，无法承认这个战争局面的合理性，无法在这样一个局面中发现出积极的意义来。不过儒家文化是从强化家庭和国家的社会联系的角度思考这个世界的，他们最终走向的不是和平主义，而是"尊王攘夷""箪食壶浆以迎王师"的"正义"战争论；道家文化从反对文化对人的异化的角度表现了对这种社会悲剧的不满，但它也没有走向和平主义，而是走向了以弱胜强的战争观，后来则走向了对社会现象包括人类战争的冷眼旁观的态度。只有墨家文化，才把反对战争、争取和平当作了自己的基本文化主张。我认为，这就是墨家文化为什么在当时的知识分子中获得了那么大的影响的根本原因，也是它后来走向衰弱的根本原因。在一个战争频仍的年代，而没有一个知识分子出来反对战争、争取和平，不是更加奇怪的事情吗？我认为，墨家文化的不可代替的价值就是它是中国历史上唯一一个和平主义文化学说，它体现了当时中国知识分子反对战争、实现和平的愿望。

在《墨子》书中，"非攻"被放到了一个极其显著的位置，并且是作为一个中心内容被论述，被宣扬的。在这里，墨子敏锐地意识到了各个诸侯国政治统治者内外两种不同的价值标准的尖锐矛盾。从现在的眼光看来，它是政治统治者维护自己政治私利的需要。只要是一个把政治权力视为自己的私有财产的政治统治者，是不可能在对内与对外的关系中找到一个统一的价值标准的。他们必然陷入自我的矛盾中去，必然同时使用着两种根本不同的价值标准。在对内的政治统治中，他们已是权力占有者，他们希望人民的服从，希望社会的安定，从而把维系现有的权力关系视为自己的最高职责，其法治思想是建立在对掠夺者的惩罚的基础之上的，而在对外的关系上，对外的侵略，对外的扩张，对其他国家的控制都是有利于他们的政治统治的巩固和权力范围的扩大的，都是符合他们财富积累的欲望的，当他们已经是战争的指挥者而不再像氏族社会的首领一样作为一个战士出现在战场上，当在战争中牺牲的只是他自己的臣民而在战争的胜利中获取利益的则是他们自己的时候，他们就不会从根本上反对对外的扩张和掠夺，而是渴望这种扩张和掠夺了。在这种关系中，他们奖励杀人，鼓励掠夺性的战争，有意识地煽动对敌对国家人民的仇恨心。这就使他们在对内、对外的关系中使用着两套根本不同的价值标准。墨翟几乎是唯一一个敏感到政治统治者这种价值标准上的矛盾性，从而揭露战争的不合理性、非正义性的。

> 今有一人，入人园圃，窃其桃李，众闻则非之，上为政者得则罚之。此何也？以亏人自利也。至攘人犬豕鸡豚者，其不义又甚入人园圃窃桃李。是何故也？以亏人愈多，其不仁兹甚，罪益厚。至入人栏厩，取人马牛者，其不仁义又甚攘人犬豕鸡豚。此何故也？以其亏人愈多。苟亏人愈多，其不仁益甚，罪益厚。至杀不辜人也，扡其衣裘，取戈剑者，其不义又甚入人栏厩，取人牛马。此何故也？以其亏人愈多。苟亏人愈多，其不仁兹甚矣，罪益厚。当此，天下之君子皆知而非之，谓之不义。今至大为攻国，则弗知

非，从而誉之，谓之义。此可谓知义与不义之别乎？

（《墨子·非攻上》）

在儒家文化中，"义"和"利"是两个完全对立的概念，重"义"则轻"利"，重"利"则轻"义"，但这只是在一个社会结构的内部关系中被厘定的。一旦把这两个概念运用于人类整体，我们就会看到，"义"和"利"是紧密联系在一起的两个并列的概念。人类需要感到自己行为的合理性，这就是"义"，而人类的活动又必须是有利于自身的存在和发展的，是对自己有利的，这就是"利"。在这里，"义"和"利"没有绝对对立的性质，而是紧密联系在一起的。对人类有利的，就是正义的；正义的，也就是对人类有利的。所以墨子说："义，利也。"（《墨子·经上》）正是因为墨家文化着眼的是反对战争、争取和平，思考的是人类存在的整体状态，所以，在墨家文化中"义"和"利"具有了并列的、同等重要的意义和价值。战争，就其整体的性质，是反人道的，是不"义"的，同时它也是对人类的生存和发展没有积极意义的，是不"利"的。墨子指出，战争"上不中天之利""中不中鬼之利""下不中人之利"，是对谁都没有好处的事情。他还指出，一个国家在战争中的所失，永远大于所得。它在战争中失去的是自己的人民，获得的只是对它没有多大价值的土地，所以对外的侵略对自己是没有好处的。当然，在现在看来，墨子的这种说法是非常幼稚的。他没有看到，即使在一个国家内部，也有各不相同的利益。从抽象的国家的利益，丧失人民而获得土地是失大于得，而对于一个诸侯国的最高政治统治者而言，人民对他的重要性却远远不如土地对他的重要性。人民是与他争利的，是他的一个物质的和精神的负担，而土地则是他的财产，他的权威性的证明，是他的全部存在价值和意义的象征。决定了他在整个世界上的地位和作用。人民是可以自行生产的，只要一个政治统治者还拥有自己的土地，永远不必为有没有人民而发愁，而土地却是不通过对外战争就无法获得的。但是，墨家文化的独立价值和意义也正体现在它的这种幼稚性上。它假若真的是为了某个特定诸侯国的某个政治统治者的利益，它就无法作为一种和平主义的思想学说而存在了。严格说来，和平主义是没有自己的理论的。直至现在，世界的和平主义者仍然没有可能建立起自己十分有力的理论学说。它更是实践性的，而不是理论性的。理论是在一个分裂了的世界上建立起的统一性，而不是从统一性中建立起的统一性。"和平"本身就是一个整体的需要，它的合理性就存在于它的自身。它是不需要论证的，也是无法论证的。它既不能具体到各个人或各个集团的具体的利益，也不能抽象到比自身更高的理论的高度。我们只能从墨家文化这种论说中感到它对战争的否定、对和平的重视，而不能要求它对当时的政治统治者具有实际的说服力。

假若我们从墨家文化的和平主义性质出发考察它的"兼爱"的主张，我们就不会感到突兀和难以理解了。儒家文化也讲"爱"，但儒家文化是在一个社会结构之内讲"爱"的。它的"爱"是有等级的差别的，是在等级关系中讲"爱"的；它的"爱"是有等差的，是有亲疏远近的差别的。而墨家文化是从和平主义立场出发看待人与人之间的感情关系的。战争总是在两个平等的社会结构体之间发生的，是平等的两个结构体之间失去相互同情和理解、失去人道主义的感情联系之后发生的，所以墨家文化讲的是在平等基础上的"爱"，是不能分出亲疏远近的差别的。人类正是有了不同的等级关系，正是有了亲疏远近的差别。才有了彼此的矛盾和斗争，才有了相互的战争，才导致了人类间的相互掠夺和残杀。

> 今诸侯独知爱其国，不爱人之国，是以不惮举其国以攻人之国；今家主独知爱其家，而不爱人之家，是以不惮举其家以篡人之家；今人独知爱其身，不爱人之身，是以不惮举其身以贼人之身。是故诸侯不相爱，则必野战；家主不相爱，则必相篡；人与人不相爱，则必相贼。君臣不相爱，则不惠忠；父子不相爱，则不慈孝；兄弟不相爱，则不和调。天下之人皆不相爱，强必执弱，富必侮贫，贵必敖贱，诈必欺愚。凡天下祸篡怨恨其所以起者，以不相爱生也。

(《墨子·兼爱中》)

墨家文化最受责备的是它的明鬼神、讲天志。在以"民主、科学"为中心观念的中国现代知识分子这里，墨家文化的这种倾向当然是应当予以否定的，但现实的判断无法完全代替历史的判断，我们必须把墨家文化的这种倾向纳入产生它的历史条件下来理解，来把握，并把它作为墨家文化的一个有机组成部分来看待。任何一个理论，必须有一个超越性的力量。没有这个超越性的力量，所有个别的、现实的力量都无法纳入这个理论体系中并使这个理论体系具有特定的社会效应。它像一个容器的盖子，只有扣上了这个盖子，这个容器才能是一个完整的、严密的容器，这个容器才具有独立包容事物的能力。法家文化是一种政治学说，它的超越性的力量就是专制帝王自身。在法家文化中，帝王可以控制任何人，但别人却不能控制帝王，帝王的意志是至高无上的；在道家文化中，"道"是至高无上的，一切都是由"道"而生成的，一切都要以"道"为原则，而"道"则是不受其他事物控制的；儒家文化作为一个社会文化同法家文化一样是以帝王为最高原则的，但它对帝王也有自己的要求，所以它一方面把帝王视为人间的最高统治者，一方面也不完全否认"天命"，不完全否认"天"的意志。"天"的意志是控制人间帝王的力量。墨家文化作为一个和平主义的文化，作为一个反对以强凌弱、以众贼寡、以大攻小、以贵傲贱、以富骄贫，主张普遍的、平等的"兼爱"原则的文化，它要改造的对象不仅仅是那些诸侯国的臣民，同时更是那些能够发动战争、能够鱼肉人民的政治统治者特别是那些专制帝王们，它必须找到一种能够制约他们的力量。墨家文化的容器不能以这些帝王的意志为盖子，而必须有超越他们的权力、控制他们的权力的盖子。这个盖子就是"天志"或"天意"。墨翟指出，"天"就是兼爱的，就是不区分上下、贵贱、贫富、强弱，普施万物、有利群伦的，世上的君主帝王也必须贯彻"天"的意志，实行"兼爱"的原则。"今夫天，兼天下而爱之，撽遂万物以利之。"（《墨子·天志中》）"故天子者，天下之穷贵也，天下之穷富也。故于富且贵者，当天意而不可不顺。顺天意者，兼相爱，交相利，必得赏；反天意者，别相恶，交相贼，必得罚。"（《墨子·天志上》）在儒家文化中，讲上下，重等级，"上"的意志就是"下"的法令，就是"下"的行为的准则。君要发动战争，臣民必须"为王前驱""为国捐躯",而墨家文化是反对战争的,君主帝王的命令不能成为最高的命令,不能成为人世间的最高的价值标准。这种价值标准只能是"天志"或"天意"。这里不是一个迷信与科学的问题,而是一个价值标准的超越性的问题。"观其行,顺天之意,谓之善意行;反天之意,谓之不善意行。观其言谈,顺天之意,谓之善言谈;反天之意,谓之不善言谈。观其刑政,顺天之意,谓之善刑政;反天之意,谓之不善刑政。故置此以为法,立此以为仪,将以量度天下之王公大人卿大夫之仁与不仁,譬之犹分黑白也。"(《墨子·天志中》)如果说"天"是控制世上的君主和帝王的,"鬼"则是报复世上的恶人的。在人世间,自从社会分化发生以来,便产生了以强凌弱、以众贼寡、以大攻小、以贵傲贱、以富骄贫等等不平等的现象。就其道德,知识分子莫不感到这些现象的不合理性,而就其实际,知识分子却不能不承认这些现象存在的必然性。弱者之所以是弱者就是因为他没有力量战胜强者,而强者之所以是强者就是因为他能够战胜弱者。仅仅在人与人的关系中,只能采取以暴易暴的方式,它不但不能解决这个矛盾,反而会促使暴力集团的扩大和暴力行为的升级。在这里,必须有一种超越于强者和弱者等对立关系的力量,才能够实际地遏制这种不合理的、不平等的现象。在墨家文化中,"鬼"就是这样一个赏善罚恶的力量。它不是依靠"富贵众强""勇力强武""坚甲利兵"这些导致人间暴力行为的手段制裁暴虐,不会加深社会的分裂,而又能起到遏制暴行的作用。所以墨翟认为,"鬼神之罚","实所以治国家利万民之道也"。(《墨子·明鬼下》)所以,在墨家文化中,"天"和"鬼"都是一种正义力量的化身,是墨子和平主义、人道主义原则的体现者。墨家文化在人世间找不到实现自己理想的现实力量,只有到超人间的天地鬼神中寻找这种力量。这当然是它的历史的局限性,但这种历史的局限性却并非较之其他文化学说更不可忍受的局限性。那个历史时期,是世界几大宗教产生的历史时期,中国没有形成属于自己民族的统一的国教,这是中国文化的特点,但却未必是中国文化的优点。中国文化的这种特点是在政治关系掩盖了精神关系、战争灾难掩盖了生活需求的情况下产生的,它通过儒家文化的两面性实现了政权与教权在政权中的统一,政治权力成了中华民族的实际信仰对象,精神的信仰被权力的信仰所替代，精神上的一盘散沙被政治上的君主专制所掩盖（与此同时，政治上的君主专制又常常被精神上的一盘散沙所腐化、所瓦解）。中国文化避免了墨家文化的局限性但却没有能够避免儒家文化的局限性。

在这里，我们还可以发现墨家文化的另一个重要的特征，即墨家文化作为一个知识分子的文化学说的独立性。我们在这里所说的独立性，已经不是作为一种文化学说有没有自己特定的主张的那种独立性，而是作为一个新生的知识分子阶层对于政治统治者的政治体制的独立性。凡是一个独立的阶层，都有自己独立作用于社会、作用于社会人生的方式，这种方式不是唯一的方式，但却应是一种独立的方式。一个政治家用政治的手段作用于社会，一个实业家以自己经济的手段作用于社会，一个知识分子也必须以一个知识分子的方式作用于社会，而这种独立的方式则必须以自己独立的追求目标为基础，没有这种独立的追求目标，其独立的运作方式就失去了存在的意义。有了这种独立的目标，有了自己独立的从业方式，才有发挥自己独立作用的社会空间。法家文化是一种知识分子文化，但它建立的却是一种政治文化，这种文化的实行依靠的不是知识分子本人，而是政治帝王。法家知识分子在自己创立的文化中是被帝王所控制的，是为帝王帮忙的，是没有自己的独立意志的；儒家文化也是一种知识分子的文化，但它建立的儒家文化却是带有很强政治性的社会文化，这种文化的实行依靠的也不是知识分子本人，而是政治帝王以及他所需要的政治秩序。儒家知识分子在自己创立的儒家文化中也是没有自己的独立性的，也是受帝王控制、为帝王帮忙的；道家文化拒绝了政治，但也拒绝了社会。道家知识分子在自己创立的道家文化中是独立的，但又是孤立的。它无法把自己的独立意志贯彻到社会之中去，政治家在他们的冷眼旁观中获得了自己完全的自由，获得了独立决定社会命运的权力。实际上，法家文化、儒家文化和道家文化都把整个的社会让给了政治统治集团，造成了中国古代社会即政治、政治即社会的不正常的存在状态，而西方社会却在任何一个历史时期都不是唯政治化的社会，古希腊政治与文化在泛神论观念下的并立、中世纪教权与政权的并立、文艺复兴后政治、经济、文化在自由观念下的并立，使西方社会构成了在矛盾中存在、在矛盾中发展的动态过程。在中国古代，只有墨家文化才有独立于社会政治的追求目标。它不是非社会性的，但也不是政治性的。在国际关系中，强国的政治统治者在自然的趋势中就会倾向于侵略和扩张，因为侵略和扩张是强国政治统治者能够贯彻自己独立意志的一种最有效的方式；在国内关系中，政治统治者在自然的趋势中就会倾向于以强凌弱、以大压小、以众贼寡、以贵傲贱、以富骄贫，因为他们自身就是强的、大的、能够调动群众的、贵的、富的。没有一种独立的力量遏制政治统治者的这种自然发展趋势，强国的政治统治者就会发动对外的侵略战争，国内的政治统治者就会成为凌驾于全社会之上的一个暴虐的力量。墨家文化所追求的就是成为一个体现正义的独立的力量。他们承认现实政治的统治，但却不是帮助这个政治统治集团加强自己的权力地位，实现对外侵略战争的胜利，实现对自己臣民的有效控制，而是作为人间的"天意"和"鬼神"，随时出现在以强凌弱、以大攻小的关键的场合，以遏制侵略战争和社会暴虐行为的发生。他们不像法家知识分子那样把绝对的权力赋予专制帝王，也不像儒家知识分子那样认为自己必须忠于自己的君主，他们遵行的只是"天意"，只有他们自己提出的思想原则。正像基督教文化依靠上帝的力量取得了与世俗政治权力分庭抗礼的力量，墨家文化也企图借助"天志""鬼神"而取得与现实政治权力平等的地位。

　　由于墨家文化的这种独立性，所以它不但具有自己的理论品格，同时也具有自己的实践品格。不论是法家知识分子还是儒家知识分子，只有作为一个"言者"的时候才是一个真正的知识分子，一旦成为一个"行者"，他们就不再是一个知识分子，而是一个政治官僚了。因为他们的理论是为政治家提供的，是必须通过政治实践才能具体实现的，而政治权力却不是知识分子必然具有的。墨家文化则不同，它所追求的目标不是政治家追求的目标，而是他们自己的社会要求。他们是这种目标的提出者，也是这种目标的实际追求者。在这一点上，他们与道家文化是相同的，但道家文化却不关心社会目标的实现，墨家文化的追求是超于个人生活方式的社会目标。我认为，只有从这样一个角度，我们才能够更切近地理解墨子所说的"言有三表"的方法论的意义。他说:"言必有三表,何谓三表?子墨子言曰:有本之者,有原之者,有用之者。于何本之?上本之于古者圣王之事;于何原之?下原察百姓耳目之实;于何用之?废以为刑政,观其中国家百姓人民之利。此所谓言有三表也。"(《墨子·非命上》)假若翻译成现代的语言,就是说,一种理论,一种思想学说,必须具有三个要素,其一是要有历史的根据,其二是要有现实的根据,其三是要到实践中去检验。胡适在谈到墨家文化学说与儒家文化学说的不同时说:"孔子所说是一种理想的目的,墨子所要的是一个'所以为之若之何'的进行方法。孔子说的是一个'什么',墨子说的是一个'怎样'"[①]。所以,孔子的思想学说是不包括如何实践的过程的,而墨子的思想学说则必须包括这样一个过程,并且这个过程必须依靠具有这种思想的人的实践才能实现。在墨子看来,不与自身实践相联系的理论只是一种"荡口",不是真正的理论学说。他说:"言足以迁行者常之,不足以迁行者勿常。不足以迁行而常之,是荡口也。"(《墨子·贵义》)"言足以复行者常之,不足以举行者勿常。以举行而常之,是荡口也。"(《墨子·耕柱》)墨子学说的实践性派生了墨家文化的另两个独立特征。其一是对自然科学技术的重视,对科学思维方式和逻辑学的重视。其二是对自身实践品格的重视。中国文化在春秋战国时期就被政治关怀和社会道德关怀所覆盖了,致使自然科学长期受不到文人雅士的重视,重"道"轻"器",重"理"轻"用",自然科学没有成为中国古代文化的一个主要组成部分。中国文化之所以走上了这种偏瘫的路,一个重要的原因就是体现中国知识分子文化的儒家文化和道家文化都与社会实践相脱离。只有墨子,不但重视理论,而且重视实践,而在社会实践中,社会科学和自然科学是具有同等重要的意义的。社会实践离不开社会科学,也离不开自然科学,二者是相辅相成、密不可分的。在西方文化的发展中,社会科学的方法论体系经常是从自然科学的方法论体系中吸收过来的,因为自然科学的方法论带有更精密的性质,带有严格的实践性品格,任何一个非逻辑性的环节都会导致整个实践过程的失败,而在社会科学中却最容易通过偷换概念等方式把辩

[①] 胡适:《中国古代哲学史》,载《胡适文集》第6卷,第261页。

证过程变为诡辩过程。墨家文化重视自然科学，同时也重视逻辑学，它的逻辑学几乎是中国土生土长的唯一的一个逻辑学体系。墨家文化的实践性也决定了墨家知识分子格外重视个人的实践品格的修养。儒家知识分子也重视个人的品格，但儒家所讲的个人品格更是礼仪性的，其意义是在人与人的关系中体现出来的，是个人道德修养的一种表现形式，是做一个"君子"所不能不具有的，是"为人师表"所不可缺少的，带有更多的表演性质，与其所从事的具体事业没有必然的联系，而墨家文化的个人品格则是实践性的，是实现他们的文化主张所必不可缺少的。他们作为一个知识分子团体，没有固定的政治的靠山和经济的来源，为了和平主义的目的和社会正义原则的贯彻，常常奔走于各个诸侯国之间，所需要的是对自己事业的忠诚和信念，是对社会正义与社会和平的主体性关怀，是身体力行的实践品格和艰苦奋斗的精神。与此同时，儒家文化把当时的社会分化视为正常的社会现象，从而也把知识分子自己视为凌驾于社会群众之上的一个特殊的阶层。孟子说："或劳心，或劳力。劳心者治人，劳力者治于人。治于人者食人，治人者食于人。天下之通义也。"(《孟子·滕文公上》)墨家文化则把这种社会分化视为人类社会的一种不正常的现象，视为导致了人类战争和人类相互倾轧残害的根源。它反对对外的侵略战争，反对以强凌弱、以众贼寡、以贵傲贱、以富骄贫的不平等现象，主张兼爱非攻，所以他们也不把知识分子视为一个凌驾在社会群众之上的特殊阶层，不把自己视为一个理应受到社会特殊礼遇的特权人物。他们追求的只是社会的正义，并在这种追求中感到自我的存在价值和意义，他们不追求超于社会群众的更豪华、更富裕、更舒适安逸的物质生活，不追求个人的政治权力和政治地位，并以此作为个人的做人原则。这也决定了他们必须具有自励自苦的精神品格。这是与他们的思想追求和社会追求无法截然分开的，不只是一种伦理道德的要求。甚至极力反对他们的儒家文化的代表人物孟子也并不怀疑他们这种自励自苦精神的真诚性，并指出这是墨家知识分子的主要特征之一："墨子兼爱，摩顶放踵利天下为之。"(《孟子·尽心上》)庄子也是不满意墨子的思想学说的，但对他的人格则有相当的尊敬："墨子真天下之好也。将求之不得也，虽枯槁不舍也。才士也夫！"(《庄子·天下》)

墨子的社会学说与法家文化和儒家文化没有根本的不同，它们都体现了新生知识分子阶层对政治的要求。这集中体现在墨子的"尚贤""尚同"的主张上。所谓"尚贤"，就是不要仅仅任用亲贵，在固有的贵族圈子里选任政治官吏，重视知识分子，不论其出身如何，只要有才有德，利于政治上的治理，就要大胆任用。这代表的不是贵族统治集团的利益，也不是小生产者的利益，而是新生"士"这个阶层的利益。所谓"尚同"，实际上是政治运作上的有效性，能使上情下达、下情上达，反映着政治社会的要求。他与儒家和法家知识分子的差别仅仅在于，儒家和法家知识分子承认当时正在扩大着的政治统治集团与普通社会群众这两个阶层的分化，并在这种分化中看待自己的社会作用。他们是自觉地为当时的政治统治者出谋划策的，是从巩固和加强他们的政治统治的角度提出自己各不相同的政治方案和社会方案的，而墨子是反对当时的这种分化趋势的，是不主张把这种分化绝对化的。他认为政治官吏要随时在社会群众中选拔，不把任何一个官吏的地位凝固起来。官吏不是绝对脱离社会生产的独立阶层，而是同时具有生产能力和活动能力的人。墨家知识分子的奋斗目标不是帮助任何一个政治统治集团加强自己的政治统治，而是使他们实行"兼爱""非攻"的思想原则，反对不义的政治，支持正义的政治。他们是"天志"的体现者，不是"忠君""爱国"之士。

墨家文化在中国历史上的衰落是有其必然性的，但这种必然性并不是因为墨家文化不具有社会的普遍意义，而是中国社会发展的特殊性没有给墨家文化留下存在的思想空间和社会空间。春秋战国时期，是一个诸侯并立的时期，每一个诸侯国在人们的观念上都是独立的、平等的政治实体，墨家知识分子完全能够以一种超越的态度对待各个诸侯国的政治利益，而超越了各个诸侯国的具体的政治利益，才有可能超越国家与国家间的战争。但当秦王朝统一了中国，这种和平主义的主张就失去了固有的意义和价值。在这时，整个中国只剩下了一个合法的政治实体，而对这样一个合法的政治实体，就不存在一个超越与不超越的问题了。你或者承认它，那就等于承认了它镇压国内反抗力量的合法性；你或者不承认它，那就等于承认了国内反抗力量存在的合理性。这都不意味着和平主义。与此同时，墨家文化在本质上就不是一种社会教育文化，而是一种社会实践文化。儒家文化之所以在中国古代历史上垄断了教育，就是因为只有儒家文化是以为现实上层社会输送人才为基本目标的。在已经分化了的社会上，受教育者是在把自己提高到更高社会地位和经济地位的目的下接受教育的，没有这样一个目的，一个人就没有接受教育的必要性，更没有接受教育的积极性。在春秋战国时期，是中国知识分子阶层刚刚产生的历史时期，是它刚刚获得了社会价值和社会尊敬的历史时期。它较之一般社会群众自然地具有优越性和更广阔的发展前程。在这时，墨子作为一个知识分子，自然地就有很多的追随者。但当儒家文化、法家文化都具有了全国性的影响，墨家文化那种自励自苦、"摩顶放踵利天下为之"的教育宗旨就没有更大的吸引力了。这注定了墨家教育不可能在与儒家教育的竞争中获得胜利。墨家文化缺少儒家文化的那种柔韧性，儒家文化依靠自己的柔韧性度过了秦王朝严峻的政治专制的时代，在汉代获得了政治统治者的赏识，成为政治王朝的首选文化，作为儒家文化的论敌的墨家文化成了一种异端邪说，就更没有在中国历史上翻身的可能了。

七

在中国古代，唯一一个从外国传入中国并成为中国文化有机组成部分之一的是佛家文化，它也是中国古代唯一一个具有超人间的终极关怀和精神关怀的宗教文化。

佛家文化是一个独立、自足，有着自己独立的哲学、逻辑学、宗教仪式、宗教戒律、宗教建筑、宗教绘画等的完整的文化系统，并且其中又有诸多不同的门派。对于我们这些"槛外人"，没有能力也没有必要阐释佛家文化的全部内涵。在这里，对于我们更重要的是它与中国固有的各种文化的不同特点以及它在中国文化整体结构中的地位和作用。

中国知识分子是在春秋战国这个特定的历史时期产生的。在这个时期，"国"既是一个政治的实体、权力的实体，也是一个经济的实体、财富的实体。占有了"国"，就是占有了最高的权力和最大的财富；不占有"国",就不占有最高的权力和最大的财富。也就是说,当时的"富"且"贵"者是各个诸侯国的政治统治者们,而不是知识分子。当时的知识分子或者出身于没落贵族的家庭,或者出身于获得了较稳定经济收入的百姓家庭,而不论出身于这两种家庭的哪一种,他们实际上都是平民阶层的成员。他们是通过文化,通过知识与当时的社会、当时的政治统治者建立起联系并获得自己生存和发展的更大的空间的。当时的政治统治者,不是作为"国"的拥有者陷入政治、军事斗争的漩涡里,就是像伯夷、叔齐那样抽身于政治而返归山林,走上归隐的道路。他们都没有想到要著书立说,没有成为知识分子,没有在自己人生体验的基础上建立起仅仅属于自己的文化学说,建立起自己的一套价值观念的体系。不论法家文化、儒家文化,还是道家文化、墨家文化,体现的都是平民知识分子的思想特征。中国文化不是由贵族政治统治者建立的,而是由平民知识分子建立的。这是中国文化的一个显著特点,也是中国文化的一个局限性所在。平民阶层的文化首先关心的不是人类的精神出路,而是人类现世间的出路。道家对人与自然关系的关怀,儒家对人与人关系的关怀,法家对政治的关怀,墨家对和平的关怀,都是一种人间关怀。他们也讲精神,但他们的精神也是人间生活的精神,是与人的人间需要、现实生活的要求密不可分的。而佛家文化则不同,它是一种贵族文化,是从贵族阶级中产生的,是在贵族生活的背景上产生的。贵族生活不一定产生佛家文化,但佛家文化却只能产生在贵族人生体验的背景上。平民生活与贵族生活有着截然不同的特点,因而也有截然不同的人生体验。平民生活是在与现实物质世界的相对疏离状态中形成的,平民的一切痛苦体验都与这疏离状态有关:平民没有崇高的社会地位和绝对的政治权力,他们在这个世界上没有安全感;平民没有丰裕的物质财富,他们的物质生活没有绝对可靠的保证;平民因缺乏权力的和物质的可靠保证而建立不起更广泛的社会联系,他们的友情的需要和爱情的需要都不容易得到满足。他们在自己的人生体验中极其自然地就希望与现实的物质世界建立起更牢固的联系。与权力的联系满足他们的安全感,与财富的联系满足他们物质生活的需求,与人的联系使他们感到精神上的满足。而贵族生活却不同。贵族与现实的物质世界有着最紧密的联系。他们在当时的社会上拥有最高的社会地位和最大的政治权力，拥有最巨大的财富，拥有最广泛的社会联系。在平民看来，他们的生活已是最幸福、最美满的生活，他们是不应当感到痛苦，感到孤独的。但只要我们曾经读过《红楼梦》，我们就会知道，这些裹金戴银的贵族在自己的生活中同样充满了孤独和痛苦。只不过他们的痛苦不是由于现实权力和物质生活的匮乏，而是由于现实权力和物质生活的餍足。他们似乎什么都得到了，但得到的所有这一切对他们都没有了实际的意义。他们没有在自己已经拥有的一切中感到幸福，反而受到了所有这一切的严重的束缚。一个庞大的物质世界左右着他们，而不是他们左右着这个物质世界。佛家文化的创始人释迦牟尼就是在这样一种生活的基础上仍然感到孤独和痛苦的人。他出身于一个贵族的家庭，有着很高的社会地位，拥有财富，有一个美丽的妻子，但精神的痛苦仍然困扰着他。当他开始思考人间痛苦的原因的时候，就不会认为人类的痛苦是由于物质生活的匮乏了。他感到的是这个物质世界就是人类痛苦的根源。人要摆脱自己的痛苦，就要摆脱这个物质世界的困扰。释迦牟尼把马送给了别人，把妻子送给了别人，离开了自己的家庭，当在自己的苦行中也没有得到灵魂的解脱之后，开始在菩提树下冥思宇宙人生、冥思人类出路，终于对宇宙人生有了自己的"觉悟"，创立了自己的宗教，创立了佛家文化。

只要我们立于释迦牟尼这样的人生感受上思考这个世界，我们就会感到，对于我们，有着两个不同的世界，一个是外在的现实的物质世界，一个是内在的超越的精神世界。外在的现实的物质世界则是我们一切痛苦的根源。而我们之所以离不开给我们带来痛苦的这个外在的现实的物质世界，就是因为我们有我们的肉体，有我们的肉体所具有的感觉能力。人的感觉把人同物质的世界紧密联系起来，使人产生了对物质世界的依恋，对物质世界的感情，产生了人对物质世界的欲求，产生了对物质欲求的追求及追求的意志。所有这一切，都把人牢牢地束缚在这个物质的世界中，不得超生。所以，佛家文化首先给我们区分的是两个世界，一个是物质世界，一个是精神世界。人类要摆脱自己的痛苦，首先要从这个物质的世界中超生出来，摆脱物质世界对自己的束缚，进入一个纯粹的精神世界。这个纯粹的精神世界就是佛家文化中所说的"涅槃"。"涅槃"不是释迦牟尼自己创造的,而是从印度固有的宗教观念中接受过来的,但他却对人类获得解脱、证得涅槃的道路做出了完全属于自己的解释。佛家的涅槃境界,与道家的"道"是有完全不同的性质的。道家的"道"没有遗弃物质世界,而是一个在人的近于无意识的意识中的物质世界。它不是物质世界与精神世界的绝对分离状态,而是二者的有机融合状态。佛家的涅槃境界则不是如此。它是对物质世界的完全的超越,是脱离开物质世界的任何羁绊而实现的纯粹精神的飞升。

我认为,在世界的宗教文化中,佛家文化是最具有学术性质的文化,因为它提供的不仅仅是一个信仰体系,不仅仅是一种修行方式,同时还是一个感受、认识世界,感受、认识人生的思维过程和思想方法。佛家文化主要解决的是人类怎样才能超越于物质世界而实现自己的精神升华的问题。在平民知识分子这里,由于他们的自然欲望就是把自我同外在世界更紧密地联系起来,所以不论他们的思想学说有着什么样的具体内容,其目的还是为了认识这个世界、理解这个世界、驾驭乃至改造这个世界。他们相信人类能够通过认识世界而驾驭自己和驾驭人类,他们的人生观和世界观都是趋向于乐观主义的。佛家文化则不同,它是建立在对整个物质世界和现实人生的悲观主义基础之上的。它认为"人生皆苦",生、老、病、死都是苦,遇到怨仇憎恶的人和事是苦("怨憎会苦"),离别所爱是苦("爱别离苦"),自己的愿望和要求得不到实现是苦("求不得苦"),人的所有的感官欲望、情感要求、意志追求、理性愿望乃至全部思想意识要求,都是"苦"("五取蕴苦")。所有这些生理的与社会的痛苦和烦恼,都不是人所能够避免的,不仅过去、现在不能避免,即使未来也不能避免,"三世皆苦"。人生为什么是痛苦的?因为人和人生同整个物质世界一样,是没有自己的确定性的。所有的一切都是因缘和合的结果,都是在生死流转的因果联系之中形成的,有因才有果,果又为因,因又生果。没有自性,没有确定性。它把人生划分为若干阶段(十二因缘等),认为人从愚痴无知("无明")到老死,一环套一环,是一个轮回的过程,一旦进入这个过程,人就没有了真正的自我,人就被束缚在这个因果链条上,无法摆脱人生的苦难,而所有这一切的总根源就是人类的无知("无明")。这种轮回还发生在过去、现在、未来的世代之间。只要人类无法超脱于这个因果链条，人就永远陷入无休止的六道（地狱、鬼、畜生、阿修罗、人、天）轮回之中，不得超生。人类要摆脱自己的痛苦和烦恼，就要断灭与物质世界的联系，断贪断欲，从这种轮回中超脱出来，实现精神对物质的超越，证得涅槃。而要实现这种精神的超越，就要遵循特定的方式和方法，这就是佛家文化的"道"。佛家的"道"与道家、儒家、法家的"道"都有根本的不同。道家的"道"是一种物我未分时的混沌状态，儒家和法家的道都是一种抽象的原则和规律，而佛家的"道"则是具体的规定。前三者是综合的，后者则是分别的。随着佛家文化发展，特别是作为一种宗教文化的发展，这些具体规定越来越复杂，但综合起来，可以分为三个主要部分，即戒、定、慧。"戒"是佛教信徒必须遵守的戒律；"定"是佛教信徒修养心性的具体方法；"慧"是佛教信徒应该具有的思想觉悟即"智慧"。上述四个方面的内容在佛家文化中简称为"苦""集""灭""道"。是释迦牟尼创立佛家文化之初就提出的四项基本内容，故被称为"四圣谛"。

如果说老子哲学是由具体人生感受走向了抽象概括，佛家哲学则从抽象的人生感受走向了对人和世界的具体分析。这是与它具体改造人、改造人的思维方式的目的性紧密相联系的，也是与它的宗教性质紧密相联系的。在此基础上，它较之中国古代任何一个思想学说都远为详细和具体地研究了人、研究了世界、研究了人和世界的联系形式。它把人的感觉器官和整体的感觉能力称为"六根"（眼根、耳根、鼻根、舌根、身根、意根），这"六根"造成"六境"（色境、声境、香境、味境、触境、法境）。"六根"为内六处，"六境"为外六处，彼此相涉而成，总称"十二处"。佛家文化同中国固有的思维方式有一个截然不同的特点，就是它的多层次性。我们也常讲人的感觉能力，但我们所说的感官感觉只包括视、听、嗅、味、触等五种感官感觉，而在佛家文化中，则把在这五种感官感觉的基础上产生的意识能力也包括在了六根之中，这就具有了从一个层次向另一个层次攀升的能力，构成了层次间的因果联系。我认为，这种分类方式虽然与我们通常所使用的方式有所不同，但并不意味着这种分类方式是不正确的，是没有自己的优长的。从佛家文化这种分类方式，我们更能清晰地感到，人对外部世界的感觉绝不仅仅只有各种单纯的感觉，还有一种整体的感觉能力，一种统觉、通觉，这种整体的感觉能力实际已经有了意识的性质。当我们以这种统觉的能力重新用感官感觉外部的世界，就把感觉到的东西同其他感觉分别了开来，形成了各种不同的观念。佛家文化把这种分别能力称为"识"。当人有了这种分别能力再去感觉外部世界，就产生了六种分别，即"六识"：眼识、耳识、鼻识、舌识、身识、意识。"六根""六境"和"六识"共称十八界，这十八界就是有十八种类别。其中的眼、耳、鼻、舌、身五根同色、声、香、味、触五境共同构成了外在的物质的现象世界，佛家文化称这样一个物质世界为"色蕴"。"六根"中的"意根"和"六识"都具有识别能力，共同构成了"识蕴"。"六境"中的"法境"也同"六根"中的"意根"一样，是在前五境的基础上产生的一种具有统觉、通觉能力的"境"。"法境"使人的心灵又产生了感受活动（"受蕴"）、理性活动（"想蕴"）和意志趋向（"行蕴"）。这样，就有了"五蕴"：色蕴、受蕴、想蕴、行蕴、识蕴。这"五蕴"都是不同因素集聚而成的。在五蕴的基础上，人类就有了理性地把握对象的可能。在这时候，各种事物都呈现出了与其他事物不同的特性，人也有了认识、把握它们各自特性的能力。我认为，这种事物的特性同人认识、把握事物的特性的思维能力结合起来，就是佛家文化中所谓的"法"。佛家文化中通常所说的"法"有五种：色法、心所法、心不相应法、心法、无为法。"色法"是认识物质世界的，是对"色蕴"中的各种不同现象的认识和把握。我认为，虽然佛家文化与现代自然科学的认识目的和认识方法都有根本的不同，但就所指范围，"色法"与自然科学更相接近。"心所法"则更接近现代心理学的研究范围，它是认识、把握人的各种心理活动的，是对人的感受活动（"受蕴"）、理性活动（"想蕴"）、意志趋向（"行蕴"）等心理活动的认识和把握。"行蕴"还有一种特性，即它既不完全等同于对象在主体的直接呈现，也不是主体在对象面前的被动承受。它是与对象和主体都不完全相同的一种集聚状态，佛家文化把对这种状态的认识和把握称为"心不相应法"，更接近现代意志哲学的研究范围。"心所法"认识和把握的各种具体心理活动都是"心"的职能的表现，这个"心"在佛家文化中又称"心王"。它是由"识蕴"所具体形成的，"心法"就是认识和把握"心王"、认识和把握"识蕴"的，在我看来，有类于现代的认识论的内容。以上"色法""心所法""心不相应法""心法"都是"有为法"，是人在有意识的状态进行的，但"心王"可以是有意识的，也可以成为无意识的，这种无意识状态就是"无为法"。这种无为法已经不是因缘和合而成的，已经超越了物质世界的各种因果联系，进入了一种无滞无碍、不生不灭、无过去无未来的绝对时空即涅槃的境界。不难看出，佛家文化的"有为法"和"无为法"构成的既是他们自己所说的宇宙万有，也是在我们看来的一个完整的学术体系。在这个庞大的学术体系之中，历代佛学家进行了各个方面的研究，虽然因为脱离具体的实践活动而影响了它的正常的发展，但其中还是包含着很多有益的探讨的。由于佛学重视缘起论，重视因果联系，所以它也发展了自己的各种内容不尽相同的逻辑学说，构成了与儒家文化、法家文化、道家文化、墨家文化都不相同的一套思维方式和语言系统。

我始终认为，一种独立的理论，独立的思想学说，都是建立在创始者的真实的人生感受和人生经验的基础之上的。而只要它还是在这种真实的生活感受和人生经验的基础上被接受、被运用、被阐发的，它就有其存在的价值和意义，就是有益于社会人生的。与此相反，如果它已经脱离开它原有的生活感受和人生经验，它就成了一种高级的语言游戏和人生游戏。在这时，不论它在表面上看来多么崇高、多么堂皇，它都是没有自己内在的统一性，也没有实际的意义和价值的。它构成的是对人的异化形式，是不利于社会人生的。佛家文化也是这样。佛家文化的本质是一种贵族文化，它的创始者释迦牟尼在当时的贵族生活中已经感觉不到自己生存的意义和价值，这个阶层在其发生之初曾经是人类生活的支柱，是社会的中坚，它在社会形成和发展中的作用是有目共睹的，是贵族阶级的成员能够直接感觉到的。他们是土地的开发者，是社会的领导者，是保卫自己的国家的战士或将领。但当阶级制度成了一种固定的制度，贵族阶级的成员生来就有较之别的阶层的成员更高的社会权力和更大的社会财富。所有这一切都已经没有对贵族成员生存意义和价值的标志意义，他们已经无法在自己优越的物质生活中感受到自己存在的意义和价值。在这时,释迦牟尼对自己和自己生活的这个物质世界产生了厌倦,并在此基础上思考了人类,思考了世界,思考了人类与世界的关系,并在人的精神追求中找到了自己的生存价值和意义,从而给了他脱离开现实的物质生活享受,在思想精神上启蒙人类的人生道路。不难看出,这也是所有在物质的追求中已经感觉不到人生价值的社会成员的最有价值和意义的人生选择。他们是怀着真实的大慈大悲的心情走向救苦救难、拯救人类的人生道路的。他们像任何其他思想家一样,不可能最终实现自己拯救人类的目的,但他们的人生选择却绝对不是没有任何意义的,他们的社会作用却是无法抹杀的。他对人类和世界的解读启发着所有与自己有着相同或相近的人生感受或人生经验的人们,使他们离开自己没有价值和意义的纯粹物质的生活享受而走向精神追求的路,走上普救众生的路。但是,当这种思想学说到了缺乏相应的人生感受和人生经验的人们那里,当它成了那些没有现实追求意志、仅仅把宗教作为自己的庇护所甚至把宗教作为自己求取社会地位的手段的时候,佛家文化就失去了自己存在的意义和价值,并且其理论也必然发生内质的变化。佛家文化在中国的漫游,正经历了这样一个历史的过程。

　　佛家文化是在东汉末年传入中国的。在那时,中国的社会结构已经基本定型。君主专制体制不但作为一种有形的政治体制,同时也作为一种无形的社会观念已经有了不可动摇的地位。皇帝成了中国社会权力、社会财富和社会荣誉的最高象征,并且在法家文化那里获得了存在的现实基础、在儒家文化那里获得了存在的价值依托。围绕着皇权的是整个君主专制体制及由这种体制联系起来的官僚集团,佛家文化在这个最具有贵族性质的集团里已经没有插足的余地。在中国,佛家文化从一开始就已经失去了启蒙这个官僚集团的资格,它不但始终没有像西方的基督教文化一样获得与政权并立的资格,而且不得不趋附皇权而求取皇权的保护。在中国历史上,也曾有很多皇帝信佛,但他们信佛的目的仅仅在于求得佛祖的保佑,以维护他们的政权和他们个人生命的安全。他们不可能像释迦牟尼那样抛弃自己现实物质的利益而献身于人类精神的拯救事业。他们是在佛家文化中捞好处的人,而不是为佛家文化献身的人。一旦佛家文化的发展威胁到政府的经济收入和政权的安定,他们就要掀起毁佛灭佛的运动，这使中国的佛教组织必须更紧地依附在中国君主专制的政治体制之上，甚至成为维护君主专制的力量。不难设想，当佛教组织主要成了维护皇权政治的力量，佛家文化不论表面上得到了多么大的发展，它实际上已经失去了佛家文化的性质，走向了佛家文化的反面，成为对现实物质世界的肯定形式，成为对人类精神追求的否定形式。

随着君主专制制度的确立，中国社会的家族制度也获得了确立。儒家文化赋予了这种社会结构形式以观念的基础。不难看出，佛家文化与儒家的家族制度是格格不入的。家庭是现实物质生活的基本组织形式，释迦牟尼之离弃现实物质享受首先是离弃家庭。佛家文化传入中国，在上首先遇到的是中国君主专制的政治体制，在下首先遇到的是中国父亲专制的家族制度。中国的佛家文化要从家庭中抠出自己的信徒来，抠出的不是那些已经厌弃了现实物质生活的中国人，而是那些在现实社会找不到出路的人，没有物质生活保障的人。他们没有释迦牟尼那种贵族生活的体验，他们对物质的享受有着较之一般人更为急切的需求和更为强烈的艳羡。他们是使中国佛家文化不断走向内部腐败的主要力量，是把佛教组织变成营利组织的社会基础。即使那些忠诚的信徒，走的也不是一条精神解放的道路，而是一条压抑自我的道路。释迦牟尼之所以感到自己的学说是使人觉悟的学说，是因为他在自己的物质生活中已经感觉不到自己生存的意义和价值，他意识到了物质世界对自己的束缚，就是意识到了自己的生存意义和价值。他有了一种豁然开朗之感，有了一种"觉悟"的感觉。但对于那些更需要物质生活保证的人来说，物质是他们的一种自然的欲望和要求，物质是使他们生活得更幸福的基本条件，压抑了自己的物质欲求，就是压抑了自己的自然本性，压抑了自己的追求意志和生命的力量。佛教组织是在政治体制和家庭组织之外的一个独立的社会集团，中国君主专制体制和家族制度的凝固性，决定了它自身发展的限度。为了自身的存在和发展，中国的佛教组织不得不在这两个社会结构中大量发展信徒。但在这两个社会组织中，实际发展着的文化价值观念不能不是现实的物质追求的价值观念。这使佛家文化更进一步地失去了自己的本质。在中国的社会群众中，主要不是在精神需求的推动下接受佛家文化，而是在物质需求的推动下接受佛家文化。他们要求子，要免灾，要发财，要治病，于是求取佛祖保佑。实际上，佛祖是管不了这些吃喝拉撒睡的生活小事的，但中国老百姓最关心的就是这些物质生活中的事情。中国的佛祖也不得不迁就中国老百姓的愿望，他的超世间性在中国无法得到维持。

　　佛家文化在中国的真正基础是知识分子。中国的知识分子是作为一种学术、一种知识把佛家文化迎接到中国的。汉代不是中国文化的创造期，而是先秦文化的复兴期。先秦文化在秦代严酷的文化专制条件下走向了衰微，汉王朝的建立和文化上的相对开放使中国知识分子开始重新挖掘、整理先秦诸子的文化。我认为，正是在这样的条件下，佛家文化才作为一种独立的文化学说受到了中国知识分子的重视。汉代知识分子之重视佛家文化也正像重视先秦的儒家文化、道家文化，因为它们都是一种知识，一种学说，一种文化，并且与其他思想学说有着不同的特征。严格说来，这是一种学理性的文化。这种学理性文化的特征就是与自身固有的生活感受和生活体验未必相同或相通，而只是把对象作为一种学理来思考、来接受，其中有的是沿着这种学理的道路接受其学说，并把它当成了自己的信仰的，而多数人则始终把它当作一种学理来接受。我认为，佛学的中国化就是沿着这条学理化的路发展的，并把佛家文化的学理丰富化以致庞杂化起来。与此同时，中国知识分子在将佛家文化学理化的道路上不能不把自己的人生感受和人生经验渗透到佛家文化之中去，不能不在有意或无意中对佛家文化进行自己的改造。严格说来，中国知识分子始终不是贵族知识分子，始终没有把自己上升到贵族知识分子的"高度"去。在先秦，是中国知识分子通过文化进入社会上层的历史时期，但在当时的历史条件下它是借助政治斗争的需要进入社会上层的，儒家文化和法家文化都把自己置于为政治服务的从属地位上。在春秋战国时期，法家文化最早实现了由平民文化向官僚文化的转化；在汉代，儒家文化也实现了这种转化。但这种转化又不能不带有它们固有的平民文化的特征。在整个政治体制中，它们始终是作为君权统治的附庸而存在的，这两类知识分子只能作为"臣"臣服于自己的君主，在精神上形成的不是社会主人的心态，不是贵族心态，而是没有主体性的臣子心态。而佛家文化在中国则始终没有上升到官僚文化的地位，佛家知识分子在中国社会上始终处于与道家知识分子相近的社会地位上，他们依靠自己的文化无法进入处于社会上层的官僚集团之中去，他们始终主要是一些平民知识分子。这些知识分子在潜意识中就是把佛家文化作为像道家文化一样的一种个人的生存方式和生活方式而接受、而理解的。这决定了中国的佛家文化在无意中就逐渐向生活化的目标演化。这种演化是通过小乘佛教、大乘佛教、禅学的逐渐演化而呈现出来的。

当我们感受和理解中国佛家文化逐渐向生活文化演化的过程的时候，我们有必要重新返回到释迦牟尼的理论之中去。释迦牟尼在创立自己的佛家文化学说的当时就提出了被称为"三法印"的命题，即：诸行无常、诸法无我、一切皆苦。我认为，这三个命题，直接反映的就是释迦牟尼自己的人生感受和生活体验。正是因为他在现实的物质生活中已经感受不到自我生存的价值和意义，他才有"一切皆苦"的感觉；也正因为他在现实物质生活中感到的是"一切皆苦"，他才在整个的物质世界中找不到任何确定的意义和价值，才感到所有的一切都是转瞬即逝的，都是没有确定性的，并且人的所有的感觉、感受、认识和意志行动都不能真正地体现自己内心的精神需要，都不能给自己带来精神的幸福。也就是说，只有这样的感受，才有这样的理论。而这样的理论，反映的也正是这样的感受。佛家文化的真实性、真诚性、统一性，它的价值和意义，都是在这里表现出来的。它的总体特点就是悲观主义的，并在对物质人生的悲观主义中产生了对彼岸世界的向往，产生了对纯粹精神世界的追求。佛家文化在中国的演化逐渐脱离的就是作为它的人生观的基础的悲观主义。直至现在，我们的佛家文化仍然主要是一种学理性的文化，所以小乘佛教的理论常常是受到批判的。但我认为，恰恰是小乘佛教的理论更接近佛家文化作为一种独立文化的实质。小乘佛教主张苦修，主张无余涅槃。认为在现实世界，在人的生前，永远也不可能修得涅槃。它只是人类的一个遥远的目标。但到了大乘佛教，就把涅槃搬到了人间。"涅槃与人间，无有少分别，世间与涅槃，亦无少分别。涅槃之实际，及与世间际，如是二际者，无毫厘差别。"（龙树：《中论·观涅品》）这种把"终极追求"同现实追求拉近的做法，是一切理论学说为了获取信众不得不采取的变通办法,但这也是一种理论学说失去自身的超越性,失去自身的严肃性,失去自身的理论意义而向世俗化发展的第一步。这种发展在理论上是通过自我解构的方式实现的。任何一个确定的理论,都有其自我的完满性,都有其不能颠覆的基础观念。但当在不同的人生感受和人生经验的基础上接受并阐释这种理论的时候,就会有意与无意地在纯粹的理论演绎中颠覆掉它的基础观念,而一旦把这种理论的基础观念颠覆掉,这种理论就走向了自己的反面。佛家文化"一切皆苦"的观念既是佛家文化创始者的真实的人生感受,也是整个佛家文化的第一块理论基石。它派生了整个物质世界("色界")没有真实价值和意义的命题("空")。在中国,这个"空"又常常混同于道家的"无"。(佛家的"空"同道家的"无"实际上有着根本不同的含义:佛家的"空"的含义是整个物质世界没有确定性、没有确定的价值和意义,它指称的恰恰是在人的感觉中十分明确、丰富多彩的现实世界;道家的"无"则是在整个世界未曾分化、人类未生之前的那个混沌未分的世界。)大乘佛教对于"有"和"无"两个概念的演绎,把"有"也作为"非有","无"也作为"非有",并且可以"非非有""非非无"这样一直演绎下去。这就把佛家文化的基础观念也投入到了可以随意解释的演绎过程中去了。通过这种演绎,佛家文化实际上给解构了,给颠覆了。使它成了与世俗文化没有本质区别的一种文化,其区别仅仅成了文字上的,概念体系上的。到了禅宗那里,中国的佛家文化进一步世俗化,甚至连自我的修持也被说成了可有可无的事情。"菩提本无树,明镜亦非台。佛性常清净,何处有尘埃。"(惠能:《坛经》)这实际上是对整个佛学理论的颠覆。直至现在,中国知识分子都很赞赏中国佛家文化的"顿悟"说。实际上,"顿悟"是人的思维过程中自然发生的思维现象,是对这种思维现象的概念性指称,没有多么深刻的理论意义。人类的思维过程当然存在这种"顿悟"思维的形式,但人类却不能仅仅依靠"顿悟",正像人偶尔会拾到财宝,但人生却不能仅仅依靠拾财宝过日子一样。仅仅依靠"顿悟","顿悟"不出马克思主义,也"顿悟"不出爱因斯坦的相对论。到了"语默动静,一切声色,尽是佛事"(《古尊宿语录》卷三)、"担水砍柴,无非妙道"(《传灯录》卷八),佛家文化就与中国的世俗文化没有任何区别了，并且比世俗文化更世俗了。

佛家文化原本是一种异常娇贵的文化，也是一种非常宝贵的文化，因为一个社会的贵族阶级是最容易走向腐化堕落的。佛家文化是拯救贵族阶级，把这个最容易腐化堕落的阶级变为人类精神追求的先锋的宗教。正像列夫·托尔斯泰是在堕落下去的俄国贵族中产生的一颗璀璨的精神宝石，释迦牟尼也是古印度贵族阶级中产生的一颗耀眼的精神明珠。但在中国，佛家文化被世俗化了。儒家文化、法家文化把佛家文化排斥到了世俗平民之中去，而它们却滋养着中国的政治统治集团的堕落和腐败，使中国的政治统治集团一次次地走向无可挽回的自我瓦解的道路。

八

人是一种生命的存在形式，人的生命首先是物质性的，是个体性的。人的社会性是在人的物质生命的相互联系中产生的，这同时也产生了人的精神的需要。所以，个体的物质生命的存在和存在状态始终是人类存在的基础。没有这个基础，所有社会的、精神的文化都没有存在的可能，也没有存在的价值和意义。但是，当中国书面文化走向繁荣的时候，正是社会的政治斗争最激烈、最频繁的时候，社会政治的斗争不仅为中国最早的知识分子提供了现实存在的社会空间，同时也为他们提供了广阔的思维空间，它把中国最早的知识分子的目光主要转向了社会，转向了社会、政治、军事、外交的斗争，即使老子的哲学，也与社会的政治斗争有着密不可分的关系，个体的物质生命的需要在他们的学说里反而成了极其次要的事情，并且常常是受到压抑，受到否定的。实际上，即使在那样一个急剧社会化、政治化的历史时期，每个个体的人也不可能不时刻关心着自己的物质生命，只是这种物质生命的关怀没有获得社会文化、精神文化的眷顾，没有赋予其社会的、精神的意义和价值。在法家文化那里，个体的物质生命是作为政治斗争的工具被理解和运用的，它赋予了君主以使用国民生命的绝对权力；在儒家文化那里，个人的物质生命是作为社会安定、政权巩固的棋子而被安排、被设计的，它虽然没有赋予君主以个人的名义使用国民生命的权力，但却赋予了君主以"社会"、以"国家"的名义毁灭个体物质生命的权力,而这个"社会""国家"仍然无非是君主个人的私有财产。即使道家文化,实际也是漠视个体人的生命要求的,是以牺牲个体人欲望、情感、意志要求的形式换取整个社会关系的和谐和平静的。只有墨家文化,在反对战争的旗帜之下蕴藏的是对人的物质生命的关怀,但墨家文化仍然主要是一种社会性质的文化,它的立足点不是个体生命的要求。它没有实际地发展出有关个体物质生命的存在及其存在状态的哲学来。春秋战国是一个太严峻的历史时代,是社会的问题、政治的问题压倒了一切的时代;它也是中国知识分子寻找自己发展空间的时代,是他们在社会、政治的领域能够很顺利地找到自己的发展空间的时代。个体的、物质的生命在春秋战国时期的文化中被中国知识分子冷落了。这种关怀是作为自然存在的、世俗文化的形式得到表现的。中国知识分子关心的都是社会的、政治的"大"问题,只有每个人自己,却不能不关心自己的这条"小命",以及这条"小命"存在的幸福感和久远性。

中国的知识分子讲了很多很多的大道理,但却没有讲对于一个具体的人,他的"小命"以及这条"小命"的幸福感就是他的一切,就是他的全部。如何对待自己的生命是一个具体的人的全部意义和价值,其余的一切都是在这条"小命"的基础上产生的。没有这条"小命",中国知识分子提出的所有那些伟大的问题对他都是没有任何意义和价值的。但是,个体的物质生命及其存在形式与社会的、政治的存在形式是极不相同的。社会的、政治的存在是整体的,至少在春秋战国时期的中国社会及其在中国知识分子的知识视野中是如此。对它的思考是整体结构形式的思考,是采取着无所不包的形式的。不论儒家文化、法家文化,还是道家文化、墨家文化,表达的都是对整个"天下"的认识和对整个"天下"的治理。所有这些思想学说都带有"放之四海而皆准"的真理的性质和面貌,都具有超时空的宏观性质和永恒性质。但是,对于整个人类,整个人类社会,对于国家和国家政治,一个人是太渺小了,一个人的生命是太渺小了。在中国古代这些以社会为思考对象的思想学说里,一个人的生老病死是完全可以忽略不计的,只有像帝王、圣贤一样被认为有资格代表社会整体的人,在这样的文化学说中才会受到实际的重视。个体人的生存和发展离不开宇宙，离不开整体，但却不是在宇宙整体的直接影响下生活的，对于他起决定性作用的是特定的空间和时间，是在特定空间和时间中发挥具体作用的因素。这就是我们现在所说的"自然科学"所研究的一切。自然科学是与人的物质生命及其存在状态直接发生关系的。它的每一项认识任务都不是或不仅仅是对整个宇宙、整个人类的本质的认识，都不是或不仅仅是超时空的，而是对特定条件下的特定事物的性质和功能的认识。这种认识的目的是以人的具体需要重新组织内外各种不同事物之间的关系，使之具有特定的功能，以实现人在各种特定现实条件下的特定的目的和要求。自然科学就是对于一个个具体事物的研究，它的抽象法也是对各种不同具体事物的抽象，而这种抽象无非也是为了更直接地认识或运用具体事物，以解决人所遇到的具体的困难。"生"是中国文字中最早产生的一个带有抽象性的词，一个语言概念，一个文化观念，它更早于道家的"道"、儒家的"仁"、法家的"法"。也就是说，中国远古的文化原本是以人的生命为核心建立起来的，这种生命是以物质生命为基础的。中国古代神话传说中的神灵和英雄都与人的物质生命的需要有直接的联系，盘古开天辟地、女娲补天造人、燧人氏钻木取火、有巢氏筑木为巢、羿射九日、神农尝百草、大禹治水等等，都是直接有关人的物质生命的存在与延续的。但到了春秋战国时期，社会的问题、政治的问题，成了中国知识分子表现自己才能的主要空间，人的物质生命的需要在中国文化中被掩盖在社会和政治的关怀中。它们没有随同社会和政治的问题一起进入中国文化的圣坛，没有把自己的价值上升到普遍的社会价值的高度，仍然带着一种幻想的性质以世俗文化、民间文化的身份度过了中国文化的黄金期、奠基期。当秦王朝统一了中国，连秦始皇也不能不关心起自己的物质生命的问题时，那些有关物质生命的文化才又一次进入到中国文化的圣坛，并获得了专制君主格外的青睐。而在这时，法家文化已经占领了王朝政治，并以政治制度的形式凝结在整个社会的政治结构中，在这个结构中能够发挥实际作用的是具有法家文化倾向的知识分子，那些有着一技之长的社会成员或知识分子被排斥在这个政治的结构之外，其中的多数人，像修建阿房宫的建筑学家、为秦始皇的坟墓雕塑兵马俑的雕塑家、为王公贵族的日常生活服务的所有那些能工巧匠们，是作为政治统治者的仆从被排斥在社会文化之外的，他们之间没有独立的联系，也无法构成一种统一的社会事业。秦始皇不是在所有这些科学技术的渴望中需求政治体制外的知识分子，而是在自己"万寿无疆"的空洞幻想中接受他们的。在这时，具有物质生命追求倾向的知识分子才找到了进入社会文化的孔道，但这个孔道又是那么狭小，并且是一个必须依靠虚幻不实的幻想才能走得通的文化孔道。这决定了中国古代物质文化发展的畸形化和苍白性。这种畸形化和苍白性是被中国古代帝王的自私性和狭隘性所决定了的，分封制造成的国家私有化的现实铸造了政治帝王的几千年的自私和狭隘，从而也影响到整个中国古代文化的发展。"前三世纪的晚期，秦始皇征服了六国，而齐学征服了秦始皇。五德终始之说做了帝国新制度的基础理论；求神仙，求奇药，封禅祠祀，候星气，都成了新帝国的重大事业。这时候，一些热衷的人便都跑出去宣传'方仙道'，替秦始皇候星气，求神仙去了。一些冷淡的学者，亡国的遗民，如乐瑕公、乐巨公之流，他们不愿向新朝献媚求荣，便在高密、胶西一带造假书，编造黄帝，注释《老子》。"[1]

如果说社会文化、政治文化发展的真正动力永远来自社会的上层，如果说革命文化发展的真正动力永远来自社会的下层，那么，物质文化发展的动力则永远来自社会的中层。社会的上层是这样一个阶层，它们的物质需求是由整个社会供给的，是通过政治的权力直接在全社会收取的，不论在任何情况下，这个阶层永远可以通过政治的权力满足自己在现实社会所能够获得的最丰裕的物质保障。在他们的现实感受中产生不出发展物质文化的更强大的动力，除了政治权力之外，他们唯一需要的几乎是物质生命的本身，是"健康长寿"，是"万寿无疆"。只要他们活着，他们就能拥有人世间最美好的东西。他们一旦死去，所有这些美好的东西就全都失去了；感受到最沉重的物质压力的是社会的下层，但他们没有发展物质文化的条件，他们被黏附在现实的直接的物质生产过程

---

[1] 胡适：《中国中古思想史长编》，载欧阳哲生编《胡适文集》第6卷，北京大学出版社，1998，第445页。

中，没有更广阔的知识视野和社会视野，没有改造现实生产条件的时间上的从容和经济上的余裕，改变他们命运的最直接的办法是广义的"革命"，是通过非法的手段把自我的地位提高到上层社会中去。只有社会的中层，才既有改变自己经济地位的要求，也有独立实现这种发展的可能。上层社会的"万寿无疆"的要求和下层社会的"富贵荣华""心想事成"的要求都带有过于急切的性质。但在先秦文化一度发展之后形成的中国社会却没有构成一个稳定的、独立的社会中层，也没有为这个阶层的人赋予存在的价值和意义。秦汉之际的道教知识分子是依靠进入上层社会而获得广泛的社会影响的，但他们在上层社会首先遇到的是儒法两家知识分子的排斥，他们在这个体制中找不到自己的位置，只能依靠神仙方术骗取政治统治者个人的宠幸，而这种宠幸注定是无法长久的，它缺少政治体制的保证，同时也无法使之离开原始的幻想性质而取得自己的科学性。但这种文化的性质和内容却在向政治统治者的邀宠中被相对地固定下来：中国的道教文化是以成仙得道为目标、追求物质生命的幸福和永恒的文化。正像法家文化为政治帝王制定了天下一统的理想，儒家文化和墨家文化为中国社会树立了世界大同的理想，关心个体人物质生命的道教文化也为中国人创造了成仙的理想。归根到底，人的局限性就是无法从根本上克服时间和空间对自己的束缚，道教文化的"神仙"就是克服了时间和空间对自己束缚的人。作为一种理想，它是无可非议的，但道教知识分子与政治帝王的关系的特定性，使之不可能将这种理想转化为更加切实的努力。它主要停留在一种虚幻的理想的层面。当它离开宫廷转向民间，这种虚幻的性质仍然没对生命的急切要求支持了道家文化的这一特征。中国社会的上上下下都缺乏欧几里得、毕达哥拉斯、亚里士多德、伽利略、牛顿、达尔文、爱因斯坦这些西方自然科学家的从容心态。直接的实利性目的使道教文化反而长久地陷在虚幻的神仙理想里，民间社会的多方面的物质需要反而被道教文化的单一性掩盖了。它向民间的转移没有发展出各种门类的科学技术来，只是赋予了社会群众一种社会的组织形式，而这种独立于政治组织之外的社会组织形式，不能不发生与王朝政治权力的冲突，所以它同时成了中国古代"革命"文化的主要形式。汉末的五斗米道和太平道，晚清的太平天国革命和义和团运动，都与中国的道教文化有着直接的联系。这不是中国道家文化的本质性内容，但却是它存在和发展的结果。总之，道教文化作为一种注重个体物质生命要求的文化，不论是在向上的发展还是在向下的发展中，都没有有效地贯彻自己的本质，也没有可能取得自身的正常发展。在中国古代社会，它一直处于内容和形式的严重分裂状态。它没有找到自己的理论基础，也没有找到真正属于自己的方法论。

中国的道教是在佛教传入中国之后产生的，它直接承传的是原始巫术、鬼神信仰等带有原始幻想性色彩的文化传统，先秦知识分子没有为这样一个文化传统寻找理论的基础。但是，佛教文化是有自己的一整套理论体系的，这迫使土生土长的道教文化也不能不找到自己的理论，以与外来的佛家文化相对抗。我认为，正是在这种情况下，才逐渐加强了它与先秦道家文化的联系的。但是，老子和庄子的哲学从本质上只是一种社会哲学，而不具有自然科学的性质。这造成了中国道家文化理论基础和实践目的的严重脱离。一方面，老子、庄子的哲学在道教文化修仙成道实利目的的左右下被严重地篡改了；另一方面，老子、庄子哲学的社会哲学性质根本无法为道教文化的实利追求提供切实的理论说明。佛教的理论体系直接建立在佛教人生观的基础上，不论我们怎样看待它的人生观和世界观，但就其一种理论学说是有其内部的逻辑性的，而道教文化则缺乏这种逻辑上的合理性。在老子哲学中，"道""自然""有""无""玄""妙""恍惚"等都是对同样一种状态的描述性概念，"人"则是这个浑融的状态分化后产生的具体事物。只要从老子哲学的自身思路出发，我们就会发现，"人"只是构成"道"的一个有机的组成成分，老子所要告诉人的只是要把自己作为这个整体的有机组成成分，不要把自己从这个有机的整体中孤立出来，而不是要人成为"道"。正像地球不能得到宇宙一样，一个人也是无法得"道"的。在老子哲学中，得道成仙的说法是根本无法成立的。道教知识分子为了把老子的哲学改造成人可以成仙的理论，把"道""自然""有""无""玄""妙""恍惚"这些概念完全割裂开来，使之成了有先后顺序的不同状态，并且造作出了纷纭复杂的各种不同的所谓"理论"，而这样的理论又是根本无法为它的实践目的提供可靠的方法论基础的。使道教文化成为中国古代文化的一个有机组成成分的不是它的理论体系,而是它的"法术"。它的真正价值也在于它对中国知识分子所鄙弃的"奇技淫巧"的重视。但当它把老子哲学作为自己的理论基础之后,就再也不想为自己的这些"奇技淫巧"寻找切实的理论说明了。实际上,老子哲学的本身就是否定这些"奇技淫巧"的存在价值的,就是主张"绝圣弃智"的。外炼仙丹、内炼内丹、驱魔消灾、祛病延年是中国道教文化的主要"法术",而所有这些"法术"的基础都是建立在对特定对象的认识基础之上的。只有有了对各种具体事物的更明确的认识,才能在有效性的基础上丰富和发展这些"法术",提高人类把握自己和把握周围环境的能力。但中国的道教文化没有从这些实践经验的基础上发展出相应的理论认识来。他们为自己找到的理论基础与他们的具体实践目标离得太遥远了。正像康德的哲学不能治感冒一样,老子的哲学也无法具体说明道教文化这些"法术"的成败得失。中国的道教文化确实为中国古代的物质文化的发展积累了许多有益的经验,但它同时也没有将这些实践经验提高到"科学思维"的高度。它的虚幻性妨碍了它的发展速度和运用的实际效果。它是中国古代科学技术发展的文化根基,但这个根基却成了滋生愚昧和迷信的基地。

九

以上我们简要叙述了在中国古代文化发展中起着关键作用的几种文化学说,它们同时也是构成了中国古代知识分子现实追求和思想追求的方式。在叙述这些文化学说的时候,我们尽量避开了鲁迅和鲁迅对它们的论述和评价,而主要从它们形成和发展的历史根据和客观状况来理解它们。肯定他们的追求,理解他们的思想,同情他们遇到的实际困难。但当中国文化发展到鸦片战争,发展到必须在与世界各民族的文化竞争共存的近现代社会,亦即发展到鲁迅和我们共处的这个历史时代,中国文化在鲁迅的感受和认识中却不能不发生重大的变化。在这时,西方帝国主义带着他们的科学技术、带着他们的文化撞进了中国社会,撞进了中国知识分子的视野。中国知识分子怎样面对自己存在的这个世界呢?

怎样在这样一个世界上找到自己生存和发展的空间呢？他是像孔子那样选择自己，还是像老子那样选择自己？他是像韩非子那样选择自己，还是像墨子那样选择自己？他是像释迦牟尼那样选择自己，还是像张道陵那样选择自己？假若所有这些伟大的思想家都没有给鲁迅指出一条明确的思想道路和人生道路，那么，鲁迅有没有权利按照自己的意愿选择自己、选择自己的思想道路和人生道路呢？假若他有权利选择自己、选择自己的思想道路和人生道路，他在这样一个思想道路和人生道路上是不是应该有自己对世界的感受、理解和把握呢？是不是应该有自己对中国文化、世界文化，对中国社会、人类社会，对自己和他自己的同时代人的感受、认识、期待和希望呢？也就是说，他有没有权利拥有与中国这些古圣先贤不同的文化创造呢？在这时，鲁迅与中国古代文化断裂一下，与中国古代文化之间裂开了一道地缝、隔开了一条界河、说了一些与中国古代人不同的话、写了一些与中国古代人不同的文章，甚至对中国古代文化做出了一些与中国古代人不同的理解和判断，又有什么值得奇怪的事情呢？

实际上，中国文化向现代的转化并不自鲁迅始，也并不从五四新文化运动开始，而是从鸦片战争中华民族感受到外国帝国主义的军事威胁，感受到自身在现代世界上的生存危机开始。但这个危机并不是中国的整个社会同时感受到的。两千年的中国社会都不是中国所有人的，上上下下的中国人都把中国社会看作是皇帝一个人的，法家文化这样训诫着中国人，儒家文化也这样教诲着中国人。没有一种文化让中国的每一个中国人都感到这个国家也是属于他的，他不仅是被"治"者，同时也是"治"者。几千年的实际人生都使中国的老百姓感到自己只是纳粮完税的工具，只是自己家族养生送死的生殖链上的一环，他们不享有任何国家的政治权利，也没有为皇帝的政权献身的必要。皇帝不是他们推举的，皇帝是用自己的武力夺来的，只有在万般无奈的情况下，他们才会被政治权力驱赶到战场上去为皇帝的江山卖命、送死。鸦片战争对他们只是一种灾难的信号，像蒙古人入主中原、满族人杀进山海关一样的一个灾难的信号，法家文化镇压着他们的心灵，儒家文化安抚着他们的心灵，道教文化让他们沉入修仙求道的梦幻之中，佛教文化使他们获得菩萨的保佑，在"皇上"没有强迫他们为自己的"天下"去卖命、去送死之前，在外国帝国主义没有撞进他们的村庄，淫他们的妻女、烧他们的房屋之前，他们为什么要为"皇上"的这个国家主动地去牺牲呢？直接受到西方帝国主义军事侵略的压迫，感到有些尴尬、有些作难的是中国的"皇上"，但中国的"皇上"的命根子是法家文化为他建立起的一套政治专制制度，是儒家文化为他树立起的至高无上的权威。他不能丢掉这些，不能承认自己在外国帝国主义面前的失败，不能放松对内的政治专制和文化专制。他的政权是靠武力夺来的，依靠的不是多数国民的支持，而是军事的、武力的专制，至高无上的权力和至高无上的权威就是他的命根子。只要西方帝国主义还没有废掉他的皇位、另立新主的意思，他的政权的最主要的敌人就不是帝国主义，而是内部的反抗。在这时，克服民族危机的重担就落在了为专制君主分忧解难的官僚知识分子集团的身上。因为不论在法家文化和儒家文化的观念中，这些官僚知识分子都有维护皇帝专制政权的责任和义务。正是在这种情况下，中国的官僚知识分子群体发生了内部的分化。

中国的学者和教授好在历史的背景上谈文化，而不愿或不屑于、不敢于在自己的现实环境中谈文化。实际上，每一种文化都是在特定的历史背景上被呈现出来的，都是被特定人的特定选择所具体体现的。自从孔子去世以来，孔子开创的儒家文化就仅仅凝结在他的弟子为他编写的语录集《论语》中，而在现实社会里具体发挥作用的则是那些以孔子的文化价值标准活动在现实社会里的人们。孟子作为一个孔子思想的传承者和宣传家赋予了儒家文化学说以战斗性，使之成了与墨家等不同文化学派争取政治统治者赏识和信用的理论武器。但在他那里，儒家文化仍然主要是约束政治帝王的，是为政治帝王提供的一种王道政治的理想蓝图，而到了董仲舒那里，儒家文化已经不再是单独起作用的文化，通过政治帝王的接受，它与法家文化、道教文化紧密地结合在了一起。儒家文化已经离不开法家的政治专制制度，法家的政治专制制度也已经离不开儒家文化的伦理道德，而儒家的伦理道德和法家的专制权力也不能不承认皇帝有享受人间各种可能有的幸福的权利。鲁迅说："在中国的王道，看去虽然好像是和霸道对立的东西，其实却是兄弟"（《且介亭杂文·关于中国的两三件事》），这种关系就是在董仲舒提倡"罢黜百家，独尊儒术"以来更加牢固地建立起来的。唐代的韩愈再一次给儒家文化注入了战斗性，其目的是为了排斥佛道等异端学说。但韩愈已经与孟子处于不同的社会地位上，作为专制帝王臣僚的韩愈不再仅仅止于与不同的思想学说做口舌之争，同时还要借助专制帝王的政治权力以彻底消灭自己的论敌。儒家文化是讲"中庸"的，但与法家文化结姻之后的儒家文化再也不可能是"中庸"的，政治本身就不可能是中庸的，儒家文化不中庸起来比任何文化都不中庸，它最好上纲上线，把思想的、文化的全扯到政治的斗争之中去，以把矛盾提交到法家文化的君主专制制度的法庭上给持有不同思想观念的人以毁灭性的打击。儒家文化自身是没有力量的，它的力量来自法家的君主专制制度。到了宋明理学，儒学更成了一种修身养性之学，但这个修身养性之学加强的不是人的主体性，而是人的奴才性。在这时，法家文化的政治专制、儒家文化的文化专制，早已不是一种思想，一种文化，而成了一种固定的制度，一种政治的权力和文化的权力，是人们不能不服从的铁的法律。宋明理学家的任务是把这种权力植入每个臣民的心灵中，内化为每一个人的内在心灵秩序。在宋明理学家那里，忠孝节义这些对臣子的要求被从上慈下孝的关系模式中单方面地突出出来，反映的是宋明理学家的臣子心态。他们已经失去了孔子、孟子那种以皇帝的导师自居的优越感，也失去了韩愈那种站在维护皇帝政权的立场上公开批评皇帝的勇气，而仅仅成了"臣民"的导师。不论他们自己怎样意识自己，但在实际上起的却是皇帝的牧羊犬的作用。他们为"牧者"培养着羊群，并带领羊群顺从"牧者"的鞭子。在这时，儒家文化完全占领了中国的教育阵地，"存天理，灭人欲"的教育目的扼杀着一代代中国知识分子的思想活力和独立人格，为任何用武力征服了中国的政治帝王准备着文化的筵宴。清王朝的儒家教育，就是在扼杀汉族知识分子民族意识的需要中建立起来的。时至今日，中国知识分子仍然把清王朝对儒家文化的重视视为中国文化的光荣，实际上，若是儒家文化具有明确的民族主义性质，清王朝是无论如何也无法利用它来巩固住自己的政权的。不是清王朝为了发展中国文化而提倡儒家文化，而是儒家文化为清王朝的政治统治提供了最适宜的文化土壤而受到了清王朝政治统治者的关爱。鲁迅说:"汉的高祖,据历史家说,是龙种,但其实是无赖出身,说是侵略者,恐怕有些不对的。至于周的武王,则以征伐之名入中国,加以和殷似乎连民族也不同,用现代的话来说,那可是侵略者。然而那时的民众的声音,现在已经没有留存了。孔子和孟子确曾大大的宣传过那王道,但先生们不但是周朝的臣民而已,并且周游历国,有所活动,所以恐怕是为了想做官也难说。说得好看一点,就是因为要'行道',倘做了官,于行道就较为便当,而要做官,则不如称赞周朝之为便当的。"(《且介亭杂文·关于中国的两三件事》)儒家文化,其本身就是被周所征服的殷的遗民的文化,是殷的遗民在被征服之后为征服者提供的政治统治方式。清朝政治统治者正是因为儒家文化的这种非民族主义性质才有效地巩固了自己的统治,但同时也决定了清王朝官僚知识分子集团在面临外国帝国主义武装侵略时的自私性、狭隘性和软弱性。对于孔子和孟子,周、殷的民族界限是被有道伐无道的正义性的原则所模糊了的,但是清军入关的历史事实却没有提供给清代官僚知识分子这种历史的梦幻。他们是在清醒的历史记忆的基础之上进入清王朝的政治官僚的队伍的。他们进入这个集团的目的已经不像孔子和孟子一样,是怀着实现自己的崇高的社会理想的,而只是一种实现个人生存价值的方式。儒家教育给他们提供的实现个人存在价值的方式就是帮助政治帝王巩固自己的统治。汉族的政权不存在了,他们只有到外族的政权中来求取"上进"。显而易见,我们不提儒家文化便罢,一提儒家文化,在那时就是这些官僚知识分子的文化。他们就是儒家正统文化的代表。儒家文化与清王朝官僚知识分子集团的结合,直接产生了文化上的保守主义和文化上的复古主义。这种保守主义和复古主义不是一种独立的文化形态,只是这个官僚集团没有社会责任感、没有事业心、没有信仰、没有求知欲望,仅仅用儒家文化的教条维护个人既得利益的结果。他们靠儒家的教育获得了高官厚禄,任何新的文化价值的出现都会动摇他们的政治地位,影响他们的经济利益。他们不敢也不想面对现实,他们害怕任何形式的社会变动和文化发展,儒家文化就成了他们反对变革、排斥异己的最有力的"理论"武器。他们反对的是他们根本不懂的东西,从而也把儒家文化一步一步地推向了历史的审判台。

清王朝官僚知识分子中也产生了少数改革派官僚，但这个改革派并不真正代表中国的儒家文化，而是具有法家文化倾向的少数官僚知识分子。董仲舒的"罢黜百家，独尊儒术"的文化政策不是一种社会的文化思想，而是一种政治的文化政策，它没有、也不可能从根本上消灭作为政治学说的法家文化，而是把儒家文化纳入到了法家的政治专制体制中，并使之成为维护这种体制的思想力量。从此之后，法家文化转化为一种政治的体制和政治的实践。汉代以后的官僚知识分子几乎没有一个人以法家文化的传承者自居，但却也没有一个人能够完全脱离开法家文化的政治实践。鸦片战争后的改革派官僚知识分子就是在这种政治实践的过程中产生的。他们从现实的政治实践出发，感到有必要引进外国的先进科学技术，发展现代军事、现代工业，以壮大国力，应付外来的侵略。在他们的这种改革愿望上，他们更接近先秦法家，更接近先秦法家壮大自己以应付诸侯国之间的竞争局面的思路。但他们仍是在以儒家文化为旗帜的官僚知识分子之间发挥自己的作用的，他们没有从儒家正统文化中独立出来的必要，也没有这种可能。他们的"中体西用"的文化口号实际并不是一种独立的文化思想，而是一种亦儒亦法的文化政策。从整体社会思想和伦理道德观念上，他们是儒家的；从政治实践上，他们是法家的。他们不相信单靠宣扬儒家的忠孝节义就能挽救清王朝覆灭的命运，但也绝对不会也不敢于反对儒家的忠孝节义。因为他们还是皇帝的"命臣"，他们的权力无论在实际上还是在他们自己的观念中都还是皇帝赋予的。皇帝赋予了他们以权力，他们为皇帝的政权服务，二者是紧密结合在一起的。但是，洋务派和守旧派的斗争，也在思想上加深了儒家文化和法家文化的分裂，后来的政治家愈来愈倚重政治、经济和军事的专制手段，从董仲舒开始的儒家文化的辉煌时代结束了，清王朝灭亡之后，儒家文化就被挤下了政治的圣坛。

通过几千年的文化整合，儒家文化和法家文化同样是中国民间文化的主要文化模式，但儒家文化和法家文化作为一种正统的文化，其最高目标和最低目标都是维护现实社会的安定，它们对在这种安定局面中的个体人的精神要求和物质要求向来是漠然无觉的，它们是皇帝的神经系统，而不是国民的神经系统，这使它们永远也不可能完全代替道教文化的作用。道教文化在君主专制政权内部也有广泛的影响，但这种影响是个人性的，不是体制性的，君主专制的政权内部没有为道教文化的存在和传播留出固定的空间，儒家知识分子可以靠着科举制度一批批地进入专制政治体制之中去，法家文化是所有政治官僚在执政的过程中所不可或缺的政治实践经验，而道教文化的传承者却没有这些方便。它的真正基础在民间。它是一种民间宗教，而不是一种官方宗教。道教或带有道教性质的民间组织是中国民间社会的一种主要的社会组织形式，它把社会成员从家国组织中独立出来，构成一种具有更广泛社会联系的组织形式，并起到保护这些社会成员、赋予这些社会成员以虚幻的精神理想的作用。显而易见，这时的太平天国革命运动就是带有浓厚道教文化性质的革命运动。我们说它是道教文化性质的，是说它同中国历史上的历次农民起义一样，不是建立在一种明确的社会理性模式基础上的革命，而是依靠着一种极为虚幻的人生理想进行的又一次盲目的反抗行动。它不是在儒家文化、法家文化的旗帜下为维护皇权而建立起来的官方组织，但也不是在一种新的社会理想的基础上为中国社会的进步而建立起来的现代社会组织，而是像中国历史上的道教组织一样，是在对一个人虚幻的神异力量的盲目崇拜中带着纯个人的命运要求建立起来的民间组织。太平天国革命运动在西方基督教文化的"天国"的旗帜下展示了道教文化在民间的影响力量，展示了中国社会群众不满于自己受压抑的社会地位和文化地位的感情情绪，同时也表现了当中国进入近现代社会之后自身的无力。西方的科学成就使中国道教的各种法术大大降低了自己的影响力，越来越多的中国知识分子扩大了自己的文化视野和知识视野，不再相信中国的道教文化具有拯救人类、拯救社会的力量。此后的义和团运动再一次降低了道教文化在中国知识分子心目中的地位，不论中国的知识分子在思想感情上怎样同情这些从社会底层喷发出来的生命熔岩，但道教文化仍然像在中国古代社会一样，无法把自己提高到现代雅文化的高度。

中国知识分子好讲孔子和孟子，但却没有一个人敢于指出，在近代社会上最能体现孔子和孟子的人格模式和思想模式的是康有为。如果说从董仲舒以来的儒家文化的代表人物几乎都是在朝的官僚知识分子，这使我们很难分清他们到底是为了做官才信奉儒家文化呢，还是因为信奉儒家文化才来做官呢？像孔子和孟子一样，以一个布衣的身份，怀揣着自己的社会理想，直接用自己的思想争取专制君主的信用的中国儒家知识分子，几乎只有康有为一人。但康有为的改革主张却让儒家文化维护了两千年的君主专制制度扼杀了。康有为的失败说明，经过两千多年的社会发展，中国的专制君主已经不是春秋战国时期的诸侯国的国王。那时的诸侯国国王还没有建立起明确的社会意识和政治意识，他们需要中国的知识分子给他们出出主意，想想办法，中国的知识分子也在他们的这种需要中发展了自己的文化，体现了自己的存在价值，而后来的专制君主自己也成了知识分子，他们有自己的主意，有自己的利害打算，这是为别的人所很难代替的，即使他们仍然让周围的官僚知识分子议论议论，更多的是处于安抚人心的需要，以便这些臣僚能够维护他的政权，服从他的统治。在更多的情况下，这时的专制君主已经不喜欢中国知识分子的多嘴多舌，于是后来的文字狱越来越多。先秦知识分子已经给专制君主提供了足够多的政治策略，中国的历史著作也为他们提供了足够多的政治治理的经验教训，中国的知识分子已经没有多么新鲜的思想告诉自己的君主，甚至他们也不再敢于产生不同于古圣先贤的新鲜思想。他们除了应付一些实际的政治事务之外已经没有其他的作用，他们已经成了专制君主的赘瘤，他们在本质上已经不是知识分子，没有了只有知识分子才能够起的作用。专制君主也已经不需要中国知识分子的文化，儒家知识分子对专制君主的唠叨早已经是一厢情愿的事情，是惹皇帝心烦的事情。康有为之受到光绪皇帝的赏识，归根到底是因为光绪皇帝还没有得到自己的权力，他需要维新派帮助他从慈禧太后的手中夺回自己的权力。康有为"干扰"了清王朝的政治，因而也"理所当然"地受到了清王朝专制政治的惩罚。作为儒者的康有为不能不承认专制王朝的这种政治权力。"杀你没商量"，这是儒家文化赋予专制政权的权力，所以清王朝镇压了康有为领导的维新运动，杀了他的弟子们，他最终还得忠于这个专制王朝，还得为这个专制王朝养老送终、扬幡招魂。到这时，中国儒家知识分子已经走向了穷途末路，走到了连自己的人格尊严也无法维持的地步。

鲁迅与中国文化

孙中山领导的辛亥革命推翻了清王朝的专制政权，也不再需要儒家文化这件文化外衣。政治家不再需要中国知识分子为他们提供的文化，他们有了自己的文化：三民主义。

正是在这时，鲁迅作为一个知识分子走上了中国的文化舞台。

十

鲁迅所处的是一个新的春秋战国的时代，不过这个春秋战国的时代已经不仅仅局限在中国的范围之内，并且作为知识分子的鲁迅已经没有春秋战国时期的老子、孔子、墨子、韩非子那么超脱，可以自由地为任何一个国家的政治帝王服务。他被历史地陷在中华民族这个古老而衰败的民族中，而必须作为一个中国知识分子感受和思考这个严峻的现实世界。这是一个比先秦诸子所面临的更巨大、更复杂也更险恶、更可怕的世界，而鲁迅这样的中国知识分子却落在了一个较之先秦诸子更低微、更渺小、更屈辱的社会地位上。即使在自己的想象中，他也已经没有春秋战国时期的中国知识分子那种能够驾驭整个世界的感觉，不但全部的西方文化对于他是一个异己性的存在物，是他无法驾驭也无法左右的文化肌体，即使对于中国社会、中国文化，他也只是被幽囚于其中的一个普通的社会成员。他没有专制帝王的先在的权力，也没有领导一次革命自做帝王的企图；他脱离了固有的科举制度，没有了继承孔子衣钵、成为中国新圣人的可能，而作为一个西方文化的接受者，他也没有在西方文化的基础上同西方知识分子决一雌雄的愿望和理想。但他仍然是一个有感觉、有灵魂的生命体，仍然必须活在这个现实世界上，仍然必须找到自己生命存在的意义和价值。他开始的是一种新的人生，他必须在这条新的人生道路上走到自己的死亡。

鲁迅人生的第一步是在民族危机的感受中迈出的。洋务派的改革主张、维新派的改良思想、革命派的革命活动，都挟带着民族危机的信号影响了青年鲁迅，但鲁迅的民族危机感又不仅仅是从他们的宣传文字中产生的，更是从他的文化视野和知识视野的扩大中自然地产生的，是在他留学生活中亲身体验到的。他的民族危机感也不是一个洋务派官僚、一个维新派社会贤达、一个革命派领袖人物的民族危机感，他们都仍然像先秦思想家一样，是站在社会的领导者或教导者的高度提出了自己的政治主张和思想主张的，他们考虑的是"整体"的需要，是把这种整体需要作为国民每一个人的具体需要而提出的，而鲁迅却是作为一个普普通通的弱国子民、一个青年留学生并在自己独立的世界感受和文化感受中体验这一切的。所有这些领袖人物的思想都有自己的合理性，但同时也都有自己的思想盲点，即他们的"整体"的需要并不意味着每一个国民的需要，甚至也不完全是他们自己的需要。他们的思想必须借助权力才能具体贯彻到社会上去，而在政治权力的压制下只能培养出一些顺民，而不可能培养出具有生命活力的人和具有战斗力的战士。顺民维持的是一个封闭社会中的政治统治，而不能构成一个有生命力、有战斗力的民族。正是在这种现实的、个人的人生体验和社会感受、世界感受中，鲁迅把目光投向了国民精神的思考，形成了他最初的"立人"思想。鲁迅这种"立人"思想，不是儒家文化的"仁学"模式，它不是从君臣、父子、夫妇的关系中规定人的言行模式，而是从一个人的内在精神素质对一个人的考察；它也不同于道家文化的"道"，它不是以人类的终极目标看待人、要求人，而是从人存在的现实性看待人、考察人的。不难看出，正是从这种"立人"思想出发，使鲁迅的思想具有了不同于中国古代那些思想家的思想的特定的质的规定性，具有了感受和认识现实社会思想的特有的睿智性。时至今日，洋务派和维新派的思想仍然是在中国社会最有影响力的两种思想。洋务派把富国强兵作为自己追求的最高目标，但这个目标在中国的专制主义政治背景上不能不是国家主义的、政治主义的、物质主义的，不能不是强化政治专制的手段。这种本质上属于传统法家的文化思想，无法养成强毅的国民精神，也无法真正起到抵御外族侵略的作用："举国犹孱，授之巨兵，奚能胜任，仍有僵死而已矣。"（《坟·文化偏至论》）而中国知识分子之所以热衷于这种与个体人的人生选择毫无关系的空洞的大而无当的国家主义理论，无非也像先秦法家知识分子一样，意在受到政治上的重用，"虽兜牟深隐其面，威武若不可陵，而干禄之色，固灼然现于外矣！"（《坟·文化偏至论》）维新派的"制造商沽立宪国会之说"是在西方文化的影响下腾跃于中国知识分子之中的,但这些知识分子并没有回答这样一个问题:在中国,谁需要"民主"?他们为什么希望"民主"?中国的民主政治在什么样的条件下才有可能建立起来?具有无限的政治、经济、文化权力的政治统治者,会不会放弃自己手中的绝对权力而推行真正的"民主"政治?中国最广大的社会群众怎样看待中国的政治,他们有没有成为"公民"和"选民"的愿望和要求?亦即需要不需要民主?自然高高在上的政治统治者和低低在下的"庶民"都不需要"民主",少数几个知识分子有没有力量把民主体制硬按在中国社会的头上?即使他们把"民主"的体制硬按在中国社会的头上,这个"民主"将成为一种什么样的"民主"?那时的中国社会将呈现出一种什么样的状态?它会不会只成为少数政治野心家驰骋的疆场,"古之临民者,一独夫也;由今之道,且顿变而为千万无赖之尤,民不堪命矣,于兴国究何与焉。"(《坟·文化偏至论》)在中国,没有民主,但有过剩的"民主"理论,充其量只是说明在西方文化的影响下"民主"已经成为一个时髦的名词罢了。他们不是像西方的民主思想家那样用民主的理论启迪社会群众,不是用民主的理论批判独裁政治,而是像孔子、孟子那样用民主的理论去争取帝王的赏识和信用,或劝说帝王赐予人民以民主,这正说明他们真正需要的并不是"民主",而是社会群众的拥戴、专制帝王的赏识、官僚政治的任用。鲁迅当时对洋务派、维新派的批判虽然仍带有青年鲁迅的稚气,但时至今日,仍未失其现实的意义。这说明他的"立人"思想已经超出了中国固有文化传统的范围而具有了自己的独立性。它的独立性在于,它已经不是从一个抽象的整体的需要而看待人、人的生命以及人的生命的存在价值和意义,而是回归到了现实的、具体的人。它是从人的生命以及人的生命的存在价值和意义的角度看待社会和社会的发展的。它开始具有了人生哲学的性质。

鲁迅的"立人"思想是一种人生哲学,但却不是中国传统道家文化的那种人生哲学。中国传统道家的人生哲学是一种自然性的人生哲学,鲁迅的"立人"思想则是一种社会的人生哲学。道家崇尚自然,同时也把人的自然的生命作为人的生命的全体,而为了这个自然生命的存在和延续,中国传统的道家文化主张离群索居,主张"不争"哲学,主张安弱守雌，主张"无为而无不为"的人生态度，而当中华民族陷于现代的世界关系，陷于深刻的民族危机之中，中国社会又在法家文化和儒家文化的统治之下早已成为一个政治专制和文化专制的社会实体，中国绝大多数的社会成员不是越来越游离于这个社会整体，而是会越来越紧密地被组织进这个社会整体中去。道家文化是主张自由的，但若一个人在社会中没有自己的自由，道家文化的所谓自由对于现代的中国人终将是一句没有意义的空话。鲁迅不是在社会之外思考人、思考人的生命的存在价值和意义的。在鲁迅这里，人主要不是与自然相对的人，而是与社会相对的人。在社会中，人必须是一个独立的有生命的主体。他在社会中失去了自己的独立性，在人与人的关系中失去了自己的独立性，也就失去了自己全部的独立性；他在社会中失去了自己的生命活力，在人与人的关系中失去了自己的生命活力，也就等于失去了自己全部的生命活力。人在更多的情况下对自然还是可以消极适应的，但对社会和人的消极适应便成了一个社会的奴才，就没有可能成为一个具有独立人格的、有生命力的人了。人是有生命的人，社会才是有生命的社会；社会中的哪一部分人成为有生命力的人，社会就会依照哪一部分人的愿望和要求发生变化。一旦人失去了自己的生命活力，这个社会也就不会独自产生出生命的活力来；一旦社会上的一部分人失去了生命的活力，社会就不会朝着满足这部分人的愿望和要求的方向发展。社会没有一个固定的发展规律，这种规律是在人的相互矛盾着的生命力量的对峙和较量中构成的。中国传统道家自然的生命哲学向鲁迅社会的人生哲学的转变，反映着从中国远古社会的自然存在状态向中国现代社会的完全的社会化状态的转变的需要。正是因为鲁迅的人生哲学与中国传统道家人生哲学是本质不同的两种人生哲学，所以鲁迅对中国传统文化的批判首先是从对道家的人生哲学的批判开始的。在他留日时期所写的《摩罗诗力说》中，鲁迅具体考察了中国文化由盛而衰的演变过程，并认为中国传统的道家文化在其中是起了重要的作用的。"老子书五千语，要在不撄人心；以不撄人心故，则必先自致槁木之心，立无为之治；以无为之为化社会，而世即于太平。其术善也。然奈何星气既凝，人类既出而后，无时无物，不禀杀机，进化或可停，而生物不能返本。使拂逆其前征，势即入于苓落，世界之内，实例至多，一览古国，悉其信证。"（《坟·摩罗诗力说》）在这里，鲁迅十分清晰地划清了他的"立人"思想同老子哲学的关系：老子是在回归原始的自然关系的前提下建立起自己的人生哲学的，而鲁迅则明确指出，人类一旦形成，便不再可能恢复到原始的自然关系之中去。人必须面对这个已经分化了的世界，并在这样一个世界上思考人的存在及其存在的价值和意义。

鲁迅扬弃了道家人生哲学，并不意味着他否定人的自然性及其人与人之间的自然和谐关系。他对道家人生哲学的扬弃完全是从人的现实性、社会性的要求出发的。鲁迅分明认为，人的自然性和自然的和谐关系是存在的，也是美好的，但这种关系又是十分脆弱的，在人类的社会关系中注定要受到严重的破坏，而这种关系一旦破坏，人就不能不面对这个不完美、不和谐的现实，反抗这种不合理的现实关系，并以人类的生命要求建立人与人之间的较近于合理的关系。鲁迅这种思想倾向，我们可以从他前期的短篇小说《故乡》中得到充分的印证。少年"我"和少年闰土的关系就是传统道家文化期望的那种自然的、天人合一的、和谐美满的关系，在这种关系中没有社会的、物质实利关系的影响，完全是从两个朴素、纯真、自然心灵的遇合中产生的。但是这种关系却只能存在于像少年"我"和少年闰土这样的少年儿童的关系之间，而不可能永恒地保留下去。因为人要生存，就要进入到社会的、经济的关系之中去，就要有社会的、经济的、物质实利的意识，"我"辛苦辗转，离开了"故乡"，闰土在长期的、沉重的生活的重压下变得辛苦麻木，豆腐西施杨二嫂也在生活的重压下失去了羞耻心和道德感。三颗心灵都失去了原初的自然性和朴素性，它们已经无法融合在一起了。面对这样一个隔膜的世界，鲁迅提出的不是向自然复归的"道"，而是向前伸展的"路"。尽管鲁迅所说的"路"也是模糊的、没有理性的明确性的，但它指的分明是一条社会关系的路，而不是老子所说的自然性的"道"；是要在社会关系中重建人与人关系的和谐，而不是像少年"我"和少年闰土或少年宏儿和少年水生那种在没有社会意识和经济意识前提下的和谐。这种关系是靠人的行动开辟出来的，不是依靠个人的玄思或个人的修身养性就能实现的。

鲁迅对人与人之间的朴素关系怀着亲切的感情和由衷的热爱，但我们却绝对不能把鲁迅这种对自然关系的向往同传统道家文化的隐逸思想和他们的所谓"天人合一"的社会理想等同起来。在鲁迅这里，生命必须是成长的，心灵必须是不断充实的，一个不能成长的生命是死的生命，一个无法充实的心灵是愚昧的心灵。只有在这个意义上，我们才能理解为什么阿Q这个人物形象是一个可笑的人物形象，而不是一个值得尊重、值得赞美的人物形象。我认为，在阿Q这个人物形象中，包含着鲁迅对传统道家人生哲学的最深刻的批判。它的"绝圣弃智"，它的"去私去欲"，它的以"柔弱胜刚强"的一系列的文化主张，在现实社会生活中只能造成像阿Q这样的性格，只能造成国民性的孱弱和巧滑。道家人生哲学在社会关系中获得的不是实际的胜利，只是精神的胜利。阿Q的"精神胜利法"就是对道家人生哲学的形象概括。即使对人的自然性的理解，鲁迅也与道家人生哲学有着根本的不同。道家人生哲学的自然性是一种纯粹的物质生命的自然性，它是抽去了人的本能欲望、情感情绪、理智理性、意志追求、实践能力等作为人与无生命物体相区别的所有特征的人，是抽去了人对自然的感受、认识和改造能力的人。它提出的人对周围环境的适应完全是消极的适应。在鲁迅的心目中，真正的自然人是像《补天》中女娲那样的人。女娲是生命的母亲，她自身也是一个伟大的生命。她不是没有欲望、没有追求意志、没有创造能力的人。她的无法满足的欲望才使她的生命变得充盈美丽，变得壮丽辉煌，并推动她进行了伟大的创造。

对于老子的哲学，鲁迅是理解的；对它自身的意义，鲁迅也是肯定的。它是在中国社会由松散的自然联系向社会的政治联系转化的交叉路口上，老子希望政治家保持对社会的自然的宽容的态度，不要把自己的主观意志强加于社会，使社会在自然的和谐关系中保持平和安定。他不是没有是非感的，也不是不关心社会人生的。鲁迅说："老子尚欲言有无，别修短，知白黑，而措意于天下。"[1]但是，老子的社会思想并没有

---

[1] 鲁迅：《汉文学史纲要》，载《鲁迅全集》第9卷，人民文学出版社，1981，第366页。

鲁迅与中国文化

为中国社会所接受,法家文化和儒家文化适应了中国政治家的愿望和要求,逐渐强化了中国的政治专制和文化专制制度,而当时的社会群众关心的只是自己现实的、物质的实利要求,不想也不能理解老子的哲学。他们仅仅为了满足自己的好奇心,把老子当作一个观赏的对象。老子的哲学在当时实际只是一种"不合时宜"的思想。在这个意义上,鲁迅作为一个知识分子对老子是有同感的。两千余年后的鲁迅仍然处于同老子几乎相同的文化处境中,但鲁迅不能承认这种文化处境的合理性,他不像老子那样甘愿放弃自己的社会责任,放弃自己的存在价值和意义,他始终不想向现实社会、向现实的文化环境妥协,他始终顽强地站在社会之内、站在社会文化之内反抗现实社会、反抗现实社会的文化环境,同时也反抗着自己的绝望、自己的孤独。我认为,这就是鲁迅在自己的短篇历史小说《出关》中把老子塑造成那样一种形象的思想基础。鲁迅理解老子、同情老子,但并不拥护他的人生哲学。

中国传统的道家文化发展的不是老子的哲学,而是庄子的哲学。鲁迅在谈到庄子与老子的不同时说:"周(庄周——引者)则欲并有无修短白黑而一之,以大归于'混沌',其'不谴是非','外死生','无终始',胥此意也。中国出世之说,至此乃始圆备。"[①]对于庄子的历史贡献特别是他的文学地位,鲁迅仍是予以充分肯定的,说他"著书十余万言,大抵寓言,人物土地,皆空言无事实,而其文则汪洋辟阖,仪态万方,晚周诸子之作,莫能先也"[②]。但对他的人生哲学特别是他的"无是非观"不能不表现出更为痛恶的态度。在这里,到底有多少成分是对庄子本人的人生哲学的批判,又有多少是对中国现代知识分子的鞭挞,我认为对我们是并不重要的。重要的是鲁迅的人生哲学与庄子的人生哲学从性质上完全不同。就其发生学的意义,庄子的人生哲学是在与入仕的法家知识分子和儒家知识分子的区别中产生的,反映着他不依附于政治权力、维护自我的自由性和独立性的愿望。在这一点上,他与老子有着

[①] 鲁迅:《汉文学史纲要》,载《鲁迅全集》第9卷,人民文学出版社,1981,第366、第364页。

[②] 鲁迅:《汉文学史纲要》,载《鲁迅全集》第9卷,人民文学出版社,1981,第364页。

共同的人生倾向,但他的人生哲学却在想象中把自己置于社会人生的旁观者的立场上,并把这种旁观者的立场当成了对现实社会人生的"超越"。必须看到,传统道家人生哲学的"超越",只是一种虚假的"超越"。真正的"超越"是在一个更高的思想层面上对具体社会矛盾和斗争的观察、了解并寻求更根本的解决方式,而道家人生哲学的"超越"则是立于同样一个思想层面上对具体社会矛盾的抹杀、混淆和逃避。是中国知识分子逃避社会责任的一种方式。正是因为中国知识分子这种万事闭眼睛的作风,使社会上的强梁者可以为所欲为,而社会上的弱者则无法得到社会的救助,也不可能解决反复出现并不断加强着的社会矛盾,从而也长期地维持并强化了法家的政治专制主义和儒家的文化专制主义。特别是到了中国现代社会,由于社会关系的密集化,内外社会矛盾的激化,中国法家的政治专制主义和儒家的文化专制主义愈加赤裸裸地暴露出来,中国的知识分子被置于一种根本无法讳言的专制主义网罟中,稍有社会良知的中国现代知识分子都能分辨出一个个具体社会矛盾的是非黑白曲直,而正是道家的人生哲学为那些明知是非曲直而不得不明哲保身的中国知识分子提供了思想的武器,使他们不但可以原谅自己的自私和软弱,反而可以把责任推卸到弱者的挣扎和反抗上。如果说道家的人生哲学在松散的中国古代社会上还保留着自己的复杂性,而到了中国现代社会上,才真正走上了下坡路。他们只能在很有限的时间内和很有限的场合中维持住自己虚假的"超越"立场,而不再可能像庄子、陶渊明、王维这些古代知识分子一样,作为自己终生坚持的处世原则,并作为一种人格被世人所敬仰。正是因为如此,鲁迅在30年代不止一次地对庄子的人生哲学进行了解剖和批评,而他的历史小说《起死》也以谐谑的笔调描绘了庄子的形象,揭示了他的人生哲学的虚幻性质。

十一

鲁迅对道家人生哲学的批判,始终采取着一种委婉的讽刺和清醒的分析姿态,因为在中国社会上,道家文化与具有道家文化倾向的知识分子,始终处于一种没有实际社会权力的地位上,它是中国知识分子的自私性和软弱性的表现，而不真正具有政治上的权力地位和文化上的话语霸权。在中国，具有政治上的权力地位和文化上的话语霸权的是法家文化和儒家文化，并且到了鲁迅那个时代，这二者早已混为一体，无法截然分开了。"王道"和"霸道"的交织，儒家与法家的融合，早已成为中国社会和中国社会文化的基本特征。儒家文化控制了中国的教育和中国的社会文化，建立了自己的话语霸权地位，而这种话语霸权是得到法家文化的政治专制制度的有力支持的。中国现代新文化的产生，没有受到也不可能受到道家文化的正面狙击，而对于中国现代新文化具有实际杀伤力的是在法家政治专制制度的支持下的儒家文化。儒家文化之所以能与法家政治专制制度紧密地结合在一起，其主要的原因是儒家文化的"社会"主义的性质和它的"集体"主义的性质。它是讲社会和社会关系的，是讲社会秩序和社会安定的，是讲"集体"和"集体"的利益的。而在中国，所谓社会就是以皇帝为首的社会，所谓国家的利益，"集体"的利益，实际就是专制帝王的利益。阿Q是不能代表国家的，闰土是不能代表社会的，孔乙己是不能代表集体的，他们的生生死死与整个社会的秩序、国家的安定、集体的利益没有任何的关系，再精密的国家地图也标示不出他们的位置。只有作为一个"人"，一个社会的合法的"公民"，他们的价值才是不容忽视的，他们的生命才有必须尊重的理由。在中国传统的法家和儒家的文化观念中，只有专制帝王才能代表社会、国家和集体。正是因为儒家文化这种"社会"主义的性质和"集体"主义的性质，所以它终于获得了中国政治统治集团的赏识和认可，孔子也被历代帝王承认为圣人，并以自己的政治权力维持着它的至高无上的文化权威。中国古代法家文化和儒家文化的知识分子也就在这个统一的至高无上的文化权威的大纛下可以到帝王这里来当官，来实现个人人生价值的体现。不论儒家的知识分子自己有多少自私的考虑和多么狭窄的心灵，但他们的话语形式却都是极其"整体"的。每一个人说的都是"平天下"的事情，是帝王才需要考虑、需要处理的事情。

  但是，到了鲁迅，到了中国现代知识分子这里，法家文化和儒家文化的神圣性质才开始受到有力的质疑。鲁迅说："我出世的时候是清朝的末年，孔夫子已经有了'大成至圣文宣王'这一个阔得可怕的头衔，不消说，正是圣道支配了全国的时代。政府对于读书的人们，使读一定的书，即四书和五经；使遵守一定的注释；使写一定的文章，即所谓'八股文'；并且使发一定的议论。然而这些千篇一律的儒者们，倘是四方的大地，那是很知道的，但一到圆形的地球，却什么也不知道。"（《且介亭杂文二集·在现代中国的孔夫子》）鲁迅又说："孔孟的书我读得最早，最熟，然而倒似乎和我不相干。"（《坟·写在〈坟〉后面》）这个"不相干"，绝不是鲁迅为攻击传统儒家文化造作出来的理由，而是鲁迅这代知识分子的实际人生体验。在这时，不仅儒家文化已经无法满足现代青年的求知欲望，而且也与他们实际的人生经历没有了多大关系。他们不但已经离开了儒家后裔读书做官的人生阶梯，甚至也离开了儒家文化的奠基者孔子、孟子的思想道路和人生道路。如前所述，孔子和孟子的时代，是知识分子刚刚产生而恰遇诸侯争霸的政治纷争的时代，政治为中国最早的知识分子提供了发挥自己才能的最大的空间，知识分子也为政治统治者提供了政治治理的经验和方案，从而构成了知识分子与政治统治的一而二、二而一的合作关系。这决定了中国后来的知识分子的基本人生道路和思想道路。为现实政权服务成了中国知识分子几乎唯一一项神圣的社会使命，它体现在儒家"修身、齐家、治国、平天下"的人生模式中。他们是以成为社会的领导者和思想导师（圣人）为己任的，是作为专制帝王的谋士和助手设计自己的。但作为现代中国知识分子的"知识"，已经不是维护现实政权的知识，甚至也不是当导师（圣人）的知识，而是为社会和社会发展服务的知识，是一个人在社会上求生存、求发展的知识。一个人要在社会上生存和发展，必须有一定的知识技能，而这知识技能则是服务于社会的。在这里，个人和社会融合在一起，与政治只有曲折的关系而没有直接的关系。这样的知识不需要政治统治者的赏识和认可，甚至可以脱离开国家政权机关而直接与社会发生联系。鲁迅的《狂人日记》不是写给政治帝王看的，胡适的《中国哲学史》也不是为政治统治者提供的哲学思想。他们的文化是社会的文化，是在社会上传播也在社会上独立发挥作用的文化。他们不是作为社会的领导者、社会的导师或政治帝王的幕僚被培养出来的，而是作为社会的改造者和建设者培养出来的。这样的知识分子不需要个人的政治权力，也不是为现实的政治权力服务的。在他们的心目中，政治的权力已经不是一个被服务的对象，而是为社会服务的一种手段。独立的是社会，而不是政治。政治是可以变的，政权是可以变的，掌握政权的人也是可以变的，唯有社会的发展、社会的前途，是这个社会的成员不能轻视、不能抹杀的。他们不是作为社会的整体而存在的，而是作为社会的一个成员而存在、而发展的。他们不能代表社会，社会没有一个代表，社会是由全体社会成员共同组成的，每一个社会成员都要在这个社会上求生存、求发展，他们要在这个社会上获得生存和发展，就要有自己的义务和权利，这个权利和义务对于每一个公民都是相同的。他们所需要的权利就是社会上的一个"公民"所需要的权利。他们是站在一个社会"公民"的立场上感受、体验和思考中国社会和中国文化的。也就是说，鲁迅和他同时代的知识分子的人生道路与传统儒家法家知识分子的人生道路发生了根本的变化，他们的社会地位和社会角色也发生了根本的变化，他们对于社会的理解和认识也与传统儒家法家的社会观念有了根本的不同。当他们带着这样的观念重新感受和理解中国传统的儒家文化时，中国传统儒家文化的残酷性才赤裸裸地展现在他们的面前。

迄今为止的中国知识分子都还乐意从儒家文化那种大而无当的"整体"视角上感受人生和思考人生，乐意作为社会的导师为中国社会设计一个整体的发展方案，所以他们对中国传统儒家文化还抱有多量的好感。岂不知任何一个整体的方案都是以漠视大量个体公民的利益以及他们为自己的生存和发展做出的挣扎和努力为前提的。中国现代大量的知识分子已经落在没有政治权力直接保护的普通社会"公民"的地位上，而他们津津乐道的还是治国的方略、社会"整体"的需要，而他们却常常牺牲在自己为社会设计的整体发展方案中，正像中国古代的知识分子常常牺牲在自己为政治帝王设计的治国方略中一样。（文字狱里杀掉的并不都是反对政治专制和文化专制的知识分子，他们把统治整个社会的绝对权力交给了帝王，帝王则用这种权力把他们送上了断头台。）现代社会的发展不是按照知识分子为社会设计的整体方案进行的，而是在社会各个领域的社会成员的文化活动和社会实践活动的合力中发展的。康有为、梁启超的出现整个地打乱了张之洞为中国社会设计的文化方案。孙中山的出现整个地打乱了康有为为中国社会设计的社会发展方案。陈独秀、胡适、鲁迅的出现整个地打乱了孙中山为中国社会设计的建国方略。毛泽东的出现也整个地打乱了蒋介石为中国设计的发展方向和政治前途……现代社会是一个没有固定的导师、没有固定的领袖，也没有固定不变的发展方案的时代，整个社会的发展有赖于社会每个社会成员的精神追求和实践追求。对于一个已经落在了普通社会公民地位上的中国现代知识分子，首先需要关心的是一个普通社会"公民"在社会上应享有的合法权利。这是他们自己的"命根子"，也是整个中国现代社会的"命根子"。而只要从这样一个"公民"的立场上感受、体验和认识中国传统的儒家文化，我们就不能不感到，中国传统的儒法合流后的儒家文化实际是一个吃人的文化。它的吃人性不是孔子开创儒家文化的动机和企图，但却是它成为政治统治文化之后的必然结果。它的吃人性是建立在不承认人的个体性、不承认人的独立性、不承认作为一个独立的人的存在和发展的自由权利之上的。它不是把人视为社会的"公民"，而是要求人必须成为社会的"顺民"，而这种"顺民"则是甘愿放弃自己的自由顺从权力的人。所有臣民都必须绝对地顺从政治帝王的意志，所有的儿子都必须绝对地顺从父亲的意志，所有的女性都必须绝对地顺从男性的意志。反抗这种意志就是犯法，社会就有予以惩罚的权力，以致剥夺其财产、折磨其灵魂、残害其肉体、消灭其生命。在这种专制主义的社会体制和社会伦理道德体系中，不但历代都有被非人道地杀害了的社会群众和知识分子，并且以其威吓力量窒息着全社会的精神活力和创造精神。正是在这个意义上，鲁迅猛烈地抨击了儒家文化的残酷性和虚伪性，揭露了它的吃人的性质。鲁迅说"中国人向来就没有争到过'人'的价格，至多不过是奴隶"，中国历史只有两种时代："一，想做奴隶而不得的时代；二，暂时做稳了奴隶的时代。""所谓中国的文明者，其实不过是安排给阔人享用的人肉的筵宴。所谓中国者，其实不过是安排这人肉筵宴的厨房。不知道而赞颂者是可恕的，否则，此辈当得永远的诅咒！"（《坟·灯下漫笔》）

时至今日，中国的知识分子大都还把鲁迅对儒家文化的批判视为过激的批判。实际上，这些知识分子有意无意地忽略了与法家专制政治制

鲁迅与中国文化

度结合在一起的儒家文化对一般社会群众和社会改革者的"过激"行为。慈禧太后对维新派的镇压，清王朝对孙中山领导的民主革命的镇压，张勋、袁世凯对民主革命的反攻倒算，段祺瑞执政府对徒手请愿学生的枪杀，1927年国民党政权对共产党人及无辜青年的屠杀，都是比鲁迅的"过激"言词"过激"千万倍的行为。所有这一切在中国都是受到儒家文化价值观念的保护的。即使林纾对新文化运动倡导者的攻击，中国当代知识分子站在政治立场上对"胡风反革命集团""右派分子"的批判，都带有实际的吃人性质，为什么偏偏觉得鲁迅对儒法合流的政治专制主义和文化专制主义的批判反倒是"过激"的呢？在中国现代社会上，儒家的政治观念和思想观念已经成为阻碍社会发展和社会进步的主要政治力量和思想力量。鲁迅对儒家文化的批判反映着中国社会的社会化程度的提高和中国知识分子社会意识的加强，是在"人"的基点上重建中国文化的需要。其意义是不能低估的。

辛亥革命之后，政治家有了自己的政治观念和文化学说，政治的权威同时具有了文化的权威的性质，儒家知识分子又一次被排斥在政治体制之外，回归到了春秋战国时期的孔子和孟子的社会地位上。现代新儒家知识分子重新把儒家文化从政治专制体制中剥离出来，强化了它作为社会伦理道德体系和知识分子人格修养的主题。但是，时代到底发生了巨大的变化。即使作为一种伦理道德学说，它也已经不具有现代的性质和先进的性质，现代知识分子的道德人格不是由现代新儒家知识分子所体现的，倒是由像鲁迅这样的中国知识分子所体现的。孔子和孟子的人格魅力是在与政治统治者的关系中体现出来的，是带着强烈的社会责任感和坚守自己思想立场的坚定性表现出来的。而在现代社会上，政治统治集团已经有了自己的文化旗帜，他们已经不需要这些在野的儒家知识分子的帮助，而儒家文化却依然与社会民众的现实愿望和要求没有血和肉的联系，传统儒家的伦理道德学说仍然使他们不可能脱离开对尊者的敬畏和对卑者的轻蔑，他们的道德已经不具有孔子、孟子那种社会道德的性质，充其量也只是道家文化那种独善其身的个人修养。在他们的道德文章中，体现不出他们本人的道德勇气和社会责任感。他们没有表现出像鲁迅在《记念刘和珍君》《为了忘却的记念》等杂文中表现出的那种道德勇气和社会正义感来，因而也不可能在中国现代社会道德的建设中发挥像孔子、孟子那样的历史作用。而当儒家文化为了趋时而与现代资本主义相结合的时候，儒家文化的特质也就被现代资本主义的精神同化了，作为一个独立的思想学说就没有了实质的意义和价值。当前活跃在人们口头的"儒商"就是儒家文化向现代资本主义献媚的产物，这不会提高中国传统儒家文化的社会声誉，只会败坏中国传统儒家文化的纯洁性。儒家文化不是经商的文化，不是资本主义的文化，这是它的弱点，也是它的优点，任何把儒家文化"现代化"的企图都只会扼杀它作为一种人类文化存在的独立价值和意义。

鲁迅是反儒的，我们不必为之掩饰，也不必为之曲解。但他的反儒不是反对孔子本人。孔子作为一个历史上的伟大思想家他是不否认的。他赞同孟子对孔子的评价，承认孔子是他那个时代的圣人。孔子在他那个时代，独立地思考了世界，思考了人类和人类社会，思考了政治和政治治理方式，创办了中国的学校教育，为自己的社会理想奋斗了一生，其历史的功绩是不可抹杀的，其思想家、教育家的品格是不容亵渎的。但他的学说后来成了中国知识分子升官发财的"敲门砖"，逐渐丧失了自己的思想意义和社会价值，更不适于现代社会的需要。中国知识分子需要对人类和人类社会有新的感受和新的理解，鲁迅就是在进入现代社会之后以自己的心灵重新感受社会和社会人生，重新思考自己和自己的历史使命的中国知识分子。在这个意义上，也只有在这个意义上，继承和发展了孔子文化传统的不是现代的新儒家，而是鲁迅，而是像鲁迅这样具有独立创造精神的中国现代知识分子。

十二

当鲁迅和他同时代的中国知识分子摆脱了传统儒家文化的束缚，独立地、自由地感受和理解全部中国古代文化遗产的时候，中国传统文化才以其全部的复杂性呈现在他们的眼前。在这个意义上，他们是全部中国文化传统的拯救者，而不是中国传统文化的扼杀者。他们对中国传统文化的拯救首先表现在重新激活了被儒法合流的儒家文化压抑乃至扼杀了的中国古代思想家和文学家的文化创造。在这里，首先应当注意的是鲁迅对墨家文化的重视和重新评价。

墨家文化是被儒家文化作为异端学说压抑并排斥的。只有到了晚清思想家和"五四"这代知识分子这里，墨家文化才重新受到了重视，而鲁迅对墨子及其学说的重视则达到了有史以来最高的水平。鲁迅说："我们从古以来，就有埋头苦干的人，有拼命硬干的人，有为民请命的人，有舍身求法的人，……虽是等于为帝王将相作家谱的所谓'正史'，也往往掩不住他们的光耀，这就是中国的脊梁。"（《且介亭杂文·中国人失掉自信力了吗》）墨子，就是鲁迅作为中国古代脊梁式的人物予以肯定、予以赞颂的。鲁迅之肯定墨子，绝不是无缘无故的，墨子的和平主义，墨子的兼爱思想，墨子的实践精神和科学精神，墨子的助弱抗强，不正是处于现代被侵略、被欺侮的中华民族所最需要的精神吗？不正是与鲁迅在人类意识基础上坚持民族独立的民族精神、反抗强权的个性主义精神、同情所有被侮辱与被损害的小人物的人道主义精神和清醒的理性精神息息相通的吗？鲁迅在历史小说《非攻》中表现的正是墨子的这种精神气质，这种精神气质恰恰是在儒法文化传统中所严重失落了的。只要从墨子的学说反观儒家和法家文化，我们就会看到，中国传统知识分子的文化实际是依附权力的文化，而墨家文化才体现了中国古代知识分子的独立性和独立追求精神。与《非攻》相联系的还有《理水》。二者的内在联系在于，禹是墨家文化尊崇的古代帝王。儒家尊崇尧、舜、禹，是把他们作为施仁政的典范而尊崇的，而墨家文化独尊禹，则是把禹作为具有实干精神的政治家来尊崇的。直至现在，我们对鲁迅与历史学家顾颉刚带有极强意气成分的思想冲突还难以理解。但是，只要我们按照鲁迅的文化思想感受一下冲突的原因，其中也就没有什么难以理解的了。试想，在中国历史上记载的所有帝王中，哪一个不是以个人的政治权威而得到中国知识分子尊崇的呢？秦皇汉武、唐宗宋祖、成吉思汗、康熙乾隆，充其量都只是一种权力的象征。中国知识分子对他们的崇拜，崇拜的也主要是他们的权力。只有禹，不是作为权力的象征出现在中国历史上的，而是作为一个艰苦卓绝的实干的政治家而受到世人尊崇的。鲁迅是反传统的，但鲁迅的反传统是反对中国知识分子对权力的盲目崇拜，反对那些窒息了中华民族的精神活力的"死之说教者"的文化，而不是反对体现了中华民族奋斗精神的传统。正是因为儒法文化逐渐扼杀了中华民族的精神活力，像禹、墨翟这样的历史人物才显得愈加宝贵。可以说，禹是被鲁迅由衷爱戴着的唯一一个中国古代的政治领袖，是支持着他的民族自尊心的精神支柱之一。对于这样一个政治家，顾颉刚竟然以一点莫名其妙的理由，以连普通常识也不顾的方式，从根本上否认了他的存在，并且被胡适等新文化的权威人物吹捧备至，鲁迅的内心会是一种什么样的感受呢？很多人把鲁迅想象成一个民族的虚无主义者，我认为，从他对墨翟、禹的态度上，完全能够说明，鲁迅绝不是一个民族虚无主义者，而是中国传统文化所有具有生命活力的因素的拯救者和阐扬者。

必须说明，鲁迅对墨家文化的肯定和赞扬，绝不是作为一个文化学派的继承者和发扬者而做出的。鲁迅不是墨翟信徒，而是一个独立的现代思想家和文学家。他自己的文化思想不是从继承墨翟思想学说中形成的，而是在现实人生的感受和思考中形成的。他之所以肯定和赞扬墨翟的精神，是因为墨翟的精神有与自己相同或相通的地方，而不是对墨翟思想学说的继承和发扬。鲁迅没有肯定墨翟的鬼神信仰，也没有肯定他的经济平均主义思想。在《流氓的变迁》一文中，他依照自己的观点叙述了墨家文化在中国历史上的演变，指出墨家的末流也逐渐奴性化，最终演化为现代的流氓。（鲁迅：《三闲集·流氓的变迁》）鲁迅的叙述隐含了这样一种思想：再好的传统，也不能代替现代人自己的独立思考和独立追求，一种思想一经同疲弱的精神相结合，就会演变成一种腐烂发臭的东西。

鲁迅和墨翟思想的一个巨大差异还表现在鲁迅对人的内在精神境界的重视上。墨翟仍然主要集中在对现实社会问题的直接关注上，具有明显的社会功利主义的性质。他对于人的内在精神需求没有更多的关注，并且否定文学艺术的作用，否定人对生活乐趣的追求。鲁迅则是从"立人"的思想出发的，并认为："我们的第一要著，是在改变他们的精神，而善于改变精神的是，我那时以为当然要推文艺。"（《〈呐喊〉自序》）鲁迅对人的精神的重视使他不绝对地排斥宗教意识，不否认宗教在人类精神发展史上的作用。鲁迅在谈到西方宗教神学的历史作用时说:"盖中世宗教暴起,压抑科学,事或足以震惊,而社会精神,乃于此不无洗涤,熏染陶冶,亦胎嘉葩。二千年来,其色益显,或为路德,或为克灵威尔,为弥耳敦,为华盛顿,为嘉来勒,后世瞻思其业,将孰谓之不伟欤?"(《坟·科学史教篇》)中国是一个非宗教的国家,这使中国古代文化具有很强的现实实利的性质,但也缺少真正的精神信仰,缺少内在的道德意识。春秋战国时期的中国文化是在社会问题缠绕着中国知识分子的思想感情的历史时期产生的文化,是中国知识分子刚刚产生并寻找着自己的生存和发展空间的过程中产生的文化,这种文化不能不带有整体的、社会的性质,而对于具体的、个体的人的生命要求,对于人的感觉、感受、情感、情绪、意志以及在此基础上产生的复杂多变的思维方式和言行方式,不能不停留在极为粗略的、概括性的了解上。生理学的、心理学的、认识论的、精神现象学乃至社会学的更细致深刻的了解不能不是极为贫乏的。一切从现实的需要出发,就不必对人内在精神需求有更多的、更细致的探讨和了解。这也表现在中国关于人的价值判断形式的粗疏性和概括性上,好坏、善恶、美丑、忠奸、智愚、雅俗、尊卑、勤惰、勇怯等等二元对立的人的判断方式一直是中国文化中关于人的基本的判断方式,这种判断方式反过来产生了人与人关系处理上的简单粗暴和人的精神世界的狭隘粗疏。没有对人自我内在精神需求的更为细致深刻的了解和同情,儒家的伦理道德也只成了形式上的繁文缛节和形形色色的道德表演,道家文化也只成了一种明哲保身的处世哲学。相对于中国本土产生的文化,佛家文化对人的精神现象的分析无疑有着更为细腻、深切的特征,它对于外部世界和内部世界多层次的复杂关系的了解无疑也有着为其他思想学说所无法代替的精细性和深刻性。佛家文化把自己关注的重心放在对自我、对人生的感受和了解上,放在自我的解剖和人生的解剖上,并且强调对自我的反思和对他人的同情和理解。佛家文化与道家文化的一个根本区别就是,道家文化对社会的矛盾和人生的痛苦采取的是回避态度,佛家文化采取的则是直视态度。它强调对痛苦的体验,并在体验中实现自己精神的升华。鲁迅是在留学归国到五四新文化运动这一段思想最苦闷的时期大量阅读佛家经典的,佛家文化对于物质世界虚幻性的揭示和对于人生痛苦的解析,无疑与鲁迅内在的人生体验发生过强烈的共鸣。我认为,这对鲁迅思想的形成和发展是具有关键性的意义的。正是在这个历史阶段,鲁迅从留日时期对社会人生的静观式把握方式,逐渐转变成为佛家的动态的体验性的把握方式。显而易见,即使在中国新文化阵营中,鲁迅的思想也是有着极为特殊的性质的。这种特殊的性质就在于他的思想是体验性质的,而中国包括新文化阵营的绝大多数知识分子的思想都是认识性质的。在中国知识分子的认识论里,对象和认识主体是相互分离着的,是认识主体独立于事物的外部对对象的观察、分析和了解,二者的关系是单纯理智的认识关系。而在鲁迅的世界里,则没有任何一个事物是存在于鲁迅心灵之外的事物。他所建立的整个文化的世界都是他心灵感受中的世界,主体与每一个事物的关系都不仅仅是理智认识的关系,而是包含感受、感情、愿望和实践意义的事物。它同时是主体和客体的一次性呈现。鲁迅的思想是与他所感受着的外在世界同时发生变化的,这种变化是常动不息的多层次演进的思想。这种思想包括的不是几个思想的教条,而是一个复杂的整体的境界。毫无疑义,这是与鲁迅与佛家文化的联系分不开的。但是,鲁迅绝不是中国传统佛家文化的继承者和发扬者,他不是李叔同或熊十力一类的佛家文化的传承者,也不是许地山、废名一类的现代知识分子。他有自己与佛家文化截然不同的人生哲学。佛家的人生哲学是虚无主义的,是对人的生存价值和意义的根本否定,它追求的是超越于物质现实和物质生命的虚无人生境界,而鲁迅则是一个坚定的现实主义者,是一个现实人生的坚守者和改造者。他肯定生命,肯定生命存在的价值和意义,肯定人的反抗和斗争,在孤独中反抗孤独,在绝望中反抗绝望,用生命的力量反抗死亡。鲁迅最终实现的仍然不是包容一切的慈悲为怀的菩萨主义,而是"立意在反抗,指归在动作,而为世所不甚愉悦"(《坟·摩罗诗力说》)的摩罗主义。但鲁迅"五四"以后的摩罗主义,已经不同于他留日时期的摩罗主义。在这时,他的摩罗主义已经具有丰厚的人生体验的基础和更广大的人道主义的底蕴。

　　鲁迅对佛家文化的接受,更是对小乘佛家文化的接受。小乘文化较之大乘佛家文化、纯粹的中国式的佛学禅学,有着更为切实、认真的性质。小乘佛家文化讲苦修、讲渐修，在精神的追求上没有投机取巧的性质。鲁迅身上那种艰苦卓绝的奋斗精神，分明与小乘佛家文化有着更多相近的特征。中国佛学的"顿悟"说在心理学和教育学上不能说没有任何的价值和意义，但在人的精神发展上，却是具有浮滑和轻巧的特征的。顿悟，是心理发生骤变时的一种心理现象，但仅仅依靠它，无法形成坚实深厚的思想基础和精神信仰。只要从实际表现上思考中国知识分子的思想精神状况，我们就会看到，中国知识分子的弱点不是不善变，而是太善变。今天"顿悟"过来，明天又"顿悟"过去。处境一变，思想就变，变来变去都是他的理。像契诃夫笔下的"跳来跳去的女人"，没有贯穿始终的主张和坚毅不屈的精神。"一阔脸就变，所砍头渐多。忽而又下野，南无阿弥陀。"（《集外集·赠邬其山》）讽刺的就是这种投机性的人生哲学。鲁迅还说："中国实在是太不认真，什么全是一样。文学上所见的常有新主义，以前有所谓民族主义的文学也者，闹得很热闹，可是自从日本兵一来，马上就不见了。我想大概是变成为艺术而艺术了吧。中国的政客，也是今天谈财政，明日谈照像，后天又谈交通，最后又忽然念起佛来了。外国不然。以前欧洲有所谓未来派艺术。未来派的艺术是看不懂的东西。但看不懂也并非一定是看者知识太浅，实在是它根本上就看不懂。文章本来有两种：一种是看得懂的，一种是看不懂的。假若你看不懂就自恨浅薄，那就是上当了。不过人家是不管看懂与不懂的——看不懂如未来派的文学，虽然看不懂，作者却是拼命的，很认真的在那里讲。但是中国就找不出这样例子。"（《集外集拾遗·今春的两种感想》）

　　文化，是人的一种创造。人创造出一种文化来，是体现人的一种愿望和要求的。这种文化能不能更好地体现这些人的要求是一回事，这种文化体现了哪些人的愿望和要求又是一回事。法家文化是一种切实可行的专制帝王的文化，是法家知识分子为专制帝王提供的一种统治术；儒家文化在中国古代那种以农业为基础的社会里，也是一种行之有效的社会学，以这种社会学说组织起来的社会必然是上尊下卑的专制主义的社会。它们都适应了中国古代专制主义政治体制的需要，在中国古代社会里取得了统治地位，具有了话语霸权。从此，中国的官僚知识分子集团就占有了这两种最有现实力量的话语,并给它们罩上了绝对真理的面纱,而在这两种话语霸权的维护下,贯彻的实际是他们的政治专制和文化专制。在中国古代社会上,像阿Q、孔乙己、闰土、祥林嫂这样失去了政治权力的人们,也失去了话语的权力。鲁迅对儒法合流后的儒家文化的批判,揭露的就是它们的专制主义的性质,亦即它们吃人的性质。所以,鲁迅对中国传统法家文化和儒家文化的批判,实质就是对政治专制主义和文化专制主义的批判,就是为失去了政治权力的直接支持的中国现代知识分子和更广大的社会公民找回原本属于自己的政治权利和话语权利。道家文化则是一些游离于政治专制体制的个体知识分子的文化,他们以道家文化的形式为自己的生活方式和生存方式找回了存在的价值和意义,但这种价值和意义在政治专制和文化专制的条件下更是一种虚幻的价值和意义,满足的是这些知识分子的虚荣心和面子感。他们是在影响不到政治专制体制和儒家文化的思想统治的条件下而得到容纳和保留的,所以中国传统道家文化最终仅仅表现为一种个人的处世哲学,这种处世哲学在总体上具有自欺欺人的性质。他们表面上具有话语权,但越到后来,他们具有的越只是说废话的权利。鲁迅对传统道家文化的批判实际是对中国知识分子软弱性和自私性的批判,这种批判不具有情感上直接对立的性质,而是更带"怒其不争"的色彩。墨家文化不是依附在政治权力上的文化,而是具有自己独立的追求目标和从业方式的文化,鲁迅对墨家文化的肯定和赞扬,就是对中国知识分子独立精神和实践精神的赞扬。墨家文化在中国古代社会没有充分的发展空间,它的从业方式在政治专制和文化专制的条件下无法得到顺利的贯彻,但这恰恰是中国现代知识分子应当追求的。所以即使对墨家文化学说中那些粗糙性和怪诞性的成分鲁迅也保留着更多的同情和理解,墨家知识分子没有成为专制政治的附庸,也没有成为中国古代社会的一种话语霸权,因而它的局限性也没有在中国古代社会造成直接的损害和影响。但鲁迅绝不是墨家文化的传统意义上的"传人",他没有肯定和赞扬墨家文化中那些已经不适于现代社会发展的东西。佛家文化是以民间组织形式得到传承的一种文化,是一种外来文化,它在中国的专制政治体制和文化学说中虽然有时得到容纳和表面的推崇,也得到一些信徒的支持和拥护，但就其实质，就其整体的处境，它仍然只是一种受歧视、受排斥的文化。在《阿Q正传》中，阿Q每到走投无路的时候，就到尼姑身上去发泄恶气，这也是中国古代文化的一个总体特点。在中国古代社会，不但专制政治体制多次排佛，即使老百姓，也常常毁佛、排佛，靠戏弄和尚、尼姑维持自己的一点可怜的自尊心。这就意味着佛家文化中那些体现着人的精神追求的因素没有被有效地吸收到中国社会上来。鲁迅对佛学的吸收体现着现代知识分子对自我和对人类社会精神追求的重视，对人的宗教信仰自由的重视，他对佛家文化的批判仅仅集中在那些打着佛家文化的旗帜实际解构了佛家文化的精神结构的倾向，实际是用道家文化的相对主义对佛家文化的解构。鲁迅不是佛教徒，他也不会重新提倡任何一种宗教，但他是站在与信仰佛教文化的社会成员平等的立场上对待佛家文化的。佛教组织对他没有话语霸权，他对佛教组织也没有使用话语霸权，他没有像韩愈一类儒家知识分子那样表示对佛家文化的歧视和排斥。也就是说，鲁迅看到的不仅是文化，同时还有文化后面的人。他对文化的解剖，实际是对现实社会各种不同的人的解剖。我认为，只有了解了这一点，我们才能更清晰地感受鲁迅对中国传统道教文化的态度。

　　中国传统的道教文化实际上并不是一种统一的文化，而是人的各种散碎的物质实利要求的想象性、幻想性的表现。它把老子和庄子的哲学拉过来，只不过给自己罩上了一块雅文化的遮羞布，实际上与它的实际追求没有任何本质的联系。佛家文化的佛理同佛家文化的追求目标是相辅相成的，而道教文化的理论和道教文化的追求目标则没有无法脱离的关系。但也正是这种本质上不是一种文化的文化，才是中国古代老百姓的文化，它实际上可以当作中国古代民间文化的总汇。在中国古代，中国的老百姓不能不生活在由法家文化和儒家文化所造成的政治专制和文化专制的社会文化结构里，但这种社会文化结构满足的只是政治帝王和政治官僚集团的政治需求和精神需求，而越是底层的社会群众，越难以在这样一个等级的关系中获得自己生存意义的感觉，对上的顺从与对下的权力使一个普通的男人几乎只有通过打老婆才能体现自己的社会地位，一个普通的女人只有通过折磨儿媳妇才能体现自己的社会权力，而一个年轻的女人则只能通过打孩子才能宣泄淤积在自己内心的苦闷，越是在强权者面前唯唯诺诺越是要通过折磨弱小者取得自己心理的平衡，越是社会地位低下的社会成员越是要通过压制自己最亲近的人才能意识到自己的存在及其存在的价值，尽管他们毫不怀疑儒家文化的神圣性，但他们的精神在这样一种文化中却找不到自己的憩息地。（这就是鲁迅的小说《风波》所实际表现的内容）与此同时，他们所有的精神痛苦又都具体地表现为物质上的匮乏，因为导致他们地位低下的表面原因永远是物质上的贫穷。道教文化满足的就是他们的内在精神需要。在日常生活中，成仙得道几乎是他们唯一的生活出路。他们的这种愿望和理想极为高远，但他们的现实生存条件则极端的匮乏，这使他们的理想和愿望不能不是极端虚幻的，但这也激发了他们丰富的想象力，并在这种想象中把所有不能实现的变成了似乎可以实现的。不论他们在这种文化中实际地受到过多少次的欺骗，但由于他们在现实生活中再也没有其他的实际出路，所以他们还是愿意相信中国道教文化所宣扬的那些真真假假的奇迹和法术。正是由于中国传统道教文化的这种复杂性质，决定了鲁迅对它的态度的复杂性。首先，在中国传统道教文化的背后，是中国最广大老百姓的生存需要和精神需要。道教文化是这些社会群众的干渴生命的精神露水，使他们在极为低下的地位上和极为匮乏的生活中还能感觉到一点朦胧的希望和稍纵即逝的生活乐趣。另一方面，这种文化的虚幻性又使它根本无法真正地实现他们的愿望和要求，是他们悲剧命运的根源之一。而一旦失去这点精神的露水，他们的生活就变得毫无希望。我们看到，鲁迅并不像很多中国现代知识分子那样在接受了西方一些科学技术知识之后就对中国的民间文化采取极端轻蔑的态度。在这时，鲁迅是把大量带有明显道教文化性质、带有明显虚幻性质和迷信色彩的中国民间文化视为广大社会群众的精神生命形式而感受的。这是一些生命，在中国现代知识分子没有可能实际地赋予他们新的现实的希望之前，摧毁他们这种虚幻的甚至迷信的生活理想就等于摧毁他们生命的精神支柱和仅有的一点生活乐趣。这是残酷的，也是对他们不负责任的做法。鲁迅在留日时期就曾说："伪士当去，迷信可存"（《集外集拾遗补编·破恶声论》），考之中国的近现代史，我认为鲁迅这种看似很保守的看法，不是没有任何的道理的。但是，鲁迅到底对道教文化中那些虚幻的东西是不

鲁迅与中国文化

相信和不会相信的。因而他的愿望和理想又不能不是启发民众的觉悟，使民众能够意识到自己的社会权利和社会责任，从而成为中国社会历史的创造者。他后来的启蒙主义，实际更注重在道教文化虚幻性的揭露上。鲁迅说"中国根柢全在道教"[1]，还说"人（中国人，引者）往往憎和尚，憎尼姑，憎回教徒，憎耶教徒，而不憎道士。懂得此理者，懂得中国大半。"（《而已集·小杂感》）道教文化的影响不能不受到追求人的解放的鲁迅的重视。但必须看到，鲁迅对中国传统道教文化的批判是带有十分复杂的心情，甚至是有着深沉的痛苦感受的。关于这一点，我们可以通过鲁迅在小说《药》中对吃人血馒头的描写，在小说《祝福》中关于死后有无灵魂的描写，在小说《长明灯》中关于长明灯的描写等等予以体会。

当我们具体考察了鲁迅对道教文化的感受和理解之后，我们就会看到，鲁迅对中国传统儒家文化和法家文化也不会取着简单的、绝对的否定态度。自然中国广大的社会群众由于自己的愚昧和落后而无法拯救自己，自然他们自己也没有合法政治权利的要求，自然一个社会还必须有政治、有社会的组织者以维持社会整体的存在，自然在中国古代历史上法家文化和儒家文化实际地维持了中国社会的整体性和完整性，人们有什么理由绝对地否认法家文化和儒家文化在中国历史上的作用呢？在一个广大的、落后的国家里进行社会改革的中国知识分子能够完全避免法家文化的政治专制和儒家文化的文化专制吗？不能！但是，作为一个中国现代知识分子和一个社会公民的鲁迅能够承认法家文化的政治专制和儒家文化的文化专制的合法性吗？能够因为阿Q的愚昧而再去当赵太爷吗？也不能！

他并不绝对地否定中国古代的任何一种文化，但同时也失望于中国古代所有的文化。

中国古代没有一种文化是为鲁迅这样一个脱离开政治专制和文化专

---

[1] 鲁迅：《致许寿裳》，载《鲁迅全集》第11卷，人民文学出版社，1981，第353页。

制体制的社会知识分子而准备的。

他了解了中国古代的文化传统,同时也毅然地反叛了中国古代的文化传统。

他得独立地前行,从没路的地方走出自己的路来。

2000年12月18日于北京师范大学中文系

原载《鲁迅研究月刊》2001年第2期至第6期

影响21世纪中国文化的几个现实因素

一、世界文化格局的变化与中国21世纪文化

中国20世纪的文化完成了一个伟大的转变,即使中国文化进入了世界文化的总体格局,并成为这个格局中的一个独立文化星系。中国文化在20世纪最值得骄傲的一点就是:我们不是在完全被动的条件之下进入世界文化的总体格局的,这对于一个有着悠久文化传统的古老民族来说是难能可贵的,它证明了中国文化自身的生命力。中国20世纪文化就是中华民族在以自身的力量推动中国文化进入世界文化总体格局的过程中所创造的文化。这个过程已经基本结束,21世纪中国文化不再是要不要与世界文化接轨的问题,而是如何在这个格局中找到适宜于自己的运行轨道以随着这个总体格局的变化而不断对自我进行主动调适的问题。

就总体而言,中国20世纪文化就是留学生文化,中国最早派出的国外留学生在中国20世纪文化的发展中起了关键性的作用,后来的发展是在最初的留学生文化的基础上展开的,并且他们在整个20世纪中国文化中都扮演了一个重要的角色。这种文化的基本性质是比较文化,是在中外文化的比较中形成并发展的,从基本概念到整个文化体系实际都是比较文化性质的,它锁定与融合了中外文化,使中国文化与外国文化交织在一起,无可回避地组织进了世界文化的总体格局。这一过程的完成,

使如何总体评价外国文化（主要是西方文化）已经不具有关键性的意义，当我们已经成为这个大星系当中的一个独立的存在，找到自己在这个大星系中的位置，在与别的星系区别和联系中发现并发展自己的独立作用，就成了一个最重要的问题。

　　中国文化在世界文化总体格局中的独立地位是在它还没有在世界上取得与西方文化的平等地位时开始争取的。事情必然是这样：你不争取自己的独立性，你就永远没有自己的独立性，你在世界文化格局中就是被动的、消极的，但是你要争取自己的独立性，就会有矛盾，有冲突，这种矛盾和冲突在不平衡的状态下，就有自我孤立的危险。所有的矛盾都是双方的，一是我们在什么文化原则之下要求自己的独立性的问题，一是我们的独立性必然会受到更强大的西方文化势力的遏抑的问题。这两个问题总是交织在一起的。我们的文化原则在世界上得不到普遍的承认，我们所感到的就是西方文化强权的压迫。在这相互矛盾的双方，是不可能有一个最高的仲裁的。力量就是一切，不平衡使我们要经历更大的痛苦。外部的不平衡，又会影响内部的平衡态的破坏。所以，这仍是一个异常痛苦的过程。这里不仅是政治的关系，同时也是普遍的文化关系。像中国20世纪的人一样，只要尽多地了解了中国古代文化和西方文化，就有了自我满足感，中国文化是不可能走向独立的。只有有了对中国文化的痛苦意识，中国人才会走向独立创造之路，并且也会对自己同胞的独立创造有更为敏锐的感觉；它的第二个阶段是希求了解而不被了解的阶段，这个阶段产生的仍是对世界、对人类文化的痛苦意识。只有在这种痛苦意识中，你才会不断为自己寻找一种独立的价值标准，逐渐加强自己的独立性，丰富自己，发展自己。它的总的特点不再像20世纪的中国人一样，主要停靠在努力理解西方文化上，而是在努力理解西方文化的基础上也努力让西方文化理解自己，20世纪中国文化是内收的，吸收外来文化发展自己是它的主要目标，它不必考虑如何对世界文化总格局的变化起到主动的作用。21世纪中国文化将不再仅仅是内收的，同时还是外放的，它为了自己的发展也将以自己的独立力量影响整个世界文化格局的变化，并在世界文化格局的变化中调整自我。这个任务不再主要由留学生文化来完成，留学生文化将消融在整个中国文化中发挥自

影响21世纪中国文化的几个现实因素

己特定的作用。中国21世纪文化系统中各种文化力量的消长起伏将是实现这一任务的主要形式。在20世纪中国的文化体系中开放与封闭、进步与保守曾是中国文化的主要价值标准，这个标准将逐渐失去自己的主导作用，任何一种文化力量在21世纪中国文化中都将有平等的地位，其价值是由它的独立性及其在中国文化中发挥作用的大小而决定的。谁能有效地提出并解决中国文化发展中遇到的实际问题，谁能以独立的姿态而又获得自己在世界文化总体格局中的独立地位，谁就将在21世纪中国文化中占据一个更重要的位置。中国20世纪的文化价值标准不在中国现实文化的内部，而在它的外部，是以西方文化或中国古代文化的价值标准为标准的。中国21世纪文化将把文化价值标准逐渐转移到中国当代文化的内部来。这个转移对中国文化的发展所起的作用将是不可估量的，这是一个从论述方式到思维方式的巨大变化。对于开发中华民族自身的创造力具有关键的意义。在中国20世纪文化中，中国只有中国古代和外国的哲学、美学、道德学说、教育学、政治学、经济学、法律学、文化学、民俗学等等文化学说，20世纪中国知识分子所建树的一切都是纳入古代和外国学说的价值体系中来理解，来解读的，中国21世纪将陆续出现当代中国人的独立的哲学或其他学说，并以独立的形式参与并组成整个世界的文化格局。它们不再是古代文化和西方文化的附庸，并且以此重新阐释中国古代文化、中国20世纪文化和整个世界文化。21世纪的下半个世纪将是中国新文化逐渐取得自己真正独立地位的开始，并且将持续到再下个世纪才能完成。它的完成标志是在中国人自己的意识中不再有中外文化不平衡的感觉，而开始不再在中外文化的关系中意识自己文化发展的问题。

　　中国文化的独立性是在世界文化格局的变动中实现的，它迫使你必须不断做出自己新的选择，不能躺在任何一个固定选择上。选择使你思考自己，逐渐意识到自己的独立性。在中国20世纪文化与世界文化接轨的过程中是西方文化繁荣发展的时期，所以，我们所完成的与世界文化的接轨主要是与西方文化的接轨。它的意义是伟大的，但却是不完整的，至今我们所说的外国文化还主要是西方文化。在20世纪西方文化格局的形成中，两次世界大战起了关键性的作用，它使西方文化以特定的形态呈现在我们面前。20世纪初，我们有一个全面向西方文化开放的时期，在那时，英、美、法、德、俄、意、西欧与北欧诸弱小民族的文化同时被介绍到中国，并且以平等的地位促进了中国新文化的发展。由于西方文化格局的自身分裂，中国新文化也发生了相应的分裂，俄苏文化与英美文化在中国的影响开始具有对立的趋势，这种对立在1949年之后又与大陆和港台的分隔成为三足对立之势。毛泽东的独立愿望使大陆在"以苏联为首的社会主义阵营"中独立出来，但又落入东西方两个阵营之间的夹缝中。中国20世纪末的文化开放，实质是对美国文化开放，这是由六个原因造成的：一、为了打破大陆中国在世界上的孤立状态，毛泽东、周恩来首先实现了与美国的邦交正常化；二、这时"以苏联为首的社会主义阵营"面临着自己的严重危机，处在解体前夜；三、中国"文化大革命"以及此前所存在的问题是在俄苏文化影响的基础上形成的，不可能以俄苏文化自身得到解决；四、1949年以前中国文化与英美文化的交流为新时期向美国文化的开放奠定了社会文化基础，原英美留学生在新时期文化开放过程中起到了重要的作用；五、二战之后美国文化在世界文化的整体格局中居于统治地位，中国文化向美国文化的开放使中国文化能够更顺利地进入世界文化的总体格局中；六、美国经济上的发达与文化结构的疏朗能够容纳更多中国的留学生和到海外谋生的中国人，他们的文化观念更多地受到美国文化的影响，并通过他们影响到整个中国文化的发展。但是，这种相对单纯的文化联系状态只是暂时的，它不可能永久地维持下去。美国文化在二战之后由于两个原因而在西方世界获得了最重要的地位，其一是消除德、日军国主义的影响，防止军国主义的复活；其二是与"以苏联为首的社会主义阵营"对峙，防止西方世界的社会主义化。现在这两个目标基本实现。世界文化越是在和平条件之下发展，各民族文化之间的差异性越能充分表现出来。在当前以国家为基本单位构成的世界格局中，任何一种文化都不可能不在自我民族利益基础上对待世界事务，当共同的目标已经实现，西方各民族就会更多地从本民族文化与美国文化的差异性中意识自己，并努力把自己的独立性提高到与美国文化平等的地位上来。这将是西方文化在21世纪上半个世纪的主要文化趋势之一，由此将导致西方文化自身的重大改变。

影响21世纪中国文化的几个现实因素

各国文化的独立性，使西方文化格局往往是通过文化中心的转移而实现自我整体功能的调整的。古希腊文化—古罗马文化—意大利文化—德国文化（宗教改革）—法国文化—英国文化—德国文化—俄国文化—美国文化，这种中心的转移形成了西方文化发展的主要表现形式，它使各民族文化的潜力都能得到充分发挥，从而保证了西方文化的迅速发展。这种发展是通过文化价值观念的位移而实现的。美国文化在西方文化格局中的这种地位变化对我们的直接利害关系是很难确定的，但有一点则不容怀疑，它必然迫使我们无法依靠美国文化自身的权威性直接对中国文化发生这样或那样的影响。任何一个国家，都不可能容纳下我们这个有12亿人口的经济落后大国的人口倾注，美国不可能仅仅为了自己文化的影响而无限接受做着美国梦的中国人，它的自我保护使绝大多数人必须在本民族文化中谋求自己的发展，他们的文化观念主要在本民族文化环境中形成，因而，必然具有自己潜在的独立性。西方其他各国与美国在接纳中国留学生和其他移民的能力上，差别会越来越小，从而使其他民族文化对中国文化的影响逐渐增长，并且文化影响有趋同性和趋异性两种。一个人若在美国文化环境中发展得较为顺利，他所发生的往往是趋同性变化；一个人在美国文化环境中发展得不够顺利，他所发生的往往是趋异性变化。后一类人更多地体验到美国文化的不完美性的一面，这使对美国文化的独立意识往往首先在部分美国留学生和其他移民中产生出来。总之，不论中国文化独立性的取得是多么痛苦的历程，但这个趋势都将是21世纪中国文化发展的大趋势，这个趋势与20世纪文化保守主义者的预言的根本不同在于，它不是以中国古代文化为旗帜的，而是以中国当代人的独立创造为基础的；它不是以对外来文化的排斥为前提的，而以对中外文化的广泛了解为前提的；它不是在自我孤立的基础上实现的，而在世界文化大格局中，以争取世界各民族对我们的创造性文化成果的更多理解为目的的。

二、研究生制度与中国21世纪文化

20世纪末叶中国教育制度中发生的最巨大、有最深远文化意义的变

化是研究生招生制度的建立。我们至今还没有对此有所注意。如上所说，中国20世纪文化是留学生文化。中国的新教育制度是在19世纪末和20世纪初建立的，是以西方教育制度为蓝本的。国内现代文化教育人才的缺乏，使在大学执教的多是从国外归国的留学生。那时的中国没有自己的研究生制度，也没有充足的能力实行这一制度，这就使国外留学生成为比国内大学生更高一级的学历，他们实际上也是对现代世界文化有更多了解的中国人。但是，这些留学生，特别是文学、社会科学学科的留学生，有一个天然的弱点，即他们不是在感受着中国文化的需要时而增长着自己的文化知识的。当他们还没有确定的人生观念和社会观念的时候就接受了西方文化，他们的接受是单层次的，有其平面性。他们以此获得中国社会的认可，从而也就把这种文化凝固在自己的头脑里，反对他们的又是没有较之更丰富的西方文化学识的中国学究或接受西方另一种文化学说的同样身份的留学生，根本无法动摇他们对自我这种文化选择的自信心。20世纪中国的学院派文化主要是由他们组成的，他们对中国新教育体系的建立和发展做出了最重要的贡献，但他们的文化思想对整个中国社会文化的影响极小，主要是一种书斋文化。

对中国社会文化起到更重要作用的是少数进入社会文化领域的大学生文化。大学生文化的优点是直接感受到中国现实社会问题并有高涨的社会热情，但这种文化更是感受性的，它自身不包括解决所感受到的现实社会问题的理性方案。大学生在受教育阶段完成的主要是对自己所学专业已有知识的接受，而不是在已有知识基础上对新的知识的研究和探索。"学习"意识不但作用于他们在校学习时的思想，而且也成为他们的一种思维定式，影响着他们一生的文化活动。在20世纪中国文化中，大量文化概念是以"学习"为核心建立起来的。我们用"学习西方"和"继承中国古代文化传统"这两个概念分辨20世纪中国文化的总趋势，其本身就是"学习"意识的反映。这种区分本身就是不合理的，一种文化的性质和作用不是由其产生的知识基础决定的，而是由它的创造者的主体意识决定的，而我们之所以习惯性地这样分辨现实文化的性质和作用，就是因为大学教育中学生还处于被动接受的阶段，让他学什么与不学什么是极其重要的。在"学习"意识支配下形成的思维方式是区别

影响21世纪中国文化的几个现实因素

性、选择性、二元对立性的。在已有文化基础上分辨正确与错误、好与坏、美与丑、善和恶并在此基础上决定自己的立场是这种文化的主要思维特征。它的二元对立性质造成了中国文化乃至中国社会的不断动荡，但动荡是平面性的，是在西方和古代、唯心与唯物等等平面对立着的不同倾向之间你胜我败的变化，而没有从一个层次向另一个层次的升华。双方进行的是拉锯战，是消耗性的。

研究生在受教育阶段完成的是从"学习"到"研究"的过渡。"学习"是重要的，但对于一个研究生，它不是目的。如果"学问"产生不了"思想"，"学问"对他是无用的。他的"思想"不是由他学习所得的"学问"自身所有的，而是他自己的思维活动的结果。它不是选择性的，而是创造性的；不是二元对立的形式，而是多元生一的形式。他做的主要不是在原有的正确与错误、好与坏、善与恶、有价值与无价值之间进行的平面选择，而是在众多有相对合理性的文化成果的基础上进行自己的独立创造。20世纪中国文化中，人们把自己置于一个有绝对价值的理论体系中去反对绝对错误的理论观点，并以此意识自己的价值。这种意识产生好多"批判"家，他们是专挑别人的毛病而自己不想说出任何一句别人没有说过的话的人，他们像一些不能生育的妇女，但却老觉着别人家生的孩子这也不好，那也不好。但每一个研究生都知道，他的"研究"是在这所有过去最有价值的研究成果的基础上发现一种新的价值，这种新价值是在包容旧价值的基础上对旧价值的否定。他像一个建筑师，用建成的新建筑既包容了砖、瓦、木料，也对它们进行了否定。他不蔑视自己的论敌，不轻视被他所否定的东西，他轻视的是那些他既不肯定也不否定的东西。这是一个新的思维方式，也是一种新的人生态度。在20世纪中国文化中，产生了独立的中国现代知识分子群体，但我们这个群体至今只是职业上的，而不是精神性的。知识分子学术上的矛盾不是主要用学术的方式来解决，而是用政治的或舆论的方式对对方进行毁坏性打击，彼此没有统一的学术道德和学术规范。知识分子作为一个独立整体的有机性是产生在一种"研究"意识上的。只有有了这种研究意识，才能意识到在学术上哪是道德的，哪是不道德的；哪是可容忍的，哪是不可容忍的。"研究生学位论文答辩"作为一种"仪式"将一种真正的学术态度注入一代又一代的研究生的意识里，使他们以此感受中国文化活动中出现的一系列不尽人意的问题，并逐渐形成新的从业原则。在20世纪中国文化中，形成了两个截然不同的文化群体：以留学生文化为中心的西化派和以本土文化为中心的传统文化派。而在逐渐发展起来的中国研究生阶层中，这种分别将逐渐消失。中国研究生阶层不再像20世纪初的国学家一样，是在中国文化的自我封闭中建立起自我的文化系统的，它也不像20世纪的留学生文化，主要是对现成西方文化的接受。他们是在开放的环境中从事着对于中国文化的现实发展有实际意义的文化活动的知识分子，他对自己研究课题的论证是在中国文化环境中做出的，而不是在西方文化环境中做出的，但他们必要的外文基础和越来越广泛的国际交流使他们不会把自己的目光只停留在中国固有文化的内部。在中国的21世纪，中国自己培养的研究生将成为中国政治、经济、法律、文化教育各个领域的骨干力量，他们将把自己的文化观念带到中国社会的各个器官，并对中国21世纪文化的发展施加自己的影响。他们的存在也将影响大学生文化的变化。20世纪的大学生是把自己作为精英阶层进行意识的，但他们在尚没有实际的社会地位和社会经验的条件下企图影响社会，往往事倍功半，牺牲大而收效少。研究生阶层的出现将使他们不再以精英阶层意识自我，而把发展自我作为主要的自我意识，并以"研究"为最高目的看待自己的学习过程，形成与20世纪大学生文化不同的另一种大学生文化。它的变化也把实际解决社会问题的责任还给成人社会自己，从而有益于成人社会责任感的加强，这一方面会提高社会承担力，一方面也会增加社会问题解决的有效性。总之，研究生阶层的出现将有益于21世纪中国社会上层的确定性。但这种确定不是停滞，研究生阶层不是一个保守的阶层，它的思维方式本身就是在现有的基础上找到新的发展的可能性，20世纪中国大学生文化是以青春的热情追求美好的理想，总体特征是浪漫主义的；21世纪的中国研究生文化是为现实发展找到可能性，总体特征是现实主义的，它把人的感情、理性和意志都集中于有效性上，是造成21世纪中国文化稳定发展的主要力量。

三、中国社会的社会化与21世纪中国文化

21世纪是中国大中型城市初步实现了社会化转变的一个世纪，这个转变带来了中国的新文化。中国的新文化是对中国传统文化观念进行的一次感情性冲击，它更多地表现在文学领域里，但它并没有动摇它的基本基础，其原因就在于中国广大农村还没有进入社会化的过程。什么是社会化？社会化是在现代社会分工的基础上产生的，它加强了人与人的横向网络式社会联系而相对松散了人与人的纵向线条式联系。中国古代的社会在上主要是一条单纯的上下等级式的政治链条，在下主要是一个自满自足式的家庭。政治之外、家庭之外的横向社会联系是极少极少的。在这样一个社会上，中国传统儒家文化起到了维系其正常社会秩序的作用，成了中国传统社会文化的主要命脉。20世纪中国文化是在大动荡的过程中进行发展的，人们更多地注意到上层社会政治和各种有形的学术文化的发展，但较少注意到，在这种动荡中虽然缓慢但却稳步发展着的是中国大中城市社会化程度的增强。时至今日，中国大中型城市的社会化转变基本完成。其中的每一个人主要生活在由政治、经济、文化各项社会事业组成的庞大的社会网络里，家庭只成了生活的单位，它的一切资源都来自社会的各项事业。政治关系已不是唯一的社会关系，文化的、经济的、教育的、娱乐的各种横向性更强的联系开始在一个人的生存和发展过程中占有越来越大的比重。困扰人们的是大大小小的社会问题，而不再主要是家庭问题。但是，这一转变在中国广大的农村和小城镇尚未实现，在那里，传统宗法制的社会关系还是主要的关系。人，主要是一个家庭的人，外加上级政治领导，这使在那里不断产生的仍是传统的宗法观念，从而也影响到整个中国社会文化的发展。21世纪中国社会的最大发展将表现为中国农村的城镇化、社会化。乡镇企业（工、商等各项经济事业）的发展，农村教育事业的普及、农业生产的专门化，农村各项文化娱乐设施的兴建，将逐渐使中国农村和小城镇向社会化的方向变化。这个过程可能是漫长的，可能要经历一个世纪的时间，但却是不可逆转的。中国20世纪的民主化是自上而下的，而中国21世纪

的民主化将是自下而上的。自上而下的民主化由于并不建立在全民民主要求的基础上，所以形式大于内容。十亿农民对选举权的漠视，使两亿人的认真也成为徒劳。这个过程缓慢但有实效，前者迅速而无实效。不论中国21世纪文化会有何种偶然性事变，但这个自下而上的民主化过程都是不可回避的。

21世纪中国农村和小城镇向社会化的过渡，在文化的发展上将带来两个方面的较大变化：一是地域文化圈的形成，二是中国文化的全面社会化特征的初步形成。时至今日，中国文化还主要是知识分子阶层内部的文化，它在整个社会有所扩散，但其程度是极小的。文化只是漂在中国社会水面的一层油，是抹在中国社会脸上的一层粉，浸不进中国社会的血液之中去。这种状况的改变有赖于两个方面的变化：一是社会文化需求的增加，二是中国文化在现代中国社会的需求中找到自己的存在基础。社会文化需求的增加有赖于全民文化水平的提高，一个由10亿文化水平极低的农民组成的社会集体，能够稳固地支撑只有极低文化水平的各种权力结构，而这个阶层文化水平的提高使社会上层无法随意用一种似是而非的东西获得全体国民的认可，从而使社会上层有一种文化的饥渴感，加强整个社会对文化的需求。在20世纪的中国文化中，知识分子与广大社会群众的分裂是一大特征。这种分裂造成了中国20世纪文化的一系列悲剧，只有二者找到基本统一的感觉，中国社会和中国文化才会找到自己发展的前景。否则，中国社会和中国文化做的就是拔绳式的运动，每个阶层都费了好大力，但实际上都被对方消耗了。中国农村，乡镇文化是在地域文化圈中进行发展的，并把自己的影响以地域文化圈为基地向四处扩散。在过去，一个农村青年诗人，必须首先把作品送到城市刊物上发表，才会使周围的人读自己的诗。这种自上而下的竞争造成了中国知识分子阶层一种不尽正常的文化心理。实际上文化活动的最根本的需要是社会在认识上、感情上互相交流的需要，不是一种单纯的成名欲望的实现，也不是得到上级赏识的手段。它是横向的，而不是纵向的。大学教育的相对普及与中国农村和小乡镇社会化的实现，使各个地域都能自成一个相对独立的文化系统，形成自己的文化圈。在自己的文化圈里，有自己的"文学家""哲学家""经济学家""教育家""艺术家"等等,他们是为了表达自己对自己社区问题的看法而从事文化活动的,首先满足本社区文化交流的需要,这一方面扩大了对这些文化的社会需求,加强文化由上而下的浸透,另一方面也把各地域文化圈中有鲜明地域特征、有创造性的文化成果由下而上地输送到上层社会文化之中来,使中国文化在自己民族的当代生活中找到更丰厚的基础。这种上下的呼应,也就是中国文化全面社会化特征的形成。这个过程可能是极其漫长的,但在中国21世纪文化发展中必然形成这种态势。一个幅员这么辽阔、人口这么众多的国家,是不可能只有一个统一的国家文化而没有若干不同的文化圈的。

四、宗教意识与中国21世纪文化

精神信仰问题始终是人类存在与发展过程中一个带有全局性的问题,它与人的现实的物质文化生活相联系,但绝对不能等同于物质文化生活本身。假若我们把宗教意识作为精神信仰的代名词,我认为,人类社会实际存在着三种宗教形式:民间宗教、国家宗教、个人宗教。"民间宗教"就是我们现在所说的宗教,它不是国家政权提倡的,而是以民间的形式组织起来的。基督教、佛教从严格的意义上都属于这一类。我所说的"国家宗教"是指国家政权为实现思想统一而推行的意识形态,"个人宗教"是指既不等同于国家以政权的形式推行的意识形态,也不是民间宗教的入教的或未入教的信仰者,而是以个体人的真诚精神信仰为基础的思想意识。它是以个人的形式出现的,但这个个人又确确实实有自己确定的精神信仰,并为这信仰而做着艰苦卓绝的努力。

在中国文化的发展史上,任何一个民间宗教都没有成为统一的国家的宗教,但并不是说中国就没有一个相对统一的精神信仰。实际上,中国古代社会精神信仰是以"国家宗教"的形式出现的。在中国古代社会里,国家政权把儒家学说作为自己意识形态的基础,并以此教育和治理自己的人民。但是,这种"国家宗教"的形式有一个弱点,就是把国家政权的强制性手段与宗教性的精神信仰混同起来,强制性手段的表面效果与精神信仰的内在效果经常处在相互矛盾的状态中,越是在精神信仰发生危机的时候，人们越容易追求强制性的表面效果，而越是追求强制性的表面效果，社会的精神危机越加严重。它的第二个严重弱点是把执掌国家政权的人同施行精神教化的人等同起来，这造成了两个方面的矛盾。一是使国家政权变得软弱无力，二是使精神教化变得效用微弱。国家政权的任何现实措施，都不可能达到全民自觉接受的程度，它是以对国家法权的承认为前提的。若把国家政权置于思想说服的基础上，国家政权势必是软弱无力的。而另一方面，精神教化者自我必须在被教化民众的心目中具有更神圣的性质，一个常常以强制性的手段对待民众的人，是不可能对民众实行有效的教化的。与此同时，权力总是为权力的拥有者提供更多违法乱纪的机会，一旦施行教化的人自己成了比民众更"不道德"的人，他的教化作用就根本不存在了，并且对整个社会都产生强烈的副作用。

到了近代，中西文化发生了接触，中国古代文化的这两个方面的弱点都充分暴露出来。一是民族精神的疲弱，一是国家政权的软弱无能。面对这种情况，20世纪初年发展起来的是"个人宗教"。这种情况可以以鲁迅为代表。鲁迅之所以在他的同时代人中显得特别突出，就是因为他有自己真诚的精神信仰。他追求的是中华民族的精神再生，为此，他揭露国家政权利用"国家宗教"实现私人统治的自私行为，也对广大群众缺乏精神信仰的现实状况感到由衷的悲哀。但是，这种个人宗教在文化落后的中国社会中还不可能发挥普遍的作用。中华民族面临的实际危机不可能单靠这种"个人宗教"的力量来消除。1949年之后，毛泽东开始了他的伟大的试验。但是，他终不能克服这种"国家宗教"的自身局限。"文化大革命"破坏了广大社会群众的安定心理，也破坏了对他的绝对信仰。"文化大革命"结束之后，国家把经济的发展放在重点的位置上，经济的原则成为更重要的原则。毫无疑义，这一转变是一个正确的转变，是国家自身本质的真正体现。国家必须把政治、军事、经济等各项事业的发展放在第一位，这是它的基本职能。但是，经济的原则在总体上就是与精神的价值不同的。经济的价值使人以经济利益的大小意识自己和别人的存在价值，而精神的价值则不能以此为标准。经济的原则使人进入人与人的竞争，精神价值追求的是人与人之间的爱与同情。

影响21世纪中国文化的几个现实因素

人要在物质世界生活，但又在精神世界中生活。二者的矛盾构成了人类存在的根本矛盾。"文化大革命"之后的文化转变，带来了经济上的发展，也带来了众多腐败现象，带来了贫富的更大差别，底层社会群众感到没有精神的寄托，民间宗教就有了发展的空间。在中国古代，没有统一的国教，但民间宗教一直存在着。它以两种形式发展自己的势力，一是安抚人们的精神痛苦，一是医治人们的肉体痛苦，用带有神秘色彩的手段祛病延年。

在中国21世纪，经济的原则在现实生活中将越来越多地被肯定下来，20世纪在西方文化影响下发展起来的各种科学体系将在现实社会生活中成为人们共同承认的行为准则，但也正因为如此，它进入自然发展的阶段，而带有宗教意识的精神性文化在21世纪中国文化中将占有更大的比重，成为中国雅文化的主体。在中国21世纪的中国知识分子中，鲁迅的影响将持续存在，这是中国部分以自己的独立精神追求始终保持对现实世界清醒批判态度的知识分子的特征；另一部分知识分子则带有明显的民间宗教影响的痕迹，他们或是一种宗教的信徒，或并不实际地加入某种宗教，但他们却以一种或多种民间宗教的世界观作为自己的精神基础和价值观念，从事自己的文化活动；第三部分知识分子努力依靠国家的政权力量实现社会精神的稳定，这三者都将在21世纪中国精神文化的发展中起到自己的独立作用。

五、影视文化的发展与中国21世纪文化

整个人类文化正在经历着一个极大的变革，这种变革是由影视文化的发展带来的。人类原始的文化是直接交流的文化，原始文化是直观直觉的，但是在时间上是一瞬的，在空间上是一隅的，文字克服了人类交流中时空的限制，发展了人类抽象思维的能力和想象的能力，借助文字符号，人类才能进行复杂的运算和推理，才能进行多方面的联想，但这也造成了人类感觉的迟钝性。影视文化作为一种新的语言符号，既具有原始文化的直觉直观的性质，也能像文字符号一样克服人类直接交流中的时空限制。20世纪的知识分子同以往的知识分子一样是在书面文化的

基础上发展了自己的聪明才智的，但从20世纪末开始，一代更多地在影视制品的影响下成长起来的知识分子进入了中国社会。21世纪的中国知识分子将无一例外地是接受着影视文化制品的影响成长起来的人。从最简单的方面来说，书面文化，包括20世纪及其以前在社会上影响最为广泛的小说、戏剧、散文、诗歌，都是借助具有很高抽象性的文字进行表现的，文字是结构性的，而影视制品更少结构性，而更多自由性、通俗性、活动性、直观性、接受的一次性，它不必运用自己的思考、自己的想象。它是一次性的呈现，需要更敏锐的感觉而不需要抽象的思考；色彩、构图、剪接的技巧更多于语言的技巧。它的欣赏形式是个体性的，与实际的人所处的距离是遥远的，在他面前出现的只是一些真实人的幻影。这一切，是不是意味着一代一代更灵活，直感能力更强，抽象思维能力相对较弱；色彩感觉更敏捷，结构力相对较薄弱；对人的虚幻感觉更强，对人的真诚的同情心相对更少的人的出现呢？当然，书面语言仍然是21世纪中国文化中的重要组成部分，但到底它的绝对统治地位已经动摇了，仅仅在它的影响下形成的人的特征不再是中国知识分子的唯一特征了。

影视文化在21世纪的中国，不但直接作用于中国知识分子的思想性格及其文化创造，同时也会影响整个中国社会的思想。电视把一切遥远的、抽象的变成近距离的、具象的，而且把所有这一切变成平凡的、亲切的，这将大大缩小社会各阶层之间的心理距离。在中国人的思维方式中，有一种对自己极为不利的东西，就是分类的两极化。我们说中国人好走极端，我认为这是语言文字幻象造成的。在语言中，"善"和"恶"本身就具有绝对对立的性质，因为它们只是一种抽象，一切具体的东西都不可能有如此高的抽象性。在影视文化普及之前，我们总是知道得多，见到的少；从别人的"宣传"中得来的多，从实感中得来的少。我们对它们的观念是我们以一个抽象概念为基础想象或推论出来的，不同的东西都被两极化了。电视图像的具象化特征，不但能够把大量文化知识推广到社会群众之中去，而且是以平凡、亲切的面貌出现在人们面前的，它不再能够造成过去那种语言幻象了。它对一个民族文化的影响有多大？我们可以从这样一个角度来说明。在20世纪，中国几亿人可以

影响21世纪中国文化的几个现实因素

形成对毛泽东的真实的个人崇拜，但在21世纪，这种状况就绝对不会发生了。在影视文化普及之后，社会群众不再能够崇拜自己未曾直感到的人和事。现代青年通过影视崇拜的是歌星、影星、球星，他们崇拜他们，但并不那么尊敬他们，他们崇拜的是他们感到熟悉和亲切的对象。凡是他们尊敬的，都不是他们崇拜的。影视文化改变着广大社会群众的观念，也改变着社会上层人士的观念。在过去，每一个社会上层人士，都是以严肃的、教诲的语言和态度出现在报刊和广播中的，但是，在21世纪，电视成了最有效的宣传工具，放弃电视，就等于放弃群众，放弃自己在群众中的影响，而一旦在电视中出现，一个严肃的教导者的形象就不是那么可爱了，它使人必须更像一个平常的自我、随意的自我、本来的自我。这与在报纸上的报道、广播中的讲话是大不相同的。人，都是被文化所塑造的，电视也将塑造一代一代的新的国家管理人员，使他们在自我意识和外在表现上更接近普通的群众，而广大社会群众也更能像对一个身边人一样看待其优点和缺点，虽然不再像过去一样把他们想象成神灵，但却更能体谅他们的困难，原谅他们那些极难避免的失误。总之，电视文化将在不断缩短中国社会各阶层之间的心理距离中发挥自己的作用，而这实际是中国社会自古以来就一直存在的最严重、最关键的问题。

影视文化对21世纪学术研究也有可能造成一些内在的影响。时至今日，中国的学术文化都被一种浓重的语言文字幻象笼罩着。所谓语言文字的幻象，就是说一个学者在研究一种文化现象或某个人的作品的时候，往往以文字材料所造成的幻象为根据，而不是以在自己眼前呈现出的某些或某个在历史上活动着的具体的人为根据。每一个研究者都面对一个个活生生的人来述说对他们的看法和想法，中国学术文化的文体风格就要丰富得多和活泼得多了。必须看到，这还不仅仅是文体风格的问题，是我们的学术研究与研究对象的关系问题，是人与世界的关系问题。中国的学术文化能不能与周围的世界建立起直接的活生生的联系，是一个民族学术文化有没有生命力的问题，是它能不能深入本民族成员的心灵的问题。影视文化的发展，至少将加强中国学者对所研究对象的具象化感觉，当历史上的人从一堆堆死的文字资料中走出来，在中国学者面前像影视图像一样给你重新演出一幕幕历史场景的时候，中国的学术文化也会有一个普遍的、根本的变化。当然，这种变化也会产生一些相应的副作用，因为影视的具象性也有自己的局限性。影视，特别是电视，有消解崇高、把一切等同起来的作用。这容易形成一种庸人哲学的泛滥，因为有一些东西，是不可能仅从具象之中表现出来的。孔子、老子、曹雪芹、鲁迅这些人的伟大，在其思维的创造力，不可能仅仅从具体的形象中表现出来。这要靠语言文字幻象来补充。人类只要存在，就有崇高和卑鄙、道德与不道德、真实与虚伪、美与丑的差别，这种差别不是绝对的，但也是不能模糊的。一个民族的文化失去了对这些差别的敏锐感觉，这种文化就失去了自身最起码的存在意义。影视文化、特别是电视文化影响下造成的庸人哲学的泛滥，有可能进一步消解中国文化中原本较缺少的对崇高的意识，对精神差别的意识。影视文化这一正一负的影响到底在21世纪文化中具体表现出怎样的关系，是我们极难预料的。

六、独子文化、多余人文化与中国21世纪文化

从中国文化与世界文化的关系着眼，中国文化的独立意识的增强是20世纪末出现的新的发展态势；从教育制度的角度，研究生招生制度的建立是20世纪末最重大的改革；从社会结构的角度，农村和中小城镇的发展是20世纪末最应注意的事项；从精神文化的角度，宗教意识的抬头是20世纪末已经表现出来的变化；从文化传播手段的角度，影视文化、特别是电视的普及是20世纪末的最显著的特征，而从人口学的角度，计划生育则是我国20世纪末实行的最重大的举措。中国的计划生育政策，不仅是一个经济的问题，也是一个文化的问题；它所遇到的困难，不仅来自现实人的要求，也来自传统的宗族观念，所以它在城市遇到的阻力不如在农村来得大。它不仅关系到中国社会的发展，同时也关系到整个世界的安全。一个贫穷但人口越来越多的中国的存在，对整个世界都没有好处，所以我认为整个国际社会应当理解和同情中国的计划生育政策。但是，任何现实的举措，都是利弊参半的，人类只能取其利而知其

影响21世纪中国文化的几个现实因素

弊，用理性上的自觉性将它消化在自己的文化中。中国计划生育政策的推行，使21世纪中国的社会成员的绝大部分都是独生子女，独子文化将成为中国21世纪文化一个方面的重要特征。

幼年和童年是人建立对世界、对人类的基础观念的一个时期。在这时，人是被动接受的，他没有以自己的理性调整自己的文化观念的能力，成年人的理性教育也只能起到极微弱的作用，他与世界、与周围的人建立起一种什么样的联系，他就会把这种联系作为正常的、应有的联系，而此后所有新的知识和新的经验都是以此为基础进行体验、予以感受并决定弃取的。它会影响一个人一生的人生观念。独生子女与世界最初的联系是与父母的联系。在这种联系中，他是被保护者，是被爱抚者。也就是说，整个世界在保护他，爱抚他，而他则不必保护任何其他人，不必爱抚其他人。当他与外界的同龄儿童相接触，他与他们是各自独立的，一切的感情和实际的联系都是相互的，遇到对方的爱，他就会自然地爱对方，遇到对方的干扰，他就不会爱上对方。有时他也必须忍让，但这忍让并不是感情的需要，而是不能不忍让，忍让是为了保护自己，忍让的是他不满乃至憎恨的。只有到了很晚之后，结婚后有了自己的孩子，他才真正体验到人类的另一种感情：对人的自发的爱。他对子女的爱不是因为对方爱自己，而是自然的、自发的，是对另一个弱小生命的保护和亲爱。这种感情是无私的，他可以因为爱对方而忍让对方给自己带来的所有困难，并把克服这些困难当作自己的幸福。但在这时，他已经有太多的理性，这使他从一开始就把这种感情只限制在对自己的子女身上，因而很难成为他的带有普遍意义的人生观念。他不以此意识整体的自我，也不以此意识整个人类。他在意识到自我的时候有一种内在的孤独感，但把这孤独作为自然的、宿命的，人类无法消除的东西。但在多生子女的长幼关系中，在一个人开始建立自己与周围世界的联系的时候，就开始在一种更复杂的关系中意识自我。他不只是受到父母的爱抚和保护，而且还应当爱抚和保护自己的弟妹。他与周围人的关系应是爱人和被人爱的关系。爱是相互的，是人与人相互联系的基础。这一切，都不是一种教条，一种别人对自己提出的外部要求，而是一种自然的关系。他在此后的人生中，会接触到各种各样的人生矛盾，会对世界的复杂性、人的自私和残酷有更多的认识，现实的原则和社会的原则也会使他的性格被扭曲，但在他的潜在意识中，对人与人之间的相互的爱仍有一种强烈的要求。中国20世纪的文化，尽管充满了各种残酷的斗争，但从鲁迅、郁达夫一直到新时期初期的知识分子，呼唤的都是人类的爱和同情。人道主义构成了中国20世纪文化的一个主线。中国21世纪文化，将带上独子文化的更多的个人主义色彩，而更少一些人道主义色彩。在农村，除独生子女之外，另有一些违犯计划生育政策生下来的"黑人"。这些儿童，几乎在他们还没有明确的理性思考能力的时候，就产生了自己存在的偶然性、非法性的意识，当他们与自己的兄长或姐姐发生矛盾的时候，他们会经常意识到自己原本是不应该生到这个世界上来的，他们的存在危害了自己兄长或姐姐的利益，他们在这个世界上是多余的、有罪的。这种变态的心理或者使其产生赎罪感，或者产生轻生意识，或者产生报复心，或者产生委屈心，但都是与常人不同的。这部分人可能较之其他人更有个人奋斗的精神，人数虽少，但作为一种文化现象可能较之他们在数量上所占的比重要大得多。如果说独生子女的个人主义在中国21世纪文化中表现为一种正常的、一般的社会心理，那么，这部分人可能会表现出一种超常的个人主义性质。但是以上所有这些，将会被中国计划生育政策的正面效应所淡化，经济的发展和人口密度的相对降低，使每一个人占有的自由空间将相对扩大，这使中国21世纪将有更大的机力。如果说在20世纪的中国绝难承担这种突然膨胀起来的个人主义的话，那么，在21世纪的中国，人们可能感觉不出其中发生了什么不易接受的变化。一代人有一代人的生活方式，不论这代人将以什么样的形式生活，只要没有突发的灾难性事变，他们就会找到承担自己文化的方式。总之，在我们谈论未来的时候，乐观主义和悲观主义都只能体现我们自己对这样一些问题的感受，而并不能说明未来的状况，未来人有未来人自己的感受方式，我们的"主义"，与他们无关。

原载《战略与管理》1997年第2期

"西方话语"与中国现当代文化

一

"西方话语"这个概念,也首先出现在西方,也是"西方话语"中的一种话语。所以,当我们谈论"西方话语"时,首先要将它转化为我们的一种话语形式,转化为我们的"中国话语",亦即将它植入到中国历史和中国现实的话语系统中。只有这样,它对我们才有较为确定性的含义,我们才能谈论它。

"西方话语"自然是一种"话语",我们首先要把它作为一种"话语"来感受、来理解、来阐释。什么是"话语"?"话语"可以有各种高深的定义和阐释,但在其最基本的意义上,我们的理解应该是相同的:它是在人与人之间的语言交流中产生的。在语言交流中,有一个发话者,也有一个受话者。发话者要对受话者施加自己的影响,必须通过语言的中介,"话语"就是在发话者和受话者之间起到中介作用的一些特定的语言形式。自然话语只是一种中介,发话者和受话者对于组成这种话语的各个词语及其语法关系就要有大致相同的认识和了解。这里的相同,主要还不是指发话者和受话者与话语自身的思想或情感的关系,而是指词语的音、形等物理的质素与其所指代的对象的关系。有的人喜欢尼采,有的人不喜欢尼采,但对于"尼采"这个词所指代的那个德国哲学家以及他的哲学学说的主要内容都要有一个相对一致的了解，假若连这样的一致性也不存在，彼此之间的交流就中断了，"话语"也就不成其为话语了。正是在这样一个意义上，有的语言学家把语言视为一种编码，发话者依照对这些语言符号的认识和了解进行编码，受话者依照这样的认识和了解进行解码，发话者就把自己需要发送的信息发送到受话者的意识之中去。与此同时，在交流中，发话者和受话者的关系并不是凝固不变的，发话者可以成为受话者，受话者也可以成为发话者，这种不断变动着的关系构成的是不同的个体人之间的对话关系，这使交流成为信息的互换过程，任何一方都有其主动性的一面，也有其被动性的一面，关键仅仅在于对话的一方能不能获得自己的主动性，而不在于在对话关系中有没有提供给对话者以主动性。一般说来，发话者的主动性要大一些，受话者的主动性要小一些，但受话者不但可以同时成为发话者，而且他有对发话者的话语信息进行独立阐释和处理的权利，只要他不放弃自己的独立阐释权和独立处理权，他就不会从根本上丧失自己对于发话者的话语形式的主动性。

"西方话语"就其本来的意义就主要是西方人与西方人在进行思想、情感的交流活动中产生的各种不同的话语形式。"西方话语"与"中国话语"是不同的，但在整体上却不是为了颠覆"中国话语"而产生、而保存、而发展的。荷马史诗是西方人创作出来在西方人中传诵和欣赏的，伽利略、牛顿、爱因斯坦的科学原理是西方人发现出来为西方人所接受和利用的。他们有自己的一套共同的符号系统，有自己进行编码的一套语法规则（在西方，也有不同的国家和各自不同的语言，但当我们笼统地谈论"西方话语"的时候，是忽略了它们之间的差别的。这正像我们国家也有各种不同的民族语言，而当我们笼统地谈论"中国话语"时是忽略了它们之间的差别的）。我认为，首先在这样一个意义上理解"西方话语"，对于我们是十分重要的。民族语言自身就构成了不同的文化空间，各种不同的话语形式是在这个空间内部的相互交流中产生的。仅仅依靠话语自身的力量是无法突破民族语言之间的障壁而进入到另一个文化空间之中去的，更无法形成对另外一个文化空间的控制和限制，能够突破这个文化障壁的是有着生命活力的人。只要在这个意义上理解

"西方话语"与中国现当代文化

"话语",我们就会发现,"西方话语"与"中国话语"是平行的两种话语,它们之间的关系是彼此独立的,而不是相互对立的;是各自独立发展的,而不是此消彼长、相互压迫乃至相互颠覆的。在1840年至1842年中英鸦片战争发生之前的全部西方文化,都是这样一些文化,它的所有话语形式都与中国话语没有直接的对立关系,都不是在其与中国话语的关系中获得其存在的意义和价值的。它们的价值和意义主要表现在对西方人自身物质或精神需要的或一程度的满足中,并且这种满足不是通过对中国人的歧视、压抑乃至损害予以实现的。实际上,即使在西方当代文化中,绝大多数的话语形式仍然是这样一些话语形式。西方人有西方人的生活,西方绝大多数人关心的首先是自身的存在和发展,是在自己的社会结构和文化结构内部的生存和发展,而不是怎样对付中国和中国文化的挑战。大量的西方话语就是在西方社会和西方文化内部不同人、不同阶层人之间进行思想、感情交流的过程中产生的,它们各自满足着不同西方人的不同的物质或精神的需要。对于这样一些话语形式,我们中国人既不是发话者,也不是发话者预想中的受话者,我们是立于旁听席上与这样一些话语形式建立起最初的联系的。西方这样一些话语形式之所以能够影响我们的思想或感情,归根到底是因为它们满足了或满足着我们自己的物质或精神的某种需要,这样一些需要仅仅在我们固有的文化传统中尚无法得到这样的满足。也就是说,这些西方话语对于我们不具有霸权的性质,它们不是压抑着我们的欲望要求、窒息着我们思维的自由性,而是开拓着我们的思维空间,满足着我们心灵的自由要求。在我们有些学者的文章中,"西方话语"似乎成了有类于洪水猛兽的东西,似乎成了"话语霸权"的代名词。似乎我们一接触"西方话语",就有被"西方话语"所吞噬、所消灭的危险,似乎所有接触并接受过"西方话语"影响的人,都是对西方话语霸权的屈服和顺从,都成了西方文化侵略的帮凶。在这样的"西方话语"观念的支配下,他们根本无法较近正确地描述中国近现代文化发展的历史过程。从晚清到现在,我们中国文化走的是一条从封闭到开放的道路,是通过感受、理解西方和西方文化,感受、理解世界和世界文化,扩大了我们的文化视野,丰富了我们对自然世界、对人类社会、对人类文化以及对自我的感受、认识和理解，并进一步推动我们中国文化取得了现代性的发展的。在这个过程中，我们遇到过各种不同形式的困难，出现过各种不同的曲折和反复，但所有这一切，并不说明中国文化从封闭走向开放就是一条错误的文化道路。他们在反对西方文化霸权的旗帜下反对五四新文化运动，否定这样一个文化运动对于中国文化现代发展的巨大推动作用，甚至把五四新文化运动说成是西方文化侵略的结果，这是不符合中国现当代文化发展的基本历史事实的。所以，严格区分"西方话语"和"西方话语霸权"两个不同的概念，对于我们的研究工作，是至关重要的。

二

"西方话语"是一个独立的文化概念，"话语霸权"又是另外一个独立的文化概念。这两个概念可以相交但却不是完全重合的。

"话语"首先产生在用同种民族语言进行交流的人与人的关系中，首先产生在各个民族文化的内部，"话语霸权"也首先产生在各个民族文化的内部关系中。

"话语"是一种非物质性的存在，它是在人类交流的本能愿望中产生的。所以，就其"话语"本身的意义和价值，它不但不具有霸权的性质，而且是加强人与人之间的心灵沟通，实现人与人之间的自由交流的基本手段。假若说话语是人与人实现心灵沟通、进行自由交流的手段，那么，"话语霸权"就是中止人与人之间的心灵沟通、中止自由交流的手段。它不是话语本身的功能，而是产生在人与人之间政治、经济、伦理的权力关系之中。

话语霸权是一把双刃剑，它不但能够扼杀反对这种话语的话语，而且能够扼杀自己。当宋明理学家把儒家文化的霸权地位在中国社会上牢固地树立起来，当不但孔子的话语成了人们不能质疑的权威话语，而且他们对儒学典籍的阐释也成了不能质疑的权威阐释的时候，儒家的文化就再也进入不到人与人思想和情感的交流活动之中去了。它的霸权化使发话者不能传达自己独立的思想和感情，只能成为儒家话语的传声筒，而受话者在儒家话语面前则只能表示赞佩、接受和顺从，也不能表达自

"西方话语"与中国现当代文化

己独立的见解或感受,它就失去了作为传达思想和感情的话语的本质职能。但是,人是有求知欲望和自我表现欲望的,当鸦片战争之后儒家文化面临西方文化的挑战,儒家文化的霸权地位就极难维持了。

鲁迅说:

> 我出世的时候是清朝的末年,孔夫子已经有了"大成至圣文宣王"这一个阔得可怕的头衔,不消说,正是圣道支配了全国的时代。政府对于读书的人们,使读一定的书,即四书和五经;使遵守一定的注释;使写一定的文章,即所谓"八股文";并且使发一定的议论。然而这些千篇一律的儒者们,倘是四方的大地,那是很知道的,但一到圆形的地球,却什么也不知道,于是和四书上并无记载的法兰西和英吉利打仗而失败了。不知道为了觉得与其拜着孔夫子而死,倒不如保存自己们之为得计呢,还是为了什么,总而言之,这回是拼命尊孔的政府和官僚先就动摇起来,用官帑大翻起洋鬼子的书籍来了。属于科学上的古典之作的,则有侯失勒的《谈天》,雷侠儿的《地学浅释》,代那的《金石识别》,到现在也还作为那时的遗物,间或躺在旧书铺子里。①

在过去,我们总认为儒家文化的霸权地位的丧失是由于"五四"知识分子的批判,而鲁迅在这里的描述却是另外一个样子的:儒家文化是作为维护封建王朝的政治统治的工具而获得话语霸权的宝座的,它最终也因为不利于封建王朝的政治统治而逐渐丧失着自己的霸权地位。五四新文化运动实际是一次反对霸权主义文化、反对儒家霸权话语的运动,像"科学""民主""自由""个性解放"等等所谓"西方话语",是在中国这个本土的思想解放运动中被感受、被理解、被阐释和被使用的。在这个过程中,这些"西方话语"实际已经成为"中国话语"。

五四新文化运动不是"西方文化"对"中国文化"的挑战,不是

---

① 鲁迅:《且介亭杂文二集·在现代中国的孔夫子》,载《鲁迅全集》第6卷,人民文学出版社,1981,第314页。

"西方文化"对"中国文化"的胜利,而是在中国文化圈内中国现代知识分子对禁锢着中国思想发展的传统霸权话语的反叛,是"中国话语"对中国传统霸权话语的批判。它的结果是中国文化的革新和发展,而不是中国文化的衰弱和消亡。

在我们现在的话语系统中,"中国话语"与"中国文化"、"西方话语"与"西方文化"常常是连类并用的,似乎"西方话语"就是"西方文化","中国话语"就是"中国文化"。实际上,它们彼此之间的差别是极大的。"中国文化""西方文化"这两个概念的整体性和含义的模糊性,只有在一种权威话语的强制下才能够具有较为确定的含义,才能够作为一种话语而进入到话语体系之中去。"中国话语""西方话语"则有所不同,它们只是中国文化、西方文化的某些组成成分,是具有相对明确的内涵、可以定义的语言单位,作为一种语言单位是可以同各种不同的话语重新组合而生成新的话语、生成新的意义的。也就是说,能够进入到"中国文化"内部的永远是"西方话语"而不是"西方文化"。"西方文化"吞不下"中国文化","中国文化"也吞不下"西方文化",但"中国话语"(像"忠""孝""节""义",像"文化大革命")和"西方话语"(像"科学""民主",像"现代主义""后现代主义")是可以在不同的文化圈之间穿行的,是可以进入到其他民族的语言中并成为这种语言的一种外来的话语形式的。"西方话语"进入到中国文化内部必须与中国固有的各种话语实现重组,并在中国的话语系统中取得自己相对独立的意义。

中国是一个有着几千年文明历史的国家,有着一个越来越庞大的知识分子队伍,但在儒家文化的禁锢下,广大的知识分子一直仅仅作为现实政治统治的附庸而存在,那些离开读书做官道路的道家知识分子,只好以放弃自己的社会价值为前提。但是,中国人,特别是中国知识分子,绝对不是没有内在的自由要求,绝对不会没有在自由的创造中表现自己存在价值和意义的愿望。中国历代的文学艺术家都在有限的范围内表现着自己的自由意志。但即使中国的文学艺术,也无法完全摆脱儒家文化霸权的统治,儒家文化是讲节情的,它对文学艺术的自由性有严格的规定,温柔敦厚向来是衡量中国文学艺术作品的主要审美标准,而

"西方话语"与中国现当代文化

"文以载道"则是衡量文学艺术作品的主要思想标准，文学艺术的创作不但始终处于现实政治统治的严密监视之下，并且知识分子自己也因为政治、经济、名誉上的原因相互"监督"，"以人血染红顶子"的事情时有发生。儒家是在维护现实政治秩序的基础上建立起来的一种思想学说，这种需要是普遍的，这给它带来了极大的柔韧性，使它能够将社会矛盾长期地掩盖起来，但也正因为如此，它切断了原因和结果的联系，使原因的制造者可以不承担结果的责任，使在完全被动的条件下阻止结果发生的努力倒好像是导致结果的主要原因。对这样一种学说，只有靠严密的逻辑思维才能够予以解构，严密的逻辑思维是将原因和结果直接联系在一起的思维方式，它可以排除缠绕在现象世界的各种非相关的因素，而将结果同原因通过逻辑的运演程序十分精确地联系在一起。在西方，这种思维方式是在数学和自然科学的研究中得到培养和训练的，而在中国数学和自然科学的研究一直没有在学校教育中发展起来，各种分散的科学成果主要依靠经验的积累，而没有上升到方法论的高度。这就使中国知识分子根本无法摆脱儒家思想学说的限制，即使像李贽这样的自由思想家，其学说也建立在直接的情感和情绪体验的基础上，建立在个体人的自由意志的基础上，而这样的情感情绪体验和自由意志是无法在人与人之间直接传承的，当这样的思想家被镇压下去之后，大多数知识分子在趋利避害心理的基础上获得的将是截然不同的人生体验，这使中国知识分子更加紧密地依赖于霸权话语，依赖于现实政治权力的保护。中国知识分子好讲人格的力量，实际上，人格的力量若不和真理的把持紧密结合起来，人格的力量就是盲目的，它很可能在进步与保守、革命和反动、觉悟和愚昧这各种不同的方向上发挥自己的作用，从而形成一种相互抵消的力量，让社会历史在原地打转。西方自然科学的发展以及由此派生的技术的力量，使中国近代知识分子开始认识到科学的力量，认识到真理的宝贵以及真理的不可移易性。西方的"民主"在梁启超、谭嗣同这类知识分子那里，其实也是作为一种"真理"而被追求着的。中国古代的文学艺术滋养着中国知识分子的文学艺术趣味，但西方文学艺术的发展却重新唤起了他们对个人自由的渴望，从而把文学艺术从"文以载道"的目的意识下解放出来，成为自己自由意志的自由表现。

总之，在中国近现代知识分子这里，"西方话语"成了他们争取自身自由的同盟军。他们通过对西方文化的意识，意识到的是自己的独立性和自己的力量。

但这并不说明"西方话语"就不会成为一种霸权话语。

三

西方的话语霸权，同中国的话语霸权一样，也首先产生于西方文化内部，是在西方人与西方人之间的政治、经济、伦理权力关系中产生的。

西方当代话语霸权的力量，与当代知识分子的职业竞争是紧密联系在一起的。不论是在西方，还是在中国，原始文化都不是一种职业选择，因而它也是超越于一切政治、经济、伦理的权力关系的，古希腊、罗马的知识分子和中国先秦知识分子，开始在浑然一体的人类社会中独立出来，带有了某些职业性的色彩，但其职业意识是很淡漠的。他们之间的差异更是彼此真实思想感情的差异，而并不主要取决于各自政治、经济的利益。当代知识分子的职业化以及越来越激烈的职业竞争，使知识分子的文化选择带上了明显的政治、经济利益的色彩，这不但强化了国家以政治、经济利益的杠杆控制知识分子及其文化生产的可能性，而且为大量并不具有真正文化意义亦即并不体现知识分子本人思想和情感要求的文化产品的生产提供了可能，这类产品生产的轻易性使它们像一股股文化旋风一样将社会大众的情感和情绪旋离自己真实的人生和真实的内在要求，陷入毫无意义感觉的消费欲望里，而把真正严肃的思考和真诚的情感表现掩埋在这些满天飞扬的文化产品中。在过去我们因为知道得太少而愚昧，现在，我们也可能因为知道得太多而糊涂。能够发动起从苏格拉底、布鲁诺、列夫·托尔斯泰到甘地，从老子、孔子、墨子到鲁迅这样的文化精神的知识分子不是没有，但在知识分子中的"比例"却大幅度下降了。文化飞扬起来，文化精神却萎靡了下去。西方当代文化的发展并没有像人们原来所预期的那样，加强人与人之间的同情和理解，反而增强了人自身的孤独感和无助感。西方的精神危机并没有从根本上得到克服。西方不是我们梦中的天堂。

"西方话语"与中国现当代文化

但是，在这里，我们还有一个怎样感受和理解西方人也承认的这种精神危机的问题。在"五四"前后，像辜鸿铭、梁漱溟、梁启超这样一些知识分子，都在西方这种精神危机的恐吓下重新回到中国古代的文化传统之中去，并把拯救中国和世界的希望寄托在自己固有的文化传统上。作为一种理想，我们不能绝对否认它的价值和意义，但是，他们至少忽略了以下几个关键性的问题：一、西方的精神危机就是中国的精神危机吗？二、精神危机都是在同样一个历史层面上的危机吗？三、人类存在期间可能不可能出现一个根本没有精神危机的社会呢？在那样一个社会里，知识分子还有没有自己存在的价值和意义呢？四、人类社会存在不存在克服所有精神危机的灵丹妙药呢？西方的文化传统不是这样的妙药，中国古代的文化传统就一定是这样的妙药吗？五、西方的精神危机是依靠西方人自己去克服呢，还是要由中国知识分子代为克服呢？或者，中国知识分子是为了克服中国精神危机而存在的呢，还是首先为克服西方的精神危机而存在的呢？六、克服西方精神危机的力量存在在哪里呢？是在西方文化的内部呢，还是在西方文化的外部呢？若是在西方文化的内部，它们是不是属于西方文化呢？假若它们也属于西方文化，我们又有什么理由失望于西方文化呢？七、克服精神危机是依靠解构乃至反抗话语霸权而实现呢，还是依靠建立另外一个霸权话语的绝对统治地位而实现呢？假若必须依靠对话语霸权的解构和反抗而实现，这种话语将是一种什么样的话语呢？它们将怎样实现对西方霸权话语的解构呢？

事实上，西方现当代文化的话语霸权与西方中世纪宗教神学的话语霸权已经具有截然不同的特征，与中国"五四"之前甚至之后的话语霸权也有根本的区别。它已经不存在一个统一的国家意识形态，已经不存在一个以国家政治、经济、军事力量保护着的思想文化学说，至少在形式上，思想自由的传统已经成为一个传统。假若说在专制条件下的话语霸权就是政治统治阶层的话语霸权，反映着知识分子阶层和政治统治集团之间的矛盾对立关系，那么，现在的话语霸权就存在于知识分子阶层的内部，是知识分子在政治、经济、伦理等权力关系中自觉或不自觉形成的"共识"。西方知识分子不是不能说话，而是不能不说。但也正因为这样，反对话语霸权的力量也就混杂在西方话语体系的内部，它所需要的只是如何强化自己话语的力量，受到关注并获得社会更广泛的理解和同情。我认为，从19世纪末叶至今，西方文化中反霸权话语的话语体系至少有下列几种：

一、传统宗教意识及其在西方当代哲学和文学中的浸透。当基督教神学从现实政治、经济、伦理权力中抽象出来，主要作为人的一种意识形式存在并浸透在像列夫·托尔斯泰、陀思妥耶夫斯基、萨特、卡缪、卡夫卡这样一些文学家、哲学家的著作中之后，它为人提供的是离开现实的物质权力关系而感受和思考人的存在价值和意义的精神作用，这有利于人从精神价值的角度超越物质世界的权力关系，从而具有消解和反抗话语霸权的作用。

二、19世纪马克思主义直至当代西方马克思主义者对资本主义制度、资本主义文化的批判。这种批判是站在社会弱势群体立场上对体现现实政治、经济、军事权力的资本主义制度和资本主义文化的批判，它具有反抗乃至颠覆西方当代话语霸权的力量。

三、第一世界学术圈之内的第三世界知识分子的文化批评。以齐努瓦·阿切比、艾比·赛萨尔、弗朗茨·法侬等为代表的新殖民主义批评，以爱德华·赛义德、加亚特里·斯皮瓦克、霍米·巴巴、艾贾兹·阿赫默德等为代表的后殖民主义批评，"把解构主义的'差异'理论带入第一世界与第三世界的文化中，划出对立的鸿沟，从而给出东西方文化相对的差异性解说"[①]。我把中国的新儒家学派也列入这个行列，它体现着进入第一世界文化圈的汉学家对西方主流文化、对西方霸权话语的挑战。

四、女权主义批评。从女权主义角度看来，西方主流文化都是从男性霸权主义基础上建立起来的，这绝不仅仅反映着西方女性意识的发展，同时也是对西方整个主流文化的挑战和对全部西方霸权话语的颠覆。

五、西方和平主义者、绿色和平组织、环保主义者对西方工业文明的反抗。中国古代老子哲学的整个建构基础就是文化对人的异化，现代科学技术的发展以及对人类生存环境的破坏无疑更加证明了，在人类文

[①] 杨乃乔：《从殖民主义到后殖民批评的学缘谱系追溯》，载《后殖民批评》，北京大学出版社，2001，第2页。

化发展过程中始终存在而又始终处于非主流文化地位的自然崇拜,并不是没有存在的理由和存在的意义。科技文明是西方当代文明的重要标志,而对西方当代科技文明的挑战无疑也是对西方霸权话语的挑战。

六、在科学内部的反科学主义、在民主体制内部对执政党的批评、在西方内部的反西方中心主义、在美国及其盟友国之间的反对美国话语霸权的多边主义等等,也是对西方霸权话语的重要消解力量。

但是,我们必须指出,包括西方霸权话语和非霸权话语、反霸权话语在内的所有话语,都是"西方话语"。它们都有可能成为我们的霸权话语,也都有可能不成为我们的霸权话语。它们能否成为我们的霸权话语,不在于这种话语本身,而在于我们的接受。

四

对于西方的话语霸权,我们中国知识分子是不应该感到陌生的。

中华民族的民族感情,向两个不同的方向发展,一是盲目排外主义,一是在"师夷长技以制夷"基础上的向西方开放。前者是消极的退守的,后者是积极的进取的。正是在开放的过程中,中国知识分子开始将西方知识分子创造的文化同西方政治军事扩张主义文化区分开来。反对西方列强的政治军事霸权,接受西方知识分子创造的科学技术、文学艺术、社会科学以发展中国新文化,是"五四"之前几代具有开放意识的中国知识分子的基本文化思路。

但到"五四",中国文化的格局发生了一个根本的变化。新文化运动的胜利,改变了西方文化在中国社会的形象。旧的科举制度早已废除,中国现代的教育体制是依照西方的教育体制建立起来的,大量学科的内容是中国原来所没有的。一代一代的读书人只有通过现代教育的渠道才有自己的社会出路。也就是说,整个中国社会不是按照鸦片战争以来那些先觉知识分子的逻辑思路接受新文化的,而是在政治、经济利益的驱动下接受了现代教育,选择了一项现代的文化事业的。在这时,如何看待文化,如何看待文化与自我的关系,就成了一个关键的问题。在我们通常的理解中,霸权话语就是"错误的"话语,就是"不正确"的话语。我不同意这种说法。实际上，任何话语，都是社会部分人对自己意志和愿望的表达，而任何一种表达，又都不可能是社会所有人意志和愿望的表达。只有在相同的立场和统一的价值观念的基础上，才有正确与错误之分，脱离开这样一个确定的立场和价值观念，是无所谓正确与错误的。在中国古代社会，儒家的思想学说就是中国社会的霸权话语，但儒家思想学说却不能认为是一个错误的、不正确的思想学说，它仍然是中国古代最伟大的几个思想学说之一。"三民主义"也是这样。"三民主义"是孙中山在民主革命的过程中提出来的，是在中华民国成立后逐渐作为国家的意识形态话语得到重视和宣扬的。不论从何种角度，它都是最能体现中国现代国家立国纲领的思想。对外关系中的民族主义立场，民生主义的经济原则，政治体制上的民主制度，这就是中国现代国家与中国古代封建专制制度的三个最根本的区别。但当它成为国家意识形态的话语，当它受到了国家政治、经济、军事权力的直接保护，它就正式退出了社会交流的渠道，成了国家权力的象征。在这时，在"三民主义"的话语中包含的已经不是三民主义的内容，而是一整套政治、经济、军事的权力话语。真正限制着中国精英知识分子才能的充分发挥的，是这样一个文化专制主义的语境，而不是处于更恶劣的政治、经济环境的左翼知识分子。"新月社"被封之后，英美派知识分子曾与这种国家霸权话语进行过短暂的对话，这也成了他们将西方话语转化为真正有社会价值的中国话语的一次实践，但可惜这种对话并没有坚持下去。在其他的时间里，它用更大的精力用于与当时左翼文化的对话。实际上，这种对话是一种语言的错位。在这种对话中，不但将他们居高临下的话语霸权姿态表现了出来，而且也充分暴露了这些话语形式在中国语境中的软弱和无力。——西方学院派话语是在学术完全自由的条件下教授与教授、教授与学生之间的一些对话方式，用于与在政治专制、文化专制的严峻环境中挣扎的底层知识分子的对话，能起什么作用呢？

那些在中国社会失去了政治、经济权力怙恃的中国青年知识分子，更多地集中在了马克思主义的旗帜之下。

必须看到，马克思主义也是一种"西方话语"，也是在西方人与人的思想情感的交流中产生并发展起来的。

"西方话语"与中国现当代文化

在西方文化中,马克思主义的话语是影响最大、体系最完整的一个反霸权话语体系,直至现在,它仍然是在资本主义内部对资本主义进行批判的主要话语力量。马克思主义的出现标志着西方现代知识分子对中世纪宗教神学的批判任务已经基本完成,在整个西方社会上基督教神学已经不具有绝对的霸权地位,而推动了西方资本主义产生并发展的话语形式已经占据了统治地位,已经成为社会的一种习惯性的思维方式和话语方式。但是,在资本主义制度之下,在资本主义意识形态的话语帷幕中,仍然掩盖着整个社会弱势群体的利益,这个弱势群体就是工人阶级。马克思主义就是从工人阶级的利益出发对资本主义制度进行批判的。在马克思主义理论中,工人阶级与资本家阶级是西方社会两个对立的阶级,这两个阶级的利益是矛盾的,工人阶级必须联合起来同资本家阶级进行斗争才能够保障工人阶级的合法权利。这种斗争会受到代表资本家阶级利益的国家机器的镇压,在这时,工人阶级要颠覆资产阶级专政的国家机器,建立无产阶级专政,并在无产阶级专政的条件下逐步消灭阶级和阶级差别,最终建立起一个符合人类理想的社会——共产主义社会。这个思想体系之所以在西方社会得到了广泛传播,显而易见,是因为在当时的西方社会上,确确实实存在着一个庞大的工人阶级的队伍,这个工人阶级的队伍确确实实处在无权、贫困且自身的利益得不到根本保障的条件下,当时欧洲的工人运动不断爆发并且规模越来越宏大,成为西方社会,特别是具有人文关怀的知识分子所无法回避的问题。马克思主义从理论上揭示了这样一个问题,不能不引起社会各阶层成员的注意。

马克思主义是在五四新文化运动之后正式传入中国的,当时它直接同中国共产党的政治革命结合在一起,还没有成为一种影响广泛的社会文化。它之进入中国文化界,是由于创造社、太阳社等留学国外的知识分子的提倡。这些知识分子,是在1927年的白色恐怖中受到社会排挤和压迫的知识分子,具有强烈的反霸权倾向。但是,他们在其文化特征上与英美派精英知识分子阶层并没有什么根本的不同。当他们接受了马克思主义的话语体系的时候,他们的整个经验体系还是极其狭窄的。在他们的经验体系中,既没有一个赚取工人阶级剩余价值的资本家阶级,也没有一个与资本家阶级做着斗争的工人阶级。他们与这两个阶级都没有过直接的接触，也没有与他们建立起或憎或爱的情感联系，这两个阶级的划分不是他们经验体系中的元结构，而只是在西方马克思主义话语体系中接收来的一个观念模式。这种错位，使他们首先找到的敌人不是中国的资本家，而是鲁迅、茅盾这样一些同样受到国家霸权话语压制的知识分子。这说明他们的经验体系是在知识分子的职业竞争中建立起来的。在这种竞争中，他们将马克思主义这种西方的反霸权话语实际变成了一种霸权话语。但是，他们也同当时英美派精英知识分子一样，并没有实际的政治、经济、伦理的权力，他们的话语霸权只是话语形式上的，并没有实际的力量。

五

回顾从鸦片战争至今中国文化发展的整个历程，至少有一点我们是必须肯定的，那就是中国文化和西方文化至今仍然是平行发展着的两种文化，我们的文化是独立的，它的独立性是由两个相关的因素构成的：一、我们是一个独立自主的民族国家，以这个国家为基础我们构成的是一个结构完整的社会整体。二、我们有自己独立的民族语言。在我们国家内部，在我们社会上，是主要用我们民族的语言进行思想情感的交流的，我们的文化产品主要是我们民族的语言文化产品，在我们的民族文化圈中得到更加广泛的传播。不论我们的文化较之鸦片战争之前发生了多么巨大的变化，但它都是我们民族语言的产品，都是我们社会的文化。这是与美国的黑人文化、印第安人文化和南北美、南部非洲很多国家的文化根本不同的。任何西方话语，要进入我们这个民族语言的网络，都必须经过翻译，都必须找到自己与中国话语的对应关系，都必须与中国其他的话语构成新的组合，转换成中国人能够感受、理解并实际运用的中国话语。否则，它就不可能对我们整个中华民族构成实际的影响，更莫说成为我们的霸权话语。

西方话语霸权的问题，并不发生在整个中国文化中，而是发生在我们少数精英知识分子阶层中，发生在我们的学术话语中。

"西方话语"与中国现当代文化

"文化大革命"结束之后,我们的文化重新走向了开放。在这一次的开放中,五四新文化传统起到了关键的作用,它是在人的解放和思想解放的旗帜下进行的。也就是说,它不是西方文化侵略的产物,而是中国知识分子为了本民族文化的发展,主动做出的一次文化选择。西文文化的翻译和介绍与中国知识分子自己的创作一起,构成了我们"文化大革命"结束至今的中国文化。但是,我们这一次的开放,却有与五四新文化开放并不完全相同的特点。"五四"文化开放是由中国知识分子独立发动的,是以文化开放为唯一目标的,因而它的开放幅度在当时的历史条件下是相当阔大的。俄罗斯和东欧、北欧等弱小民族的文化与文学同英美等发达资本主义国家的文化与文学受到了同样乃至更大的重视。对外国文化的介绍同中国知识分子自身的人文关怀紧密结合在一起,保证了五四新文化运动鲜明的民族文化特征。不论是胡适的《文学改良刍议》、陈独秀的《文学革命论》,还是鲁迅的小说,都在现代性中表现着鲜明的民族色彩,对本民族文化的关怀是他们最根本的关怀。"文化大革命"结束之后的这一次开放不是中国知识分子独立发动的,而是在政治家发动的经济开放的基础上实现的。这就在文化的开放中渗入了更多的政治和经济的原因,西方政治、经济上的优势地位也决定了它在我们文化输入上的优势地位。这种优势在我们精英知识分子思维方式和话语方式的形成上是有莫大影响的,这使在它种文化影响下形成的思维方式和话语方式受到漠视甚至压抑。从90年代开始,在中国精英知识分子中间发动起了一股淡化人文关怀的思想潮流,这在民族文化内部的关系中不失为一种主张,但对于留学生文化的影响却不能不是负面的。西方文化和中国文化自然是两种独立的文化,西方人就有西方人关心的特殊问题,中国人也有中国人关心的特殊问题。仅仅把西方人提出的问题当作自己的问题,会把我们不能不考虑的问题搁置在一边,而把我们不必考虑的问题絮叨个没完;即使我们和西方学者共同关心的问题,因为西方文化和中国文化是两个根本不同的语境,感受的方式和解读的方式也应当有一定程度的差别。对中国的社会、中国的人,没有最起码的人文关怀,用西方的话语像解剖青蛙那样解剖中国人、解剖中国的文化产品,西方话语是不变的,变的只能是被批评、被评价的中国人和中国的文化产品，西方话语无形中就成了一种霸权。在这里，职业的竞争也起了推波助澜的作用。职业竞争是中国文化内部不同知识分子之间的竞争，而竞争的方式却是从西方发达资本主义国家引进的理论话语，无形中就把我们置于西方话语的霸权的笼罩下。但是，以上这些只是一些流动着的文化现象，任何西方话语都不是像"文化大革命"及其以前那样，被政治、经济、伦理权力强制推行的话语。对这些现象，我们是可以批评的，可以提出异议的，每一种西方话语都在流变中找不到自己确定的位置，其霸权也不可能真正建立起来，最终的结果还是被中国文化所吸收，所消化。

最后，我还有一个很不成熟的想法，我认为，经济上有一个全球化的问题，文化上还没有一个全球化的问题。我们现在所说的文化的全球化，实际上只是美国化或西方化。你不是用汉语写作，就是用英语、日语、俄语或其他民族语言写作，现在还不存在一种全球通行的世界语言。你用什么语言写作，就决定了人们在哪一个民族的语境中感受你、理解你、阐释你，就决定了你体现的是哪个民族文化发展的状况和特征。像赛义德的《东方主义》，应该被视为西方学术著作，因为它是在西方文化圈中产生并发生影响的，在伊斯兰文化圈中，它可能就不是这个样子的。这和经济是不一样的，商品不是话语，它在不同民族有着基本相同的功能和意义，在世界性的流通中不会发生质的变化。话语则不同。"中国"在中国就是"我国"，在美国就是"外国"，不同的民族对同样一个词语的感受和理解是极其不同的。

原载《文学评论》2004年第1期

舜与中国文化

一

1917年，胡适从美国留学回国，在北京大学担任中国古代哲学、英文学和英文修辞学的教学。据后来成了中国著名历史学家的顾颉刚先生的回忆，胡适的中国古代哲学史课，"不管以前的课业，重编讲义，劈头一章是'中国哲学结胎的时代'，用《诗经》作时代的说明，丢开唐、虞、夏、商，径从周宣王以后讲起。这一改把我们一班人充满着三皇、五帝的脑筋骤然作一个重大的打击，骇得一堂中舌挢而不能下。"但他听了几堂课之后，遂感到"胡先生讲得的确不差，他有眼光，有胆量，有断制，确是一个有能力的历史家"[1]。著名哲学家冯友兰先生对胡适在中国哲学史研究中的这一革新也有很高的评价，他说："这对于当时中国哲学史的研究，有扫除障碍、开辟道路的作用。当时我们正陷入毫无边际的经典注疏的大海之中，爬了半年才能望见周公。见了这个手段，觉得面目一新，精神为之一爽。"[2]时至今日，我们仍然不能不承认胡适这个学术革新的价值和意义，同时也必须看到，它给我们中国思想史乃至

---

[1] 顾颉刚：《古史辨·自序》，河北教育出版社，2000，第52—53页。
[2] 冯友兰：《三松堂自序》，人民出版社，1998，第205页。

中国文化史的研究也带来了另外一些重大的影响，而这些影响，可能带有更根本的性质。

首先，什么是中国的思想史和中国的文化史？中国的思想史和中国的文化史是不是就等同于中国的书面文化所体现的思想和文化的历史？我们现在经常说"中国传统文化"，并且把中国传统文化就等同于孔子所开创的儒家文化，或者更宽泛一点，就等同于由先秦思想家所开创的中国书面文化传统，与胡适的这种文化观念是有莫大关系的。显而易见，这样的文化观念，把中国传统文化这个概念人为地简化成了一条或者几条文化的线索，并且就把这样一条或者几条线索当成了全部的中国思想史和中国文化史，把这些书本中的文字话语就当成了中国人思想和道德的总和。

第二，研究中国思想史和中国文化史的基本方法是什么？是不是考证就是研究中国历史唯一的基础方法？这在从先秦到当前的历史研究中看来是这样的。但假若我们认识到，我们的文明史不是从春秋战国时期开始的，而是在那以前很早很早的时候就已经开始了。在那个漫长而又漫长的历史时代里，是没有更多的文字记载的，仅仅用考证的方法根本无法确定被后来人叙述出来的那时的历史人物和历史事实的真实性，当代的考古发掘可以了解那时人们的生活、生产状况，但却无法证实当时人们的感受和认识。那么，它们还有没有"历史的真实性"？假若还有，这种"历史的真实性"又应该怎样理解，怎样予以确定？也就是说，除了考证之外还有没有另外一些基本的方法以保证对这样一种历史做出有效的研究呢？实际上，即使对于有了文字记载之后的中国历史，仅仅用考证的方法也是无法进行更有效的研究的。对于一个历史家，一个时代的文字记载与其说是考证新的历史事实的依据，不如说更是历史家研究的对象。历史家的任务主要不是了解历史是怎样被那个时代的知识分子用文字进行表述的，而是了解在知识分子文字表述背后的历史到底是怎么样的，它是怎样演化和发展的？"文化大革命"的历史，仅仅用当时的文字记载能够考证清楚吗？不能！"文化大革命"的历史是我们的历史家运用自己对社会人生的感受和了解从当时的大量文字记载中感受出来、发展出来、整理出来的。考证出来的历史不是那时真实的历史。

第三，我们经常说中国文化的"根"，假若我们就把春秋战国时期之后的文化当作中国文化的全部或主体，我们中国文化的"根"也就只能在春秋战国时期的思想文化学说中去找，并且在通常的情况下是把孔子的儒家文化学说作为中国文化之根的。但在实际上，春秋战国时期的中国文化已经不是中国文化的"根"，而是中国文化发展到较高阶段的产物，是中国文化的枝和叶，中国文化的"根"存在于这个历史阶段之前的中国历史中，并且那个历史阶段与这个历史阶段的特征是根本不相同的。这样，我们的文化研究中也就出现了以枝叶代根干的情况。也就是说，正是因为我们把中国思想史乃至中国文化史主要理解为从春秋战国时期"士"这个阶层形成之后的历史，并且把中国思想和中国文化就主要理解为这个阶层的思想和文化，才导致我们每一次的文化寻根都首先回归到先秦儒家文化这样一个特定的文化学说中，并且每一次的文化寻根行动带来的都不是中国知识分子内部精神联系的加强和民族文化共同体意识的增长，而是中国知识分子自身的更大分裂和民族文化共同体意识的进一步削弱。

只要从这三个方面考虑，我认为，把舜文化从整个中国文化中提取出来，作为一个独立的文化形态进行研究，进行思考，就是意义非常重大的了。

我们不能说它寻到的就是中国文化的"根"，但至少，它更加接近了中国文化的根部。

二

为什么我们每一次把中国文化的"根"直接归结到先秦儒家文化学说的文化寻根行动引起的都不是中国知识分子内部精神联系的加强和民族文化共同体意识的增长，反而是中国知识分子自身更严重的分裂和民族文化共同体意识的进一步削弱呢？在过去，我们往往将此归结到西方文化对中国知识分子的思想影响上。但只要我们进入到中国文化史的具体发展过程之中去，就会很容易地发现，它的更根本的原因还不在于西方文化的影响，而在于先秦儒家思想学说本身就不是在中国文化的趋同化发展过程中产生的，而是在中国文化的分化发展过程中产生的。即使在先秦知识分子的思想学说中，儒家的思想学说也不是"只此一家、别无分店"，而只是其中的一家一派。它在后来虽然受到政治统治者的有意提倡，但却始终没有统一起全部的中国文化，它充其量只是中国古代文化中的一个主要枝干。不言而喻，将这个主要的枝干绝对化，就等于将其他所有不同的文化学说逐出中华民族文化之外，抹杀其存在的价值和意义。这自然会导致中国知识分子之间的分裂和中华民族文化共同体意识的削弱。

春秋战国时期的中国文化呈现的是分化发展的趋势，但这个发展却是在一个统一的根茎上进行的。这个统一的根茎就是更早时期的中国社会和中国文化，而作为它的根本标志物的则是中华民族最早的几个政治帝王：尧、舜、禹。

对于尧、舜、禹这三个政治帝王存在的真实性，我们是无法通过科学考证的方法予以证实的。后来人关于他们的任何叙述，都可能带有传说的、想象的成分，都可能是"不真实"的，但在所有这些"不真实"的传说和想象的背后，却有着真实的中国社会和中国历史，有着我们先民对世界、对人类、对政治及其领袖人物的真实感受和认识。

正因为后来人关于尧、舜、禹的任何具体叙述都有可能是不那么真实的，所以我们更有必要首先抛开那些具体的事实而用我们自己的生命体验想象那时的中国社会和中国历史。我认为，只要我们撇开各种现成的历史分期的方法，仅仅用我们最朴素的感知方式感知那时的社会和人，我们就会知道，他们实际出现在中华民族从自然社会向政治社会转换的过程中。这个转换可能在更早一些的时间里已经开始，但在春秋战国时期人们的历史回溯中，尧、舜、禹则是这个转换过程中最早而又最具历史确定性的几个政治帝王。我们所说的自然社会，指的是这样一种社会的存在状态：在那时，中国社会已经处在形成的过程中，但这个形成过程是自然的，而不是当时任何人的一种自觉追求。在中国这块广袤的土地上，分散着无数大大小小的部落群体，通过部落或个人的迁徙和流动，各个地区之间的联系正在加强，但却还没有一个统一的国家形式，把这些分散的部落联系成一个跨地区的社会整体。所谓"有巢氏"，

舜与中国文化

所谓"燧人氏",所谓"神农氏",实际上都不可能是政治上的帝王,他们即使有一个原型,有一个具体的所指,也只是在中国社会上有着比较广泛影响、在生活和生产的技术上有过特殊才能的个人或小的部落的首领。这样一个国家的形式,首先出现在黄帝时期。在那时,由于少数部落的强大以及对多数部落的威胁,更多的部落开始联合在黄帝的周围,通过争战,开拓了疆土,出现了一个凌驾在所有这些部落之上的国家机构:"诸侯咸尊轩辕为天子,代神农氏,是为黄帝。天下有不顺者,黄帝从而征之,平者去之,披山通道,未尝宁居,东至于海,登丸山,及岱宗。西至于空桐,登鸡头。南至于江,登熊、湘,北逐荤粥,合符釜山,而邑于涿鹿之阿。迁徙往来无常处,以师兵为营卫。官名皆以云命,为云师。置左右大监,监于万国。"显而易见,这时的国家形式还是非常简单的,黄帝也主要是一个"习用干戈"、能征善战的军事首领,还没有与他统治下的人民建立起互动的关系。到了尧、舜、禹的时代,国家的作用才比较充分地表现出来,而在其中起到关键作用的则是尧、舜、禹这三个著名的政治帝王。显而易见,他们在当时的社会上是最引人注目的人物,他们的故事掺杂着人们的猜测和想象流传在当时的社会上,同时也以口头的形式一代一代地流传下来。

国家的形成,整个地改变了中国社会的基本结构。在自然的社会中,每一个人都是一个个体;每一个部落都是一个独立的群体,凌驾在所有这些个体和群体之上的就是自然,就是天和地。在当时人们的观念中,天和地好像和人一样也是有意志、有喜怒哀乐等人的情感的,但自然是一个神秘的整体,人对它的意志就只有猜测而没有决断,这表现在人与人、部落与部落之间的关系上,由于各自是以自己的形式猜测自然的意志的,因而它无法起到压制一方而支持另一方的实际作用,整个社会关系仍然呈现着无政府主义的无序状态,没有统一的法律,也没有统一的道德标准。国家的出现,整个地改变了社会的关系,也逐步地影响到人与人关系的改变。在这时,社会上出现了一个凌驾在每一个人、每一个社会群体之上的国家政治统治集团。这个集团不属于任何一个其他的群体或个人,但又与任何一个其他的群体或个人发生着直接的关系。围绕着它的产生,社会被自然地分成三个部分:国家、人民、盗匪。盗匪或者是威胁到人民生命财产的安全，或者威胁到国家政权的至高无上的权威，或者是兼而有之，但不论怎样，它在国家中是少数的人，被国家宣布为坏人，是国家权力必须消灭的对象。国家政权也是由少数人组成的，它必须依靠国家多数人的服从或支持，人民就是国家必须依靠的多数人，国家的经费支出必须由人民负担；兵士必须从人民中征调。国家政权的生命就是权力，而其权力的基础则是在人民的服从或支持的基础上建立起来的。在国家政权的内部，则由君和臣的关系构成，君起的是核心作用和领导作用，但他是"孤家寡人"，他只有依靠众多臣僚的服从和支持才能实际地统治整个国家，实现国家的"长治久安"。除此之外，在自然社会存在的人与自然的关系仍然保留下来，这在"君"这里，表现为"君"与"天"的关系。不难看出，尽管当时的国家还是一个雏形，但"麻雀虽小，五脏俱全"，就其主要结构形式，它已经是完整的。在人类漫长的历史发展过程中，国家的政治体制可以发生各种各样的变化，其具体称谓也可以用各种不同的名目，其内部结构也日趋复杂，但在国家政权内部存在的还是一个君臣关系，在整个国家中存在的还是一个国家、人民、匪盗的关系，在外部存在的还是一个人与自然的关系。

　　必须看到，所有这些变化都是首先通过当时政治帝王意识的变化而发生的。仅仅军事的征伐无法导致国家的出现，它还必须建立在政治帝王长期维持对占领地统治的愿望之上。在这时，政治帝王意识到的是自己对这个政权、对这个国家的责任。他已经不能仅仅顺从个人刹那的欲望、一时的意愿而生活，还必须考虑到如何继续维持这个政权的存在。为此，他就要顺从"天"的意志，让国家政权的敌人感到畏惧，让他统治下的民众感到安全和幸福，让他的臣僚听从他的指挥、忠心为他的政权服务。所有这一切都是当时的政治帝王无法回避的问题，国家的观念、政治的观念、权力的观念、帝王的观念、臣僚的观念、人民的观念、组织的观念、部分与整体的观念、分工与合作的观念、法律的观念、道德的观念、经济的观念以及与这些观念相应的天道观念、人道观念、等级观念、礼仪观念、策略与方法的观念等等，都在政治帝王的政治实践过程中逐渐产生出来。这是一整套全新的意识形态体系，是适应着国家产生后社会关系的新变化而产生的，它改变着中国人的世界观念和人生观念，也改变着中国社会以及人与人关系的性质。但是，所有这一切，在当时都还不具有明确的思想形式，都还自然地包孕在政治帝王自身的政治实践和生活实践中，包孕在他们的人格模式中。也就是说，政治帝王这个人本身就是所有这些思想的载体，人们从他的存在中就可以感受或认识到全部的国家学说。假若我们认为春秋战国时期中国知识分子的思想学说也有一个关键词的话，那么，"圣人"就是那时的一个关键词。那时的"圣人"观念与后来中国的"圣人"观念是有根本不同的。后来中国人的"圣人"主要指的是像孔子这样的知识分子，而在先秦知识分子里，"圣人"则主要指尧、舜、禹、汤、文、武、周公这样的贤明的政治家，它与"圣人"这个词是混用的，而尧、舜、禹则是他们共同认可的三个"圣王"。

三

权力是整个国家大厦的支柱，没有权力就没有国家，但权力又是导致整个国家大厦倾覆的主要力量。严格说来，维系国家命脉的权力并不是所有形式的权力，而是国家集体的权力，这种权力是为维护国家整体利益而产生、而存在的，而不是为维护任何一个个人（包括国家的最高统治者）的利益而产生、而存在的。但是，在任何国家形式中，国家权力又都必须交由个人来掌握、来使用，否则，这种权力就仅仅是一种抽象的权力，无法有效地实行国家的管理。这就为国家权力的私人化提供了可能。私人化的权力是游离在国家集体权力之外的另外一种权力，不论这种权力掌握在谁的手里，都是削弱和瓦解国家集体权力的一种破坏性力量。它导致国家内部的权力斗争，并从内部削弱乃至瓦解国家这个政治实体。

一般说来，在从自然社会向政治社会转换的过程中，政治帝王的个人权力也就是国家的集体权力，而国家的集体权力也就是政治帝王的个人权力。在自然的社会中，人们是没有国家意识和社会整体意识的，国家意识、社会整体意识首先产生在当时政治帝王的政治实践中，他必须通过个人的努力而将原来分散的权力集中在整个国家亦即自己的手里，这就需要特定的才能、特定的个人情操，需要一种为国家整体的利益而忍辱负重的精神品质。一个飞扬跋扈的人是不可能将原本分散的各部落群体联系成一个统一的国家集体的。对于一个人，它不但不是一个轻松的职业，而且是一个过于沉重的事业。这就使普通民众和下级官吏对国家的最高权力没有更强烈的觊觎之心，国内的权力斗争主要集中在国家与那些不愿归顺国家的少数部落之间，在这种对抗中，胜利者当然是拥有国家权力、得到多数部落群体拥护和支持的政治帝王。而在相对和平的条件之下，当时的政治帝王就更有余暇从事有益于国计民生的公共事业，从事于能够加强民众与国家相互沟通、相互了解的人文教化活动。所有这些活动，都有效地强化着政治帝王的权威性。这种权威性包括两个方面的内容：反对者会受到严厉的惩罚，这使人"畏"；拥护者会受到政治帝王的保护，获得安全的保证以及更大的经济利益，这令人"敬"。在自然社会中，也有受到人们普遍敬仰的人物，但那些人物依靠的是个人的勇敢或个人的聪明才智。那是一个英雄的时代，一个"个人英雄主义"的时代。但当国家出现之后，这些个人的英雄就被国家权力的利刃切割成了三个不同的部分，一部分成为与国家权力相对抗的"盗匪"，不但受不到社会的崇拜，而且会遭到国家权力的残酷镇压，遂以恶名播扬于世；另外一部分则成为国家权力的附庸，他们是以对国家事业的贡献和对政治帝王的忠诚而得到国家的承认的，其权威性自然无法上升到政治帝王之上，而那些既非官也非匪的英雄豪杰、才智之士，其影响总是局部的，没有施展他们才能的更加广阔的空间，也不可能得到政治帝王那样的普遍崇拜。这样，在国家权力所自然具有的潜在力量在政治帝王的主观努力下得到较为充分的展示之后，政治帝王的权威性就渐渐替代了自然社会的个人英雄，成为人们普遍敬畏的对象。在这时，也只有在这时，国家政治统治才开始面临着真正的危险。这种权威性，赋予政治帝王的权位本身一种无比巨大的力量，即使他不再通过实际的努力而争取社会民众对他的信任和支持，社会民众也自然地会敬畏他的权力，服从他的意志，维护他的利益。这样，政治帝王这个职业就变得异常轻松了。他不再需要任何特殊的才能，不再需要忍辱负重的精神，这个职位本身又可以使他成为全国最富有、最有权势、最受国人崇拜并且也是享有最大自由的人。这样的职位，就不能不引起更多人的觊觎了，所有的人在内心都渴望着这样一个政治帝王的生活，即使无法成为实际的帝王，也要利用国家的权力扩大自己的利益、保证个人身家性命的安全和幸福。在开始，政治帝王不但是在组织上，同时也是在精神上联系整个国家的纽带，而现在，政治帝王则成了所有矛盾的焦点。政治帝王的精力和才能不能不主要用在维护自己的权位上，他的臣僚也不能不以各种形式卷入这样的政治权力斗争，国家的事务再也无法按照事务本身所需要的方式得到解决，而是成为各派政治势力进行权力角逐的战场。个人权力的斗争是残酷的，以国家权力的名义进行的个人权力斗争就更加残酷，并且有着牵一发而动全身的力量。国家在刚刚出现的时候是给人类带来福祉的社会组织形式，但在这种情况下，则成了毁灭人类、毁灭人类幸福的罪恶的渊薮。我们必须看到，春秋战国时期中国知识分子的思想学说，不仅产生在像尧、舜、禹这样贤明君主的成功的政治实践中，同时也产生在像桀、纣这样暴虐君主的失败的政治实践中。我们甚至可以说，正因为他们强烈地感到了国家政治的严重危机，感到了现实政治的混乱和黑暗，他们才把目光转向了尧、舜、禹这样一些古代的政治帝王，并在有关他们的传说中发现了他们现在仍然感到十分重要的东西。假若说"圣王"是春秋战国时期中国知识分子思想学说中的第一个关键词，"暴君"就是它的第二个关键词，它是作为"圣王"的反义词而出现的。

即使在尧、舜、禹这三个早期的政治帝王之中，舜的事迹、舜的形象，也更全面、更集中、更典型地体现了中国由自然社会向政治社会转换过程中国家意识形态的特征。

什么是国家意识形态？国家意识形态就是从国家整体需要对自然、对社会、对人做出的感受、了解、认识和价值判断。它是集体主义的，而不是个人主义的；是节欲主义的，而不是纵欲主义的；是道德主义的，而不是自由主义的。随着中国国家的产生，中国的国家意识形态也就随之产生了，它首先是通过贤明的政治帝王的政治实践和生活实践具体体现出来的。

在中国的历史记载中，尧主要是作为一个光明磊落的政治帝王的形象出现的。他"富而不骄，贵而不舒""亲九族""合和万国"，将在自然社会中各分散的部落和民众集中在国家统一的领导之下。至于他所实行的禅让制度，后来人是有不同的看法的，但我认为，正是这个禅让制度，才可能是中国政治制度的真正的传统形式，世袭制倒是中国传统政治自我异化的产物。实际上，任何一个真正将政治事业当作国家的集体事业而不是将国家视为自己家庭的私有财产的政治帝王，在十分自然的情况下都会将国家政权传承给自己认为有能力治理好这个国家的人，这个人在更多的情况下不会是自己的儿子或亲人。直至现在，我们对辛亥革命之后中国政治制度的进步，一直没有给予过十分恰当的说明。我认为，辛亥革命在政治制度方面带来的最大进步其实就是由世袭制重新恢复到了禅让制。这是中国政治制度克服自身异化的结果，也是政治制度上的一个进步，但却不是西方民主制度代替中国传统的封建制度那样的进步。从辛亥革命的这一结果也能充分地说明，禅让制很可能就是中国早期国家权力的传承形式。

舜实行的也是禅让制，他没有把权力传承给自己的儿子，而是把政权交给了禹。但除此之外，在有关舜的传说中，还包含着中国古代国家及其政治帝王的更大量的信息。一个政治帝王拥有最大的权力，但这权力却只能用于国家的集体事业，而不能将其转换为个人的私产，这就要求他必须具备一般人所没有的品格。这种品格，不是在成为政治帝王之后才养成的，而必须是在没有任何权力的时候就已经具备的，并且在拥有了权力之后也不能发生根本的变化。"舜父瞽叟盲，而舜母死，瞽叟更娶妻而生象，象傲。瞽叟爱后妻子，常欲杀舜，舜避逃；及有小过，则受罪。顺事父及后母与弟，日以笃谨，匪有解。"以现在的观点，我们会认为舜的这种表现有点愚忠愚孝的性质，但要从衡量一个政治帝王的标准出发，我们就会感到，这恰恰是他能够成为一个贤明君主的最基础的条件。正是在这种逆境中，在这种完全被动的生活环境中，养成了舜的坚韧，这不但是对自己生命的坚韧，同时也是对某种生活原则的坚韧。不论条件多么艰苦，不论别人怎样对待我，我也不会离开正常的原则，将自己陷于不义的境地。这对于一个拥有无限大权力的政治帝王而言，不能不说是极为重要的。政治帝王只能有公仇，不能有私仇，他得是一个按照固定的原则待人接物的人，而不能是一个性好记仇、睚眦必报的人。否则他就会将国家的权力转化为个人的权力，陷入私人恩怨的斗争中去。怯于公斗而勇于私斗的政治帝王，对于整个国家的破坏作用甚至更大于秦始皇一类的专制暴君。舜"耕历山，渔雷泽，陶河滨作什器于寿丘"，并且每到一地，每做一事，都能受到人的拥护，都能把事情做好："舜耕历山，历山之人皆让畔；渔雷泽，雷泽上人皆让居；陶河滨，河滨器皆不苦窳。"①这是一个负责的人，一个忠于自己职守的人，一个有思想有才能的人，一个能办实事的人，一个能够获得人的爱戴和尊敬的人。在成为政治帝王之前，舜还为尧臣多年，这样，舜作为一个贤明政治帝王的形象就得到了更全面的展示，他的为子、为人、为臣、为君，实际体现的都是国家意识形态所必然要求于人、要求于一个政治帝王的。可以说，舜就是中国国家意识形态的一个活的标本。

四

舜文化体现的就是中国的国家意识形态，但这种国家意识形态到了春秋战国时期的中国知识分子这里，发生了一个根本的变化，这个变化就是从政治实践者的文化转化成了中国知识分子的文化。按照我的观点，中国社会从此也进入了一个文化的时代。

如上所述，自然的时代是一个没有统一的法律，没有统一的道德标准，没有凌驾于整个社会之上的国家机器的时代。国家产生之后，一个体现国家意志、体现国家统一要求的文化开始形成，但这种文化还没有脱离开政治实践者的政治实践要求，是浑融地凝结在某些贤明政治帝王的具体形象之中的。在这个时代，社会是由两部分人组成的，以政治帝王为首的国家和国家统治下的民众。整个社会的关系是政治的关系。政治帝王体现的是社会整体，民众自身的生活实际还保留着自然时代的主要特征，但已经被国家纳入国家的政治关系之中。它和古希腊那些城邦国家根本不同的

---

① 以上引文均见司马迁《史记·五帝本纪》。

特征是，民众在整个国家关系中仍然处于十分被动的地位，而古希腊的平民则在国家政治生活中具有一定的主动参与权。在春秋战国之后，知识分子的文化开始成为一个独立的力量，即使国家的政治生活，也不能不受到知识分子文化的制约。从春秋战国到鸦片战争，中国的政治制度实际上并没有发生实质性的变化，由封建制向郡县制的过渡改变的是政治帝王与知识分子的关系，而没有改变国家政治统治与一般民众的关系。在这个时期，得到持续发展的是知识分子及其文化。

我认为，将春秋战国时期的知识分子文化，特别是儒家文化纳入舜文化的传统中来分析、来论证，是独具慧眼的，但这种演变并不是直线的推进过程，而同时发生着平面的转移。以舜文化为代表的浑融一体的中国国家意识形态，到了春秋战国时期，已经由政治实践者阶层主要转移到了知识分子阶层，并在知识分子阶层内部发生了分化，各向不同的方向发展。可以说，它在任何一个方向上都是对舜文化的一种继承，但又是对舜文化的一种歪曲。这种状况像从一个树干上分出的各个树枝，没有任何一个树枝不是从树干上分化出去的，但也没有任何一个树枝是沿着树干的方向直直向上的。这种情况的发生并不难以理解：春秋战国时期的中国知识分子不是直接的政治实践者，也不是从当时实践政治家的整体需要出发对国家意识形态的全面研究和阐发，而是在空前严重的现实政治危机的条件下对国家政治以及当时的政治家——主要是各诸侯国的国王——提出的愿望和要求。政治是一个整体，但其中又有各种不同的侧面，他们各自都有自己独立的关注角度，因而各自也有各自的主张和要求。他们都"祖述尧舜"，但对尧舜的理解和阐发又各有不同。

按照我的理解，儒家文化实际上是一种政治伦理文化。"齐景公问政于孔子。孔子对曰：'君君，臣臣，父父，子子。'"（《论语·颜渊》）这说明孔子所提倡的君臣父子的伦理道德就是一套政治的伦理，是为了国家整体的安定和团结的。到了后来，我们逐渐把孔子的思想学说当成了一般的伦理道德学说，它的特定性就被掩盖在了普适性的语言概念之中。实际上，孔子思想的这种具体指向性并不是难以理解的：在孔子这样的知识分子看来，当时社会混乱的根本原因不在于民众本身，而在于上层政治统治集团，在于在这个集团当中发展起了强烈的个人权力欲望。这种欲望破坏了周初建国的基本纲领，破坏了以君臣父子关系构成的整个国家政治体系，也与尧、舜、禹这些早期政治帝王的基本观念有着质的差别。在《尧曰》一章里，《论语》一书的编者们特别记述了尧对舜、舜对禹的政治训诫辞。它反映的其实是孔子及其弟子们对国家政治的基本理解以及对政治家社会责任意识的强调：

尧曰："咨！尔舜！天之历数在尔躬，允执其中，四海困穷，天禄永终。"

舜亦以命禹。

曰："予小子履，敢用玄牡，敢昭告于皇皇后帝，有罪不敢赦。帝臣不蔽，简在帝心，朕躬有罪，无以万方；万方有罪，罪在朕躬。"

周有大赉，善人是富。"虽有周亲，不如仁人，百姓有过，在予一人。"

谨权量，审法度，修废官，四方之政行焉。兴灭国，继绝世，举逸民，天下之民归心焉。

所重：民、食、丧、祭。

宽则得众，信则民任焉，敏则有功，公则说。

要为整个国家的兴旺发达负责，要为全国民众的安定幸福负责，这就是政治家的责任和义务。所以，国家政治不应该是私有的，"巍巍乎，舜禹之有天下也而不与焉！"（《论语·泰伯》）孔子认为舜和禹的伟大正因为他们的天下不是夺来的，而是由于自己的品德和才能获得了人们的信任，才将治国的重任交给了他们。儒家知识分子在尧、舜、禹三个早期的政治帝王中，更推崇舜，孔子说："无为而治者，其舜也与？夫何为哉？恭己正南面而已矣。"（《论语·卫灵公》）这应该是对一个政治帝王的很高的评价，孔子口里的"无为而治"，显然与老子所说有着根本的不同，老子重视的是万物的自化，孔子重视的则是舜的道德影响力。"天下明德，皆自虞帝始。"（《史记·五帝本纪》）孔子是主张德治的，所以他也更重视舜的政治传统。孔子闻韶乐"三月不知肉味"（《论语·述而》），赞扬韶乐"尽善尽美"(《论语·八佾》),也都联系着舜的德治传统。总之,孔子的学说实际上是一套政治伦理,是对政治家提出的伦理道德要求,他是从政治伦理的角度解读并继承尧、舜、禹等中国早期政治帝王的文化传统的。

但是,孔子的政治伦理,虽然附会于尧、舜、禹等早期的政治帝王,但最终还只是知识分子对政治统治者的一种良好的愿望和要求,是孔子按照自己的理想为政治统治者设计出来的一些道德规范,而并不是从这些帝王自身素质的全面考察中建立起的具有可操作性的政治伦理学。他忽略的恰恰是作为一个政治家的本质意义之所在。政治家的本质意义何在呢?政治家就是使用国家权力的,而国家权力就是一种无情的东西,是为了国家整体的存在和发展不惜牺牲部分人的利益乃至生命的东西。个人的权力欲望会毁灭国家权力的职能,个人的情感关系同样也会毁灭国家权力的职能。不论在何种权力的斗争中,斗争的双方都是不可能仅仅依靠对对方的仁爱之心的,是不可能做到"己所不欲,勿施于人"的。即使尧、舜、禹这样一些早期的政治帝王,也不是当时社会上最重个人感情关系的人,也不是绝对不用镇压手段的人。这里牵涉的不是人性的善与恶的问题,而是国家、政治、权力自身职能的问题,是政治实践对人性的塑造方式的问题。假若讲人性,那也只能说国家本身就是对人的自然本性的异化。这不是从人类存在以来就有的,而是在人类发展到特定阶段由于人的权力欲望的发展而出现的一种社会组织形式,是为了把分散的权力集中起来以避免无政府主义混乱状态而被人类意识到的一种必要性。在这个方面,先秦法家特别是韩非子更能揭示政治家的本质特征,更能说明政治帝王能够以一人之力统治整个国家的秘密之所在。这不仅是一种理论的问题,同时也是作为一个政治家的个人素质的问题,一个道德观念的问题。先秦法家是主张法后王的,是反对儒家知识分子"言必称尧舜"的话语方式的,但他们也并不否认尧、舜、禹这些早期政治帝王的神圣性,他们同样承认尧、舜、禹是"圣人",只是他们对圣人的理解却与儒家知识分子截然不同。韩非子说:"夫严刑者,民之所畏也;重罚者,民之所恶也。故圣人陈其所畏以禁其邪,设其所恶以防其奸,是以国安而暴乱不起。吾以是明仁义爱惠之不足用,而严刑重罚之可以治国也。无捶策之威，衔橛之备，虽造父不能以服马；无规矩之法，绳墨之端，虽王尔不能以成方圆；无威严之势，赏罚之法，虽尧、舜不能以为治。"（《韩非子·奸劫弑臣》）法家的言论听起来不像儒家的言论那样入耳，但它对政治本质的揭示却比儒家知识分子更加深刻，更加直截了当。也就是说，任何形式的国家意识形态，都不是纯善的，同时也必然包括恶，是善与恶的交织。任何一个政治家都不可能不受政治伦理的一定约束，与此同时，任何一个政治家也都不可能不弄权、不用权。

老子没有直接提到尧、舜、禹的名字，但他的思想同样也是对这些早期政治帝王政治实践的一种说明，一种阐释："是以圣人处无为之事，行不言之教，万物作焉而不辞，生而不有，为而不恃，功成而弗居。夫惟弗居，是以不去。"（《老子》第二章）"不尚贤，使民不争；不贵难得之货，使民不为盗；不见可欲，使民心不乱。是以圣人之治，虚其心，实其腹，弱其志，强其骨。常使民无知无欲，使夫智者不敢为也。为无为，则无不治。"（《老子》第三章）实际上，尧、舜、禹的时代是国家意识形态由无到有、由不自觉到自觉的时代，较之后来那些政治家，那时的政治也带有更多无意识的特征，而只要考虑到这一点，我们就不能不承认老子对这些早期政治帝王的描述也是一种真实的描述。到了庄子，对早期这几个政治帝王的态度就更加明确了。道家是崇尚自然的，所以庄子着意渲染的是黄帝的精神境界，视为"真人"，致使秦汉及其以后的道教文化将黄帝、老子共推为教主，而在庄子眼里，舜则是由万物自化的自然时代向人化自然的文化时代过渡的转捩点。"自虞氏招仁义以挠天下也，天下莫不奔命于仁义，是非以仁义易其性与。故尝试论之：自三代以下者，天下莫不以物易其性矣！小人则以身殉利，士则以身殉名，大夫则以身殉家，圣人则以身殉天下。故此数子者，事业不同，名声异号，其于伤性以身为殉，一也。"（《庄子·骈拇》）庄子所提出的，实际上是人的自然本性与社会价值标准之间的关系的问题，是自然人性与社会文化之间的关系问题。这个问题，我们往往不愿意考虑，但政治帝王本人则是不会不考虑的问题。我认为，正是这种考虑，使儒家的政治伦理虽然被历代政治家所接受，但却不会成为历代政治家真正的自我意识。他们之接受儒家的政治伦理看重的更是对别人的约束作用，而不是对自我的约束作用。

显而易见，老子和庄子对早期政治帝王的描述也只能是从一个角度进行的描述，而不可能是其整体的素质。他们处在自然时代向政治时代过渡的过程中，较之后来的政治帝王，自然带有更明显的无意识的特征。早期政治帝王的统治自然不像后来那些政治帝王那么严密，那么精巧，但是，他们之所以能够实现自己的国家统治，能够逐渐使分散的民众和各个部落的首领接受这种统治，还是要为被统治者做一些实际的事情的，还是要让被统治者感到国家存在的价值和意义。墨家文化则在这样一个特定的方向上建立了自己的学说。儒家知识分子提出的是统治集团内部怎样协调彼此关系的问题，所以它反对兼爱，主张有等差的爱。在政治统治集团的内部，是没有一个个人的权力和个人的私利的问题的，他们每个个人的权力和利益都是由他们的政治地位所预先规定好了的。再讲私，再讲利，就超越了国家所规定的范围，就成了涣散国家集体权力的因素。墨家文化是在一个政治统治集团和另一个政治统治集团之间，在政治统治集团同社会民众之间的关系中思考国家政治的作用和意义的，在这些关系中，是不能无视彼此的利益关系的。所以儒家知识分子和道家知识分子都不言利，法家知识分子言利但不言爱，而墨子则不但言利，而且言爱。他认为二者并不是矛盾的。"今天下之君子，忠实欲天下之富而恶其贫，欲天下之治而恶其乱，当兼相爱、交相利。此圣王之法、天下之治道也。"（《墨子·兼爱中》）"诸侯相爱，则不野战；家主相爱，则不相篡；人与人相爱，则不相贼；君臣相爱，则惠忠；父子相爱，则慈孝；兄弟相爱，则和调。天下之人皆相爱，强不执弱，众不劫寡，富不侮贫，贵不敖贱，诈不欺愚。凡天下祸篡怨恨，可使毋起者，以相爱生也。"（《墨子·兼爱中》）

总之，春秋战国时期的中国知识分子，莫不继承着尧、舜、禹等早期政治帝王的国家意识形态的传统，但由于他们是从外部对这样一种传统的接受，由于他们所关心的问题各有不同，所以其发展的方向也各有不同。它标志着中国统一的国家意识的分化。

五

　　什么是舜文化？舜文化不是舜说了什么，写了什么，而是舜做了什么以及怎么做的，舜文化就是舜的具体实践所体现出来的文化，所表现出来的文化的意义和价值。我认为，对五四新文化及其代表人物特别是鲁迅的观察与感受，就不应该与新儒家学派的观点掺和在一起了。新儒家学派视五四新文化及其代表人物特别是鲁迅为民族文化上的虚无主义者，是因为他们对儒家文化取着直接的批判态度，而对儒家文化的批判，在新儒家学派的观念里，就是对中国文化的批判。我们就应该看到，鲁迅不但不是新儒家学派所想象中的民族文化上的虚无主义者，而且对中华民族文化传统的内在感情超过了我们所能够想象的范围。当顾颉刚先生用考证的方法"证实"禹只是一条虫的时候，包括新儒家学派在内的大多数中国知识分子似乎没有感觉到任何不妥，而只有鲁迅，却表现出了超常的敏感。在他的《理水》这篇小说里，禹的形象几乎是完美的、崇高的、神圣的，因为他体现的恰恰是中华民族的生存意志和追求精神。他与那些文化山上的学者和教授们的最大区别就是他不是中华民族命运的旁观者，不是"评论家"和"布道者"，而是"切切实实，足踏在地上，为着现在中国人的生存而流血奋斗者"[1]。

　　　　我们从古以来，就有埋头苦干的人，有拼命硬干的人，有为民请命的人，有舍身求法的人……虽是等于为帝王将相作家谱的所谓"正史"，也往往掩不住他们的光耀，这就是中国的脊梁。

　　　　这一类的人们，就是现在也何尝少呢？他们有确信，不自欺；他们在前仆后继的战斗，不过一面总在被摧残，被抹杀，消灭于黑暗中，不能为大家所知道罢了。说中国人失掉了自信力，用以指一部分人则可，倘若加于全体，那简直是诬蔑。

---

[1]鲁迅：《且介亭杂文末编·答托洛斯基派的信》，载《鲁迅全集》第6卷，人民文学出版社，1981，第589页。

要论中国人，必须不被搽在表面的自欺欺人的脂粉所诓骗，却看看他的筋骨和脊梁。自信力的有无，状元宰相的文章是不足为据的，要自己去看地底下。[①]

鲁迅的文化寻根，没有到禹而止，而是继续向历史的深处回溯，一直回溯到中国古代神话中的中华民族的始祖——女娲。在小说《补天》里，鲁迅实际是把女娲作为中华民族的母亲来塑造的。中国知识分子的寻根，总好寻出一个道德信条来。道德信条是人提出来的，并且是在社会发展到特定阶段由特定的知识分子提出来的，它是叶，而不会是根。一个民族的根是一个民族赖以生存和发展的最最基本的东西。一个民族的根是什么？是人。有人才有这个民族，才有这个民族的文化；没有人，也就没有这个民族，没有这个民族的文化。那么，人的根是什么呢？人的根就是人的生命。有生命的，才是人；没有生命的，就不是人。生命是一个民族最最根本的东西。女娲作为中华民族的母亲，就是我们生命的创造者，就是我们生命的保护神。我们看到，正是在"人的生命"或"有生命的人"这个根柢之上，鲁迅建立了自己独立的文化观念，进行了有别于中国传统知识分子的思想追求。在他的观念里，生命不是为国家而存在的，国家却应当是为生命而存在的；生命不是为文化而存在的，文化却应当是为生命而存在的；生命不是为道德而存在的，而道德却应当是为生命而存在的。要说中国文化传统的现代转换，这就是中国文化传统现代转换的基本内容。没有这样一个转换，所有其他的转换都不过是一种文化的新包装。从以国家为本位的国家文化向以人为本位的社会文化的转换，就是这种转换的本质意义之所在。鲁迅的《我之节烈观》和《娜拉走后怎样》，鲁迅的《灯下漫笔》和《春末闲谈》，鲁迅的《记念刘和珍君》和《为了忘却的记念》，鲁迅的《孔乙己》《故乡》《阿Q正传》和《祝福》，无不表现出对人、对人的生命的关切，无不体现着中国文化由以国家为本位的国家文化向以人、以人的生命为本

[①] 鲁迅：《且介亭杂文·中国人失掉自信力了吗》，载《鲁迅全集》第6卷，人民文学出版社，1981，第118页。

位的社会文化的转换。所以，要谈中国文化的现代化，离开"五四"，离开鲁迅，是谈不通的。

在这里，还有一个文化传统的继承问题。只要我们对人类历史特别是人类思想史有一个基本的了解，我们就会看到，文化的继承从来不是直线的，而是通过文化的转换才得以实现的。直接继承是一种退化之路，消亡之路，只有通过文化的转换，传统文化才会时时获得新生，在转换中得到真正的继承。是谁真正继承了曹雪芹《红楼梦》的文学传统，是《后红楼梦》等续书的作者还是鲁迅？是谁真正继承了牛顿的科学传统，是牛顿三定律的传述者还是爱因斯坦？同样，中国的文化传统也是通过各种不同的转换而实现的，仅仅用直线继承法无法真正阐释中国古代文化传统的魅力所在，无法感到它在中国现当代社会所发挥的巨大历史作用。依照我的理解，中国文化迄今经历过这么四个大的历史阶段：第一阶段是自然时代的文化。在中国国家形成之前的那个漫长的历史时代里，中国文化萌生着，生长着，残存在中国古代文化典籍中的那些神话传说就是那个时代的文化传统。这种文化不是直线发展的，到了中国国家的产生，中国进入了一个政治的时代，政治帝王的文化成为中国文化的主体。自然时代的文化传统是通过对黄帝、尧、舜、禹等政治帝王的带有想象性质的传述和带有传述性质的想象这种文化形式继承下来的。它体现着中国国家的产生，体现着中国国家意识形态的形成。它是中国文化发展的第二个阶段，是政治时代的文化。到了春秋战国时期，书面文化发展起来，具体从事写作的是"士"，但这些"士"的文化却是通过对黄帝、尧、舜、禹这些早期政治帝王的国家意识形态的创造性阐释而发展起来的。从此以后的中国历史，进入了一个文化的时代，中国知识分子的思想学说在社会上发挥着较之政治帝王和普通民众更为显著、更为巨大的作用。这是中国文化发展的第三个阶段。鸦片战争之后，中国文化进入第四个发展阶段，它是以进入到现代世界的国际联系之中为其根本标志的。在这个阶段，经济在中国社会中扮演着越来越重要的角色，我称这样一个时代是经济的时代。在这样一个时代，书面文化以及书面文化的生产者知识分子承受着来自政治和经济两个方面的巨大压力，社会道德也在金钱关系的发展中受到更严重的破坏。在这个时代,是哪些知识分子传承了春秋战国时期中国知识分子的文化传统?是哪些知识分子表现出了那时中国知识分子"富贵不能淫,贫贱不能移,威武不能屈"的道德风貌?是哪些知识分子真正表现着中国古代知识分子以天下为己任的承担精神?显而易见,已经不是那些直接继承着"致君尧舜上,再使风俗淳"的"文化战略"的知识分子,而是像鲁迅那样为中国人特别是为中国底层社会群众的基本生存权利而呼吁、而呐喊的中国知识分子。

他们才是中国文化的筋骨和脊梁,才是中国文化传统的真正继承者和发扬者。

〔本文系为王田葵、何红斌《舜文化传统与现代精神》一书(上海三联书店,2005年版)所写的序,发表时略有删节〕

原载《云梦学刊》2004年第1期

物质世界·精神世界·话语世界
——人与世界关系的精神自白

在当前的社会生活及学术研究中，我们往往会遇到一些原来所不希望看到、所没有设想到的比较复杂的情况。遇到这些复杂情况，人往往会产生很多困惑。惑之不解，往往就会由希望变成失望，从而把自己的理想、精神消解到一个比较复杂的世界中。可以说，人类的每一代人都是对这个世界充满着很高的理想而进入世界的，但是当进入世界以后，能够维系自己的理想，能够坚持自己的理想，并且一生为自己的理想而奋斗的人却不是太多。这是为什么？我认为这是我们对这个世界的观念有时候太过单纯、太过简单，我们在教科书上，我们在接受思想教育的过程中，给我们描绘的是一个完美的、和谐的、充满希望的世界。但是，真正到现实社会中，却不像我们想象的那么单纯、美好而和谐。那么，这个理想往往就在现实的撞击之下破碎了。当破碎以后，没有了希望便随波逐流，又重复前一代人的一些错误、一些行为。我自己也可能是这样一个人，年轻的时候也充满了理想，当渐近老年，回顾一下我这一生，有很多感触，有很多想法，愿做一交流。

我们这个人类的世界，说起来非常的单纯。实际上，人类的世界向来不是一个完全同一的世界。为什么不是一个完全同一的世界呢？因为我们人自身就不是同一的。我们人在生活着，在奋斗着，在追求着，这个人呢，好像是非常同一的，但是这个人，实际上自身也不是完全同一的。人首先产生于自身的一种欲望，人，什么叫人？人自身实际上是一个有欲望的动物。人有思想，思想，是从哪里产生的？首先是从自身的欲望当中产生的。人如果没有欲望，它可能就是同一的。但是他没有这些欲望也就不成其为人。人的欲望会再创造一个外部世界来。在创造一个外部的世界的时候，就是根据人自身的欲望来创造的。这个外部世界产生之后，后一代的人又直接进入到这样一个世界当中去。他又用自己的欲望来改造这个现实的世界。他又创造了一个世界，这使后一代人又进入到这个世界。在人类的存在的过程当中，在这个漫长的人类社会的存在当中，他既创造了外部世界，也创造了自己。但是人创造了这个世界，他因为他自身的这个欲望就不是完全同一的，所以说他创造的这个世界也不完全是同一的。

首先来说，人有一个欲望，他创造了一个外部的世界，就是一个现实的世界。而这个现实的世界，大家都以为这个现实的世界是很同一的，在观念上，这个世界没有矛盾、没有差异，实质上，这个现实世界本身就不只是一个世界。我认为，在这个物质的世界当中，至少有三个不同的世界。这三个不同的世界，是按照不同的原则建立起来的，并且由这三个不同的原则，人类产生的价值观念也会各不相同。我们经常说，哎，那个人很好！那是在一个世界当中，用一个标准来判断那个人是好还是不好。但是到了另外一个世界当中，他就未必是一个杰出的人，被人们很尊敬的人。这个由三个主要的世界构成的现实的世界，当然还可以分得更细，但是从大的方面看，我们这个现实的世界实际上是由三个世界错综交叉而成的一个复杂的世界。这三个物质世界，我觉得一个是权力世界，我们平常叫作政治的世界；第二个是经济的世界，在近现代，我们的世界都是以金钱为标准，可以称之为金钱的世界；第三个世界还有一个性爱的世界，实际上这是一个两性关系的世界。在平常的小说中，在我们的观念中，一般都把这个爱情世界划入到精神世界。实际上不是的，它是很物质化的，因为它是直接建立在人的一种欲望之上的。对异性的一种欲望。金钱的世界，物质的世界。我们要穿衣，我们要吃饭。穿衣要穿得漂亮，我穿的名牌，你不是名牌，你觉得它好，它的价值就高。在两性的世界当中，它也是一个世界。《红楼梦》写得那么多，它的大多内容是一个两性关系的世界。在两性关系当中，有恩恩怨怨，有爱恨情仇，那是一个很实际的世界。因为这个世界是非常实际的，所以说它是物质的世界。这个物质的世界，你能碰着它，你能摸着它，你能直接感触着他。那么，这个两性关系，它是一个很实际的世界。我们每一个人，虽然生活在这个世界，当我们谈说宇宙和生活的时候，我们觉得它是一个世界。实际上，我们人生活的是不同的世界，有的是政治关系，有的是金钱关系，有的是情爱关系。这三个世界不是一个世界。

在权力世界中，有一个最根本的原则，人人必须遵守的一个原则，那就是权力的原则。平常大家说的时候，都说这个权力不好，但假如这个权力不好，就没有这个权力的社会了，也就没有这个世界了。实际上这个权力的世界是一个真实的世界，在这个世界中，权力的原则就是最正确的原则，必须遵守的一个原则。你不遵守它，那不行。为什么这个政治的世界必须遵守这个权力的原则呢？就是因为这个人有一个权力的欲望。大家都觉着这个权力是外加的，实际上不是。好像当官就有权力的欲望，不当官就没有这个权力的欲望。实际上不当官的人也有权力的欲望。人生下来就有权力的欲望，我们小的时候，三四个小朋友只要在一起玩，你就会看到，在这三五个孩子当中就有一个"孩子王""孩子头"。大家七嘴八舌说到哪里玩去，一个说这个，一个说那个，往往最终就是这个孩子王说了算。这就是权力。三个人在一起，假如没有权力，这三个人就没法统一行动。假如世界上没有这种权力，往往这个社会就会陷入一种无政府状态，没人管，没人问，乱了套了。你就觉得这个世界不安宁了。怎么使这个社会保持安定？那就必须有政府，有政治权力。在中国，至少在尧舜禹那个时代，就开始建立起国家。有了国家才有了同一。大家都觉着这个国家是高高在上的，是虚幻的一个东西，一想到国家，就有点害怕，就有畏惧感。这是为什么呢？因为国家就是维持社会稳定的一个架构。我们试研究历史，没有这个国家，没有这个权力，它就形不成一个民族的同一体。为什么有一个同一的文化呢？就是因为我们有一个同一的国家。有了这个同一的国家，我们才有了统一的语言、统一的文字。这个统一的语言、文字联系了整个国家。国家是一个政治的结果。这个国家你可以有很多的问题，很多的不满，但哪一个地区都要有这个国家，有了国家才有了同一的架构。只要有这个架构它就有一个原则，这个原则就是权力的原则。在这个架构当中，讲什么？讲权力。省长的权力就得比县长的权力大。假如说省长的权力比县长的权力还小，县长说怎么办，省长管不住他，各个县就乱了。这就是权力的原则。当然，每一个执掌权力者，每一个政治家，他有不同的性格，有的温和、有的严厉，但是，他的最根本的职责就是掌握这个权力，用权力来维持社会的正常运转、正常的秩序。那么，在这个权力的原则当中，就产生了人的价值观念。我们常说，这个人是好人，这个人是坏人，但是到了政治的关系当中，两个官，一个县长，一个省长，作为一个人，你尊敬谁呢？假如只有这一个关系，没有其他的关系，那么，你更尊敬的是省长。他官大，他权力大，隐含着他的政治权力高，他的能力更强，我们才尊敬他。两个政治家在争夺权力的过程中，一个争胜了，一个争败了，你更尊敬谁呢？你尊敬那个胜了的。不论别人怎么说，在这个政治的架构当中，在这个权力的世界中，权力是最根本的原则。在这个权力的原则基础上建立起来的人的价值观念是权力大的、能够执掌权力、能够更成功地运用它的那个人，是价值更高的。你甚至不用进行思想政治教育，从小的时候你自然地就形成了这种价值观念。这是在权力的世界当中，这是一个世界。

但是，当我们到另外一个世界里又不同了。当到了经济世界当中，当你考虑物质生活金钱生活的时候，当回到日常生活当中，人就进入到一个经济的世界了。这个经济的世界，我称之为金钱的世界。它是一个金钱流通的世界。政治的世界流通的是权力，权力也在流通、转移、变化。在经济世界里，流通的是金钱。在这个金钱的世界里，也有一个最根本的原则，那就是金钱的原则。这金钱原则跟权力原则不一样，它是按照金钱的归宿来规定的，你要遵守这个原则。在这个金钱原则中，它是一种交换，等价交换，是用金钱来进行交换。权力关系你可以要求对方服从，省长要求你现在执行什么样的政策，你得执行。你不执行，省长就会辞了你的职。权力对对方有强制性，你必须服从。下级服从上级。金钱的原则就不行。你不能说，我的工资少，你的工资多，到时候我到你的工资单上领500块钱，那不行，你违反了原则。我买一个手机，需要2000块钱他才给你，你少付了，人家不给你，多付了，你也不干。这是一个金钱的原则，是按照金钱的关系来处理人与人之间的关系。人们会说这个世界不平等，为什么你的家产有30万，我才1万块存款，那你分给我20万！那不对。这是一个金钱的原则。你不能无偿地占有别人的私有财产。当然也有特殊情况，在土改的时候，平民从地主那里分田地。这在中国的社会思想当中，有一定负面影响。有好多人，我不劳动，你富了，你不光荣。我穷了，我才光荣。所以大家都不愿去干活，都不愿去挣钱，都不愿去发展。大家都等着，等来等去，把我们国家就等穷了。所以在经济的世界中，必须遵循经济的原则，按照金钱的原则来行事。在金钱的关系中，脱离开金钱的原则是不对的。它也建立起一套自己的价值观念。在人的价值观念中，我们不谈其他的，就在这个经济的世界中，谁的价值高呢？有钱的人价值高。做买卖赚了钱的价值高，赔了本的价值不高，破了产的价值不高。这个价值你怎么衡量？这是很明显的。假如说，在政治的关系中，一个省长跟一个县长，两个小伙子长得都很英俊，性格也挺好，其他的都一样，一个女性与这两个人谈恋爱，到最后你跟谁结婚呢？那么当然，女士跟这省长结婚了。是不是？这是很自然的。在经济的世界中，也有两个小伙子也都挺好，性格、文化程度也差不多，其他的都一样，一个家里有五百万，一个家里连学也上不起。这位女性嫁谁呢？嫁有钱的。你不能说她思想不好。两个人都一样，我为什么不挑一个有钱的？因为这个有钱的价值更高，你更尊敬这个有钱的人。所以说，在这个经济的世界当中，也有一个最根本的原则，那就是金钱的原则。

除此之外，还有第三个世界，就是两性的世界。在这个两性的世界中，也有一个原则，就是爱情的原则。它是最高的原则。在前面的例子中，我都爱，我当然嫁有钱的。但是假如说我不爱他，那我还是不嫁给他。在爱情的世界中，爱情的原则是最高的原则。李嘉诚有钱，也不能说所有的女人都嫁给他。因为你不一定爱他，有权的也是一样。有时候表现在文学作品中也是这样。在现实的生活中，我不爱你，尽管你有钱，但我和你在一起生活得很痛苦。我爱的那个人，尽管很穷，但我们生活得很幸福。

　　如果这三个世界分得那么清楚，这个世界也比较容易。有时候我们想，我们生活的世界都很好，都是践行同一的价值标准。不是的。这个世界最好达到一种理想状态，那么这个理想状态是什么呢？按照我的理解，这个理想社会，最多最多能够达到在权力的世界中坚持权力的原则，遵从权力的价值观念；在经济的世界中坚持金钱的原则，遵从金钱的价值观念；在爱情的世界中坚持爱情的原则，建立起爱情的价值观念。在这个爱情的价值观念中，我爱的就是好的，不爱的就是不好的。在以前讲阶级成分，他出身不好，你为什么嫁给他？因为我爱他。但是思想好的我不一定嫁给他。为什么？因为我不爱他。在这样的一个世界里，矛盾就比较少，差异比较少。并且政治会发展，经济会发展，爱情的原则也会发展。但是，这也是非常简单的一种想法。表面上看起来是这样。当你从整体上看的时候，权力的世界里有权力的原则，经济的世界里有金钱的原则，爱情的世界里有爱情的原则。但恰恰因为这个原则是这样的，我们可以看到，在各个世界里，都是痛苦多于幸运，失败多于胜利，挫折多于成功。比如说，在政治的世界里，权力的原则其结构是怎么样的呢？它是一个塔式的，越往上人越少。十几亿人只有一个总书记、一个总理。其他等级官员人数也很有限。在最底下的就是十几亿老百姓。但是请想象，一个权力的世界中，你的价值观念是什么？你的价值观念是权力大，你尊敬权力大的。谁都想往上走。当了副县长我想当县长，当了县长我想当副省长，然后一直想往上走。越上到高级别越好，这是个价值观念。你被这个价值观念推着向上走。正是因为这个价值观念是一个权力的价值观念。这个价值观念推动着你的追求，而追求往往失败的多，成功的少。竞选省长的有五六个，而竞选上了的却只有一个，其他四个都选不上。有一个成功了，至少有好几个是失败了。有一个在高兴的时候，那几个人都不高兴。你看，这原则是正确的，你想象的就应该是这样。他自然会形成这种价值观念。但这种价值观念给别人带来很多的痛苦。失败感、挫折感、痛苦感、不满感，你心里就不高兴了。再回过头来，在这个经济的世界，大家都希望有钱，谁有钱谁光荣。谁没有钱，那面子自然就不好看。这是个价值观念，这是个很自然的问题。有了这个价值观念，你想想，谁不想着有钱呢？我们找工作，哪个地方工资高，你自然就愿意去。那地方没钱，很光荣，你上那去吗？当然了，形成这个价值观念是人都想要赚更多的钱。可以看看，在任何一个时代，最有钱的人是最少的。世界上谁都尊敬比尔·盖茨，想当比尔·盖茨的人多，而当成的就只有比尔·盖茨一个人。在中国，想成为李嘉诚的人多，而当成的就只有李嘉诚一个人。这意味着什么呢？意味着在经济的世界里，往往失败的人多，成功的人少，痛苦的人多，幸福的人少。

其实在爱情的世界中也是这样。尤其在年轻的时候，一个英俊的小伙子，好几位女性都爱他，而最终只有一个接受，也可能一个都接受不了。那几个都陷入失恋的痛苦中了。一个漂亮的女同学，性格又好，好几个男同学都追她，而最终只有一个成功。那其他的就有着失恋的痛苦。在近几年，大学生自杀的很多，因为什么痛苦呀，挫折呀，然后活着没意思了，就跳楼自杀了。在过去的小说中写爱情，都把爱情写得那么美好，而大家只要真正进入到这个世界中，我们就看到，爱情的世界里，失恋的多于成功的，痛苦多于胜利。就算两个人最终成功了，但在过程中常听到说你不爱我了，要死要活了，像林黛玉似的。这不是说笑话，而是一个现实的世界。大家只要一旦成年，都会遇到这三个世界的矛盾。这种情况，在人与社会中，恰恰是正常的情况。因为这都是从人的欲望当中产生的。有一个政治社会，就有一个权力原则；有一个经济社会，就有一个金钱的原则；有一个性爱社会，就有一个爱情的原则。有了这个原则，就有竞争，就有价值观念。当你没有进入这个世界的时候，你觉得这个世界挺好。我还没有做买卖呢，一想这个比尔·盖茨就挺好，有钱的人就挺好。大家崇拜的就是有钱的人。尤其在这个信息社会里，二流的演员不崇拜，就崇拜一流的演员。二流的商业家大家都不崇拜，崇拜的是最一流的。越离自己更远的，你越崇拜他。假如你崇拜得越高，可能在现实世界里，你一辈子也够不到。到现实社会中，那就是一个痛苦了。一个女子，总梦想着找到自己的白马王子，找一辈子也找不到。找不到，那她心里就痛苦了。男子想找天仙一样的女子，找一辈子也找不到。正是因为有了痛苦，人想着利用得到的东西，来摆脱自己的痛苦。他就会要破坏各个世界的正常的原则。因为太痛苦了，人活着要追求幸福啊，他就会破坏掉现实世界的这种原则。当现实世界的这种原则一破坏掉，人类的痛苦会更多。怎么破坏它呢？在权力的原则当中，我有权，但是我不一定有钱，也就不一定有异性爱上我。当他得不到这个东西时他就痛苦。他痛苦他就想法来克服这种痛苦。在现实中的他就往往会用权换钱，或者用权换性。把权力输入到经济的贸易当中去，正常的贸易按照正常的方式没法进行，那我设立一个权力的关卡，那做买卖的就没办法了，他就要用钱换权了，用钱来收买这个权力。一般做买卖的只需要遵纪守法，是不需要权力的。但是当政治的权力输入到经济的领域当中，做买卖的就把经济的原则输入到权力的世界中，以换来经济的更高收入。权力也可以换性。在《水浒传》里，高逑的儿子高衙内希望用权去抢林冲的妻子，虽然最后没有成功，但还是有成功的希望的。这就是用权力介入到性爱的关系。给竞争的对手施加压力，造成痛苦，使他没法忍受，使他必须放弃爱情。这首先破坏了正常的权力关系，等于把权力出卖给经济家，出卖给两性关系，这已经不是正常的权力关系了（正常的权力关系应该是按照权力的原则、政府的规律来做）。在经济的关系中，他也有痛苦：他有钱，他未必有权，没有权就没办法保护自己的经济。人就可以欺负他。当正常的权利得到保护的时候，他就可以用钱来换权，用钱来换取性。《金瓶梅》一书，中国知识分子还是给予了很高的评价，因为它把中国的世情写出来了。通过西门庆，他有钱但是没有权，他就给蔡京送钱，蔡京就封了他一个官。有官他就有权，有权他就可以随便欺压人。有了它就可以买到潘金莲和其他女性。在情爱的关系当中，两个人可能很相爱，但是经济太困难，没法结婚，没法在一起生活，没有吃的，没有穿的，经济地位太低；有的是政治地位太低。所以，他就用性换到权和钱。张爱玲的小说《金锁记》写到曹七巧先嫁给一个男的，但因为家里穷，又嫁给一个富的，这就是为了钱而放弃爱情。换成权力他就没有爱情，但是他有地位、有权力。这就形成了权、钱、性之间的互相交换。这对每一个人来说，好像也都有道理。但是这一下子就造成了整个社会的混乱。整个社会的无序、腐败就是这样造成的。在政治上，一个社会政权越稳定越好；在经济上，一个社会越富裕越好；在社会的两性世界当中，有情人终成眷属最好。但是到了整个社会当中，这些东西一交换，那就全乱了。单向的东西无法设定我们社会的整个面貌。我们现在比过去富了，我们的经济发展了，光增长的数字不说明社会的整体水平。钱多了是不是生活一定就幸福了呢？社会稳定了人是不是就会正常稳定呢，是不是人就活得幸福了呢？那不一定。为什么呢？因为当混乱了的这三种关系变成一种无序状态，在这种无序的状态当中，就跟原来三个世界的有序的原则又有所不同。它有一个差异。在这个政治的世界里尽管坚持权力的原则，在这一价值观念当中，尽管多数人痛苦多于幸福，挫折多于顺利，失败多于成功，但是失败者永远有一个发挥自己才能，调动自己生命力量的价值标准。当我在权力上这次竞争没有成功的时候，我要好好地提高自己的政治才干，吸取教训，把自己的政治事务搞好，把自己所属的区域治理好，那么，我这次失败了，下次就可能成功了。也就是说，在奋斗的目标上，他可以调动自己的生命力量，用自我的意志提高对自我的要求来竞争。这个竞争，我们看到，虽然他失败了，他也有痛苦，但痛苦完了以后，他还要竞争，他知道自己应该怎样做，当他知道自己怎样做的时候，我们就会看到，整个社会整体在进步。为什么呢？因为在这一奋斗的过程中，他对社会的贡献和对自我的才能、意志、生命力就有更多的信心。他在追求，虽然不一定成功，但在自我的区域内，把社会治理好了，才能得到肯定。虽然在旁观者看来他的才能还是不如已经成功的人的价值大，但是实际上，在这个过程中，他可能比那些在权力上已经成功的人的价值大，更感觉到自己在精神上的内在的力量。在政治上是这样，在经济上也是这样。尽管我的买卖没有做大，但我还是要去争取，我在一个不太有利的条件下，我发挥自己的才能，尽管我没有成为世界首富，但我把这个买卖做成功了。在这个过程中，我可能比首富对社会的贡献更大。也就是说，钱多的不一定就比钱少的价值更大。因为这个钱是用他自己的努力，用他自己的精神争取来的。他在这一过程中表现出的精神的力量、才能比钱多的人更高、更大，在社会上也会得到更多的尊重。在情爱的世界里也是这样。一般来说，爱情得到成功的那是一个价值高的。但是，如果成功的人是自然获得的，但那个失败者把这种爱情的失败转换成一种追求的精神，他是真心地爱那个人。正因为爱她，他为了对方的幸福而放弃自己的爱，承担着痛苦，在其他的方面，他又获得了一种成功。那么，在这个性爱的世界中，这个人可能比那个成功的人得到的尊敬还要高。在这三个世界里，如果不用正常的方式，他可以在这个价值观念上发生变化。至少他更学会尊重自己。

这种曲折是在哪里发生的呢？在现实物质的世界中，永远不可能摆脱那三个原则。只有在精神世界中才会发生这种变化。人是有精神、有意志、有生命力、有理性、有情感的，当人在自己的人生道路上遇到困难、面临失败的时候，他不是被挫折所压垮，不是被失败所摧毁，他调动了自己的生命的力量，用自己的意志充分调动自己情感的力量、理性的力量、生命的力量来抗拒着自己所面临的挫折、压力和困难。同时，在这个时候也可能改变了自己的命运，也可能从外表的形式上没有改变自己的命运，但是他在内部世界里已经完全拥有了世俗的物质世界所衡量的价值。他的价值不等同于物质世界里三个原则和价值观念的衡量。比如鲁迅，他没有钱，没有权，爱情上也不顺利，但在我们的心目中，感觉到鲁迅这个人还不是多么卑下，也不敢轻易地蔑视这个人。因为这里有一个精神的价值。

这个精神的世界像物质世界一样，实实在在地存在我们的社会中。并不是说因为精神价值的存在就否认权力的价值、金钱的价值、爱情的价值。有些知识分子认为现实世界的东西都是不对的。我认为，这不是不对，而是说不只是物质世界的这三条原则。另外还有一个原则，这就是精神的原则。这个精神的价值、精神的原则是从哪里来的呢？不是从外在来的，而是从人的心灵当中生发出来的，生长起来的，是人从人的生命中调动出来的，发挥出来的，是从内部生成的。物质世界往往是从外部世界生成。一生下来的时候，你不知道崇拜有权的人、有钱的人，你不知道谁长得更漂亮。物质世界的价值是外部世界中原来就有的，而精神的价值是从每一个个体内在的生命中体验出来的。现在重提人文价值，仅仅认识物质世界是不够的，物质世界就只有这几种原则，学习更重要的在于提升自身的精神力量。反观自我，从自我的内在世界中生发出一种力量来，这种力量就是精神的力量。当你知道有一个精神世界的时候，你的眼光就不仅仅是一个物质化的世界，你还能看到一个精神的世界。那么，你感受事物的眼界就不一样了。比如鲁迅的小说，你总觉得他说得也对也不对，但他的小说写完了就不一样，这就是一个精神的原则。譬如鲁迅的《祝福》，从外部的世界来说，鲁四老爷是鲁镇最有价值的人，地位又高，也讲礼仪，周围的人缘也挺好。但是你读了《祝福》，你体验体验，你最尊敬的不是鲁四老爷，而是祥林嫂。你会觉得祥林嫂这个人不简单。过去分析祥林嫂，会说祥林嫂多可怜多可怜。我认为，祥林嫂不可怜，她不是值得可怜的人，她是值得尊敬的人。她一生的经历那么痛苦，但她从来没有想别人来怜悯我，她儿子死了那么痛苦，她也想与别人沟通，但看到周围人那种欣赏的眼睛，当她知道周围人并不同情她的时候，祥林嫂再也不说了。不说就等于没有痛苦了吗？还有。她忍耐着，她觉着周围人对她没有同情，在那个时候，她要摆脱自己的命运，她要去捐门槛。她去劳动，省吃俭用，把钱攒下来，捐个门槛来改变自己的命运。但是捐了门槛也没有改变自己，钱用完了也没有改变。但是，我们可以比较来看，在物质世界里，她是最不幸的人。但是祥林嫂这一生在生存的过程中，所表现出来的那样一种力量，一种生命的活力很强大。正是这种强大的力量才支撑住祥林嫂的一生。有人也许会说，这有什么用呢？我比较不出来，我感觉不出来。我可以举个例子，比如说一位女生和一名男生谈恋爱，就因为一次吵架而跳楼自杀，你觉得是这个人的生命价值高呢还是祥林嫂的生命价值高？祥林嫂就用自己生命的力量抗拒着自己一生的痛苦，生存下来，坚持下来，坚持自己的一生。不到最后的绝望，我是不能放弃生命的！这是一种精神的力量。当你面临困难的时候，你可以想想，我并不比那种表面上在物质世界中生活得富裕的人价值低。这就是精神的世界。这个精神的世界，它有一个价值原则，这个原则不是在一个静态的世界中。比如鲁迅，他有一种反抗孤独的力量，反抗绝望的力量，挑战专制，反抗压迫，你会一下子觉得鲁迅的力量很大。比如举重运动员的价值是以他举起的重量为标准的。这就是精神的力量。我们学文学的，从文学中感受到的就是精神世界的力量。说鲁迅就只写了32篇小说和一些烂杂文，骂了这个骂那个，似乎感觉不出他伟大。他的伟大在于他举起的重量高，举起的东西多，有极其厚重的精神含量。

　　精神世界在物质的世俗世界里是感觉不到的，在话语世界里才能感觉到。精神的力量往往是从话语的力量才进入到现实的世界。我们也许会说，孔子的那些思想都过去几千年了，已经陈旧了，可我们现在还是把孔子竖得那么高，就因为话语的力量。孔子是在中国第一个运用话语的力量来改造这个世界和改变这个世界的人。所以说孔子了不起。你读一读司马迁，他受了宫刑，也没有权，他就一支笔。只要我们读他的《史记》，读起来虎虎生气，铿锵有力。他就是通过书写历史影响人，影响人的精神世界，支撑着这样的现实生活。曹雪芹，也没有权、没有钱，一个落魄的文人，就用那支笔写出了一个世界，就好像曹雪芹自己创造了一个《红楼梦》的世界，这是一种内在的精神的力量。所以可以没有权力，可以没有金钱，但必须要有内在的精神的力量，没有这个精神的力量你撑不起这个世界来。在历史上也是这样，这个人很有知识，但是他好像什么也没做。有的人一点知识没有，或者说知识很少，但是他用精神的力量给人类做出了很大的贡献。这种力量你只能在话语世界中感觉出来。现在有人说文学没有用，其实文学是支撑整个精神世界的东西。有了这个精神世界的支撑，才不会发生物质世界里权力原则、金钱原则和性爱原则三者之间的互换。因为精神的力量是反抗绝望的，反抗压迫的，是在失败中支撑失败的。在物质世界中，虽然我失败了，但我仍然用这个精神的力量来支撑自己的生命。一个有道德的人，不是说我不跟别人争权，不花钱，不想追求异性的爱。不是。而是说在自己的失败面前用精神的力量来支撑这种失败，反抗自己的绝望，坚持自己的生命。这就不会采取非正常的手段来获取自己要达到的目标。没有物质世界三条原则的互换，就不会造成整个社会的紊乱，一旦这个社会混乱了，给人造成的痛苦、困惑就更多。因为在那个时候，你失败了也不知道是怎样失败的。一个商人，他学了经济学，也知道怎样抓住商机，但是他失败了，他不知道自己是怎样失败的，因为这里边有权力的暗箱操作，用政治的权力把成功的希望扼杀了，让一个根本不懂经济的赚了钱。让假冒伪劣的人赚了钱，假冒伪劣一上来，世界就紊乱了。现在这个社会的混乱已经达到一个很高的程度。你买药也不知道哪个是真药哪个是假药，医生看病开了方子，你去抓了假药，然后吃死了，医生还不知道你是怎么死的。这样，医生怎么去提高自己的医术？在这个世界上，这样的痛苦和困惑比平常更加痛苦，社会就陷入混乱，没有一个正常的价值标准。这是一个更可怕的东西！但是人还是不希望自己堕落，人还是有自我拯救的力量，这种力量在哪里？就在精神世界里。虽然有困难，但是当混乱到一定程度，使每一个生命都受到压抑的时候，找不到出路的时候，人的生命中又会生长出一种精神的东西，来与混乱和压抑相抗衡。所以说，混乱不会永远存在。在历史上我们经历了多少的苦难，但是我们中华民族还是发展起来了，还是坚持到现在，没有灭亡。这种文化、精神的力量还会支撑着我们民族。但是，在这一过程中，还会有很多人经历失败，经历痛苦。

　　这样，当我们生活于无可回避的物质世界之中时，不仅要重视物质的力量，更要重视精神的力量，用精神的力量承担现实的困难，走出人生的逆境。这是我们民族和人类必不可少的一个精神支柱。需要说明的是，我并不是只强调这种精神的原则，其他的都可以略而不计。我们要把握的是其间的逻辑关系和制约功能，从而清醒地辨识社会的航向，把握自己的命运之舟，少一些挫折和痛苦，多一些幸福和快乐。

原载《涪陵师范学院学报》2006年第1期

重温大同梦
——人类大同理想与现实社会和人性本质之间的文化解读

　　20世纪在人类历史上是一个非常特殊的世纪。在世纪末对这个世纪的回顾中，人们经常提到的是它在科学技术上获得的巨大进步，在军事上两次世界大战对人类的精神打击，但人们往往忽略了或故意抹杀了，20世纪还是一个社会主义的世纪。在这个世纪里，占人类人口二分之一的国家进行了一次伟大却是失败的大同社会的实验。这个实验现在看来是失败了，但这个实验是不是一次没有任何实践意义的胡闹呢？是不是纯粹毁灭人类文化而没有任何文化意义的野蛮行为呢？是不是它的失败就是一次彻底的失败而在这失败中连点发光的碎片也没有留下呢？在中外很多思想家的著作中，大概正是这样描绘这次实验的。但与此同时，不论在中国，在世界，在世纪末的人类社会上又普遍弥漫着一种恍惚迷离的情绪，一种心理上的缺失感，一种良心上的骚动，一种对现代社会的反感，一种对飞速发展着的高科技的恐惧和担心。中国的改革开放给中国的经济带来了空前迅速的发展，但这种发展并没有带来中国人相应的精神上的愉悦，与此相反，似乎人们对自己的前途充满了更多的忧虑，一种忧心忡忡的情绪正在整个中国社会的上空蔓延，假若我们不仅仅从人们的语言表达方式上看待这种社会文化现象，而是从发出这种叹息的精神基础看待问题，那么，我们分明能够感到，这种普遍的精神缺失恰恰是在人类的大同梦又一次破灭之后产生的。现实昭示我们不能不

重温大同梦

放弃这种梦想，但是，当我们离开这个梦想越远，我们越感到对它的依恋。在这时，我们无法不用这种梦想感受自己所面对的现实世界。我们不满，我们忧虑，我们恐惧，我们担心，为什么呢？还不是因为我们面对的不是一个美好的大同世界，我们的前途和人类的前途在这样一个现实世界上是没有根本保障的吗？也就是说，我们离开了毛泽东时代，但我们却没有从根本上离弃在那个时代曾经做过的大同梦。

我们为什么在那个大同社会的实验中经历了那么多的苦难而仍然无法从根本上离弃这样一个梦想呢？在这时，我们不能不看到，这个梦并不仅仅是我们那个时代的人做过的梦，而是整个人类，整个人类社会不能不做的一个梦。从人类社会存在以来，人们做过许许多多的梦，但所有这些梦，都属于一个最大的梦，那就是这个大同梦。为什么这个大同梦是人类一个最大的梦呢？因为人类社会总是被各种矛盾斗争所纠缠，矛盾和斗争产生痛苦，痛苦产生理想，而这种理想就不能不是消除所有社会矛盾和斗争的理想。只有在人类理想的大同社会中，人类才生活在一个没有矛盾斗争也没有痛苦的世界上。刘明华先生在他的《大同梦》这部著作中系统地叙述了中外历史上各个不同历史时期产生的各种不同的大同梦想，在这里我所要补充说明的是，这同时也是潜藏在我们每一个人内心深处挥之不去、拂之不掉的梦想。不论一个人在现实的生活中被实际地塑造成一个什么样的人，被现实社会的矛盾和斗争驱赶到一条什么样的人生道路上去，但这个梦却只会被现实的欲望和要求所覆盖、所抑制，而不会从根本上消失。它是引起人的内心骚动的主要力量，是人类矻不断的向上追求的根。中国儒家文化中所说的人的"良知"，按照我的理解，指的实际就是这种东西。一个人是有感受自我痛苦的能力的，他自然也有感受别人痛苦的能力，别一部分人类的痛苦是另一部分人所不能感受不到的，当这种痛苦大到全社会的人都能普遍感受得到，一种世界大同的梦想就会在人类社会上悄然兴起。人类社会总是不完满的，总是有部分人类处于痛苦和不安之中，人类的良知总是无法完全泯灭的，因而这个大同梦想也永远是做不完的。它使我们不会停留在社会历史的任何一个固定的点上，使我们不可能完全满足于任何一个时代的现实状况，不会满足我们已经得到的东西，而总是向往着点什么，摸索着点什么，追求着点什么，直至死亡为止。这种大同理想是人类的一个永久的梦，一个永远悬浮在人类社会上空的虚幻的世界。在对这样一个世界的向往中，产生了人类对完美人性的向往，中外古今的所有思想家为人类制定的各种伦理道德的信条，都是以这样一个世界为背景的。它在人类的文化中具体地被表述为"善"。这个"善"是绝对的、永恒不变的，因为人类这种最高的社会理想形式在本质上是没有变化的。这个大同理想，这种对绝对"善"的追求，将始终伴随着人类的存在，直到人类的灭亡，但它却又是永远不可能真正地、完整地被实现的，因为它只是一个梦想。

它为什么只是一个永远无法实现的梦想呢？在这里，我们接触到的是人类社会的一个带有根本性的矛盾。这就是人类理想和人类社会的动力机制的矛盾。如上所述，人类的理想是在人类社会因矛盾和斗争所感到的痛苦中产生的，它是人类社会的产物，但却不是人类社会存在的基础。在过去，我们相信有一个没有矛盾和斗争的原始共产主义社会，但这个社会只是在人类产生了大同社会的理想之后对已经消失了的一个原始社会的想象，而在一些人类学家那里，则是从外部对现在仍然存在的一些原始部落的想象性描绘，但它们都不是原始人对自我感受中的社会的完整告白，他们找不到一种语言形式向我们这些现代人清楚明白地告白自己的社会，而我们也就只能从外部对它进行想象性的描写。但我们对其他社会形态的描绘却是不同的，文化的发展使那时的人有了告白自己的能力，我们对它们的描绘是直接根据他们的告白进行的。这就造成了原始社会优于后来的其他社会形态的假象。但假若我们抛开对它的美好的想象而从人类社会发展的一般规律思考问题的话，那么，这样一种概括大概更能说明人类社会的发展史，即人类社会从产生的那一天起，就是有矛盾和斗争的，就是有痛苦的。没有这种矛盾和斗争，没有这种痛苦，人类就不会产生自己的大同社会的理想，也不会凭空改变自己的存在形式并导致人类社会的永久性的分裂。正是由于原始部落内部和外部许多矛盾和斗争的存在，正是他们在这种种矛盾和斗争中感到了痛苦和不便，他们才允许少部分人离开具体的劳动实践而成为社会的管理者和统治者，才产生了阶级和阶级矛盾。它是人类社会固有矛盾和斗争的

重温大同梦

转化形式,而不是在没有矛盾和斗争的社会上凭空制造出来的。也就是说,人类存在的基础从来都不是理想的,不是没有矛盾和斗争的,没有与此伴随的痛苦和不安的。正是有了这种矛盾和斗争,有了这种痛苦和不安的感觉,人类社会才具有自行发展的能力,才有自己的动力系统,这种动力机制直接来源于人的自然生命力,这种生命力使它能够自己改变自己的存在方式,使它成为有个人的欲望、情感、意志、理性以及由所有这一切支持着的实践活动的人。它是一种力量,并且是由一个个独立于群体之外的个体人直接拥有的。这种首先表现在个体人身上的力量在整个人类社会中的发展总是不平衡的,彼此之间总是不"平等"的。在静止中不平等,在发展中不平衡,因而它必然是造成社会矛盾和斗争的根源,在总体上是与人类的大同理想相矛盾的。既然人类理想中的人被具体地描绘成一种"善",那么,造成人类社会不平等、不和谐,首先以个体形式存在的人的欲望、情感、意志、理性和人为了个体生命的保存和发展而进行的实践活动就不能不被描绘成"恶"。正是因为如此,所以世界上几乎所有的宗教学说和中国古代儒家、道家等大部分思想学说,都把包括人类的欲望、情感、意志、理性在内的人的生命力量当作人类的罪恶之源加以防范和抑制。它们的学说主要是由两个层面构成的,一个是理想的层面,他们把在大同社会背景下人所应有的品质当成人所应有的伦理道德的标准,并用这种标准规范不能没有个人欲望、情感、意志、理性的现实生活中的人。实际上,现实生活中个体人的欲望、情感、意志、理性总是不等同于他们理想中的人的,因而体现现实人的现实要求的就是"恶"。用人类之善战胜人类之恶,用人类对大同世界的理想改造被个体人的欲望、情感、意志、理性所充斥并不断滋生着矛盾和痛苦的世界,就是他们全部学说的精髓。这也表现在他们的语言概念系统中。在西方基督教的语言中,有上帝和魔鬼的区分。上帝体现着人类的至善,魔鬼体现着人类的至恶,而这个恶的魔鬼就是人的欲望和智慧的煽动者和挑拨者。在中国儒家的伦理道德体系中,有君子与小人之分,有义利之分。"大公无私"和"自私自利"永远尖锐地对立着。前者是至善的,后者是至恶的。他们号召人们用至善消灭至恶,实现人类的大同理想。但是,人类社会的动力机制仍然只能存在于首先以个体人的形式存在的人的欲望、情感、意志和理性的形式中，永远存在于由它们发动起来的实践活动之中，这种用抽象的至善的要求扼杀人的生命力的学说不但不可能实际地实现人类的大同理想，而且造成了人类社会的停滞不前，中国古代的儒家伦理道德学说和西方中世纪的宗教统治都是如此。

为什么中国古代的儒家伦理道德学说和西方中世纪的宗教学说造成了人类社会的停滞不前并越来越走向了自己大同理想的反面呢？我认为，这是因为它们把理想的原则直接当成了现实的原则。理想的原则只是理想的原则，它是不可能转化为现实的原则的。现实的原则应是有力的，能够改变现实世界的，应是直接建立在人类社会的动力系统之上的。假若它根本不与人类社会的动力系统相联系，它怎么实际地改造现实的世界呢？中国儒家的伦理道德在中国被提倡了两千多年，西方的基督教伦理道德在西方统治了一千余年，都没有实际地建造起一个大同的世界，就是因为这种原因。人类社会的现实原则是什么呢？它实际就是生命的原则，是实现人的欲望、情感、意志、理性要求的原则，是实践的原则。人的自然生命力，由人的自然生命力发展起来的人的欲望、情感、意志和理性，是有力量的，是人类社会的动力系统，但作为这个动力系统的本身，还是盲目的，没有组织的，还是以一种无政府主义形式存在着的，因而也是不具有社会的合法性和合理性的。当人们将它们以理性的形式固定下来，使它们具有了社会的合理性和合法性，它就成了一种原则。这种原则就是现实的原则。但是，这种首先以个体人的形式发展起来的欲望、情感、意志和理性的要求，如上所述，不能不首先表现为一种破坏社会平衡的力量，不能不是与人类大同世界的理想背道而驰的。在中国古代，法家就是这样一些现实原则的综合性描述。它是现实主义的、个人主义的、功利主义的、实用主义的、享乐主义的，它不立足于人性之善，而是立足于人性之恶。它追求的是人的欲望、情感、意志和理性的现实胜利，是个人要求的具体实现，是自我的出人头地。它把世界的万事万物和包括自己在内的所有人都当作实现自我追求目标的工具，一切的一切都是为了满足自我的欲望、情感、意志、理性的现实要求的。它主欲、主情、主力、主智。崇拜胜利者，崇拜有野心、有

重温大同梦

魄力、有手段、有智谋的人，蔑视没有野心、没有魄力、没有手段、没有头脑的弱者。在中国古代的社会中，它首先成为政治统治者的思想原则，尽管它有时也在社会改革中发挥一些积极作用，但在总体上，却成了专制帝王统治社会的工具，造成了政治统治的残酷性。实际上，儒家的伦理道德为了在现实社会中发挥实际的作用，也不能不把自己理想的原则转化为现实的原则。它的礼教制度和维护自己伦理道德学说的一切考虑，都是建立在现实原则基础之上的。它的伦理道德不仅仅甚至也主要不是以人的仁爱之心来维持的，而是以"上"对"下"的管制和"下"对"上"的服从得以维持的。在儒家伦理道德的统治下，每一个人的人格也发生了严重的分裂。一方面，人们口头上说的是儒家伦理道德的一系列信条，这些信条是建立在人的大同理想的基础之上的，是至善至美的，而人们又知道，仅仅依靠这些信条人是无法生活的，是无法实现自己的欲望、情感、意志和理性的具体现实要求的，因而人们在现实生活中依靠的仍然是现实的原则而不是这些伦理道德的信条，这就造成了人的虚伪性。

在这里，我们看到，人类的文化尽管纷繁多样，但归纳起来，无非都是在这三个层面上形成的。首先是人的生命的需要，它是以个体人的形式存在的，由不同人的不同欲望、情感、意志、理性要求所组成，由人的实际活动来贯彻。它是人类社会存在的基础，也是人类社会的基本动力机制，但它永远处于一种无序的状态，充满了矛盾和斗争，充满了痛苦和不安。由于这种矛盾和斗争，由于人类的痛苦和不安，产生了人类的理想。人类文化的第二个层面就是理想的层面。在这个层面上，不论中外古今的思想学说有什么不同，但表达的却是一个共同的世界大同的理想，它是一个没有差别的世界，没有矛盾和斗争的世界，因而也是一个没有痛苦和绝望的世界。在西方，柏拉图的《理想国》、托马斯·摩尔的《乌托邦》、康帕内拉的《太阳城》、傅立叶等人的空想社会主义学说、马克思的科学社会主义学说；在中国，儒家文化典籍中的《礼记·礼运》、陶渊明的《桃花源记》、康有为的《大同书》等等，都以不同的形式表达了这种理想。但这种理想只是一种理想，是在人类的观念中形成的，而不可能完整地得以实现，它的原则在现实社会中是无力的，是不能获得最终的胜利的,这就使人类不能不思考在充满矛盾和斗争的世界上生存和发展的现实原则。人类文化的第三个层面就是现实原则的层面,它是以人的欲望、情感、意志、理性要求的具体实现为原则的,但它不是人的生命力的自然表现形式,不是它的无序状态,而是通过肯定它的方式将它合法化,并把它的实现作为人的思想行为的最高标准。它是功利主义的、实用主义的、个人主义的、享乐主义的、现实主义的。它不但赋予人以力量和智慧,赋予人在现实斗争中取得胜利的可能性,同时也赋予它们以社会存在的合法性与合理性。但一旦它们获得了这种合法性和合理性,人与人之间的矛盾和斗争就会迅速激化起来,使整个社会仅仅成了人与人相互残杀的战场。人类生存和发展的安全感也就荡然无存了。

　　人类就是在这样三个不同的层面上反复被煎熬、被蒸煮的。

　　但是,这并不意味着文化对人类的生存和发展是毫无意义的,因为这三个文化的层面并不总是分离的,在那些为人类文化做出了伟大贡献的思想家那里,这三个层面有时是以特定的形式被有机地结合在一起的,它们也在特定的历史时代发挥了自己应有的作用,而现代文化的多元化发展则越来越在共时性的社会空间中容纳着这三个层面的东西并通过它们的起伏变化而保障着人类社会在较为稳定的状态下实现自己的生存和发展。

　　假若我们从这样一个观点出发思考我们所走过的文化道路,我们就会看到,马克思主义在它形成的历史时期,是曾经把人类的理想、人类社会的动力系统和人类生存和发展的现实原则有效地组织在一起的,那是一个资本主义的原始积累把广大的工人群众排斥到毫无政治、经济、文化保障的境地的历史时期,资产阶级的利益是受到当时法律的保护的,而工人阶级却在当时的社会上处于完全无权的地位。劳动被置于资本的直接控制之下,工人阶级的贫困化同资产阶级的资本积累同时迅速地发展着,各向两极分化,人类社会的分裂又一次使人类社会陷入了空前严重的危机。正是在这样一个背景下,人类(不仅仅是工人阶级)的世界大同的梦想又一次活跃起来。一切关心社会发展的有良知的知识分子和社会群众,都无法满意于当时的社会现实,甚至资产阶级的成员也不能不对自身的存在感到神圣的怀疑。不论是固有的基督教伦理还是资产阶级思想启蒙家"自由、平等、博爱"的思想,都不能有效地支持当时资产阶级的自信心。就在这个时候,作为人类"良知"的表现的马克思主义出现了,它的共产主义理想在社会各个阶层中得到了迅速的传播,成为西方人的精神支柱之一。但是,马克思主义假若仅仅只是这样一个理想的描绘,它还是毫无力量的,它与空想社会主义者的根本区别就在于它在工人阶级自身解放的要求中获得了自己的动力系统。工人阶级要生存,他们的欲望、情感、意志、理性的所有要求,是可以汇集在马克思主义"全世界无产者联合起来"的口号之下的。这是一个强大的力量,只要工人阶级贫困化的社会发展趋势得不到有效的遏制,工人阶级的力量就会愈益发展,直至毁灭整个资本主义的世界。在这时候,"阶级和阶级斗争"的原则就成了工人阶级求解放的一个现实的原则,它赋予了工人运动和无产阶级革命以合理性和合法性。共产主义理想的普遍性、广大工人群众的自然生命力在自觉地依照"阶级和阶级斗争"的原则进行无产阶级革命的革命者这里,获得了暂时的统一,使马克思主义成了人类为自己大同理想而斗争的一种理论学说,它的阶级和阶级斗争的理论是建立在普遍的人类关怀的人道主义基础之上的。它在西方资本主义国家之所以没有取得胜利,不是它没有发挥自己的作用,而是资本主义文化的发展挽救了西方的资本主义。在工人运动的压力下,西方的资产阶级逐渐赋予了工人阶级更多的民主权利,科学技术的发展也使西方的资本主义经济有效地承担了提高工人阶级工资带来的经济压力,工人阶级的基本权利一旦在资本主义的条件下获得了基本的保障,工人阶级的贫困化趋势一旦得到了初步的遏制,工人阶级的欲望、情感、意志、理性的需要就不再仅仅贯注在对未来共产主义理想的向往上,马克思主义的共产主义理想就与它的动力系统脱钩了,所以马克思主义在西方资本主义世界的作用主要表现在为工人阶级争得了合法的民主权利,而并没有实现它所预期的社会主义革命。社会主义革命是在俄国、中国这些政治、经济、文化相对落后的国家实现的。民族的危机和广大农民的贫困支持了人们对大同世界的向往。在中国现代历史上,怀着大同理想的不仅仅是中国共产党领导下的革命力量,同时也是包括知识分子在内的中国绝大多数社会群众。儒家的大同理想、马克思主义的科学社会主义学说，西方启蒙运动时期的"自由、平等、博爱"的思想，中国农村的平均主义，以及其他种种具有理想色彩的思想观念，都支持着中国人对一个没有剥削、没有压迫、没有贫富差别的大同社会的向往。当中国共产党在国民党的血腥镇压中拿起枪杆子进行武装斗争的时候，这种理想在现实社会中就找到了自己的生命力量，中国共产党人为了自己的生存和发展不能不在共产主义理想的旗帜下进行实际的斗争，他们的欲望、感情、意志、理性的力量是在这个理想的旗帜下被集中起来的，而革命的原则就成了他们的现实的原则。后来的人可以对毛泽东思想做出各种各样的评价，但对于当时的共产党人，它却是一种完整的理论形式。他对未来一个独立、自由、民主、平等的新中国的描绘，他的一系列战略战术原则的考虑，都和当时中国共产党人自身的前途和命运紧密联系在一起。那时共产党内部的所有不愉快的权力斗争，都无法破坏它在整体上的合理性和和谐性。不论出于什么原因，但当时的国民党政权却没有像西方资产阶级一样给予这个革命的基本群众以更多的民主权利和经济上的保障，在农村，解决农民问题的土地改革迟迟未予进行；在城市，解决知识分子问题的思想自由原则一直未得贯彻。社会越是混乱，它就越是加紧镇压，这使中国共产党的革命获得了持续的发展并最后取得了全国性的胜利，在1949年以后的一段时间里，我们的社会几乎给人以一个大同理想即将实现的错觉，那是一个在经济上贫富差别最小、在政治上贪污腐败现象最少，只要在此前未曾反对过中国共产党领导的政治革命的知识分子在思想上也是更加宽松和自由的。但是，这种理想的状态并没有持续发展下去，实际上，它也不可能持续发展下去。为什么呢？因为恰恰是在社会主义在形式上获得了胜利的时候，共产主义的理想与它的动力系统便发生了严重的脱钩现象。在这种社会形式下，共产主义的理想不但不再与每一个人的具体的、现实的欲望、情感、意志、理性的追求有机地结合在一起，而且成了规范、压抑他们的这些追求的外在力量。在经济上，个人的劳动所得已经无法由个人所掌握，它是通过首先混入一个浑融的整体而后由这个整体返赐给个人的，他无法通过个人的努力改变个人的贫困状态，提高自己的生活水平；在思想上，个人的独立思考不但无法获得别人的尊重，而且会因脱离公众的思想而受到歧视和打击；在政治上，个人没有自由选择的权利，只能被动地接受上级的指示。在社会所有的领域里，"大同"成了一个固定不变的原则，个体的生命成了不受重视的对象，甚至连自己也无法有效地关心自己了，自我的生命完全被一个硕大无比的社会整体承包了。这样的生命不能不低迷下去。但是，社会的发展又是不能没有动力机制的，中华民族贫穷落后的状态急需改变，在毛泽东时代，这种动力机制实际上主要是依靠政治权力的压力而取得的，"阶级和阶级斗争"的原则就变成了实行这种压力的手段。人们不是为了实现自己自然产生的欲望、情感、意志、理性的要求而去从事某项工作，而是为了被视为先进分子或不被视为资产阶级而工作。个体的生命处于更加被动的状态，因而变得更加低迷。更加低迷的生命需要更加沉重的压力，不难看出，这实际上就是"文化大革命"发生的社会文化根源。中国人的大同梦破灭了。假若从整个历史发展的角度，苏联的斯大林时代和中国的毛泽东时代，都以国家整体的力量实现了自己民族从以农业经济为主体向以现代工业为主体的经济的过渡，为此后的继续发展奠定了初步的基础，其作用是不可抹杀的，但他们都没有造成一个理想的大同世界，中国人民为了这个理想付出了太沉重的代价。

邓小平时代是以重新启动社会发展的动力机制开始的。在这个时代，人的欲望、情感、意志和理性的力量又一次获得了人们的重视，经济的杠杆则是把社会的发展同个人的欲望、情感、意志、理性连动起来的一种基本方式。经济的一端挂靠在社会每个人的欲望、情感、意志、理性的要求上，而另一端则挂靠在社会的整体发展上。我认为，每一个中国人都不能不承认，这个改革是一个伟大的改革，是中国历史发展到一个新阶段的标志。但是，任何社会的历史都不可能停止在一个固定的点上，因为历史不像在大同理想中描绘的那样，是以一个完美无缺的世界代替另一个漆黑一团的世界，而是在克服自身矛盾的过程中实现的，旧的矛盾克服之后仍然会有新的矛盾出现，新的时代必须面对新的矛盾并通过克服这些矛盾而实现自己的发展。我们必须看到，在"文化大革命"造成了严重破坏的基础上开始的改革开放，实际是在个人生命力普遍低迷的背景下个人欲望、情感、意志、理性的逐渐苏醒过程，那时的每一个个体人的苏醒都给整个中国社会带来一种新的生机，同时也把自己的生命力输送到整个中国社会上去。但当这种生命力的苏醒达到一定的程度，众多不同人的欲望、情感、意志、理性以及与此相联系的人的实际活动，就不仅仅是彼此呼应的，而同时是相互矛盾的。在这时，竞争代替了联合，斗争超过了扶助。每一个个体同另一个个体都处于此消彼长的对立情势之中。这种历史发展的趋势是不难理解的，当刘心武发表新时期第一篇有代表意义的小说《班主任》的时候，所有相近人生体验的文学作家、文学批评家和文学爱好者是感受不到它对自我欲望、情感、意志和理性的压抑的，与此相反，每一个人都在这篇现在看来非常粗糙的小说创作中获得了鼓舞，他们同时把它当作自己内在生命的象征而赋予了它以崇高的意义；但当人们普遍从生命力的低迷状态下苏醒过来，当众多的小说作家都希望得到社会的崇高评价以取得较之别的小说家更高的社会地位的时候，这种社会的呼应反而无法形成了。新时期结束之后的文学创作界发展起来的不是一种整体的追求力量，而是相互分裂的趋势，不但现在的批评家蔑视现在的创作家，现在的创作家蔑视现在的批评家，而且现在的创作家与现在的创作家之间、现在的批评家与现在的批评家之间也相互蔑视、相互攻击。古代的和外国的权威在开始阶段是作为中国知识分子的相互鼓励、相互启发的手段而被运用的，但现在却成了相互排斥、相互否定的工具。在人们的笔下越来越流露出一种浓重的思想情绪：一种不愿承担别个生命的情绪，似乎任何一个人的存在对于自己都是沉重的、难以负荷的。不难看出，这种完全个体化了的欲望、情感、意志和理性也是导致政治腐败现象的发展，经济体制混乱现象的产生的主要原因。人，实利化了，功利化了，现实化了，个人化了，智巧化了，享乐化了，因而也颗粒化了，人与人不再是朋友，而成了竞争的对手。一切理想的、精神的、道德的、社会的、人文的原则都受到了公开的、有时是无情的嘲笑。权力、金钱、知识和性都成了实现实利目的的手段。个人对外在世界的排斥甚至达到了令人难以理解的程度：一些杂文家可以无情地嘲笑鲁迅；一些白话诗人可以理直气壮地否认胡适的白话文革新；一些新文学作家竟然热情洋溢地反对五四新文

重温大同梦

化传统；一些社会科学家竟然真心诚意地否定人文精神的价值；而一些尚无任何社会地位的青年大学生竟然本能般地厌恶人道主义思想传统。文化再一次呈现出了与持有它的人的严重分裂，而这一次的分裂却是在纯个人欲望、情感、意志、理性的驱动下发生的。

在这时，刘明华先生把他的《大同梦》贡献给了中国广大的读者，我认为是有特殊的意义的。但是，他的目的绝不是让我们再做一场大同梦，我们是在这个梦想中走出来的，是带着对那个时代的惨痛的记忆的。这就使他的这部著作同时有了两个方面的意义：重温人类的大同梦，给我们的社会注入一点理想的精神；不要再回到那个大同梦想中去，而是面对现实，做出我们自己的抉择。

我们的未来是一个什么样子的呢？我们把它创造成什么样子，它就是什么样子的。

但我们得感受它，思考它。

原载《西南师范大学学报（哲学社会科学版）》2000年第1期

五四新文化的关键词

一

陈独秀在《〈新青年〉罪案之答辩书》说:"本志经过三年,发行已满三十册,所说的都是极平常的话,社会上却大惊小怪,八面非难,那旧人物是不用说了,就是呱呱叫的青年学生,也把《新青年》看作一种邪说,怪物,离经叛道的异端,非圣无法的叛逆。"陈独秀指出,在这些"非难本志"的人中有两种人,一种是"爱护本志"的,一种是"立在反对的地位的",这第二种人,"他们所非难本志的,无非是破坏孔教,破坏礼法,破坏国粹,破坏贞节,破坏旧伦理(忠、孝、节),破坏旧艺术(中国戏),破坏旧宗教(鬼神),破坏旧文学,破坏旧政治(人治),这几条罪案。"接着,陈独秀说:"这几条罪案,本社同人当然直认不讳。但是追本溯源,本志同人本来无罪,只因为拥护那德谟克拉西(Democracy)和赛因斯(Science)两位先生,才犯了这几条滔天的大罪,要拥护那德先生,便不得不反对孔教、礼法、贞节、旧伦理、旧政治;要拥护那赛先生,便不得不反对旧艺术、旧宗教;要拥护德先生,又要拥护赛先生,便不得不反对国粹和旧文学。大家平心细想,本志除了拥护德、赛两先生之外,还有别项罪案没有呢?若是没有,请你们不用专门非难本志,要有气力有胆量来反对德、赛两先生,才算是好汉,

五四新文化的关键词

才算是根本办法。""西洋人因为拥护德、赛两先生,闹了多少事,流了多少血,德、赛两先生才渐渐从黑暗中把他们救出,引到光明世界。我们现在认定只有这两位先生,可以救治中国政治上道德上学术上思想上一切黑暗。若因为拥护这两位先生,一切政府的压迫,社会的攻击笑骂,就是断头流血,都不推辞。"[①]

我们知道,这是"民主(德先生)""科学(赛先生)"被后来人作为五四新文化运动的两面思想旗帜,亦即五四新文化的两个关键词的主要事实根据,直至现在,它已经成为一个不言自明的真理,被写在各种不同的教科书中,被一代代学者所直接运用,被一代代青年所直接接受。赞誉五四新文化者以此誉之,诋毁五四新文化者以此毁之。

但是,我认为,"民主""科学"作为五四新文化仅有的两个关键词,并不是没有值得讨论的地方。

首先,我们必须看到,陈独秀这篇文章,是以"答辩书"的方式写成的,并且是在回答"根本上立于反对的地位"的论者的攻击时所使用的两个思想标准。这也同时意味着,即使在五四新文化运动的倡导期,"民主""科学"已经不是五四新文化同人独有的思想旗帜,它们同时也被五四新文化运动的反对派所承认,或者说所不得不承认。"请你们不用非难本志,要有气力有胆量来反对德、赛两先生,才算是好汉,才算是根本的办法。"言下之意,就是他们没有气力、没有胆量反对"民主"和"科学","民主"和"科学"对于他们而言,已经是一种权威性的话语。

二

"民主"和"科学"之所以在五四时期已经成为中国文化的两个权威性的话语,说明它们之被中国文化所接受,并不自五四新文化运动始,而是形成于五四新文化运动之前。

[①]以上引文均见陈独秀《〈新青年〉罪案之答辩书》,载《独秀文存》,安徽人民出版社,1987,第242—243页。

鸦片战争之后，因受到西方文化的影响而在中国文化内部生成、发展起来，并且对中国文化的未来发展具有关键意义的新的文化概念，首先是"科学"。

我们知道，"科学"作为一个文化的概念，在中国文化中，是从洋务派知识分子所发动的洋务运动的基础上生成与发展起来的，这构成了"科学"这个文化概念在中国文化中的"原型"的意义，它在中国文化中的后来的演变与发展，是在这个"原型"的意义上进一步发生的，并且在不同的人身上，有着不同的表现。

我认为，只要我们从洋务派知识分子的"科学"观念出发，我们就会发现，"科学"这个文化概念在中国文化中与在西方文化中是有一些根本不同的理解的，它们之间的不同，是在发生学的意义上产生的，并且贯穿至今，没有本质性的变化。这些不同，至少表现在以下几个方面：

一、在西方，不论是古希腊的欧几里得、毕达哥拉斯，还是文艺复兴时期的哥白尼、伽利略、布鲁诺，"科学"都首先是一种个人性的创造，是人的一种自我发现和自我证实的方式。这种个人的创造性不但决定了西方科学的发生，同时也决定了人对人的自我发现，决定了西方人关于人的基本价值观念的变化，其思想基础是人文主义的。但在中国，洋务派知识分子首先是官僚知识分子，他们是在国家政权受到外来侵略者的侵略和压迫的情况下将"科学"作为国家的一项事业提出来的，爱国主义是中国科学发生和发展的主要思想动力，也是迄今为止中国科学家的主要思想基础。

二、在西方，"科学"首先是一种个人性的创造，这种创造是以"真理"的发现为其根本目的和终极目标的，而在中国，"科学"更是一种国家的集体事业，是以"富国强兵"为其根本目的和终极目标的。

三、在西方，"科学"是独立的，是"技术"的前提，"技术"是将"科学"成果运用于物质世界实利主义目的的结果，而在中国，"科学"在整体上不是独立的，而是服务于国家，服务于国家政治利益的，而国家首先是在现实的实利主义目的的基础上接受"科学"、理解"科学"的，"技术"则是国家接受和理解科学的重要性及其社会作用的中间环节。在其最根本的意义上，将中国传统文化与中国近代科学连接为一个整体的是"技术",而不是"科学","科学"在开始是作为发展"先进技术"的基础而被中国洋务派知识分子所接受、所理解与所重视的。在西方,没有"科学"的发展就没有"现代技术"的突飞猛进的发展——"科学"推动了"技术";在中国,没有西方已经掌握和运用于军事、经济、政治目的的大量先进技术的应用,就不会认识到"现代科学"的价值和意义,就不会重视"现代科学"——"技术"推动了"科学"。

四、不论是在西方还是在中国,"科学"都首先是指"数学、自然科学",但在西方文艺复兴时期,"数学、自然科学"与"文学艺术"是一对孪生兄弟,其共同的思想基础是人文主义,其共同的对立面是西方的中世纪宗教神学。西方的"社会科学"是在"自然科学"和"文学艺术"这两个基础上产生的,它们共同构成了西方启蒙时代的社会理性。粗略说来,"数学、自然科学"为西方社会科学提供了科学方法论的基础,文学艺术为西方社会科学提供了人道主义内涵,其后的演变与发展是在这样一个整体的文化格局上发生的。在西方,笛卡尔、培根、爱因斯坦等自然科学家都有建立在自己自然科学知识基础上的哲学,歌德、列夫·托尔斯泰、萨特都有建立在自己文学艺术创作基础上的美学思想,其专业知识与技能和他们的世界观、人生观表现出相对统一的状况;洋务派官僚知识分子所奠定的中国近现代文化的基础格局是"中体西用"的格局:"中学为内学,西学为外学;中学治身心,西学应世事。"(张之洞:《劝学篇外篇·会通第十三》)不论是当时的洋务派官僚,还是当时出国留学学习西方数学、自然科学及其技术的数学、自然科学家,其文化心理结构都是中国传统伦理道德与现代科学技术知识的直接结合。中国传统的伦理道德是其为人处世之道,是其社会人生的价值观念体系,而数学、自然科学则是其所从事具体职业的知识、技能和本领,前者不具有现代科学的性质,后者缺乏相应的人文主义基础。实际上,直至现在,"新儒家学派"在中国数学、自然科学家队伍中仍然有着更广泛、更深入的影响,与中国近代科学的原型观念仍然是有密切的联系的。

三

鸦片战争之后，因受到西方文化的影响而在中国文化内部生成、发展起来，并且对中国文化的未来发展具有关键意义的新的文化概念，继"科学"之后，又有"民主"。

"民主"作为一个文化概念，在中国文化中，是在晚清维新派所发动的维新变法运动的基础上生成与发展起来的，这构成了"民主"这个文化概念在中国文化中的"原型"的意义，它在中国文化中的后来的演变与发展，是在这个"原型"的意义上进一步发生的，并且在不同的人身上，有着不同的表现。

"民主"这个文化概念，同"科学"这个文化概念一样，在中国文化中与在西方文化中是有一些根本不同的理解的，这些不同，也是在其发生学的意义上产生的。并且贯穿至今，没有本质的变化。这些不同，仅就我想到的，至少有下列几个方面：

一、在西方古希腊时代，"民主"与"专制"是同时存在的两种不同的政治制度，而到了文艺复兴之后的欧洲，在由封建主义向资本主义转换的过程中，由专制政治体制向民主政治体制的转换则常常表现为一种历史的进化。也就是说，在西方，"民主"作为一种政治体制，既具有现实选择的意义，也具有历史选择的意义，是在二者的交叉中实现的一种政治历史的转变。也就是说，西方的民主政治体制至少在建立之初，既具有现实的价值和意义，也具有社会历史发展过程上的先进性，既相对缓和了现实社会面临的不可调和的政治矛盾和斗争，也为社会的未来发展开辟了新的前景。在中国，则从来就没有过现代意义上的民主政治体制。这形成了中国民主派与非民主、反民主派的特殊的关系：历代的民主派都是将民主体制作为当代世界上最先进的政治体制而加以拥护和提倡的，但更多地停留在政治理想的层面上，进入不到有实质意义的现实实践的层面，甚至仅仅停留在对当权派的呼吁上，没有行之有效的实际操作程序。非民主、反民主派是在民主政治体制不符合中国国情的意义上而对民主政治体制采取冷漠乃至反对态度的，但却没有力量从社会历史发展的意义上否定民主政治体制的先进性。实际上，两者是在两种不同的纬度上讨论同样一个问题的，因而二者始终处在分分合合、若即若离的关系中，既无决然的分，也无决然的合。与其说它们是两种对立的政治派别，不如说是中国近代政治的一对孪生姐妹。

二、在西方近代社会，"民主"作为一种政治体制是一个国家内部不同政治势力相互斗争又相互妥协的结果，因而欧洲18世纪启蒙主义者"自由、平等、博爱"的思想就理所当然地成为西方民主政治的主要思想基础，而在中国，"民主"的要求归根到底仍然是在反抗西方帝国主义侵略和压迫的愿望下产生的，是在救亡图存的愿望中产生的，因而洋务派官僚知识分子"富国强兵"的目的同时也是在野维新派知识分子提倡民主政治改革的根本目的。在"富国强兵"的根本目标上，洋务派和民主派是没有分歧的，分歧仅仅在于如何更加有效地实现这样一个根本目标。可以说，国家经济发展的总体目标既将洋务派和维新派分割开来，也将它们联系起来，从而形成了在野维新派知识分子与在朝洋务派官僚知识分子的内外呼应格局，但当在野维新派知识分子强大到进入政治体制的内部，就会受到洋务派官僚知识分子和守旧派官僚知识分子的两面夹击，这一方面反映了不论是守旧派官僚知识分子，还是洋务派官僚知识分子，其思想倾向更是一种政治策略思想，是建立在特定的个人政治权力地位的基础之上的，而没有脱离这种政治地位的、纯属自我的政治信仰，另一方面也反映了维新派知识分子的"民主"追求，仍然是与自我的政治权力追求纠缠在一起的，进入政治体制的内部仍然是他们实现自己政治改革愿望的唯一途径，他们在社会上还没有足够的力量，也不想在现有政治体制的外部形成一个独立的社会民主力量。在这种情况下，一旦进入政治体制的内部，他们或者转化为洋务派官僚知识分子，不再坚持民主改革的方向，或者因坚持这种方向而被清除出国家政治体制。总之，他们的"民主"理念并不建立在"自由、平等、博爱"的思想基础上，而只是一种治理国家的政治形式。

三、维新派推进了洋务派官僚知识分子的"科学"观，由以发展先进技术为主要目标的自然科学进一步推进到社会科学领域，但由于其"富国强兵"的终极性目标与洋务派官僚知识分子并无不同，所以在其实质的意义上，它仍然是以发展先进的科学技术为主要目标的，其主要道路是：通过政治制度的改革使重视现代科学技术的政治人才进入国家政治体制，以利于现代科学技术的发展，并实际实现"富国强兵"的目的。这形成了中国现代文化"科学"和"民主"这两个文化概念的极为特殊的错落关系："民主"观念是被包含在"科学"观念中而存在和发展的，"科学"（主要是数学、自然科学的观念）的普及程度要远远大于"民主"观念的普及程度。一个杰出的中国现代社会科学家，不论他本人是不是一个杰出的数学、自然科学家，但一定是重视数学、自然科学对于人类以及人类文化的作用和意义的，一定是尊重数学、自然科学家的，不论这个数学、自然科学家与自己的政治倾向是否相同，而一个杰出的数学、自然科学家则不一定重视社会科学对于人类和人类文化的作用和意义，不一定尊重一个杰出的社会科学家，特别是在这个社会科学家不被主流意识形态所接受的情况下。如前所述，中国现代数学、自然科学家的人文文化基础是中国古代的文化，不是在自己科学研究的基础上形成的，也不是从现代社会科学的学说中接受过来的，而现代社会科学家的自然科学知识基础，虽然并不充实和深厚，但却是在现代数学、自然科学中获得的。这种关系，改变了在西方社会历史发展过程中具有真理性的一条马克思主义原理：生产力决定生产关系、经济基础决定上层建筑：就其生产力的发展，当代中国已经远远超过了17世纪的英国和18世纪的法国，但在政体形式上，却没有实现那时英、法诸国已经实现的变革。这曲折地反映了在中国文化中"科学"和"民主"这两个文化概念的关系的特殊性。

四、即使在维新派知识分子那里，"民主"这个概念也同时具有两种不同的含义：作为一种现代政体形式的"民主"和作为传统的"民贵君轻"意义上的"民主"。直至现在，中国文化中的"民主"这个文化概念，仍然是这两种意义的混用，并且在大量的情况下，表达的是"民贵君轻"的思想。表面看来，"民贵君轻"较之现代资产阶级的民主思想更加彻底，但它是承认君主至高无上政治权力的不可动摇性的基础之上的，所以传统的"民贵君轻"充其量只是一种思想观念，没有现代资产阶级民主的可操作性的特征。

五、孙中山领导的辛亥革命是在"民主"的旗帜下取得胜利的,"民主"也成为中国文化的一个关键词,但这时的"民主"仍然只是像孙中山这样的政治领袖人物的思想观念,是这些人物依照西方政治制度的形式设计出来的一种新的政体形式,孙中山的"三民主义"也只是这些政治领袖人物的建国纲领,而不是建立在中国社会公众个人权力基础上的政治民主。在中国,以技术为重心的"科学"是国家军事、经济的发展战略,"民主"是国家政权的一种结构形式,它们都是与国家政权直接联系在一起的。辛亥革命之后,作为一种话语,它们有了合法性,甚至有了权威性,但却与整个中国社会公众的思想没有必然的联系。

四

时至今日,经过30年的改革开放,"科学"的观念不但在中国社会得到了相当广泛程度的普及,而且成为中国社会的统治思想,自然科学家、特别是与现代技术相联系因而也和经济收入有联系的自然科学家,不但在中国拥有了至高无上的社会地位,而且在政权机关中也占有绝对大的比重。作为政治体制的"民主",尚待努力,但作为一种思想、一种文化观念的"民主"则同样成了一种具有统治地位的思想、统治地位的文化观念。在中国,恐怕没有任何一个人,还会公开承认专制制度是比民主制度更为优越的社会制度,"推进民主化"是作为我们的一项基本国策而提出来的。但是,与此同时,一向被我们视为以"民主"和"科学"为两大思想旗帜的五四新文化运动,却受到了自那时以来最为严重的冷落和最为严重的挑战,而五四新文化所批判的一切,儒教、国粹、家族制度、礼教制度、科举制度几乎在更加充分的意义上重新被肯定、被宣扬。在这时,我们必须重新思考,我们过去对五四新文化的这种概括方式是不是完全合理的?如果是完全合理的,这种不可思议的文化现象又是怎样发生的呢?

我认为,只要注意到中国文化的当代发展与我们对五四新文化历史概括方式之间的这种巨大的文化落差,我们就会看到,我们过往仅仅用"民主"和"科学"这两个概念对五四新文化做出的概括,实际是不全面、不精确的。这，我们从鲁迅文化思想的具体发展状况出发，就能够清晰地将其展示出来。

"科学"被我们作为五四新文化的一个关键词，分明是说，五四新文化同人理解的中国现代文化，在其性质上就是"科学的"："科学的"就是"现代的"，"现代的"就是"科学的"。但是，这种一元化的现代文化观，至少不是鲁迅的现代文化观。我们知道，早在留日时期，鲁迅在《科学史教篇》中就已经指出，西方近代文化，不仅仅有"科学"，还有"文艺"。"科学"与"文艺"不但颠覆了中世纪宗教神学的绝对统治地位，而且也通过"科学"和"文艺"（人文主义）的发展传承了中世纪宗教神学的宗教精神。但这分明也是鲁迅自己对中国文化的期待。具体到五四新文化运动之中，五四新文化运动当然不是反对科学的，但它本身却不是一个科学运动，更不是一个自然科学运动，而是一个文化运动，并且是以文学革命为主体的文化运动。胡适有《文学改良刍议》，陈独秀有《文学革命论》，周作人有《平民文学》《人的文学》，提倡的都是文学革命；陈独秀、刘半农同时是诗人、散文家，周作人是小品散文大家，他们尽管没有像鲁迅那样明确的意识，但却绝对不是科学主义者。也就是说，在五四新文化运动的初创期，科学与文艺、物质文化与精神文化的二元价值观绝对不仅是鲁迅一个人的思想观念，同时也是《新青年》同人之间"心有灵犀一点通"的文化意识。

自然中国新文化是二元的而不是一元的，它就理应有两个视角（由这两个视角又可以分化为无数个视角），而不仅仅有一个视角。那些像传统儒家知识分子一样试图只从一个视角看社会、看社会文化，并试图用一种文化统一起全部中国文化的企图，是五四新文化同人所不取的。显而易见，在《文化偏至论》中，鲁迅就是从文艺的视角看"科学"与"民主"的，而不是从"科学"和"民主"的视角看文艺的。正是从这样一个视角，他才更清楚地看到了洋务派"富强"梦和维新派、革命派"民主"梦的虚幻和空洞。在这里，我们绝对不能认为，一个弱国子民的鲁迅会从根本上反对中国的"富强"和"民主"，但百年之后的我们则更能清醒地看到，鲁迅对当时洋务派官僚知识分子和在野维新派知识分子的揭露并不是无的放矢的。关键在于，真正的社会进步绝对不是少数政

五四新文化的关键词

治上层人物和精英知识分子的变戏法，而应当是社会全体成员共同努力的结果。这样的社会成员，不能是奴隶，而应该是独立自主的人，是有自由要求和自由精神的人。而这个"立人"的工作，绝对不是按照科学方法论的统一要求定做出来的，也不是按照政治家的一纸命令统一调配出来的，更何况洋务派的富国强兵思想和维新派知识分子的民主理想自身就是建立在物质实利愿望和政治权力愿望的基础之上的，它们既可能是社会进步之源，也可能是社会腐败和社会动乱之源。而对于广大的社会公众而言，所拥有的只是个体的生命：物质的生命和精神的生命。生命是独立的，也是自由的。正是在这样一个文化视角上，鲁迅将人的自由提高到了哲学的高度，成了他文化思想中的一个元命题。鲁迅的《摩罗诗力说》具体发挥的，实际就是人的这种"自由精神"。这种自由精神，在五四新文化同人中，表现是各不相同的，但反对思想禁锢，主张思想自由，则是他们一致的思想倾向。陈独秀的《敬告青年》，开宗明义提出的就是"自主的而非奴隶的"；李大钊公开认为，没有任何力量能够禁锢人的自由思想；在当时，胡适的《易卜生主义》也淋漓尽致地表达了他对精神自由的向往。这种"自由"的要求，在五四时期更通过思想自由、言论自由、集会结社自由、婚姻自由、妇女解放等一系列具体形式表现出来。"自由"，是一种独立的文化观念，它既不简单地从属于"科学"，也不简单地从属于"民主"，而是直接建基于人、建基于人的生命的精神需要，因而也是五四新文化的一个关键词。

在留日时期，鲁迅对"平等"这个文化概念似乎没有表现出多么高的热情，这是因为，他对"个性"的重视，遮蔽了他对"平等"的要求。但到了他作为一个非官僚知识分子并且也不再以进入官僚统治集团为自己的人生目标的五四新文化运动时期，他的"平等"意识才愈益加强起来，并且与他的"自由"意识有机地结合在了一起。如前所述，不论是"科学"，还是"民主"，在中国都是与国家政治紧密联系在一起的，都具有国家整体发展战略的意义与价值。洋务派官僚知识分子，维新派在野知识分子，民主派革命知识分子，实际都与国家政治及其整体需要紧密联系在一起，都属于占社会极少人数的精英知识分子集团。他们在自觉与不自觉之间都是以广大社会公众的管理者自居的，他们与一般社会公众的关系是管理与被管理的关系。在中国具体的历史条件下，决定了他们对传统儒家文化都有特别的好感，因为传统儒家文化就是从国家管理者的角度看待世界，看待社会，看待社会公众的。但在任何一个历史时代，这类的知识分子都是少数，而像五四时期这些还没有实际的政治、经济、文化权力的社会知识分子，则是绝大多数，他们除了已经拥有表达自己思想感情的能力和一定的社会条件之外，与其他的社会公众几乎没有任何根本的差别。人人需要自由，他们也需要自由，但他们的自由却没有政治、经济权力的支撑，他们的话语权必须在社会公众中得到实际的承认，所以他们的自由要求与他们的平等意识又是交织在一起的。他们不希望别人的压迫与禁锢，但也没有权力压迫和禁锢别人，他们的自由在社会平等的条件下才会得到充分的实现。不难看出，只有到了"五四"知识分子这里，传统儒家建立在社会等级关系之上的礼教制度和家族制度才遭到了不遗余力的批判和攻击，这恰恰反映出他们是不拥有任何政治权力和经济权力、也不想在这些权力关系的基础上建立与周围人的关系的一些知识分子。"平等"不是任何政治经济权力关系的特征，其中也包括民主政体形式下的人与人的关系，也不是用科学方法论证明出来的一个客观真理，而是在人的精神需要中产生的，是与人的自由要求同时产生的另外一种形态的精神需要。它同样是一个文化的元命题，是五四新文化的一个关键词。

"科学""民主"是鸦片战争之后在中国国家政治发展的需要中产生的两个文化概念；"自由""平等"是在人的精神需要中产生的两个文化概念。它们共同构成了"五四"知识分子的基本文化观念，是五四新文化的四个关键词。

五

我认为，只要我们在五四新文化这四个关键词的基础上重新思考它对中国当代文化发展的意义，我们就会看到，五四新文化运动在当代中国之所以受到了最严重的冷落与最严重的挑战，不是因为它的"民主"与"科学"，恰恰因为它的"自由"和"平等"。

五四新文化的关键词

　　鸦片战争之后中国社会及其文化的动荡与变化，不是在固有中国文化的内部矛盾中发生的，而是在国际关系的外部压力下发生的，直接承担这种外部压力的是国家的政治统治集团，即使一般社会公众的所遭受的空前惨重的苦难也是通过这个统治集团转移到他们身上的。五四新文化运动之后的中国历史，不是五四新文化持续发展的历史，而是受到社会政治变动的更大压力而曲折变形的历史。在鲁迅的感觉中，到了20世纪20年代初，五四新文化就已经落潮，有的重新转入政治革命，有的在学院文化的旗帜下重新融入现实的政治社会，与现实的政治统治秩序达成了体面的妥协。在这时，他们仍然主张"科学"和"民主"，但其"科学"更是与社会现实发展极少关系的"学问"，"民主"则更是对西方民主制度的向往与期待，进入不到有实际意义的反专制压迫的过程之中去。几乎只有鲁迅，还像五四时期那样进行着现实的社会批判和文化批判，坚持着五四新文化"自由""平等"的思想原则。中国共产党领导的中国革命，就其实质是为了争取自身的自由和解放的，其基本目标是实现中国社会的平等与自由的。但是，它的理论纲领不是从五四新文化中直接获取的，而是在马克思主义理论原则的基础上建构起来的。中国共产党革命的胜利，实现了中华民族统一的民族国家的重建。这个国家是通过革命战争建立起来的，是以政治的力量统一在一起的。政治的权力几乎成为维系这个新生的中华人民共和国的唯一决定性的力量。毛泽东不止一次地试图运用政治的权力以达到改造社会民众思想的目的，这个充满诗人气质、出身社会底层的政治领袖，未必不想将平等自由的思想灌输到广大中国社会民众中去，但政治权力加强的只是政治权力，而不是人的自由意识与自由精神。政治权力本身就是限制乃至剥夺人的自由权力的，是在上下等级关系中贯彻自己意志的。历次的政治运动不但没有加强中国民众的自由、平等的意识，而且使之受到了严重的破坏。"文化大革命"结束以后的改革开放，仍然不是在中国社会群众自由、民主的要求的基础上产生的，而是国家政治实现的一次重大的战略转移，即从以政治思想灌输为主向以经济建设为主的一次战略转移。在这个过程中，政治家的国家权力、企业家的经济权力、以科学技术知识分子为主体的精英知识分子的文化权力，通过经济的纽带，结成了一个牢固的联盟，决定了近三十年中国文化的基本走向。但是，在这种关系中，严重缺乏的仍然是广大社会民众的自由、平等的意识，以及在这种意识的基础上产生的真正的民主要求。

五四新文化在当代中国社会之所以受到严重的冷落和严重的挑战，我认为，恰恰由于我们自由、平等观念的薄弱。自由、平等观念的加强，将是未来中国社会文化发展的主要倾向。

五四新文化的关键词：民主、科学、自由、平等。

原载《文艺争鸣》2009年第11期

论当代中国文化界

我们常用"文化界"这个概念，实际上，任何一个民族的文化界，都不是一个完全统一的整体，而是由各种不同的亚结构体在特定关系中构成的一个更大也更松散的整体，它们各自的变化以及彼此关系的变化构成一个民族文化发展的曲线。我认为，要能够更精确地感受和把握中国文化发展的曲线，必须对中国文化界这些亚结构体的特征和作用有一个较明确的意识。

在过去，我们常常依照不同的学科划分不同的文化界，我想用另一种分类方式分析中国的文化界。我把它分为下列五个亚文化界：跨国文化界、京（北京）海（上海）文化界、外省文化界、准文化界、大社会文化界。

中国新文化的产生是以现代跨国文化界的出现为标志的。在中国古代，也有跨国文化现象，像法显、玄奘这些西天取经的和尚，像留居异国他乡的苏武、文成公主、朱舜水，但他们构成的不是一个相对独立的文化界，其作用和意义也不是世界性的。这个跨国文化界是在19世纪末和20世纪初年正式形成的，到了五四新文化运动之后，它得到了更长足的发展，并在迄今为止的中国文化中发挥着举足轻重的作用。在开始，它是由中国派往国外的政治官僚和留学生构成的。到了后来，留居国外的知识分子越来越多，他们与回归国内的外国留学生共同构成了一个文化界，我把它称之为跨国文化界。康有为、梁启超、严复、王国维、辜鸿铭、苏曼殊、鲁迅、胡适、陈独秀、李大钊、周作人、梅光迪、吴宓、郭沫若、郁达夫、林语堂、梁实秋、胡风、瞿秋白、朱光潜、钱锺书、林毓生、李欧梵、杜维明等等，在其特定时期都基本属于这个新产生的跨国文化界。歌德和马克思都曾提出过世界文学的概念，这个世界文学的概念实际等同于我们现在所说的世界文化的概念。中国的这个跨国文化界，在本质上就属于现代世界的世界文化界的一个组成部分，是由直接参与世界文化交流的中国知识分子构成的。这个文化界有一个特点，即它进行的是中国文化与外国文化的对话，他们的文化是在这种对话中产生和发展的，并且构成了不同于中国古代文化也不同于外国文化的现代中国文化的主体。一方面，他们用西方文化的一系列价值观念观察、感受、分析、评价中国的文化现象，另一方面，他们也用中国文化的价值观念观察、感受、分析、评价外国的文化现象，而这种观察、感受、分析、评价的本身便构成了一种新质的文化。他们之间各有不同，但作为直接参与世界文化交流的知识分子而言则是相同的。他们有着一种或多种外国语言的训练，这种不同语言的训练既是形成他们文化思想的不同的基础，同时也为他们直接参与世界文化交流提供了方便的条件。对于中国国民，他们是外国文化的权威；对于外国国民，他们是中国文化的权威。中国国民是通过他们而了解外国文化的，外国国民是通过他们而了解中国文化的。但与此同时，他们也有自己的局限性，即不论他们对外国文化的感受和理解，还是对中国文化的感受和理解，都不可能不带有纯粹个人选择的性质。胡适把杜威的实用主义视为体现西方文化的先进性的文化，李大钊则把马克思列宁主义视为体现西方文化的先进性的文化；杜维明把儒家文化视为体现中国文化的本质特征的文化，鲁迅、胡适则把墨家文化视为中国古代最优秀的文化传统。这种不同的个人选择不但造成了中国跨国文化界自身的分裂，同时也造成了他们的文化接受者的各种不同的文化幻象。直至现在，我们仍然有很多人把英美文化神圣化，也有很多人把英美文化恶魔化；外国仍有很多人把中国文化神圣化，也有很多人把中国文化恶魔化。这种不是神圣化就是恶魔化的倾向，是在接受者对认识对象的整体没有自己的亲身体验、仅仅通过文字传媒获得对认识对象整体的概括认识时所难免的。中外文化

论当代中国文化界

交流的有限性大大加强了中国跨国文化界的重要性，但同时也带来了这个文化界的明显的局限性。是他们，在世界范围中创造了一个中国文化的形象，外国人就把他们创造的这个中国文化的形象视为中国文化的真实的形象；也是他们，在中国国内创造了外国文化的形象，中国人就把他们创造的这个形象视为外国文化的真实的形象。但他们却只是中国社会中极为特殊的一小部分人，而这一小部分人创造的整体的形象却不可能代替一个民族的所有人所可能产生的真实的感受和理解。这个跨国文化界在中国文化的发展过程中是起伏不定的，在不同的时期有不同的知识分子获得对这个文化界的统治权，因而也造成了中国国民对外国文化的不同的幻象、外国人对中国文化的不同的幻象。我们有时把英美文化神圣化，有时把俄苏文化神圣化；外国人有时把中国文化神圣化，有时把中国文化恶魔化，总是起伏不定，变化多端。由此构成了中国文化与西方文化的各种不同的关系以及由这种关系的变化形成的变化曲线。

跨国文化界的部分知识分子在中国国内与部分知识分子的结合首先形成的是京（北京）海（上海）文化界。这是在"五四"之后正式产生的。它反映着西方文化在中国影响的扩大，也反映着西方文化影响的民族化趋势。外国的影响与中国传统文化的影响同时获得了现实性的品格，不再只是西方文化学说的简单介绍，也不再是中国传统文化的简单继承，而具有了中国现代文化的性质。在过去，我们有一个"京派"和"海派"的区分，但不论是"京派"还是"海派"，都已经不是简单的西方文化的一个派别，也不再是中国古代文化的一个派别。它们之间的关系是并列的，它们的不同仅仅在于各自的基础不同、其演化发展的趋势也各有不同，并没有一个现代与传统、先进与落后的区别。跨国文化界的知识分子有很多同时也是京海文化界的知识分子，并且在开始阶段在京海文化界起到了主导的作用，但这两个文化界还是有着根本不同的特征的。作为跨国文化界的知识分子进行的主要是中外文化的对话，而作为京海文化界的知识分子进行的则主要是国内知识分子之间的对话，这种对话是在中国文化的整体发展策略的意义上进行的。它关注的不是"中国文化是什么、西方文化是什么"的问题，而是"中国文化应当向哪里去"的问题。跨国文化界是由直接从外国文化中获取对外国文化的感受和理解的知识分子构成的，特别是由外国留学生构成的。他们之间有着一种特殊的联系和联系方式，其话语形式也是在担当着他们之间进行交流的任务时形成的。鲁迅在留日时期写的《科学史教篇》《文化偏至论》《摩罗诗力说》严格说来是在跨国文化界产生的，是以留学外国的中国知识分子为基本对象的，他们对西方文化都有着各自不同的感受和理解。以西方文化为背景观察、了解、分析、评价西方的思想学说是鲁迅这时的基本话语形式，但到了五四新文化运动时期的《呐喊》《彷徨》《坟》中的多数篇章、《热风》等，就是写给中国更广大的读者阅读的了，这些读者未必对西方文化有过直接的感受和理解，以中国文化为背景、以自身对中国文化的感受和理解为视角，具体地解剖中国的文化现象则成了这时鲁迅的基本话语形式。胡适也经历了这样一个变化。在留美期间，他的改革愿望是在同梅光迪、吴宓这样一些留美知识分子的对话中产生的，是以西方文化为背景论述中国文化改革的必要性的，而到了五四新文化运动时期，他则同时面对没有西方文化知识或简单拒绝西方文化的守旧派知识分子。他的《文学改良刍议》，他的《白话文学史》，他的《中国哲学史大纲》（上卷），运用的都是这种话语形式。所以，鲁迅和胡适这时的作品成了中国现代文化的奠基性作品。它们都不再是介绍性的、评述性的，而是创造性的。在这时，新文化的中心还在京、海两地，并在这两个大都会形成了相对独立的文化群体，其中的知识分子是依照不同于跨国文化界的方式联系起来的，因而也形成了具有自己独立作用和意义的文化界。这个文化界的基础已经不是在外国受教育的知识分子，而是在中国现代教育体系、特别是高等教育体系中培养出来的青年学生。傅斯年、罗家伦、茅盾、叶圣陶、郑振铎、王统照、朱自清、冰心、卢隐、冯至等人在初进入文坛、形成自己的基本思想结构和创作风格的时候，都还没有在西方社会和西方文化内部感受和体验西方社会和西方文化的经验，他们是在中国社会和中国文化内部感受和体验中国社会和中国文化的。但这时的中国社会和中国文化也已经不是中国古代社会和中国古代文化的简单延续的形式，而是经过了跨国文化界知识分子改造过的中国社会和中国文化。他们对西方文化大多怀有仰慕的心情，但构成他们思想情感基础的则是中国现实的社会经验。他们

论当代中国文化界

不是在西方文化的背景上观察、感受、分析、评价中国文化的，而是同时运用着对中国社会和中国文化的实际感受和理解。纯粹的跨国文化界的知识分子往往把西方文化神圣化，把中国文化恶魔化，或者把中国文化神圣化，把西方文化恶魔化，但京海文化界的知识分子在其总体特征上不是如此。他们的爱恨都在中国文化的内部，而不在西方文化的内部。不论他们如何具体评价中国文化和西方文化，但他们的文化产品所流露出的基本倾向则是同情中国文化中的某种倾向而拒绝中国文化中的另一些倾向，亲近中国社会中的某一部分人的某一些文化现象而歧视另一部分人的某一些文化现象。这也形成了他们之间的分裂或分化。但他们的分裂和分化是中国现当代文化的不同流派，而不是对中国现代文化的根本否定或绝对肯定。他们之间的矛盾和斗争是中国现当代文化内部的矛盾和斗争，而不是中国文化与西方文化或中国现当代文化与中国传统文化的矛盾和斗争。在整个20世纪，京海文化界作为文化界都得到了持续的发展，对外，它吸引了大量归国的外国留学生；对内，它吸引了大量外地青年学生和知识分子，使之得到了持续的充实和扩大。从1949年到"文化大革命"结束，是大陆的跨国文化界急遽萎缩的时候，但大陆的京海文化界仍然在迅速膨胀着，它是与中国现代教育的发展和中国社会的社会化趋势的加强直接相关的，与具体的文化思想没有直接的关系。受教育的人多了，报纸杂志多了，京海两地的知识分子多了，这个文化界就扩大了。这个扩大着的京海文化界与紧缩的文艺政策的矛盾，内在地决定了"文化大革命"前文化界的斗争和"文化大革命"后的改革、开放路线的形成。没有这样一个充分发展了的京海文化界，这两种文化现象都是不可理解的。"文化大革命"后京海文化界活动范围的扩大，同时也重新激活了跨国文化界的生命活力，并把由内向外发展的知识分子同由外向内渗透的知识分子结合起来，重新构成了一个跨越国界的文化群体。

但是，京海文化界的知识分子也有一个严重的弱点，即个人成就感始终是他们的基本联系形式和内在精神动力。迄今为止的中国京海文化界，还是两个中国文化名人的集团。"个人成就"是进入这两个中国文化名人集团的入场券。但是，文化的本质却不是纯粹个人性的，文化本身只是一种非暴力的、精神的、人性的联系形式，每个人提供的文化文本不是为了叫别人尊奉自己的，而是让别人了解、理解并同情自己的。屈原的诗不是为了向世人证明自己的创作才能的，列夫·托尔斯泰的小说不是为了突出个人的存在价值的，他们都有需要和读者交流的思想和感情。在文化交流中，作者和读者的关系是平等对话的关系，而不是作者有更高的身份，读者有更低的身份。文化界也有矛盾和分歧，也有斗争，但这种斗争也是为了相互的沟通，而不是为了加剧彼此的矛盾和冲突。但是，一旦把文化作为纯粹个人的东西，当作个人才能的证明，知识分子之间的矛盾和斗争就具有了绝对性。中国知识分子的排名意识就是在这种个人成就感的基础上形成的，而在排名关系中，不是你在我前就是你在我后，其中没有一个调和的余地。在跨国文化界，也有各种不同文化观点的矛盾和斗争，甚至也有个人成就感的因素，但个人成就感却不是跨国文化界联系的主要形式，它也无法导致更严重的后果。跨国文化界的知识分子是以世界文化为背景的，他们分散在不同的政治权力的管辖范围之中，有着不同的经济的基础和不同的文化习俗的背景。政治的、经济的、习俗道德的超文化权力介入他们的分歧和矛盾的程度是极其有限的，他们的分歧和矛盾只能通过文化交流的形式求得解决或部分的解决。而在京海文化界，由于同处于一种政治权力的管辖范围，同处于一种文化习俗的包围之中，这就为京海文化界的知识分子引入政治的、经济的或习俗的权力提供了方便的条件。直至现在，人们常常错误地认为，中国当代文化中的话语霸权是由西方话语霸权造成的，实际上，正是中国京海文化界知识分子的个人成就感赋予了西方文化以话语霸权的性质。当西方话语在中国的京海文化界具有了话语霸权的性质，当京海文化界的知识分子感到作为一个中国文化名人根本无法摆脱西方话语霸权的压迫，它就自觉不自觉地要引入政治权力、经济权力、习俗道德的权力话语。我认为，从五四新文化运动至今的中国文化界发生的各种不同的自我兼并的战争，都是在诸种权力关系的交叉中进行的，导致这些自我兼并的战争的内在根源则是中国知识分子自身的个人成就感。中国京海文化界的知识分子不断地制造自己的导师，又不断地毁灭自己手制的导师。靠着自己的导师的权威，把自己提高到导师的地位上去，然后再打倒这个导师，巩固住自己的导师的地位。这就从根本上破坏了京海文化界平等对话的文化机制，把文化界变成了西方文化霸权、政治权力霸权、经济权力霸权、习俗道德权力霸权自由驰骋的空间。经历了一个世纪的文化发展，跨国文化界和京海文化界都扩大了自己的范围、壮大了自己的力量，但同时也发生着自己的畸变。只要把当代跨国文化界的知识分子同康有为、梁启超、谭嗣同、孙中山、陈独秀、胡适、鲁迅、李大钊这些早期的跨国文化界的知识分子相比较，我们就会感到，当代跨国文化界的知识分子已经失去了它原有的为中国社会、中国文化负责的民族精神，而更多了对西方文化的依赖和对中国社会、中国文化的隔膜。一种背靠西方、静观中国的姿态自觉不自觉地成了这个文化界知识分子的普遍的文化姿态。而与像陈独秀、胡适、鲁迅、傅斯年、闻一多、郭沫若、茅盾、胡风、巴金、曹禺这些早期的京海文化界的知识分子比较起来，当代京海文化界的知识分子更增加了一些个人的成就感，更淡化了一点中国社会和中国文化的整体意识。京海文化界知识分子的内耗性的自我排斥力较之上述知识分子不是减弱了，而是加强了。鲁迅和胡适在文化观念上的尖锐矛盾并没有发展到相互进行人格侮辱和政治迫害的地步，而当代京海文化界的知识分子甚至在没有根本文化观念上的矛盾的情况下也在进行着人格的侮辱乃至政治、经济上的迫害。在五四时期，京海文化界是抵制社会腐败的桥头堡，而当代京海文化界则成了社会腐败的顺水船。每个知识分子著译目录上的"个人成就"都大大超过了鲁迅和胡适，但整个文化界却失了"精神"，站立不起来了。

但是，中国新文化仍是一种发展着的文化，不过这种发展已经不能简单地用跨国文化界和京海文化界知识分子自身的发展和演变精确地标示出来。我认为，外省文化界的大量涌现和自主性、独立性的加强，是中国新文化继续发展的一个最明确的标志。必须看到，中国的新文化不是仅仅为了制造文化名人的文化，不是仅仅为了到世界上拿诺贝尔奖奖金的文化，而是在中国进入世界性的联系之后继续发展、扩大人与人之间的文化的、精神的、人性的联系的文化。鲁迅哀叹中国是一个"无声的中国"，就是希望中国人都能发出自己的声音，都有说话、写文章的机会，都能随时表达自己的思想和感情，彼此有个交流，有个精神上、人性上的联系，并在精神上把整个中华民族联系成一个整体，把整个人类联系成一个整体。只要这样看待中国新文化的发展，我们就会看到，我们的新文化还是发展了，进步了。这个发展、进步，就主要表现为外省文化界的大量产生和自主性、独立性的不断加强。在整个20世纪的上半叶，中国的新文化主要是跨国文化界和京海文化界的文化，外省知识分子大多是到了北京、上海和国外才成为文化名人，才成为知识分子的。外省也有知识分子，但其联系是松散的，很难称得起有一个文化界。在抗日战争时期，是外省文化界得到最初发展的时期，那时的桂林文化界、重庆文化界、延安文化界，严格说来还不属于外省文化界，而是京海文化界的流亡地。抗日战争结束后，这些地方的文化界就基本解体了。1949年之后，在紧缩了文化思想的同时，现代教育的规模却扩大了，中国社会的社会化程度却提高了。各个省份都有了文联、作协，都有了文化、文学的报纸和刊物，虽然这时的外省文化界还没有自己的自主性和独立性，但它们却已经有了相当的规模。"文化大革命"后期的文化复归，严格说来，不是发生在跨国文化界，也不是发生在京海文化界，而是首先发生在外省文化界。新时期初期的诗人、小说家，外省的知识分子占了大半，只是在此后，其中心又有向跨国文化界和京海文化界转移的趋向，但这个转移却也伴随着个人成就感的加强、精英意识的发展和文化的、精神的、人性的联系形式的碎裂。

在这里，我们需要重新思考五四新文化先驱者们的文化处境和精神状态。在许多人看来，五四新文化似乎是五四新文化运动的先驱者们早已形成的文化观念的具体实现形式。我认为，这是不符合五四新文化的实际状况的。我们的新文化不是被这些人早已设计好的，而是在进入文化革新情境之后一步一步地衍生出来的。在五四新文化运动发生之前，新文化运动的先驱者们各自生活在自己的社会环境中，有一种被围困的寂寞感和孤独感。它需要一种表达，一种交流，需要有一种不同于政治权力关系、物质实利关系、习俗道德关系的另一种文化的、精神的、人性的联系。在人类社会的存在和发展过程中，将永远存在着政治权力关系、物质实利关系和道德习俗关系，但人类也永远不可能完全满足于这些关系，人类永远有一种建立非暴力的文化的、精神的、人性的联系的需要。正是这种需要推动陈独秀创办了《新青年》杂志，他的《新青年》杂志的发刊词表达的就是在旧文化已经基本转化为政治权力关系、物质实利关系、习俗道德关系的话语形式之后，到新一代青年中寻求文化的、精神的、人性的联系的意图。这使它具有了新文化的性质，其中渗透着陈独秀的平民意识。他和胡适的精神联系就是在这种文化的平民意识的基础上建立起来的；胡适关心的是语言载体的改革，是白话文革新，两者的精神呼应使"五四"的思想革命同时也表现为书面语言的革命；鲁迅之所以加入《新青年》团体，不是因为崇拜陈独秀、胡适的个人才华，而是由于在现实的政治权力关系、物质实利关系、习俗道德关系的束缚中感到了精神上的苦闷，他需要的是与外部世界的文化的、精神的、人性的联系，从而也把现代小说这种文体形式带入了新文化界。李大钊、钱玄同、刘半农、沈尹默、周作人莫不是在一种文化的、精神的、人性的需要中走进《新青年》的。他们重视的不是任何人的个人成就，不是"学问"和"知识"。在当时不论章太炎、康有为、梁启超、严复、王国维，还是林纾、辜鸿铭、黄侃、刘师培，论"学问"，都比他们的大。五四新文化运动实际就是这种文化的、精神的、人性的联系的形成以及形成后的演变和发展的结果。在这里，有着两种必不可少的因素，即知识分子个人有着不同于现实政治权力、物质实利、习俗道德的文化的、精神的、人性的要求，没有这种要求，任何语言负载的都是政治权力的欲望、物质实利的欲望和世俗道德荣誉的欲望，而不可能具有真正文化的、精神的、人性的性质，不可能成为人类精神文化的产品，其人也不是一个真正意义上的知识分子。其二是这样一些知识分子能够形成一种交流，一种文化的、精神的、人性的交流。有了这种交流，才有表达，才有他们的话语方式，才有他们的具体的文化成果。但这种交流必须是文化的、精神的、人性的、非暴力的，政治的、物质的、习俗道德的交流只是现实关系的交流形式，而不是一种真正文化意义上的知识分子的交流形式。这种现实关系的交流形式是实用的，而非精神的。它强化的是人与人之间的现实关系，而不是内在精神的、人性的联系；它具有政治的、物质实利的、道德习俗的强制性力量，而不具有真正精神自由的性质。新文化运动的参与者之间也有诸多的差异，这种差异造成了他们后来的分裂或分化，但当他们共同发起新文化革新运动之时，彼此的联系是不伴随纯粹的个人成就感，也没有上下等级意识的隔阂的。当代跨国文化界的知识分子和京海文化界的知识分子之所以有很多人不约而同地把批判的矛头对准"五四"、对准"鲁迅"，其内在的原因无非是已经淡漠了当时那些知识分子的文化的、精神的、人性的需要，也不再感到知识分子之间文化的、精神的、人性的联系的重要性。但这同时也意味着当代跨国文化界和京海文化界知识分子文化品位的低落和对现实政治权力关系、物质实利关系和道德习俗关系的满足和顺从，而个人成就感则是使他们满足于这些现实关系的主要精神支柱。我们可以用一句常用俗语概括这种心理现象："你名也有了，利也有了，还有什么不满足的呢？"在这里，还有一个当代跨国文化界和京海文化界知识分子的生存状态的问题。新文化经过一个世纪的发展，已经不仅仅是一种文化的、精神的、人性的交流场所，同时还成为一种社会的职业。这个职业是被现实社会有效地组织在自己的政治权力关系、物质实利关系和道德习俗关系之中的。在这个职业的内部，有一套被社会共同承认的价值体系和价值标准，有一些固定的规则和要求。一个知识分子可以像一个机械师一样按照固有的规则反复生产着同样一种型号的产品。社会对这种产品有着持续不断的需要，因而也有稳定的政治权力关系的保障、物质实利的报酬、习俗道德的认同。他们之进入这两个文化界，其前提不一定首先具有了不同于现实政治权力关系、物质实利关系、习俗道德关系的文化的、精神的、人性联系的需要，而是首先把自己造就成一个文化名人，而现代教育体系就是培养"文化名人"的场所。从小学、中学、大学、硕士研究生、博士研究生，一级一级地将不符合现实规范的求学者排斥出直接登上"文化名人"殿堂的可能，而把少量的"精英"充实到跨国文化界和京海文化界的"文化名人"殿堂，并具有了超于普通社会群众的政治权力关系、物质实利关系和习俗道德关系的保护。这决定当代跨国文化界和京海文化界的知识分子首先实行的是向内收缩政策。他们关注的是知识分子内部的关系，是自己在知识分子圈内的地位。"为学术而学术""为艺术而艺术"就是知识分子关起门来进行内部竞争的宣言书。在这种竞争中，使用的是被现实社会共同认可的价值体系和价值标准，是社会早已认可的规则和要求。在这种竞争中，"文化"被压榨成了"知识"和"学问"，其联系形式是在"知识传授"的名义下建立起来的。它把作者和读者的平等对话关系转变成了传授者和被传授者的不平等关系。传授者是圣人、精英、导师、长者、名人、智者，被传授者则是俗人、百姓、青年、学生、想成名人的非名人、想成智者的非智者。被"五四"知识分子蔑弃的"圣人"意识在一个更广大的范围中重新复制出来，作者与读者失去了基本的文化的、精神的、人性的联系，一切都在非政治的形式下政治权力化了，一切都在非物质实利的形式下物质实利化了，一切都在非习俗道德的形式下习俗道德化了。读者在作品中读到的只是一种权力，而不是与自己内在心灵相呼应的东西。如前所言，人类永远无法完全摆脱政治权力关系、物质实利关系和习俗道德关系的束缚，但人类同时也永远不能没有文化的、精神的、人性的联系。一个民族之所以需要一个知识分子阶层，就是因为只有这个阶层才能更有效地担当在文化上、精神上、人性上联系起整个民族和整个人类的作用。知识分子必须起到这种作用。失去了这种作用，就意味着对自我的否定。不论在什么理由下，只要知识分子丧失了这种作用，知识分子就成了被社会"养"着的一个阶层，而一旦知识分子被社会"养"了起来，它的危机也就快要到来了。我认为，像"文化大革命"就是在中国知识分子放弃了自己独立作用之后发生的。当代跨国文化界和京海文化界的知识分子也有向外扩展的趋势。所谓向外扩展，就是知识分子不满足于自身内部的竞争而企图把文化的、精神的、人性的要求扩大到整个社会的范围之内，建立起知识分子与包括政治家、实业家、普通社会群众在内的整个社会的文化的、精神的、人性的联系。但当代的跨国文化界和京海文化界到底发生了巨大的变化，这种变化使少数知识分子的这种意图首先面临的不是外部世界的挑战，而是知识分子内部的压力。个人成就感则是形成这种压力的内在原因。在这种个人成就感的意识的驱使下，知识分子之间要求的是一种权力平衡，任何一种超常规的举动都有可能把知识分子内部固有的文化秩序搞乱，从而造成权力重组，并且这种倾向常常来自在知识分子内部的政治权力关系、物质实利关系、习俗道德关系中感到压抑与苦闷的青年知识分子，这使他们常常处于腹背受敌的文化困境。知识分子不但要保持知识分子内部的文化的、精神的、人性的联系，也要保持同政治家、实业家、普通社会群众的文化的、精神的、人性的联系。在现实关系中，政治家、经济家、普通社会群众常常不能与知识分子保持一种平等对话的态势，常常把知识分子这种平等对话的姿态视为对自己权威的挑战，但知识分子却不能不与他们保持这种平等对话的态势。因为只有如此，才是知识分子的话语形式，才是知识分子发挥自己社会作用的方式。知识分子在现实的政治权力关系、物质实利关系和习俗道德关系中是没有力量的，但也正因为这种无力，它才具有更强大的精神力量，知识分子自己也更能感到人与人之间文化的、精神的、人性的联系的宝贵。屈原、司马迁、陶渊明、李白、杜甫、曹雪芹、鲁迅、荷马、埃斯库罗斯、但丁、伏尔泰、卢梭、拜伦、雪莱、歌德、康德、黑格尔、马克思、普希金、列夫·托尔斯泰、陀思妥耶夫斯基、雨果、巴尔扎克、卡夫卡、海明威等等，都不是成功的政治家、实业家、习俗道德家，但他们却是伟大的知识分子，是他们加强了人类之间的精神的、人性的联系，支撑着本民族乃至整个人类的精神大厦。文化在现实斗争中的无力性在中国造成了大量知识分子的悲剧，它起到的不是加强知识分子力量的作用，而是吓坏更多的知识分子，使他们愈加向内收缩，与知识分子同类争夺原本狭小的文化地盘。我认为，当代跨国文化界和京海文化界知识分子的向内收缩的倾向是无法得到根本的克服的。知识分子的存在状态发生了变化，五四时期的知识分子在自然的情况下不会选择新文化，不会选择《新青年》，现在所有的知识分子在自然的情况下就会主动选择新文化。新文化已经成了一个极其模糊的标准，并且任何新标准的出现都会陷入政治权力关系、物质实利关系和习俗道德关系的网络之中，被具有实际政治权力、经济权力和习俗道德权力的人所垄断、所占有。当代跨国文化界和京海文化界知识分子文化品位的丧失几乎成了一种无法遏止的趋势。在这里，也有它的合理性的一面：知识分子不是傻子，知识分子是一批"智商"更高的人，任何一个人都应该选择自己的幸福而不应该选择自己的苦难。当代跨国文化界和京海文化界的知识分子在政治权力关系、物质

论当代中国文化界

实利关系、习俗道德关系中都有了自己不是太大但也不是太小的社会空间，"退一步，海阔天空；进一步，身败名裂"，虽然退掉的是知识分子的内在精神，但从人生选择的角度，则是无可厚非的。所以，我认为，当代跨国文化界和京海文化界在精神气质上的衰变是一种合乎规律的现象，因而也是不可逆转的趋势。而外省文化界则有着完全不同的景况。

外省文化界是在跨国文化界、京海文化界得到更充分发展的基础上产生的，是由被跨国文化界、京海文化界排挤或隔离在外省的知识分子构成的，它之受到跨国文化界和京海文化界的严重影响，呈现着十分庞杂的状态几乎是必然的。时至今日，他们使用的理论语言仍然主要是从跨国文化界和京海文化界的知识分子那里接受过来的，因而也还没有真正属于自己的理论语言；京海文化界的个人成就感仍然是启动外省文化界知识分子文化热情的主要精神动力，并因此导致了自己内部的各种矛盾和斗争。但所有这一切，都与他们的基本存在状态没有必然的联系。仅就他们的存在状态，他们有与早期跨国文化界和京海文化界知识分子相近或相同的特征。外省文化界的知识分子不是生活在一个知识分子成堆的地方，政治、经济、人际关系存在的现实性与文化、精神、人性存在的超越性仍然是他们社会存在的基本形式。他们不是生活在政治权力关系、物质实利关系、习俗道德关系之外，现实的政治权力关系、物质实利关系、习俗道德关系怎样束缚着普通社会群众，也怎样束缚着他们。他们不像当代跨国文化界和京海文化界的知识分子一样，只要不跨出社会为他们划定的这个"文化圈"、只要他们讲的只是一种理论、只要他们进行的是知识分子与知识分子之间的斗争，他们就可以任意地选择自己的理论话语。外省知识分子不是成堆的，而是分散的，他们必须在政治权力关系、物质实利关系和习俗道德关系中获取自己现实生存的条件，但也正因为如此，他们的文化的、精神的、人性的需要是在现实的政治权力关系、物质实利关系、习俗道德关系的束缚中自然地产生的，体现的是中国现阶段最普通的社会群众的内在的文化的、精神的、人性的需求。他们不会像跨国文化界的知识分子那样因为外国人赞扬或反对孔子而苦恼，也不会像京海文化界的知识分子那样因为赞扬或反对鲁迅而苦恼，他们的痛苦和欢乐直接来自他们的生命的需求，凡是与他们的生命需求建立起了内在精神联系的,他们就感到欢欣;凡是与他们的生命需求发生内在的精神冲突的,他们就感到痛苦,而不论是欢欣还是痛苦,都带有强烈的现实性,因而也具有无法轻易转移的性质。一个跨国文化界的知识分子可以很轻易地由结构主义者转变为解构主义者,一个京海文化界的知识分子可以很轻易地从主张"为人生的艺术"转变为主张"为艺术的艺术",但外省知识分子的这种现实的人生欢乐和痛苦却是无法轻易转移的。他们与普通社会群众的区别在于可以表达,但这种表达的空间却不在产生这种欢乐和痛苦的现实关系的内部,而是在这个关系的外部。阅读他们的文化产品的不是构成他们的现实环境的那些人,而是外层社会空间的那些不相识的人。正是在这种转移的过程中,他们的表达可能发生各种形式的畸形的变化,这种畸形的变化是他们顺从跨国文化界或京海文化界的话语形式的过程中发生的,从而与外层空间建立的联系只是一种变形的、虚幻的联系。但这种畸形的变化在整体上也有一个限度,即它不能从根本上与他们的现实人生体验相反对,否则,他们就在自己的文化生产中感觉不到丝毫的乐趣,反而会更形增加自己的内心痛苦。所以,不论外省文化界在表面上对跨国文化界、京海文化界表现出何等顺从的态度,但作为一个个文化群体,他们是有其独立性的。这种独立性往往是在跨国文化界、京海文化界的知识分子在虚幻理论的引诱下严重地脱离开现实社会和群众的自然需求之后表现出来的。他们可以接受跨国文化界的任何一种对西方文化学说的翻译和介绍,并以此作为批判中国现实社会的理论依据,但他们绝对不会接受跨国文化界立于西方文化学说的立场上表现出的对中国社会和中国人的不屑一顾的鄙夷态度,因为跨国文化界的知识分子不论在理论上还是在实践上都是可以随时改变自己的国籍的,而他们不论在现实生活还是在深层意识上都无法摆脱作为中国社会的中国人的自我界定。这也是他们与周围的社会群众之所以还能构成对话关系的基础,没有这个基础,他们的一切文化产品都失去了文化的、精神的、人性的价值,同时也不再体现他们自己的内在精神需求。与此同时,他们也不会像京海文化界的知识分子那样,有时很天真地把所有的政治家、实业家、道德家都神圣化,有时又很恶毒地把他们恶魔化,因为他们就生活在搞政治的、搞经济的、重

论当代中国文化界

现实伦理道德关系的人们中间，他们的实际的社会关系要比知识分子成堆的跨国文化界和京海文化界的知识分子要复杂得多，他们对于政治、经济、现实伦理道德关系的理解是在自己实际的观察和了解、实际的感受和体验中形成的，他们可能找不到适当的语言形式来表达自己的这种观察和了解、这种感受和体验，但一旦他们触摸到了这种语言的形式，他们立即会紧紧地抓住它。在这时，不论跨国文化界和京海文化界又有什么新的话语形式的引进，又有什么新的潮流的兴起，他们都不再会盲目地跟随它。在这时，外省文化界就有了对于跨国文化界和京海文化界的独立性，并以自己的独立性影响到跨国文化界和京海文化界的文化选择，使其无法像一个断线风筝一样仅仅随着西方的文化潮流无目的地旋转，使其无法像拍卖场一样仅仅随着几个最有影响力的名人的价码不断向上攀升。我认为，外省文化界的独立性的形成是"文化大革命"结束之后的事情，并且是从文学创作开始的。在开始，外省文学作家是追随着跨国文化界和京海文化界的改革潮流的，但当跨国文化界和京海文化界不断沿着西方的文化潮流和京海消费文化潮流不断向"上"攀升的时候，像路遥、贾平凹、张承志、张炜、李锐、余华、李佩甫等等这样一些外省作家就不再继续追随跨国文化界和京海文化界的潮流了，外省创作界的独立性就显示出来了。他们之间也有明显的差异，但这种差异来自他们地区的和个人的生活观察和体验的不同，而不是来自所追随的外国文化潮流和京海文化潮流的不同。外省学术界的独立性至今还是不大明显的，但我认为，这种独立性也在酝酿的过程之中。只要外省学术界既不简单地拒绝外来文化的影响而又重视自身的生活观察和体验，他们就自然会找到属于自己的话语形式。外省文化本身就是多元的，外省文化界的独立性的取得，是中国当代文化的真正意义上的多元性的正式形成。跨国文化界的多元性只是外国文化多元性的反映，京海文化界的多元性只是京海文化名人不同文化价值取向的表现，只有外省文化界的独立性的形成与加强，才真正意味着当代中国文化的多元化，而这种多元化才是中国当代社会、当代社会文化多元化的体现。

在20世纪的中国，除了跨国文化界和京海文化界之外，起到最重大作用的是准文化界。这个准文化界，是由正在求学的青年学生构成的，它是五四新文化的主要的接受者。中国文化的保守性直接表现为老年文化的保守性。中国古代文化是以老年文化为本位的，不但以老子为代表的道家文化体现的是老年文化的特征，即使儒家文化也是以老年为本位的。所以当五四新文化运动发生之后，没有从老年社会得到相应的呼应，直接接受新文化的是当时的青年，特别是青年学生。他们成了新文化，特别是新文学的接受者，从而也给中国的新文化和新文学打上了青年文化的烙印。但是，这个文化界是没有自己的独立性的，因为他们每个个体还都没有直接参与中国社会的社会生活，还没有担负起中国社会的特定的责任，也没有以自己的力量承担自己的生存和发展。他们的思想还没有更大的稳定性，他们更是以一种理想的眼光看待社会、看待他人和自己的，道德和爱情是他们关切的中心问题。在他们正式走入社会之前，有其统一性，纯洁、真诚、热情、以理想的眼光看待社会、勇于与社会的恶浊现象和黑暗势力进行斗争是这个文化界的总体特征，而当他们走入社会，这种固有的统一性就被破坏了。他们必须在现实社会中找到自己安身立命之地，并且在这个特定的社会环境中担负特定的社会责任，从而也被这个环境所改造。所以，这个统一的准文化界的成员，一旦进入社会，就失去了自身的统一性，并且大多被吸纳进中国现代的政治结构和经济结构之中，并接受着现实政治和现实经济结构的带有强制性力量的改造。当代准文化界的这种不稳定性特征，使它对中国文化发展的促进力量猛烈有余而韧性不足，在社会上促成一个个热潮，但热潮之后便是冷潮，声势大而收获小，甚至没有收获。我认为，准文化界在20世纪中国文化发展中的基础作用，在新世纪将被外省文化界逐渐取代。如果说在这几个文化界之中准文化界最没有稳固性，外省文化界则最具有稳固性，它比跨国文化界和京海文化界更有稳固性。这种稳固性则使中国文化的发展表现出更加坚实的特征。

　　大社会文化界，我指的是由专业知识分子之外的社会成员组成的整个社会文化。现代教育的发展，使文化已经普及到整个社会，整个当代中国的政治结构、经济结构、习俗伦理道德结构都浸润着文化的液汁，但就其基本关系，仍然是传统政治权力关系、物质实利关系、习俗道德关系的润滑剂。但既然是一种润滑剂，它也就能够起到润滑传统权力关

论当代中国文化界

系、物质实利关系、习俗道德关系的作用,并在特定程度上起到将传统政治权力关系、物质实利关系、习俗道德关系缓慢向现代转化的作用。如前所言,一万年以后仍有政治权力关系、物质实利关系和习俗道德关系,而只要存在这些关系,人与人之间的关系就不可能完全是文化的、精神的、人性的,人与人之间的关系中就会有政治的强制力、经济的强制力和习俗道德的强制力,但文化的、精神的、人性的关系的加强却可以逐渐弱化这些关系。在中国古代的政治权力关系中,是有诛灭五族的刑罚的,这种诛灭五族的刑罚,在辛亥革命之后就被废除了;在20世纪50年代、60年代的政治权力关系中,还有株连亲属的事情,这种事情现在基本没有了,我认为以后也不会发生了。这就是文化的浸润作用,但这种作用是缓慢的,中国知识分子那种药到病除的幻想是不切实际的。没有一种药能够从根本上医好人类的病,中药不行,西药也不行,这要通过人类自身的不断努力和人类文化的不断发展,并且不是通过哪一个或哪一类人的努力。中国也是这样。没有任何一个知识分子或一类知识分子可以包打中国当代文化的天下,跨国文化界、京海文化界、外省文化界、准文化界都有自己的作用,但也都有自己的局限性。也只有这样,中国当代文化才会有摁下葫芦漂起瓢的持续发展的机制。而在当前,我认为,外省文化界的兴起及其独立性的加强是中国当代文化发展的主要标志。跨国文化界和京海文化界应当把向"上"看的眼睛转向这个文化界,并从这个文化界的崛起中汲取自己继续发展的力量。

原载《学术月刊》2001年第11期

中国传统文化与现代社会

一、四种不同的文化战略与"中国传统文化"文化概念的形成

词语的意义是在与其他词语的区别中产生的，没有区别，没有与之相对举的概念，就不会产生这一类的词语。在中国古代社会上，中国文化不是作为一个整体而存在的，而是作为各种不同的文化样态而存在的。我们有儒家、墨家、道家、法家、兵家、阴阳家等等不同的思想学说，有佛教、道教等等不同的宗教，有诗词歌赋、绘画书法等等不同的文化样式，但却极少把这一切综合为"中国文化"这个总体的概念。只有在极少数的场合，涉及中原与边远地区或少数不同国家的风俗人情时，才有相类于"中国文化"的观念出现。但在那时，"中国文化"不是与"外国文化"相对举的概念，而是"文"（"文化"）与"野"（"野蛮"）的对举。在这种观念下产生的是夷夏之辨，在这里的"夏"，有类于现在的"中国文化"，但所指称的却不是一种特定的文化，而是"文化"的代名词，有类于现在"外国文化"，这个词语的"夷"则是"野蛮"的代称，而不是一种文化形态。孔子说："夷狄之有君，不如诸夏之亡也。"（《论语·八佾》）他重视的是文化的作用，指出即使我们没有政治领袖，但因为我们有发达的文化，有统一而完备的礼乐制度，也比有君主而没有文化的"夷狄"强得多。在这样一个关系中，儒家文化的倡导者自然是反对以夷变夏的，因为以夷变夏就意味着用野蛮代替文明，以落后取代先进。孟子说："吾闻用夏变夷者，未闻变于夷者也。"（《孟子·滕文公上》）也就是说，在中国古代历史上，"中国文化"这个概念实际还是不存在的，它只是"文化""文明"的同义词。

"中国文化"成为一个独立的有实质意义的概念是在鸦片战争之后，是在中国的知识分子对西方文化有了一个初步了解之后。在中国，"中国文化"是与"西方文化"同时产生的两个对举概念，二者的意义是在彼此的联系和区别中形成的，二者是互相发明的。当时的中国文化被称为"中学"，西方文化被称为"西学"。中学与西学之争就是中国文化与西方文化的论争。但是，名称的意义并不总是一个事物本来的意义，这个论争是在中国清王朝官僚知识分子之间展开的，不是围绕着在整个世界范围内应推行何种文化的问题进行的。归根到底，它只是为清王朝政治统治提供的两种不同的文化战略。它只牵涉到两种文化样态：中国的儒家伦理道德学说（"道""道统"）和西方的科学技术（"器""器用"）。当时所谓的"中国文化"（"中学"）实际指的只是儒家的伦理道德学说，而当时的"西方文化"（"西学"）实际指的只是西方近现代刚刚发展起来的科学技术。在这个论争中，清王朝的官僚知识分子分成了相互对立的两个文化派别，那些守旧派官僚坚持的是一条复古主义的文化战略，反对发展近代的科学技术，反对对外贸易，坚持固有的儒家道统。作为他们主要立论根据的就是儒家经典中的夷夏之辨，就是孟子反对以夷变夏的主张。但在这时，儒家的夷夏之辨已经从根本上不同于中学与西学的分别。西方文化是以一种独立的文化形态出现在中国官僚知识分子面前的，中西之争不再主要是文明与野蛮之争，而是中国要不要发展现代科学技术的争论。守旧派官僚的第二个主要立论根据是传统儒家的"道""器"之辨，"义""利"之辨。当时的一个守旧派官僚说："孟子首戒言利，率由旧章，今之人好言利而轻改旧章，专与孟子相反，何其戾也！"（丁晏：《书包倦翁安吴四种后》）另一个守旧派官僚说："昔者圣王之世，服饰有定制，而做奇技淫巧者有诛，夫使中国之人被服纨绔，玩弄金玉，其财固流通于中国之中，而圣王必加之厉禁者，为其坏人心而财势偏积也。"（管同：《禁用洋货议》）当时守旧派官僚的错误主要不是理论上的，而是这种理论对清王朝所面临的实际政治处境有无适用性上的。当时的实际情况是，清王朝是不可能依靠儒家伦理道德学说的"道统"战胜西方帝国主义的政治、经济、军事的侵略的。儒家的"道""器"之分，"义""利"之分，是为中国政治统治者制定的一种治理中国社会的文化战略，在其社会内部，重视道德，重视人与人之间的和谐关系，用道统统帅器用，用道义制约特质实利，以实现内部的社会安定。但在两个政治实体之间，连儒家文化的古圣先贤也并不绝对地否认力争。滕文公曾问孟子，说他的国家是个小国，而处于齐、楚两个大国之间，是应事齐呢，还是应当事楚呢？孟子对他事齐事楚的选择显然是不同意的，他的意见是："凿斯池也，筑斯城也，与民守之，效死而民弗去，则是可为也。"（《孟子·梁惠王下》）中华民族面临西方帝国主义的侵略，所需要的正是这种团结奋斗，抵御外来侵略的坚强意志和实际行动，而要如此，就要发展现代科学技术，增强国力。所以，当时的复古派官僚名义上打的是维护中国文化传统的旗帜，实质上只是那些晏安日久、不求进取、不关心国计民生的封建官僚的文化观念。儒家文化在它的古圣先贤那里是一种创造，一种面对现实人生问题提出的独立文化主张，而在他们这里，则成了万古不变的教条，成了掩盖现实矛盾、阿世媚世的言辞。以他们的方式救不了中国，也救不了中国的传统文化。当时对中国文化发展做出了真正贡献的是洋务派官僚，他们是一批有责任感、重实践的官僚知识分子。必须看到，从林则徐、魏源到曾国藩，即使在中国传统文化的修养上也是不亚于那些守旧派官僚的，但他们面对现实，重视新的文化知识的掌握。他们不把对西方的了解作为对中国文化的背叛，而作为丰富发展自己的一种必不可少的方式，从而为中国文化的近代发展做出了自己的贡献。张之洞将他们的文化思想称为"中体西用"，他说："中体西用"的意思就是"中学为内学，西学为外学；中学治身心，西学应世事"（张之洞：《初学篇外篇变法第七》）。实际上，这里的"中学""西学"和"内学""外学"之分，只是一种权宜之计，并没有文化学上的精确性。牛顿力学不是英国之学，原子技术也不是美国之学。他们在"中体西用"的文化旗帜下，发展的是中国文化，他们为中国建立了现代工业、商业、外贸、交通、教育各项事业的基础。总之，主张"中学"的守旧派官僚并不是中国文化的代表，提倡发展科学技术事业的洋务派官僚也不是西方文化的代表，他们实质上是清王朝两种不同文化战略的制定者。他们讲的都只是中国文化，二者的区别仅仅在于：前者讲固守，后者讲发展；前者主张封闭，后者主张开放。但二者在一个根本点上又是相同的，即他们关心的都不是中国社会各项文化事业的本身，而是清王朝的政治统治。

中国古代的政治有一个演化发展的过程。在开始阶段，政治的组织是先民集体生存与发展的需要，是一种必不可少的组织形式。但越到后来，政治权力越成了一姓政权的私有财产。秦汉以降，中国历史政治统治者几乎都有一种极端自私自利的观念，即他们都把巩固自己的政权当作自己政治统治的最高原则，他们之重视人民的生活，也在于人民生活的不安定有可能危及自己的政治统治，而不是把提高全民的特质和文化生活作为自己存在的根据。在这种政治观念的支配下，只要人民的生活还没有坏到足以使他们揭竿而起的程度，他们就认为已是"太平盛世"，社会经济的发展始终不是中国历代政治统治者所关心、所重视的。清末洋务派官僚的文化主张之所以还能够得到有限的贯彻，就是因为清王朝的政治统治已经感到了自己的政权危机，它是在维护清王朝政治统治的目的下被有限地接受的，长达十余年的太平天国革命运动在清王朝坚定自己发展近代工业和近代科学技术的政治战略的过程中起了关键性的作用。但这也不能不给洋务派官僚的经济发展战略带来严重的内伤。在"中体西用"的旗帜下发展起来的中国经济是一种畸形的经济。第一，它首先发展起来的是军事工业。对于把政权当作自己私有财产的政治统治者来说，在所有经济部门中首要的就是军事工业，而其他生产事业则是不重要的。军事工业的畸形发展，对于一个初办工业的国家，是大消耗、大放血的方式，它的发展不但不能提高人民的生活、发展社会经济，反而加重了人民的负担，促使了国民经济的日趋崩溃。第二，它首先发展起来的是官僚资本，民族资本不但受到外资的压迫，而且更严重地受到本国官僚资本的压迫。民族资本是直接反映一个民族工商业发展水平的经济成分，它的资本是在社会上流通的，政治统治者无法自由支配。民族资本的发展，能够扩大政治官僚之外的社会成员的权利意识，能对当时的政治统治者构成一种社会的制约力量。清王朝发展经济的私利目的，使它不但不会主动地扶植它的发展，不但不会为他们的发展制定相对稳定的法规和条令，反而千方百计地限制它的发展，在最大的程度上保留着权力的直接干预。当时在排斥民族工商业基础上片面发展的官僚资本既有促进中国经济发展的作用，也有限制中国经济发展的作用，其积极作用和消极作用是参半的。第三，洋务派经济发展战略的现实作用是畸形发展的。洋务派办洋务的最初目的是抵御西方帝国主义的侵略、巩固清王朝的政治统治，但当时西方帝国主义还不可能把中国变为他们的直接的殖民地，他们对清王朝政权的威胁反而小于中国内部的反清势力。在这种情况下，清末的经济发展并没有在抵御外国帝国主义的侵略中发挥明显作用，这通常是以割地赔款的方式解决的，但它却极大地加强了对内的控制。这种对内、对外作用的严重失衡，使清王朝政治统治的自私性更加明显地暴露出来，它加深了而不是缓和了国内的社会矛盾。第四，清王朝政治腐败的恶性发展。中国古代政治专制制度的一个根本特征是政权和教权的统一，是立法权、司法权和执法权的高度集中。当时的政治统治者拥有所有这些权力，因而它一旦建立，就不再受到社会群众的实际制约，而失去了社会制约的政治统治集团便必然地走向无可挽回的腐败。中国古代封建王朝之所以还能把腐败的速度降低到较为缓慢的程度，只是因为当时经济发展水平较为低下，并且政治统治者与社会经济的发展不发生更多、更直接的关系，一旦洋务派把发展现代经济的任务同政治权力结合起来，一旦不是以经济的立法而是用政治权力的手段治理经济，政治官僚就有了以权谋私的最宽广的道路。可以说，随着中国近代经济的发展，清末的政治腐败也达到了中国历史上前所未有的程度，它充分暴露了中国固有政治制度不适于现代经济发展的本质特征。所有这一切，同时也把当时的洋务派官僚严重地孤立起来。他们维护清王朝政治统治的目的使他们不可能得到广大社会群众的实际支持，而在清王朝的政治官僚当中，他们又是极少数敢于面对现实世界、具有实践精神的知识分子。社会的现状不但没有挫败守旧派官僚对他们的攻击，反而像是证明了他们的预言：洋务派"以夷变夏"的结果，他们重"器"言"利"的结果，腐化了中国的社会，动摇了清王朝的政治统治基础，而不是挽救了中国社会，巩固了清王朝的政治统治；传统儒家伦理道德的"道统"是不能背离的。但是，守旧派官僚的这种理论上的"胜利"来得太晚，已经于事无补，中国的资本主义工商业已经发展起来，它已经不是用理论可以消灭得了的了。

受洋务派官僚影响发展起来的一股新的文化势力是一批关心国计民生的在野知识分子，他们构成了后来被称为"维新派"的知识分子群体，康有为、梁启超是它的代表人物，就其思想根柢，他们也是一批儒家的知识分子，他们怀抱的仍是儒家"修身、齐家、治国、平天下"的人生理想。但当他们在洋务派文化思想影响下具有了更广阔的世界知识、形成了自己的文化思想的时候，他们还不是清王朝官僚集团中的成员，还没有任何实际的政治权力。他们要达到"治国、平天下"的目的就必须首先进入政治统治集团，"士之仕也，犹农夫之耕也。"（《孟子·滕文公下》）但要做官，在当时用不着他们拯世救民的现实知识，他们必须像其他迂腐的知识分子一样，作试帖诗、八股文，通过科举考试。在这时，他们首先遇到的不是如何发展国家工业的问题，而是国家的政治统治机构应由什么样的人构成以及怎样构成的问题，亦即教育制度和政治制度的问题。实际地改革中国的各项政治制度成了他们文化思想的重心。由此可以看出，维新派的文化思想也是为清王朝政治统治提供的一种文化战略，它所重视的仍不是中国传统文化或西方文化的命运问题，而是清王朝的政治统治如何才能巩固和发展的问题，是中华民族的现实命运问题，它牵涉到多种的文化样态，但所有这些文化样态都不是在它自身的意义上被把握、被理解的，因而也不是从它们自身发展的要求而被讨论、被研究的。例如，梁启超也有他自己的文学思想和文学创作，但他的文学思想不是对中国文学自身应当如何加强文学性、如何提高自己的社会地位的思考和研究，而是文学如何为中国的政治改革服务的问题，是政治家如何利用文学作为武器实现自己政治主张的问题。他的文学思想开了中国现代"文学为政治服务"思想的先河。他的政治小说是比后来的概念化小说更概念化的作品。在这方面，他远不如政治态度上偏于保守的王国维。王国维讲的是文学，他讲的是政治，实际上，当时的守旧派、洋务派、维新派都只是以文化讨论为外衣的不同政治派别。

假若说"文化",他们的文化思想主要属于"政治文化"的范畴,他们的价值应放到中国近现代政治历史的发展中来评价,而不应主要纳入文化发展的意义上来思考。而只要在政治史上观察他们的作用,我们就会看到,守旧派的文化思想是清王朝政治统治的狭隘性、懒惰性、自私性的直接表现,洋务派文化思想是对它的懒惰性的冲撞,维新派是对它的自私性的冲撞,而洋务派和维新派又同时是对它的狭隘性的破坏。"它山之石,可以攻玉",西方文化在他们手里只是一种"攻玉"的"它山之石",简单地把它们放到中国文化与西方文化二元对立的框架中是说明不了根本问题的。也就是说,在他们的文化思想及其实践活动中,我们得出的应是中国的政治文化要不要发展的问题,而不是中国要不要学外国的问题。后一个问题是围绕着前一个问题展开的,它没有自己的独立意义。

政治文化有两个不同的侧面,其一是政治思想的侧面,其二是政治实践的侧面。这两个侧面只有在极少的情况下才有直接转换的可能,所谓"秀才见了兵,有理说不清",说的就是思想的征服力与政治军事实力构不成对等关系的道理。维新派的真正力量是政治思想上的而不是政治实践上的,政治实践需要政治权力的基础。在政治实践上,维新派从一诞生起,就处在一个历史的悖论之中:如果清王朝政治统治集团内部有实现自身改革的足够实力,他们这些在野的知识分子就不会受到当权者的格外重视,而如果清王朝政治统治集团内部没有实现自身改革的足够实力,即使他们受到当权者的重视也不会使清王朝政治统治集团内部的改革派增加多少力量,因为他们的在野地位注定了他们不可能很快攫取到实际的政治权力。他们与光绪皇帝的联盟就是这样一个虚弱的联盟。正因为光绪皇帝手中没有实际的政治权力,所以他才企图通过维新派在野知识分子的力量实行政治的改革,而维新派也正因为没有实现自己政治理想的权力地位,所以才希望光绪皇帝的支持,两个无力的东西加起来还是一个无力的东西,所以当他们真的有所动作,就被守旧势力摧毁了。在这里,也不是一个文化思想的问题,不是一个学外国与不学外国的问题,而是政治实力的对比问题。但是,维新派的斗争并不是毫无意义的,它的被镇压充分暴露了清王朝政治统治的自私性和狭隘性,暴露了它代表的并不是中华民族的整体利益，而是自己的政治私利。这使它根本地丧失了自己存在的社会基础。在改革派眼里，它是历史发展的绊脚石；在守旧派眼里，它是背叛了儒家道统的腐败政府；在汉族民众眼里，它是清朝入侵者；在广大社会群众眼里，它是少数贵族统治利益的代表者。以孙中山为代表的革命势力就是在这一基础上发展起来的。革命派没有自己独立的文化思想，他们的文化思想同维新派没有实质的差别。二者的差别是手段上的，而不是目的上的。以孙中山为代表的革命派同以康有为、梁启超为代表的维新派一样，都是以在野的知识分子为主体的，他们要实现自己的政治主张，首先要取得政治的权力，当清王朝堵塞了维新派的改良主义道路之后，留给他们的只有革命一条道路了。辛亥革命之前，革命派同维新派也曾就革命与保皇展开过文化的论争，清王朝在困境中也曾企图以推进改革的方式缓和国内的矛盾，但是，失水不可复收，维新派当时已是清王朝的刀下俎，是一些欲保皇而不得的流亡者，他们自身的命运直接否定了他们的文化主张，而清王朝在镇压了改革派之后又做出的改革姿态，也已经没有任何说服力。在这时，中国的近代历史只留下了一条道路，那就是用革命的方式结束清王朝的政治统治。

在过去，我们通常把辛亥革命的胜利当作西方民主制度对中国传统封建专制制度的胜利，但只要我们考虑到此后中国历史的发展状况，就会看到，这个归纳是极不精确的。它实际不是民主对专制的胜利，这个胜利对于中国人还是一个遥远而又遥远的事情。如果说是胜利，它实际只是中国在野知识分子的追求精神对清王朝懒惰性、自私性和狭隘性的胜利，是他们的主体精神对清王朝政治统治集团奴隶性的胜利。但是，他们的主体精神依然是在传统儒家知识分子"修身、齐家、治国、平天下"的政治道路上发挥出来的，是在只有摆脱在野地位才能实现自己政治理想的情况下被激发出来的，而这样的主体精神，在完成了由在野向在朝地位的转变之后，是很容易消失的。也就是说，他们以在野知识分子的生命活力冲撞了清王朝政治官僚的懒惰性、自私性、狭隘性和奴隶性，但却没有触动它在文化上的根柢，没有摆脱自身重蹈覆辙的命运。也正因为如此，辛亥革命之后的中国不但没有因民主制度的建立而日趋秩序化，反而陷入了更加混乱的局面。"寡头"的独裁变成了"多头"的独裁。在整个中国近代历史上，西方文化的出现，西方帝国主义的侵略，对清王朝的懒惰性、自私性、狭隘性和奴隶性起到了显影的作用，对中国在朝与在野部分知识分子的主体精神起到了激励作用，但这不是文化创造对文化创造的影响，只有当中华民族的主体精神同文化生产者阶层——中国现代知识分子——结合在一起的时候，中国才产生了新文化，而"中国传统文化"这个文化概念也才有了确定的含义。"中国传统文化"是在与"新文化"的对举中才有了非单纯的政治意义的。它在五四时期及其此后的一个历史阶段中，也被称为"旧文化"。

只要我们把陈独秀、胡适、鲁迅、李大钊、钱玄同、刘半农、沈尹默这些五四新文化的倡导者同林则徐、魏源、曾国藩、左宗棠、李鸿章、张之洞、康有为、梁启超、谭嗣同、孙中山这些人物比较一下，我们就可以看出，二者是有根本的差别的。五四新文化的倡导者不是一些已经拥有政治权力的官僚知识分子，他们的文化思想也不是为当时的政治统治者提供的文化战略。他们大多数是一些大学教授，他们的社会职业就是从事社会的文化生产，他们从事这种生产的目的不是为了最终进入政治集团，而是在满足社会文化需求的过程中同时获得自我的存在价值。不难看出，他们才是中国现代知识分子阶层的最早的成员。他们的出现，标志着中国现代独立知识分子阶层的诞生。

中国知识分子（"士"）是在春秋战国时代产生的，但在那时，中国知识分子还无法构成一个独立的社会阶层。它没有像现在这样相对固定的读者或观众，没有像现在的出版社、书店、展览馆这样的文化流通渠道，没有像现在的书籍、报刊这样的文化载体。中国知识分子不是中国社会结构当中的一个有机组成部分，它要发挥自己的社会作用，就要同当时治理整个国家的政治统治者相结合，通过说服君主间接地发挥自己的作用。儒家文化与法家文化作为入世的文化后来因与政治统治的直接结合成了中国古代社会两种主要的社会文化形态。前者以它的伦理道德学说，后者以它的政治斗争的法术直接服务于政治的统治。那些无法或不愿与政治统治者相结合的知识分子主要传承了道家文化的传统，他们以放弃自己的社会责任和社会作用的方式追求个人的自由，因而也不是中国社会结构中的一种独立文化力量。儒家文化的主体是它的伦理道德学说，这个学说在建立之初是以强化社会关系、实现社会稳定为目的的，是以上尊下卑为基本结构形式的。在家孝亲，在国忠君，而"孝"和"忠"的根本要求就是"顺从"。儒家的全部礼教制度都是以忠孝为基础的，同时也是以下对上的顺从为基本原则的。显而易见，这种对人的要求到了中国现代知识分子这里，成了一种不能接受的标准。这个阶层是以自己的文化创造为自己的基本存在价值的，他们主要不是作为一个"儿子"生活在自己的家庭里，也不是作为一个"臣僚"活动在政治官僚的集团里，而是作为一个独立的人参与社会的活动。他们的文化创造不是来自"君"与"父"的意志，而是来自自我对大自然或社会人生的感受和认识，来自自我的生命体验。他们必须有自己的独立意志，有自己独立的感受和认识，有自己独立的风格和独立的表现形式，他们是以自己的独立性参与社会文化的交流的。为了这种独立的创造，他们需要自己的自由空间，需要作为一个社会成员的基本权利，需要政治上和文化上的自由。而这一切，在中国传统社会上都不是作为一种原则被整个社会所承认的，都是被儒家的伦理道德学说所直接否定的。中国现代知识分子阶层的最早的成员是在洋务派、维新派政治改革的基础上发展起来的，但他们不再把当官当作掌握知识的唯一目的，他们的所学是为社会某个事业的发展的，只有到了他们这里，"文化"才不是属于"政治"的，而是"政治"是属于"文化"的。在此前守旧派、洋务派、维新派、革命派的知识分子那里，所有的文化无非都是政治的工具，但到了五四时期的中国现代知识分子这里，政治只是他们所学专业的一个门类。一个人学习政治，同另一些人学习经济、数学、物理、文学、美术等等都具有同等的文化价值，一个人毕业之后去从事政治，同另外一些人去当教师、工程师、作家、演员、画家都具有同样的社会意义。"政治"只是社会分工中的一项社会事业，它是社会文化这个大文化系统中的一个子系统，而不像中国古代儒家先贤们所描述的，似乎政治是一个硕大无比的大文化系统，而"文化"只是它的一些附属物，是为政治权力所用来巩固政治统治服务的。在这时，一个人与社会的各项事业，也与从事这些事业的人发生各种不同的关系，但这些关系不是被先天地固定下来的，不是根据儒家长幼尊卑的等级关系事先规定好的，而是时刻变动着的，在观念上，彼此都是社会的公民，都有平等的权利。一个人的价值是由他在社会事业中发挥作用的大小被有关的诸多社会成员所认识、所感受的，而不是由他的政治身份所标志的，也不是由一个有类于"君"或"父"的人所赋予的……总之，中国现代这个知识分子阶层在社会意识、政治意识、文化意识、个人意识所有这些方面都有了与传统儒家伦理道德学说不同的观念。这些观念是他们社会存在形式的产物，既不仅仅是西方文化的影响，也不仅仅是为了破坏中国古代的文化传统，但是，这种意识本身，使他们意识到了自己与中国文化传统的区别，他们不同于古代出世的道家知识分子，但也不同于入仕的儒家和法家的知识分子，他们在社会内而在固有的官僚阶梯之外，他们是从事现代社会文化生产的社会成员，他们必须以自己的独立创造满足现实社会的文化要求。他们不能仅仅作为固有文化的传承者，更要作为新的文化的创造者。在这时，"新文化"这个概念产生了，而与"新文化"相对举的必然是"旧文化"，是"中国传统文化"。也就是说，"中国传统文化"这个文化概念只有在五四新文化运动之中，在中国现代知识分子独立阶层形成之后，在中国现代知识分子的观念里，才具有了自己独立的意义，才取得了自己确切的含义。什么是"旧文化"？什么是"中国传统文化"？在他们之前，由中国古代人所创造的文化就是"旧文化"，就是"中国传统文化"。他们的任务是要创造出体现自我存在价值的，不同于"旧文化"，不同于"传统文化"的新的文化。

必须指出，以上四种不同的文化战略，就其发生是历时性的，但就其存在，在五四新文化运动之后又是共时性的。在中国历史发展的每一个横断面上，都有一些人安于现状，不是面对现实的矛盾谋求新的发展，而是努力维持现实关系和已经成为社会习俗的东西，不论他们维护的具体传统是什么，他们在文化战略上都是与清末守旧派官僚一脉相承的；另有一些具有实践意志的官僚知识分子，以自己已有的权力地位谋求中国的经济发展，他们是经济主义者，认为经济发展了，中国的一切都解决了，而经济的发展只依靠一种经济的实践活动，可以在已有政治的和文化的基础上得到完满的解决。他们是在已经取得了政治地位之后发挥自己的作用的，所以他们反对守旧派的因循保守，但却努力维持现有的政治和文化的现状。每个历史时期怀抱着政治理想的在野知识分子或没有实际权力地位的中青年官僚知识分子，他们对政治体制的民主化都会有格外的敏感，但他们思想的活力大于实践的经验，进取的精神强于实际的政治权力。他们的活动会强烈地影响到文化界，但他们的立足点归根到底是政治的而不是文化的。那些实际从事着社会文化生产并以此为自己追求的最终目标的知识分子，不论他们是否有自己明确的文化思想，不论他们公开表示的态度是什么，但他们在其自然的愿望上都更容易理解第四种文化战略。他们的存在价值体现在他们不断的创造活动里，他们必须在不断的创造中存在，在不断的革新中生存。一个画家不能一生只画一幅画，一个诗人不能一生只作一首诗，他们是在与现有的文化产品的区别当中意识自我的价值。他们最厌恶的是抄袭，是重复别人说过的话，模仿别人做过的事。他们更重视社会对他们个性和独创性的理解和同情，更能感到固有传统和传统习俗对社会广大成员的有形与无形的束缚。迄今为止的中国现代文化，都是在这四个文化战略思想的跌宕起伏与复杂交织中演化发展的。但这也造成了"中国传统文化"这个概念的混乱和它处境的尴尬。前三种文化战略在不同程度上是"中国传统文化"的理论维护者，但它们的实质意义是政治的而不是文化的，因而它们与"中国传统文化"实际命运的关系是若即若离的，它们维护"中国传统文化"的理论热情与它们实际上戕害它的行为有时是并行不悖的。第四种文化战略是中国现代文化生产者的文化战略思想，但它又是以"反传统"为自己的文化旗帜的。这就把"中国传统文化"的问题，推到了中国文化论战的漩涡之中。

二、两类文化样态、三种文化幻象与中国传统文化

作为一种文化战略体现者的五四新文化运动与作为一个具体的文化革新运动的五四新文化运动是不完全相同的。如上所述，作为一种文化战略体现者的五四新文化运动是当时新产生的中国独立知识分子阶层的文化思想的表达者，它第一次以自己独立的意志、独立的思想向中国社

会发言，它不再像中国古代知识分子一样把自己或者作为一种政治势力的代言人，或者作为整个社会人生的旁观者。但是，他们又同时是一些具体的文化生产者，是在"五四"前后这个特定的历史时期依照这个时期人们能够理解的语言形式，进行具体的文化生产的知识分子。在作为一种文化战略体现者的五四新文化运动的倡导者的观念里，"旧文化"（"中国传统文化"）和"新文化"这类概念都是整体的、观念化了的，是不需分解也不能分解的。中国古代的所有文化成果都不能代替中国现代知识分子的独立创造，它们是"旧文化"、已经过时了的陈旧的"传统"，需要进行"价值重估"的，而中国现代知识分子所应创造的是符合现实时代需要的"新文化"。这是毫无疑义的。但是，它们只存在在人们的观念中，是观念化了的整体。我们可以说中国古代所有的文化都是"旧文化"，都应当进行改造和革新，但我们却不能说"屈原的《离骚》、司马迁的《史记》、曹雪芹的《红楼梦》、李时珍的《本草纲目》、张择端的《清明上河图》都是旧文化，都应当改造和革新"。这是一个整体效应与个体性质的逻辑关系的问题。整体效应是在一个浑融整体与自我的关系中被感受和认识的，而个体性质则是在它与它所在的整体的关系中显现出来的。我们说19世纪的俄国是一个封建帝国主义国家，但我们不能说列夫·托尔斯泰是一个封建帝国主义者；我们说莎士比亚的时代已经一去不复返了，但我们不能说莎士比亚的作品已经完全过时了。这是完全不同的两码事。但是，作为具体的文化革新运动的五四新文化运动，它又不能不通过具体的文化批判体现自己的文化思想，不能不以具体的文化生产实现具体的文化革新。在这里，也就有了理解"旧文化"（"中国传统文化"）和"新文化"的两种不同的形式：作为文化战略意义的抽象形式与作为特定文化革新运动的具体形式。

我认为，由于我们不是从文化战略的意义上理解五四新文化运动的意义和价值，而是仅仅把它作为特定的文化革新运动来观察、来了解，致使我们迄今为止的中国文化研究一直陷入在基本概念混乱、幻象丛生的境地。首先，我们常常同时并列地使用"旧文化""新文化"和"西方文化"这三个概念，而在这三个概念的并列使用中，一种"旧文化"="中国传统文化"="中国文化"，而"新文化"="中国现代文化"="西方文化"的幻象一直统治着我们的头脑。实际上，只要我们从基本的语言分析入手，就会发现，这三个概念的并列使用是极为荒谬的。"新文化"和"旧文化"已经是一个自成系统、结构完整的概念组合，"西方文化"无法单独地与它们组合成一个有机整体。"新""旧"是两个时间概念，而"西方"是一个地域概念。与"西方文化"并列的是"中国文化"，而"中国文化"理所当然地等于中国旧文化与中国新文化所构成的文化整体，等于中国古代文化与中国现当代文化所组成的整个文化系统。在很多情况下，我们也是这样使用这几个文化概念的，但在这时，也就随之产生了第二个无法回避的问题，像梅兰芳、周信芳等人的京剧艺术，像吴昌硕、齐白石、黄宾虹、潘天寿等人的国画艺术，像柳亚子、毛泽东、赵朴初等人的旧体诗词散曲，像侯宝林等人的相声艺术，像辜鸿铭、梁漱溟、钱穆、唐君毅、牟宗三等人的新儒家学说，像现在仍在社会上发挥其职能的佛教、道教等宗教组织、宗教学说、宗教仪式、宗教艺术，像现代的中医理论与实践，像仿古式建筑，像陶瓷、刺绣等流传至今的手工艺术，像现在仍在广为流传的武术、气功、巫术、风水、占卜、星相等等好的或不那么好的文化习俗，是属于"新文化"呢，还是属于"旧文化"呢？是属于"中国传统文化"呢，还是属于"中国现当代文化"呢？在过去，我们似乎都不约而同地称它们为"中国传统文化"。但一旦把它们都视为"中国传统文化"，"旧文化"与"新文化"，"中国传统文化"与"中国现当代文化"的时间界限就全部被打乱了。而打乱了时间界限的这几个文化概念，就只能依与西方文化的关系来划分。中国现当代的文化现象，却以与西方文化的亲疏关系来划分，这不是有些太荒谬了吗？总之，我们中国现当代文学中这几个有数的主要文化概念，其实连它们的"所指"都是不确定的，我们的研究又怎样能够取得切实的进展呢？

我认为，对于我们更为重要的，不是要把这几个文化概念的定义在辞书上做些这样或那样的修改，而是要弄清我们为什么会发生这样的混乱？

中国近现代文化的革新，与西方近现代文化的革新有着完全不同的形式。西方近现代文化革新是由文化自身的发展带来的，是由文化生产者自己逐渐开拓出来的。在文艺复兴时期，西方的诗人、画家、自然科学家几乎同时逐渐从宗教神学的内部发展中孕育成长起来，他们用自己的文化产品扩大了自己活动的空间，并逐渐联合成了一个独立的文化生产者阶层。在像达·芬奇这样的人身上，你简直可以直接看到什么是我们现在所说的"文化"，什么是我们现在所说的"知识分子"。这个阶层是统一的，他们是以"人文文化"这个统一的概念意识自我和自我的事业的。在他们那里，"人文文化"与"宗教神学"是相区别的，而人文文化的民族差别和古今差别，都是无关宏旨的。在西方，不是文化分裂了各个民族，而是民族分裂了统一的文化，古希腊罗马文化是西方各民族文化的"根"，只是在宗教改革之后，西方各个民族的独立意识逐渐加强之后，西方各民族的文化才具有了更多彼此各异的特征。但越是基本的文化概念，也就越是统一的，不分国界的。它们有英国文化、意大利文化、德国文化，但牛顿力学不属于英国，马克思主义不属于德国，爱因斯坦的相对论不属于美国。但中国近现代的文化革新，不是从文化生产者自身的发展引起的，而是从政治的需要转化而来的，而政治的需要又是在中外关系的失衡中被显现出来的。同西方中世纪不同，中国古代社会是一个文化十分发达的社会，这有赖于儒家文化与国家政治统治的结合。但这个结合也使中国古代文化不是由一个独立的文化生产者阶层创造的，而是作为一个国家的事业在政治的体制内发展起来的。秦始皇的焚书坑儒不但烧掉了一些书，坑掉了几百个儒，同时也消灭了春秋战国时期中国的独立知识分子（"士"）这个阶层继续存在与发展的社会机制和思想机制。越到后来，"文"与"政"的结合就愈加紧密，中国古代的"文人"，绝大多数都同时是大大小小的政治官僚，而中国古代绝大多数的政治官僚，其主要的才能不是发展经济、加强军事力量、改善政治管理，而是吟诗、作文、绘画、下棋。这种结合体既削弱了这个集团的政治职能，使后来的各封建王朝大都政治腐败，国力衰竭，最终导致了鸦片战争后中华民族的屈辱历史，也使中国的文化发展受到了极大的破坏，使中国古代大多数知识分子越来越深地被禁锢在传统儒家伦理道德的图圈之中。作为政治官僚，他们必须被组织在君臣父子等上下尊卑的伦理关系之中，而作为"文人"，他们又有自己独立的思想和情感要求。在这"政治—文化"的矛盾关系之中,他们不能不承认这个官僚体制对自己的束缚,而在个人感情与内在意识上又不满于它们的束缚。这也导致了中国古代"官僚—文人"集团的内部分裂。那些恃才傲物、具有更强烈自由意识的知识分子在官僚体制之中不能不常常成为这个体制的牺牲品,或怀才不遇,或惨遭迫害,而那些追求政治地位的知识分子,则不能不收敛自己的个性,并利用儒家的伦理道德学说剪除政敌,消灭异己。在这样一个集团中,除了在极特殊的情况下,文化的原则是不可能上升到政治的原则之上的,这是由它的存在方式决定的。鸦片战争之后,中国的文化生产、中国的知识分子不是重新产生的问题,而是从"政治—文化"和"官僚—文人"的统一体中独立出来的问题,而西方帝国主义的侵略和作为一种文化形态的西方文化的出现,则在正反两个方面促进了这个分化过程。在这时,"政治的原则"与"文化的原则"发生着多种形式的转化。在守旧派官僚那里,"政治的原则"是以"文化的原则"表现出来的,他们像历代的政治官僚一样,在维护传统伦理道德的文化旗帜下进行的实际是极具体、极现实的政治权力斗争,他们并不真正地致力于中国文化事业的发展,而仅仅用儒家伦理道德的信条攻击政敌,打击异己,而洋务派官僚的"文化的原则"则是以"政治的原则"表现出来的,他们有自己独立的文化追求,但他们的文化追求却是以维护清王朝政治统治的"政治的原则"获得自己存在与发展的社会空间的。在"文化"的旗帜下进行政治的斗争,在"政治"的旗帜下进行文化的斗争,这几乎构成了中国近现代文化史上的一大景观。正是这种原则的混淆,几乎从中国近代文化发展伊始,各种不同的文化现象就被置入到了一些并非属于自己的文化概念之中。科学技术作为一种文化的概念,是不具有地域特征的,它是人类认识自然、改造自然的成果,但它却被当时的守旧派官僚置入到"西方文化"("西学")这个概念之中。在那时中国人的观念中,"西方"是一个被否定的政治概念,"西方"的"文化"自然也应是坏的、不值得学习的。由此也可看出,他们并不重视"文化"的本身,他们并不想知道这里的"文化"到底有哪些具体内涵,只要给它加上一个被否定的政治定语,他们就把这种文化轻而易举地否定了。这是中国守旧派知识分子的一大特征:他们极力反对的总是他们自己并不懂的东西。这种反对只能起到恫吓或嘲笑的作用，而无法真正在思想文化上战胜对方。一旦这种恫吓和嘲笑失去了效能，他们的对立面就会以膨胀了的热情欢迎他们所反对的东西。而这两种态度都不是理性的科学态度；当时洋务派官僚对科学技术的企望也正是在守旧派官僚的反对中膨胀起来的，但他们也并不把文化的问题主要当作文化的问题，而是作为现实政治的需要。他们与洋务派官僚的论战不是以求真为目的，而是以争取人心，获得当时政治官僚的同情为目的，并不重视概念的准确性。魏源"师夷长技以制夷"的口号一直到当代文化学者的笔下仍然作为一个文化口号来使用，但在实际上，只有作为一个现实的政治口号它才基本上是正确的，而从文化学的意义上，"长技"不属于"夷"，我们掌握"长技"也不主要用于"制夷"，而是为了认识自然、改造自然，提高中国人民的文化水平，推进中国文化的发展。他们在文化学的意义上与守旧派官僚的不同仅在于他们开始把"文化"从"政治"的笼罩下相对地独立出来。如果说守旧派官僚把"西方文化"的重音放在"西方"这个当时被否定的政治概念上，从而整个地否定了"西方文化"，而洋务派官僚则把重音放在"文化"上，从而把"文化"不同于"西方"的独立性被强调出来，使它成了可以改变其归属、改变其性质的中性词。但是，不论在守旧派官僚那里，还是在洋务派官僚这里，"西方文化"都还是一个"政治"与"文化"的复合体，都无法避免概念的误植。中国古代文化实际是更重"策略"而不重"文化"的，即使是儒家的伦理道德学说也往往只在策略的意义上被运用。"策略"着眼于现实的胜利，而"文化"必须顾及其普遍的有效性，因而也必须着眼于概念的准确性。与守旧派官僚相反，洋务派官僚的一大特征是：他们总是把解决现实困难的全部希望都押在自己还不懂或者还没有的东西上，这极容易给社会群众带来幻灭感。中国近代文化开始时这种的误植，实际上决定了中国一个半世纪文化发展的基本走向。西方的文艺复兴是在一个更广袤的文化原野上同时兴起的，就其本来的意义，中国近现代文化的复兴也应如此，它是中国人民创造欲望的苏醒，而这种创造理应不只在一个可以预计的方向上迸发出来。但当人们一开始就把中国文化发展的希望只盯在西方文化上，历史也就只能跟着人们的这种观念发展了。洋务派办的是"洋务",他所自觉造就的也就只是办"洋务"的人,是向"西方人"学"西方文化"的人。而这些人又进一步创造了中国近现代的历史。

我们在第一节讨论了中国近代知识分子在中国文化发展中所做出的实际努力,从那个意义上它完全是中国知识分子自身的觉醒过程。中国近代知识分子从中国经济发展的要求到政治改革的要求再到文化全面革新的要求,走过了一条辉煌壮丽的思想道路。但在"文化"上,它却是被置入到"中国传统文化"和"西方文化"关系这个极为狭窄的文化框架之中的。由于这种文化的界定,使中国知识分子把自己全部的实际经验都注入对"西方文化"的认识上。在文化上,我们看到的是"西方文化"这个概念在中国知识分子观念中的变化。如上所述,在守旧派官僚那里,"西方"是坏的,"西方文化"也是坏的。洋务派官僚突出了"文化"的独立性,但他们把"文化"分为"伦理道德"和"科学技术"两个部分,他们肯定了"科学技术"而否定了"伦理道德",也就是说,在洋务派官僚的观念里,"西方"的"坏"已不是那么绝对的,"西方的伦理道德"也是坏的,但"西方的科学技术"则是好的,至少西方人并不比中国人更笨;到了维新派这里,"西方文化"又被分成了"伦理道德""政治制度"和"科学技术",在他们的观念里,"西方的伦理道德"是不怎么可取的,但"西方的政治制度"是好的,"西方的科学技术"是好的,"西方"是这三者的综合,它的色彩比在洋务派的观念里变得更艳丽了一些。沿着这种文化思路,必然会导致对"西方文化"的这样一种观念:"西方的科学技术"是先进的,"西方的社会制度"是先进的,"西方的伦理道德"也是先进的,因而"西方文化"整体上是先进的。随着对"西方文化"观念的变化,作为与之对举的"中国传统文化"这个概念则必然向另一个方向转化。实际上,时至今日,在中国人的观念里,"西方文化"这个概念仍然存在着这四种理解方式,对"中国传统文化"也相应地有四种理解方式,虽然在不同的时期各有不同的说法,但其总体特征是相同的。它们是:

1. 守旧派绝对排外主义：

西方伦理道德（坏的）+西方政治制度（坏的）+西方科学技术（坏的）=西方文化（坏的文化）

中国传统伦理道德（好的）+中国传统政治制度（好的）+中国传统器物（好的）=中国传统文化（好的文化）

2. 洋务派有限开放主义：

西方伦理道德（坏的）+西方政治制度（坏的）+西方科学技术（好的）=西方文化（坏中有好的文化）

中国传统伦理道德（好的）+中国传统政治制度（好的）+中国传统器物（落后的）=中国传统文化（好中有坏的文化）

3. 维新派有限开放主义：

西方伦理道德（坏的）+西方政治制度（好的）+西方科学技术（好的）=西方文化（好中有坏的文化）

中国传统伦理道德（好的）+中国传统政治制度（落后的）+中国传统器物（落后的）=中国传统文化（坏中有好的文化）

4. 激进派绝对开放主义：

西方伦理道德（好的）+西方政治制度（好的）+西方科学技术（好的）=西方文化（好的文化）

中国传统伦理道德（落后的）+中国传统政治制度（落后的）+中国传统器物（落后的）=中国传统文化（落后的文化）

在"旧文化"与"新文化"的对立中看待中国近现代文化的发展是一回事，在"中国传统文化"与"西方文化"的对立中看待中国近现代文化的发展则是另外一回事。在前者的对立中我们看到的是中国现代社会的需要，看到的是中国文化自身的发展，而在后者我们看到的是中国文化与西方文化的优劣比较，是谁应占据优势地位的问题；在前者的框架中，"全面反传统"是特定历史阶段中国文化发展的一种需要，而在后者的框架中，"全面反传统"是用西方文化代替中国文化。显而易见，这种中西文化的二元对立的文化观，是在当时中西政治对立的形势下形成的，带有明显的政治性质，但当它被带入文化领域之后，我们就

中国传统文化与现代社会

找不到任何一种能够表现中国现代知识分子独立文化观念的语言形式了。它内在地决定了五四新文化运动的具体特征，同时又左右了不少中国现代知识分子对五四新文化运动的解读方式。

　　实际上，在1905年正式废除了科举制度之后，中国知识分子阶层就已经开始形成。中国古代的科举制度是教育与政治直接结合的文化体制，"读书做官"是受教育者的基本人生道路。科举制度的废除，中国现代教育体制的建立，使教育不是与政治体制直接结合，而是与社会直接结合起来。学校教育直接培养的不是官僚，而是社会各项事业的专门人才。这些知识分子大多数留在社会上，成了一个不同于当时的官僚也不同于当时的平民百姓的独立阶层。但是，当时在社会上活跃的是维新派改良主义思想和革命派政治革命的思潮，他们还没有形成自己独立文化观念的社会条件。1911年的辛亥革命推翻了清王朝，它是革命派武装斗争的结果，但革命后实际执掌政权的却是洋务派、维新派、革命派组成的联盟。这三派的共同思想不是革命派的共和制，不是维新派的君主立宪制，也不是洋务派的帝王专制，在这三种政治体制之间，它们没有共同语言。这个政治联盟的共同基础不是政治的，而是文化的，是它们对儒家伦理道德传统的信仰。这决定了这个政权基础的不稳固性。作为一个现实政治家、革命家的孙中山，其文化思想不是在对中国现实政治形势的动态分析中总结出来的，而是在中国和西方现有政治学说中挑选出来的，是在中西文化的优劣比较中建立起来的，这就使他的文化思想与他的政治理想发生了内在的分裂。"我们以为欧美的国家近来很进步，但是说到他们的新文化，还不如我们政治哲学的完全。中国有一段最有系统的政治哲学，在外国的政治家还没有见到、还没有说得那样清楚的，就是《大学》中所说的'格物、致知、诚意、正心、修身、齐家、治国、平天下'的那一段的话。把一个人从内发扬到外，由一个人的内部做起，推到平天下止。像这样精微开展的理论，无论外国什么政治哲学家都没有见到，都没有说出，这就是我们政治哲学的知识中独有的宝贝，是应该要保存的。"①这就使孙中山有了向维新派和洋务派妥协

---

① 《孙中山选集》，人民出版社，第684页。

的思想通道。在民国初年起草《天坛宪法草案》时，进步党中就有人提出把孔子学说确立为"国教"，并写入中华民国宪法，虽然没有成功，但仍然把"国民教育以孔子之道为修身大本"写了进去。实质上，在当时三派政治力量的联盟中，这个文化思想基础恰恰是有利于洋务派的，它成了袁世凯复辟帝制的思想基础。在这样一个思想基础上，无法包容革命派的共和制政治制度，甚至也可以排除维新派的君主立宪制政治制度，但却可以包容传统的帝王专制制度。民国初立的1912年9月，袁世凯就下令《尊崇伦常》；1913年6月，发布《尊崇孔圣文》；1914年9月，颁发《祭孔令》……那些向来把自己绑在官僚政治战车上的儒家知识分子，恰恰成了袁世凯政治复辟的文化掮客。传统儒家文化向来是与政治官僚体制结合在一起才能发挥自己的作用的，他们需要政治官僚的赏识和提拔，他们的"谋略"需要用政治权力的手段去实行。他们不能无君可忠。在他们的观念中，袁世凯到底被称为"大总统"还是称为"皇帝"，并没有实质的差别。他们之成为袁世凯政治复辟的社会文化基础，几乎是必然的。袁世凯需要全国人民把他当作"君"来"忠"，当时的儒家知识分子需要一个"君"来"忠"，这个"政治—文化"的联盟就建立起来了。但是，正是这些儒家知识分子与袁世凯的"政治—文化"联盟，把儒家文化又一次推入了现实政治斗争的漩涡，并使它丧失了在中国知识分子中的至高无上的权威地位。中国文化事业的发展，使绝大多数知识分子离开了"官僚—文人"的统一体，他们在社会上找到了自己生存与发展的空间。1912年全国的报纸已经有1140余种，新式大、中学校也大量涌现，这些新式报人和教师需要的不是最高政治统治者的提拔和赏识，而是在社会上以自己的方式从事自己的文化活动。崇儒祭孔对他们毫无实际的意义，他们从中感到的只是袁世凯政治复辟势力控制他们的企图。他们需要的是民主自由，而不是重新复辟专制制度。五四新文化运动就是在这个阶层对袁世凯政治复辟的不满中发展起来的。当儒家文化在袁世凯和守旧派知识分子那里已经成了政治复辟的文化工具的时候，"批儒反孔"就成了新文化倡导者理论斗争的主要形式，而在当时有力量举起这面旗帜的又恰恰是在洋务派、维新派提倡"西学"过程中在国外留过学的知识分子，西方文化很自然地成了他们

中国传统文化与现代社会

新文化创造的主要参照物。这就形成了五四新文化运动的两个具体特征：一、在批判以儒家伦理道德学说为中心的中国传统文化的理论形式下表达了自己独立的文化观念；二、以翻译、介绍、借鉴西方文化的形式进行了自己新的文化创造。

必须指出，几乎只有在五四新文化运动的倡导者那里，"中国传统文化"和"西方文化"这两个文化概念才具有自己的明确性，他们处在中国文化转型的三岔路口上。在他们的身后是中国固有的传统文化，在当时的西方存在着西方的文化。他们不满于中国固有的传统文化，要创造体现自己的文化观念、体现新时代要求的中国新文化，从而把不同于中国传统文化的外国（在当时主要是西方）文化作为新的文化参照，虽然不是每一个民族文化革新都应采取的方式，但在当时的中国却几乎是唯一一种可能的方式。所以，它的具体革新方式与它作为文化战略的意义是不相矛盾的。但是，一旦五四新文化运动实现了中国文化的革新，陈独秀、胡适、李大钊、鲁迅、周作人等人的新文化产品出现在中国的文化中，这两个概念马上变得模糊不清起来。因为任何文化的发展都不是一个消灭一个、一个代替一个的关系，而是新的注入、整体变迁的关系。在这时，中国的文化是由三种两类文化样态共同构成的一个更丰富、更庞大的文化系统：

中国固有的文化样态	翻译文化样态	中国现代的文化样态
中国古代哲学著作	外国哲学著作的翻译	中国现代哲学
中国古代政治学著作	外国政治学著作的翻译	中国现代政治学
中国古代历史著作	外国历史著作的翻译	中国现代历史
中国古代军事学著作	外国军事学著作的翻译	中国现代军事学
中国古代医药学著作	外国医药学著作的翻译	中国现代医药学（中医、西医）
中国古代诗歌作品	外国诗歌作品的翻译	中国现代诗歌
中国古代散文作品	外国散文作品的翻译	中国现代散文
中国古代小说作品	外国小说作品的翻译	中国现代小说
中国古代戏剧作品	外国戏剧作品的翻译	中国现代戏剧（京剧、话剧等）

中国古代美术作品	外国美术作品的翻印	中国现代美术（国画、西画）
中国古代音乐作品	外国音乐作品的演奏	中国现代音乐（民族音乐、西乐）
中国古代服饰器物	外国服饰器物的介绍	中国现代服饰器物
中国古代科学技术	外国科学技术成果介绍	中国现代科学技术

但是，对于任何一个复杂的文化系统，都能做出各种不同的整理，在这里起关键作用的不是被整理的客观事实本身，而是整理者本人的文化观念以及与此相联系的整理方式。这三种两类文化样态，当被人们纳入"中国文化—西方文化"二元对立的文化框架中，就成了以下的两类。例如：

中国古代医学和中国现当代中医中药/西方医药学著作和中国现当代西医西药

中国古代戏剧和中国现当代京剧、地方剧/西方戏剧作品的翻译和中国现当代话剧

中国古代绘画作品和现当代中国画/西方绘画作品和中国现当代西画作品

中国古代音乐和中国现当代民族音乐/西方音乐作品和中国现当代西乐作品

不难看到，这种分类方式不但以中国现当代文化学的理论和实践的方式存在在我们的观念里，同时也以大量词语的形式沉淀在我们集体无意识的层次，如"中医中药""中国画""民族乐器""洋布""洋火""洋油""洋货""西医""西药""西洋画""西乐""西餐"等等，它们在你接受它们的时候就已经先天地归入了"中国文化"和"西方文化"的一方，而它们实质上都是中国现当代文化的一种样态，一个品种。这样，中国现代文化学中的种种文化幻象就产生了。

这种文化幻象主要有三种形式：一、复古主义、国粹主义的文化幻象；二、全盘西化的文化幻象；三、中西融合的文化幻象。

国粹主义文化幻象实际是中国古代"官僚—文人"集团文化思想在

中国现当代知识分子阶层的遗留物，是中国传统伦理道德圣贤观念的"创造性转换"。在中国古代"官僚—文人"的观念中，儒家伦理道德就是中国文化，中国文化就是儒家的伦理道德。这是一个错觉，但也是一个实象。因为对于他们，可以没有吴道子的画，可以没有王羲之的字，可以没有屈原的诗，可以没有曹雪芹的小说，可以没有张衡的地动仪，但却绝对不能没有"君君、臣臣、父父、子子"的社会政治秩序，对于一个中国古代的官僚文人，包括他的诗文创作在内的所有文化活动都是次要的，都只是个人的"闲情逸致"，维护儒家伦理道德的绝对权威性才是他们最神圣的使命。儒家伦理道德的绝对权威赋予了他们指导社会的权力，他们的政治地位也保证了他们行使这种文化使命的可能性。到了近现代的中国，他们一批批地落到了政治体制之外的中国知识分子阶层中，他们的文化使命是发展中国社会的各项文化事业以满足广大社会群众不断增长着的物质和精神需要，是以个体创造的方式参与社会文化的建设的，是以平等的一员与广大社会成员对话的，而不是以领导者的姿态指定整个中国文化的发展、监督其他知识分子的工作的。但是，在"中国文化—西方文化"这个文化模式中，中国古代占统治地位的儒家文化在他们的心目中几乎是自然而然地成了"中国文化"的代名词，这给了他们一种文化幻象，似乎维护儒家伦理道德秩序就是维护中国文化本身，就是中国知识分子的神圣文化使命。在这时，他们实际上陷入了对着风车宣战的尴尬处境。林纾就是中国现代文化史上这样一个堂·吉诃德式的人物。时至今日，恐怕已经没有一个政治家还记得林纾当时对国家政治权力机构的忠诚，而他的成就却一直被胡适、鲁迅等他所反对过的新文化运动的先驱者们所肯定。这与他对五四新文化运动的态度恰成对照：他是把五四新文化运动的倡导者们当作自己不共戴天的敌人而把当时的军阀当作自己有力的援手的。就其自身的社会地位，他已经是脱离开"官僚—文人"集团而成为中国现代知识分子阶层一员的一个人。他的真正的价值是文化的而不是政治的。他作为中国近代史上第一个杰出的文学翻译家，实际已经是固有文化传统的革新者，但他却仍然以儒家伦理道德传统的保卫者意识自己的存在意义。他希望用政治力量镇压下这些"犯上作乱""离经叛道"的新文化运动的提倡者们，但他已经没有了实际的政治权力，当时的军阀没有理会他这样一个知识分子的愿望和要求。而在文化上，儒家文化本身没有教会他如何用平等的、研究的方式与自己的知识分子同行进行有效的对话，儒家的"春秋"笔法使他的《荆生》《妖梦》《致蔡鹤卿太史书》只成了对别的知识分子的辱骂和恫吓，既不具有科学的价值也不具有文学的价值。对于林纾这类迂腐的知识分子，我们不能用他所用的"道德"的攻击，我们只能说，一种文化幻象迷乱了他的神经，他把反对五四新文化运动当成了保卫"中国文化"的英雄壮举，像堂吉诃德对着风车宣战一样，犯了一个历史性的错误。

包括儒家文化在内的中国古代文化的繁荣发展，是中国人民，特别是中国知识分子独立创造的结果，而不是政治统治者推行儒家伦理道德学说的结果。实际上，像屈原、贾谊、司马迁、陶渊明、李白、杜甫、陆游、辛弃疾、蒲松龄、曹雪芹这些在中国古代文化发展中做出了卓越贡献的知识分子，莫不是在"儒—法"政治结构中遭受冷遇或排挤迫害的文人；中国古代的演员被排在三教九流的最底层，受尽歧视；除了少数太医、太师之外的绝大多数私塾先生、中医先生的社会地位是十分低下的；中国古代的画家、音乐家只是作为个人的才能才受到人的尊敬，无论他是多么伟大的绘画、音乐的天才也无法和一个道学家获得平等的社会地位；佛教文化在一次次排佛运动中受到摧残；道家知识分子只能以出离世间的大代价换取个人的一点自由……中国文化向来不是一个和谐的整体，并且大多数文化品类受到儒家文化的压迫，即使儒家知识分子自己，也在自造的"政治—文化"体制中受到压抑，无法逃脱文字狱的威胁。但在"中国文化—西方文化"这个虚幻的文化框架中，却制造出了一个"国粹主义"的文化幻象。这个幻象给人一种它们一荣俱荣的感觉，实际上，西医与中医、国画与西画、屈原研究与荷马研究在中国现代文化中共时性发展的可能性，并不比儒家礼教制度与道家自由精神、道教方术与佛家哲学、法家政治思想和中国诗文传统共时性发展的可能性要小。国粹主义的价值体系不是文化的，而是国别的。它把中国古代文化与外国文化的差别永久性地凝固起来，起到的不是发展中国文化的作用，而是排斥、打击新的文化探索的作用。历史的经验已经说明,"国粹主义"的口号满天飞的时候,也正是中国人自己夸耀丑恶、展览落后、赞美愚昧的时候。这里的原因是明显的:国粹主义放弃了文化的标准,而放弃了文化的标准就意味着文化系统的混乱。

一种文化框架的作用是巨大的,它决定了一个人把自己的人生经验主要放在哪一种关系中来思考,来判断。梁启超是中国近现代史上少有的几个杰出的思想家之一,但在五四新文化运动之后,他的思想发生了非常明显的变化,并且从一个中国文化的革新家变成了一个传统儒家伦理道德学说的弘扬者。在这里,"中国文化—西方文化"这个文化框架的作用是十分巨大的。当他在维新运动前后从事中国文化革新的时候,其基本的立足点是中国社会发展的一种需要,但这个需要分明又是被纳入"中国文化—西方文化"这个文化框架中来思考的。可以说,在那个时候,他的思想的分裂已经存在着了,不过还没有公开暴露出来。面对当时的中国,梁启超原本可以有两种不同的文化思路,一种是"传统—革新"的文化思路,一种是"中国文化—西方文化"的文化思路。根据前一种文化思路,"革新"只是一种自我发展的需要,它与西方文化的异同没有本质的关系,与西方人怎样看待我们的革新也毫无关系,只要这种需要还是我们的一种需要,我们对它的价值就不会发生根本的变化。但在"中国文化—西方文化"这个文化框架中,中国文化的革新只是因为我们的文化不如西方的文化了,而一旦发现"西方文化"不像我们过去想得那么完美,我们的文化革新也就毫无意义了。显而易见,梁启超的思想正是循着第二条文化思路发展演变的。他一方面极力提倡科学和民主,一方面又把"科学和民主"当作"西方文化",当作"西方文化"优于"中国文化"的表现。1919年至1920年,他到欧洲游历,发现"西方文化"并不像自己以前设想得那么美好,而是充满了矛盾和危机,于是就感到了"凄惶失望"。在他游欧归来写的《欧游心影录》中说:"欧洲人做了一场科学万能的大梦,到如今却叫起科学破产来。"[①]梁启超为中国现代知识分子制造了一个西方科学破产、西方物质

[①] 梁启超:《欧游心影录》,载李兴华、吴嘉勋编《梁启超选集》,上海人民出版社,1984,第724页。

文明破产的神话。这个神话一直保留到现在，保留在中国部分知识分子的潜在愿望里。它之所以只是一个神话，不在于西方文化存在不存在危机，不在西方文化是不是完美无缺的，而是我们需要不需要科学，需要不需要物质文明。一个民族文化的发展主要不是为了与别人争个你高我低，而是为了自身的发展，为了本民族的独立和富强，为了本民族社会群众生活得更加自由和幸福。

　　梁启超为我们制造了一个西方科学破产、物质文明破产的神话，梁漱溟则为我们制造了一个中国文化必将取代西方文化的神话。梁漱溟是中国现代一个在东西方文化的比较研究中做出突出贡献的知识分子，但他不是把不同的文化当作一个动态的文化系统，而是把不同民族的文化凝固化为一种僵死的"特征"；不是把人类文化当作由各民族文化共同构成的更加庞大复杂的文化系统，而把它们视为一个压倒一个的兼并关系。按照他的说法，世界文化有三种不同的路向，西方文化的路向、中国文化的路向和印度文化的路向："一、西洋生活是直觉运用理智的；二、中国生活是理智运用直觉的；三、印度生活是理智运用现量的。"①他说这三种文化又是人类文化发展的三个步骤："照我的意思人类文化有三步骤，人类两眼视线所集而致其研究者也有三层次：先着眼研究者在外界物质，其所用的是理智；次则着眼研究者在内界生命，其所用的是直觉；再其次则着眼研究者将在无生本体，其所用的是现量；初指古代的西洋及其在近世之复兴，次指古代的中国及其将在最近未来之复兴，再次指古代的印度及其将在较远未来之复兴，而此刻正是从近世转入最近未来的一个过渡时代也。现在的哲学彩色不但是东方的，直接了当就是中国的——中国哲学的方法为直觉，所着眼研究者在'生'。"②时间已经过去了四分之三个世纪，他所说的世界文化转入中国文化路向的预言并没有实现。但时至今日，中国知识分子又在预言最近的将来——21世纪将是中国文化的世纪。实际上，这是一个幻象，一个被"中国文化—西方文化"的文化框架逼出来的文化幻象。在这样一个二元对立的

---

①②梁漱溟：《东西文化及其哲学》，商务印书馆，1987，第158页。

中国传统文化与现代社会

文化框架中，不是西方文化压倒中国文化，就是中国文化压倒西方文化，所谓"不是东风压倒西风，就是西风压倒东风"，似乎连世界各民族的文化也理应是你战胜我、我战胜你的关系，是绝对的势不两立的。

我们可以看到，不论是梁启超，还是梁漱溟，他们所说的"中国文化"无非只是传统儒家的伦理道德学说，他们关心的始终不是中国各项文化事业的实际发展，不是中国社会群众物质和精神生活的丰富和发展，而是不以首先丰富发展社会群众特质和精神文化生活为前提就可以实现的中国社会的秩序化。梁启超的西方科学破产的神话和梁漱溟中国文化必将在最近的将来代替西方文化的神话为后来的中国现代新儒家学派的思想奠定了基础。中国现代新儒家的文化模式仍是"中国文化—西方文化"二元对立的文化模式，只是它把着眼点内化了，内化为一种"内圣外王"的孔（孔子）颜（颜渊）人格理想。他们没有看到，把一种人格模式当作全人类或全民族唯一一种完美人格模式来肯定、来提倡，恰恰是儒家文化走向文化专制主义道路的根本原因之一。大至人类文化，小至一个民族、一个社区、一个社会集团、一个社会团体的文化，都不是由一种确定的人格类型创造的，而是由各种不同的个性创造的。孔子和老子、墨子和韩非子、屈原和司马相如、司马迁和董仲舒、曹操和陶渊明、李白和杜甫、张旭和颜真卿、王安石和苏轼、唐寅和石涛、曹雪芹和兰陵笑笑生、曾国藩和康有为、胡适和鲁迅、释迦牟尼和耶稣、柏拉图和亚里士多德、但丁和薄伽丘、拉斐尔和米开朗基罗、伏尔泰和卢梭、牛顿和拜伦、巴尔扎克和雨果、贝多芬和柴可夫斯基、尼采和列夫·托尔斯泰、康德和马克思、爱因斯坦和弗洛伊德、罗素和杜威、罗丹和伦勃朗、史坦尼斯拉夫斯基和卓别林、卡夫卡和萨特……所有这些为人类文化事业做出了巨大贡献的人物，都不是同样的一种人格类型。说到底，孔颜人格只不过是中国传统儒家伦理道德塑造出来的一种人格类型。这种人格类型由于符合了调整中国古代社会人际关系的需要而被理想化、凝固化了，新儒家学派企图以儒家这种人格理想对抗西方文化，实际上首先束缚的是中国人民，特别是中国现代知识分子的个性。它无法代表中国文化的精神，更不能代表中国文化系统中其他各种文化形态。总之，新儒家为我们提供的中国人的人格模式也只是一种文化幻象，是在特定的社会需要的基础上被部分知识分子塑造出来的。

全盘西化论是被中国近现代文化发展的急切性激发出来的一种文化理论，但它在不自觉中落入了最初由复古主义者所营造出来的"中国文化—西方文化"这个文化框架，因而这种理论也因这个框架的约束而成了畸形的、怪诞的文化理论。全盘西化论是陈序经在20世纪30年代公开提出来的。但它的思想渊源却早在辛亥革命后的文化论争中已经孕育着了。辛亥革命之后，复古主义者对各种新的文化主张的攻击仍然是在对西方文化攻击的形式下进行的，而当时坚持中国文化革新的知识分子又大多数是具有更多西方文化知识的人，这就使"中国文化—西方文化"这个文化框架也被他们接收下来。但是这个框架是天然地不利于革新派的。在这个框架内部，复古主义者实际上已经把革新派挤出了中国文化，使他们在形式上成了西方文化的代言人。在当时，陈独秀写了《东西民族根本思想之差异》，他的革新意图使他不得不对西方文化采取了全面肯定的态度，而对中国文化采取了全面否定的态度。他强化了二者的对立，同时也强化了自己立于西方文化的立场否定中国文化的立场。陈独秀说："东西洋民族不同，而根本思想也各成一系，若南北之不相并，水火之不相容也。"[①]这种把二者绝对对立起来而又提倡向西方学习的论述方式本身，就具有全盘西化的趋向性。这是一个论述形式的问题，而不是一个实际的文化思想的问题。就其思想，陈独秀和五四新文化运动的倡导者都是民族主义的。这种趋向性到了五四新文化运动之中实际上已被"旧文化—新文化"的文化框架所消解。只有在"旧文化—新文化"这个框架中，我们才能感到，不论是孔子还是鲁迅，不论是屈原还是郭沫若，都是中国文化而不是西方文化。这种由旧图新的文化革命，是一个民族文化自身发展的需要，外国文化只是为中国文化的发展提供了某种程度的现实条件。五四新文化运动仍然是中国一少部分知识分子掀起的，当人们对这个文化运动本身进行文化观照的时候，"中国文化—西方文化"这个文化框架仍然起着关键性的作用，从而造成了

[①] 陈独秀：《东西民族根本思想之差异》，载《独秀文存》，安徽人民出版社，1987，第27页。

中国传统文化与现代社会

"旧文化（中国文化）—新文化（西方文化）"这样一个更混乱的文化框架。中国文化的发展没有带来中国文化研究的新的突破，反而使中国文化学陷入了更加紊乱的境地，其根本原因不在于五四新文化运动本身，而在于在中国文化学研究领域仍存在着对五四新文化运动的严重漠视，它并没有把中国文化的新的发展纳入自己的研究视野中去，没有把"五四"以后中国文化的新的格局当作自己研究的根本基础。它实际上只把它当成了西方文化的影子轻易地排除掉了。在他们的观念里，中国文化仍然只是中国古代的文化。这在复古主义、国粹主义者那里是这样，在复古主义、国粹主义的反对派那里也是这样。所以，时至30年代中期，陈序经在反对再次泛滥的复古主义和国粹主义思潮的时候，仍然把"中国文化"等同于中国古代文化，并且也把中国古代文化等同于儒家道德，从而提出了他的全盘西化的理论。他的有关言论先后收入《全盘西化言论集》《全盘西化言论续集》和《全盘西化言论三集》，成为全盘西化论的唯一一个代表人物。全盘西化论的提出，标志着在"中国文化—西方文化"这个原本属于比较文化学而不应被作为整个中国文化学基本文化框架的文化夹板中，文化革新派已经落入了理论的困境，已经被排挤出了中国文化可容性范围之外。它之遭到各方面的反对是不难理解的。不论陈序经说了多少有启发意义的话，"全盘西化"都意味着对"中国文化"的消解，而一个中国文化的研究者为中国文化所指出的发展前途就是它要最终地消灭自己，这在理论上也是说不清的。文化概念的混乱同样是他这种理论之所以产生的根本原因：

> 我们的结论是：救治目前中国的危亡，我们不得不要全盘西洋化，但是彻底的全盘西洋化，是要彻底的打破中国的传统思想的垄断，而给个性以尽量发展其所能的机会，但是要尽量去发展个性的所能，以为改变文化的张本，则我们不得不提倡我们所觉得西洋近代文化的主力的：个人主义。[①]

[①] 陈序经：《中国文化的出路》，载杨深编《走出东方——陈序经文化论著辑要》，中国广播电视出版社，1995，第139页。

在这里，陈序经同时使用了两个基本概念：全盘西化与个人主义。全盘西化是在"中国文化—西方文化"这个文化框架中被界定的，而"个人主义"则只是一种人意识自我和社会以及二者关系的思想形式。它作为一种学说产生于西方，但它既不能概括整个西方文化这个在历时性发展的基础上形成的共时性文化系统，也不能仅仅归属于西方文化。在他的学说中，个人主义＝西方文化；非个人主义＝中国传统思想＝中国文化。假若说这在五四新文化运动的倡导者那里还是可以理解的话，但到30年代中期的陈序经这里，则是无法理解的了。他甚至就没有试图回答：鲁迅的《阿Q正传》属于中国文化还是属于西方文化？实际上，正是因为中国文化的发展不论取着何种具体形式，都要依靠中国人的个性创造，所以中国文化永远也不可能消解自己、"全盘西化"。再者，个性的创造必然有着多种多样的形式，有着各种不同的基础，一幅杰出的油画是一种个性创造，一幅杰出的国画也是一种个性创造；前者因其个性而不同于西方文化，后者也因其个性而不同于中国固有文化。它们在"中国文化—西方文化"这个文化框架中都好像有其合理性，但这种合理性只是观念上的，而不是实际上的。中国文化至今没有走上复古主义的道路，但也没有走上全盘西化的道路。

中西融合的理论主张至今被多数中国知识分子所接受，实际上，它也只不过是一种文化幻象。显而易见，没有复古主义、国粹主义和全盘西化的理论，就不会产生中西融合的理论，它同样也是在"中国文化—西方文化"这个文化框架中才好像是有意义的。罗丹的雕塑没有吸收中国画的技法不也被中国观众所欣赏吗？始皇陵兵马俑没有吸收西方艺术的精华不是也被我们所重视吗？为什么一个中国现代的画家就一定要兼具东西方文化之"长"而不具东西方文化之"短"（局限性）呢？

必须看到，在中国，从鸦片战争之后开始的"中学""西学"之争就不是在世界范围内产生并在世界文化的比较天空中发挥作用的一种文化学研究，而是在中国文化内部产生并主要在中国文化内部起作用的文化斗争。实际上，中国现代文化史上的复古主义和国粹主义、全盘西化论、中西融合论这三种文化理论仍然只是中国现代文化内部矛盾的反映，是在中国现当代文化内部起作用的。一种文化理论在何种范围内起主要作用，我们就应当在那个范围意识它的意义和价值。我认为，只要认识到这一点，我们就会看到，这三种文化理论实际上起到的是分裂中国现当代文化、分裂中国知识分子的作用，是中国知识分子内部不同文化派别争夺对整个中国现当代文化的领导权的斗争。它们在"中国文化—西方文化"这个文化框架中实现的不是"东方压倒西方"或"西方压倒东方"的文化目标，而是中国现当代这类文化样态压倒那类文化样态、这派知识分子压倒那派知识分子的文化目标。复古主义和国粹主义握有的是"民族性"的旗帜，但它否认五四新文化运动之后产生的各种新的文化样态在中国现当代社会生活中所可能获得的民族特性，它的民族性是以中国古代文化为标准的。全盘西化论握有的是"现代性"的旗帜，但它否认中国固有的各种文化样态在现当代社会生活中所可能获得的现代性质，它的现代性是以西方文化为标准的。中西融合论在它们之间起到的是调和折中的作用，但它像所有的调和折中的理论一样，是以两种或多种尖锐对立的理论为前提的，它不可能从根本上消除矛盾，而是利用这些矛盾的存在使自己具有存在的价值。这三种文化理论有一个共同点，就是它们都把中国现当代文化的一种形态上升到中国现当代文化唯一正确的文化追求的高度上来论述、来评价，因而它们又都具有绝对排他主义的性质。我之所以把它们称为三种不同的文化幻象，其主要的原因在于，当它们各自以自己的要求作为全民族文化的唯一要求的时候，它们是以无视其他各种不同文化类型的发展、无视其他所有知识分子的文化创造为前提的，因而它们对整个中国现当代文化的分析和判断，必然只是用词语演绎的方式推论出来的，而不是从中国文化的现实发展研究出来的。在上文，我们曾经指出，五四新文化运动之后的中国文化是由三种两类文化样态共同构成的，复古主义、国粹主义文化理论实际上从根本上否认了中国现当代翻译文化和各种新的文化样态的存在基础，否认了这些知识分子为中国文化的发展做出的各种努力，而全盘西化论者则从根本上否认了中国古代文化遗产和各种固有文化样态在现当代的存在与发展，否认了这些知识分子为中国文化的发展做出的各种贡献，而中西融合论则依违于二者之间，不具有实质的意义。

总之，在"中国文化—西方文化"这个文化框架的基础上形成的复古主义和国粹主义、全盘西化、中西融合三种文化理论，对于中国文化的发展，只是三种文化幻象。中国文化的问题，应当放在中国文化发展的基础上来思考、来研究，而不能仅仅放在中国文化与西方文化的关系中来考察。关于中国传统文化的问题也是这样。

假若我们不再在"中国文化—西方文化"这个文化框架中看待我们的文化，我们就会很容易地发现，五四新文化运动之后的中国文化之所以被称为"新文化"，不是它已经消灭了中国传统文化，而是因为一系列新的文化样态的出现丰富、发展了中国文化，而是传统的和新产生的各类文化样态以其新的方式构成了全新的文化格局，各种文化品类在这个新的文化格局中介入了新的关系之中。这个新的文化格局是由上述三种两类文化样态构成的。中国古代的文化遗产、中国现当代的翻译文化、中国现当代的文化创造（包括像现代白话小说、油画这类新的文化样态和像京剧、国画这类传统文化样态的现当代文化产品）是三种不同的文化样态，但它们又可以以另外一种形式被分为两个大类：中国传统文化样态（包括中国古代的文化遗产和传统文化样态在中国现当代的新产品）、五四新文化运动之后产生的新的文化样态（包括中国现当代的翻译文化和在西方文化影响下产生的新的文化样态）。也就是说，包括中国古代文化遗产和传统文化样态在中国现当代的新产品在内的所谓"中国传统文化"，实际都是这个新文化格局中的一个重要组成部分，它和中国现当代的翻译文化和一系列新的文化样态并不是绝对对立的，而是共同满足着中国现当代人民的物质或精神生活的需要而存在、而发展的。鲁迅的小说不是写给西方人看的，齐白石的画也不是画给中国古代人欣赏的，它们都是中国现当代文化的一部分。它们之间也有矛盾和斗争，但这种矛盾和斗争也像在中国古代文化中有儒家与道家，在西方文化中有唯心主义和唯物主义等等的矛盾和斗争一样，是竞争竞存、相克相生的关系，而不是你死我活的绝对排斥关系。"中国文化—西方文化"这个文化框架之所以不能被作为我们中国现当代文化学的基本文化框架，就是因为它在中国现当代文化内部造成的是绝对的排斥关系，而不是平等的竞争关系。复古主义、国粹主义在"民族性"的旗帜下把中

中国传统文化与现代社会

国现当代翻译文化和在西方文化影响下产生的新的文化样态逐出了中国文化的范围之外,否认了它们在中国文化内部的合法地位,以排外的方式排斥着这些中国现当代的文化创造和创造这些文化产品的中国现当代知识分子;"全盘西化"论在"现代性"的旗帜下把中国古代文化遗产和传统文化样态在中国现当代的新产品逐出了中国现当代文化的范围,否定了它们在中国现当代文化中的合法地位,以除旧的方式排斥着中国人的这些文化创造品和整理、保存或创造了这些文化产品的中国知识分子。中国现当代文化是这个文化格局的整体变化,不是一种文化样态的生长和另一种文化样态的消亡。中国文化学理应以中国现当代这个文化格局的演化与发展为自己研究的对象,而不应以中国文化与西方文化的优劣关系为主要内容,中国文化是服务于中国自身的发展的,不是用于与西方文化斗奇争妍的。

中国现当代这个新的文化格局如何发展?它与中国古代文化的发展有什么根本不同的规律?中国古代文化主要是在"官僚—文人"集团中被创造出来的,这个集团制约着整个中国社会,也制约着整个中国文化的生产,而在这个集团中,儒家文化是一种最高的文化制约力量,君主及其政治权力是最大的实际制约力量,二者的结合力量规约着中国古代文化的发展,中国古代文化是以它的总体原则为原则的。但在现当代复杂化、系统化了的社会文化中,真正推进文化发展的不再是预定的某种原则和政治权力指导,它的变化和发展更是由它的各个组成部分的发展变化带来的。蒸汽机的发明带来整个西方的工业革命,马克思主义的出现改变了整个人类历史的发展进程,弗洛伊德的精神分析学改变了人类关于人的观念,爱因斯坦的相对论使人类开始用一种新的眼光看待物质世界,爱迪生的发明照亮了全世界,胡适的一篇《文学改良刍议》使中国文化发生了根本的变化,鲁迅的《狂人日记》开辟了中国小说的新纪元……这些人都不是圣人式的人物,也不是遵循圣人的思想原则而完成自己的文化创造的。个人的创造、局部的变化带来整个文化系统的新变化是现当代文化发展的基本形式。

文化之所以被称为文化,就是因为它是有超越性的,每件文化产品,就其产生,都有其特定的时空条件,但假若它完全局限于这个特定的时空条件，它就不能称其为"文化"。"文化"都有其超时空的性质。它属于一个时代，属于一个地域，但又不完全属于一个时代，不完全属于一个地域。在这里，就有了一个如何看待中国古代文化和外国文化的问题。中国古代文化就其产生的时代不是属于现当代的文化；外国文化就其产生的地域不是属于中国，但它们都有其超越性。就其超越性，保留至今的中国古代文化和翻译介绍到中国的外国文化，都同时是中国现当代文化的组成部分。复古主义、国粹主义以其"民族性"的借口否认接受外来文化影响的合法性，全盘西化论以其"现代性"的名义否认中国古代文化在中国现当代文化中存在与发展的合法性，在理论上都是对文化的超越性特征的忽视。我们有时称它们为中外文化遗产，"遗产"这个概念是很恰切的，它说明所有这些中国的或外国的文化产品现在已经属于我们现代的中国人所有，已经是我们时代整个文化系统的一部分。在我们的观念中，似乎中国的文化遗产或曰中国的传统文化已经成为凝固不变的东西，实际情况并非如此。"遗产""传统"本身就不是有确定指代对象的词汇，它同中国现当代的翻译文化和新文化样态的创造一样，不是在逐渐萎缩着，而是在不断地丰富着、发展着，这种丰富与发展是与中国现当代文化的丰富与发展同步进行的。它采取着三种主要形式：一是随着全民文化教育水平的提高，中国的文化遗产不断地在更大的范围被现当代的中国人所接受、所掌握，实际上，不论复古家怎样哀叹中国古代文化遗产在现当代社会的命运，但现当代人对李白杜甫诗的阅读和了解、对李时珍祖冲之科学成就的尊敬和研究，以及对王羲之顾恺之作品的欣赏和理解，不是比中国古代任何一个历史时代更稀少、更浅薄了，而是更广泛、更深入了。二是随着中国现当代文化活动的持续发展，中国历史上更大量的文化遗产被发掘和整理了出来。从中国近现代的金文甲骨文的出土到当代大量古代文物乃至恐龙化石的发掘，我们时代的文化遗产在数量上不是比中国古代哪一个历史时期更少了，而是更多、更丰富了。三是随着历史的推移，更多、更新的文化产品成为中国文化的遗产，成为文化传统中的东西。实际上，我们现在所说的中国文化的遗产，已经不仅仅包括五四新文化运动以前的文化产品，鲁迅的杂文、潘天寿的画、梅兰芳的戏剧、赵丹主演的电影、孙中山的政治思想、李四光的地质学理论等等，对于我们，无不已经是历史的文化遗产，无不已经是我们的文化传统。在复古主义者、国粹主义者和全盘西化论者那里，都把儒家文化当作中国传统文化的全部，这是没有任何道理的。总之，全民文化水平的提高和文化市场的扩大不但是整个中国文化发展的前提，也是中国传统文化不断丰富和发展的前提。在"中国文化—西方文化"这个文化框架中给人一个极其错误的印象，好像中国固有文化样态的繁荣是以五四新文化运动之后发展起来的新文化样态的衰落为前提的，而各种新的文化样态的繁荣是以中国传统文化样态的衰落为前提的。实际上，这两类文化样态在总体上是一荣俱荣、一衰俱衰的。文化空间的扩大，文化市场的繁荣，人民群众文化需求的提高，总是伴随着对文化品类的丰富性的要求，而不会导致文化需求的单一化。

中国传统文化，中国固有的文化遗产是中国现当代文化系统中的一个组成部分，它们就理应具有与其他部分的平等地位。复古主义者、国粹主义者和全盘西化论者的根本错误之一，就是他们都以自己的方式不承认它们理应获得的平等地位。文化不仅仅是一种物质性的产品，同时也是生产这种产品的人。在每种文化样态之后，都是一批批的社会成员和他们的文化需要。承认不承认各种文化样态之间的平等地位，不但是一个文化生产的问题，同时也是承认不承认这些社会成员在社会上的平等权利的问题，一个爱看话剧的人与一个爱看京剧的人是平等的，因而话剧作为一种文化品种在中国社会也理应是平等的。爱看话剧而不爱看京剧的人并不是不爱国，爱看京剧而不爱看话剧的人也不是保守守旧。在现当代的中国，一个西洋画画家，一个中国画画家，一个中医大夫，一个西医大夫，一个中国民乐演奏家，一个西洋乐器演奏家，在社会权利上是平等的，因而这些文化品类也应是平等的。总之，承认各种不同的文化样态在中国现当代文化系统中的平等权利是中国现当代文化学的基本前提之一。

正因为各种文化样态在中国现当代文化系统中的地位是平等的，所以充分意识每个文化品类在中国现当代文化系统中的地位和作用，充分发挥自己的内在潜力，为自己的存在与发展开辟尽量广阔的道路，不但是每种文化样态自身的任务，也是中国现当代文化学研究者的任务。复古主义者和国粹主义者之所以有害于而不是有利于中国传统文化样态在中国现当代文化系统中的丰富与发展，就是因为不想面对中国现当代文化系统的整体变化，不想为中国传统文化样态在新的社会文化条件下的实际发展寻找切实的文化道路，而只是利用它们的存在排斥、压制各种新的文化样态的存在与发展；同样，全盘西化论之所以有害于而不是有利于各种新的文化样态的生存与发展，也是因为它不是为这些文化样态在中国文化系统中的存在与发展寻找适宜的文化空间，而只是以此排斥和压制中国传统文化样态的存在与发展。"中国文化—西方文化"这个文化框架将中国现当代文化学的研究几乎是永久性地胶着在中国古代文化与西方文化的异同比较上，使各自都不想正视包括自己的对立面在内的整个中国现当代文化发展的现实条件，复古主义、国粹主义者不是把中国传统文化放在与五四新文化运动之后产生的新的文化样态竞争共存的文化环境中意识中国传统文化的存在与发展，全盘西化论者不是把在西方文化影响下产生的新的文化样态放在与中国传统文化竞争共存的文化环境中意识新的文化样态的存在与发展，因而它们的文化主张都只能是种虚幻的想象，没有任何实际的意义。在现代的中国，想让每一个中国人都喜爱中国画而不喜爱西洋画，或者相反，想让每一个中国人都喜爱西洋画而不喜爱中国画，都是一种构想，真正有益于彼此发展的是在意识到二者同时存在的现实状况中，通过自己的艺术创造为自己争取最大的艺术空间。

中国古代的文化遗产同中国现当代的翻译文化一样，是以自身相对固定的形态而跻身于中国现当代文化系统的全新的文化联系之中的。文化遗产的最重要的特征是形态的相对固定性，它自身已不能发生根本性质的变化。中国现当代人可以了解它、利用它，但却不能修改它。你不能把儒家文化修改成马克思主义，把《红楼梦》修改成《红旗谱》，这正像不能把莎士比亚的《罗密欧与朱丽叶》翻译成《西厢记》一样，它们对于中国现当代文化的意义和价值是在新关系中呈现出来的，所以认识中国古代文化遗产在中国现当代文化系统中的地位和作用，在合理的形式下发掘它的潜力，发挥它的作用，是提高中国传统文化在中国现当代文化系统中的地位的必要前提。文化的发展首先表现为文化系统的不断丰富，不断丰富着的文化系统需要内部关系的不断调适，在不断变化着的关系中意识自己的作用就成了极为重要的事情。传统文化是以往历史时期的一个完整文化系统，这个完整系统的解体，它的各个部分以其自身的性质被组织在新的文化系统中的不同子系统中，并在不同的子系统中获得与过去不同的地位和作用，是任何一个民族文化发展过程中都必然如此的事情。反传统只能是对旧有文化系统组织形式的破坏，并不意味着过往文化遗产的消灭；传统的继承和发扬只能是过往文化遗产在新的文化系统中的保留和影响力的继续存在，而不可能永久作为一个独立完整的文化系统凝固在社会上。所以，反传统和继承传统永远是文化发展的两个不同的侧面，而不是彼此绝对对立的文化倾向。任何一种在文化上有突破意义的贡献，都会引起本民族文化系统的或大或小的变化，都需要重新调整彼此的关系。当何佑森先生谈到从晚清到民初中国国学研究的变化时说：

> 今天读书人，可以随心所欲地读诸子书，讲诸子学，甚至不受经学思想的束缚，可以自由自在地比较诸子的思想，批评诸子的思想；可是清代读书人，在经学思想控制下，在有限的几部子书中，用考证经书的方法，却只能做一点校勘、辑佚，以及注释的工作。平心而论，清朝两百六十余年的学者，甚最大的贡献，只为我们留下了两部经解，一是阮元芸台所辑的《雪海堂经解》（又称《皇清经解》），一是王先谦益吾所辑的《续皇清经解》。两部经解，不是古文家言，就是今文家言，总跳不出两汉经学的范围，于是许慎、郑玄与董仲舒、何休等汉儒就一变而为清儒心目中的偶像了。反观诸子学，在经学家的眼中看来，不过是经学的一种附庸，所以，终清之世，诸子学一直不能和经学抗衡，除几部重要的子书而外，也一直不能受到普遍的重视，以及得到正常的发展。在乾隆时代，汪中容甫就是为了要表扬墨子的学说，不久即遭到翁方纲的无情攻击，说他是名教罪人，还要依法褫革他的生员衣领；容甫一生因此穷病潦倒，无法继续完成他对墨子、荀子、老子、《吕氏春秋》的

研究工作；而正在萌芽中的诸子学，由于容甫之死，其生命也跟着受到摧残。自容甫死后，从乾隆到光绪年间，学者不敢再谈先秦诸子的思想问题，唯有少数的经学家才敢在有限的几部子书上，做些校勘注释的工作，其中用考证经书的方法考证子书，功力最深，成绩卓著的，如王念孙石臞的《读书杂志》、俞樾荫甫的《诸子平议》石臞、荫甫的书有不少创见，考证亦精；可惜他们用的是笔记体裁，使我们无法利用这些笔记式的零星创见读通一部子书。虽然如此，他们毕竟做的是筚路蓝缕的工作。到了清朝末年，内忧外患暴露出满人政权的懦弱无能，百日维新，也挽救不了异族统治灭亡的命运。国势如此，而表现在学术上的是今古文之争，到了今古文无可再争的时候，经学势必走向山穷水尽的绝路，正在这个时期，诸子学乃脱颖而出，开始有了新兴的气象。最初是王先谦益吾著《荀子集解》，孙诒让仲容著《墨子间诂》，到了民国初年，章炳麟太炎著《国故论衡》与《齐物论释》，胡适之著《中国古代哲学史》，梁启超任公著《墨子学案》。以上所述的几部著作，虽然未能沟通诸子的学说，以及扩大前人对诸子学研究的范围，但不可否认的，他们对风气的提倡，已经尽了最大的努力。①

从晚清到民初中国古代思想学说的研究，异常显明地表现出了整个研究格局在发生着根本的变化。诸子学从被压抑的地位逐渐获得自己的独立性，逐渐获得与儒家文化平等的学术地位，而儒家文化逐渐失去自己一家独尊的地位，逐渐降落到与其他文化学说平等的地位上来，是这个研究格局变化的主要特征，这个格局的变化是中国近现代文化走向新的繁荣的标志，是中国古代各种文化学说在学术研究领域逐渐摆脱了儒家文化的束缚而取得了与儒家文化平等地位的标志。如果说在此之前儒家文化就是中国文化的皇帝，因而它也可以作为中国文化的代名词，而在此之后的中国文化已经开始作为一个复杂的文化系统而存在，儒家文

---

① 何佑森：《钱宾四先生的学术》，载项维新、刘福增主编《中国哲学思想论集（现代篇）》，台湾水牛出版社，1991，第65—66页。

化只能作为中国文化整个系统中的一部分而存在、而发展了，它不再是中国文化的代名词，这并不意味着儒家文化的消灭，也不意味着它不再是中国现当代文化格局中的一个重要组成部分。儒家文化的典籍继续保留在中国现当代文化典籍的库藏里继续作为中国现当代知识分子和其他社会成员阅读和研究的对象，它在中国历史上的崇高地位和广泛影响使它较之一般文化学说仍然具有更加显著的地位和更重要的研究价值，但所有这一切，都必须在正视它在中国现当代文化格局中的地位变化的前提下才能得到更充分的发挥。从最初的复古主义者到当代的新儒家，一个致命的错误就是他们不愿意正视儒家文化在中国现当代文化格局中这种地位的变化，他们继续把儒家文化当作中国文化的代名词，继续以俯视一切的态度对待中国现当代其他所有的文化学说和文化倾向，继续以文化警察的面目对待持有不同文化观念的知识分子，并且力图把儒家文化上升到国教的高度，用政治的力量迫使全民必须无条件地信仰它、崇拜它，这就把中国现代知识分子反对文化专制主义的斗争具体表现为反对儒家文化统治的斗争，造成了旷日持久的崇儒与反儒之战。五四新文化运动对儒家文化的批判之所以能够顺利进行，就是因为儒家文化一家独尊的姿态不但受到"五四"以后在西方文化的影响下新产生的各种新的文化的抵制和反对，也受到中国古代各种不同文化倾向的抵制和反对。在"夷夏之辨"的旗帜下实行的文化排外主义，在"人兽之辨"的旗帜下实行的文化排他主义，在"君臣、父子"名义下实行的文化专制主义，使儒家文化在中国现当代文化系统中一直没能有效地调适与其他文化学说的关系，它的文化潜力是在畸形的状态下被发挥出来的。儒家文化的真正价值是为中国古代社会建立了一套行之有效的社会关系学说。在现当代变化了的社会条件下为中国社会建立一套新的社会关系学说，逐渐实现中国社会经济生活的现代化、政治生活的民主化、学术研究的自由化并在这一基础上为中国民族的精神人格建设做出自己的贡献，理应是中国儒家文化传统发挥自己文化潜力的最广大的文化空间，但在中国现当代文化的发展中，儒家文化的传人却放弃了自己的这一神圣任务，把自己的精力主要发挥在维护儒家文化的固有权威地位上，而这一任务却在"反儒"的旗帜下完成着。这不能不说是中国文化的悲哀，中国儒家文化的悲哀。在现代西方世界上，古希腊罗马文化已是整个西方人的文化传统，而不再是哪一派西方人的文化传统，任何一个西方人对自己的文化传统都有说"是"的权利，也有说"不"的权利。中国儒家文化在中国现当代文化系统中的地位理应同古希腊罗马文化在西方现当代文化系统中的地位相类似，"崇儒"与"反儒"的区别是不正常的，把"崇儒"与"反儒"当作爱国与不爱国的标准更是不正常的。

除了儒家文化之外，道家文化、法家文化、墨家文化、兵家文化、佛家文化、道教文化在中国现当代文化系统中的地位实际都在提高着而不是在降低着。这些文化学说在中国古代的文化系统中都没有自己独立的地位，都不像儒家文化一样可以得到政权力量的可靠支持。从汉到清，有崇佛信道的皇帝，但也有毁佛反道的皇帝，但却没有一个皇帝是明令反儒的。法家文化一直为政治统治者所用，但作为一种文化却不被承认。所有这些文化学说的一个共同特征是，它们都必须以自身的影响力而为自己争取存在与发展的文化空间，而没有通过政治的强制力量消灭异己、独霸文坛的企图，这使它们很容易适应进一步复杂化了的中国现当代文化系统。在这个系统中，它们实际上受到了较之儒家文化更严重得多的排挤，但同时也在各种不同的文化学说的存在与发展中获得了更多的助力。西方各种哲学学说的翻译和介绍，一方面增加了道家哲学学说的竞争者，但同时也引发了道家哲学学说的内在价值。可以说，没有任何一个历史时代，能像中国现当代知识分子一样这么深刻地理解道家哲学的意义。如果说儒家文化在中国现当代新儒家手里变得魄力更小、内涵更狭窄了，孔子、孟子那种吞吐宇宙、驰骋山河、改天换地、拯世救民的独立不倚的精神已经被个体道德人格修养的狭隘目的所代替，那么，道家哲学在中国现当代中国知识分子的研究著作中不是变得更贫弱了，而是变得更充实、更丰富了，它不再仅仅是出世的知识分子逃避现实的借口，而成了思考人类的存在意义、克服人类自身异化现象、具有自身独立的宇宙观与人生观、具有自己独立的认识论的一种完整的哲学学说。佛家文化在中国现当代文化系统中所获得的发展较之在中国古代文化系统中所获得的发展不是更小，而是更大，现代宗教学的发展把佛家文化的研究提高到了世界三大宗教学的高度，从而获得了中国近现代知识分子的更多的青睐。法家文化在实际上被儒家文化所用，但没有一种文化像法家文化一样受到儒家文化这么强烈的排斥，这使中国现当代知识分子一直沉湎于一种不切实际的文化幻象之中，而沉湎于文化幻象的中国知识分子总是高举着乐观主义的旗帜大踏步地走进自己的苦难。中国文化（主要是儒家文化）的"乐观主义"使一代一代的知识分子不是在正视现实矛盾的前提下进行自己的人生选择，从事自己的文化创造，而是把自己具有严格现实性的选择踏在文化理想主义的虚空中。在中国的文化传统中，唯一具有严格现实性的是法家文化，它被政治统治者据为己有之后就把儒家的伦理道德交给广大老百姓去遵守，从而压制了法家文化的发展。西方马基雅维里、霍布斯、尼采等人的学说理应使中国知识分子重新认识法家文化作为一种文化学说的价值和意义。如果说单纯的儒家文化总是使人沉湎于空洞的文化理想，单纯的道家文化总是使人迷恋于个人的自由，而法家文化则能够使人正视眼前的现实并根据现实的可能性思考自己的人生选择和文化选择。也就是说，法家文化在中国现当代文化系统中，在从政治权术的狭小空间被解放出来之后，也有可能获得新的生命力量，对法家文化的研究是中国古代思想研究的一个重要课题。道教文化在中国古代文化中主要处在俗文化的地位上，它的诸多的实利主义要求被硬性地置入到道家文化或儒家文化的文化观念中，使其带有严重的虚幻性质，这同时也影响了它的正常的发展。五四新文化传统以提倡科学，反对迷信的形式拆解了这个文化传统，但重视物质文化的发展，承认人的物质需求，正视人的存在的物质性前提的现当代文化，同时也把传统道教文化组织在自己的文化肌体中。可以说，只有到了中国现当代文化系统中，道教文化的一系列实利主义追求才真正被赋予了严肃的社会意义，并为之提供着越来越多的科学说明。现代化学赋予了古代炼金术以科学的意义，现代科学技术为道教文化的各种虚幻的想象提供了实现的可能性，现代科学知识为道教文化的各种"奇技淫巧"找到了合理的说明，现代神话学、民俗学、宗教学、文化学、历史学、自然科学分解了中国古代的道教文化，同时也把它消化、吸收在自己的肚腹里。中国的复古主义者总是极力反对所谓西方的理性精神和科学态度，总是把儒家文化当作最宽容的文化，实际上，把所有的关系都一定要纳入感情联系中来对待的儒家文化，是不可能真正做到宽容的。当它要求全体国民不但要在理智上接受自己的皇帝，而且还要"热爱"他的时候，它的专制主义的性质就成千百倍地加强了。人的感情的容纳力是极其有限的，而人的认识欲望的容纳力则是无限的。以"认识"为基础的现代文化格局，没有无法包容的文化，中国古代所有文化遗产都在这个文化系统中被容纳下来，并为它们提供了足够广大的文化空间。在这里，只有一个前提，即它们中的任何一个再也不可能独占全部的文化空间，而必须以自己的思想征服力在这个相对复杂化了的文化格局中求得自己存在与发展的权利。

五四新文化运动主要是一个文学革新运动。时至今日，我们已经看得非常明显，中国现当代文学的系统是由三个不同的子系统共同构成：中国古代文学、中国现当代文学、外国文学的翻译与介绍。中国古代文学在中国古代社会是"唯一"的文学，而在中国现当代文化中仅仅是中国文学中的一个部分，它的作用必须在与其他文学的并存和竞争中得到发挥。就其中国文言诗文与西方诗文的平面比较，对于绝大多数只能通过翻译阅读西方诗（诗歌）文（散文）作品的中国读者来说，其实感中的艺术魅力大概仍然是中国古代文言诗文作品高于西方的诗文作品，在诗歌中就更是如此，但文言诗文仍然在中国现当代诗文创作中失去了自己的主流地位。这是为什么呢？在这里，文言诗文在整个中国现当代文化系统中具体地位的变化起到了关键的作用。它的主流地位不是在与西方诗文的直接竞争中失去的，而是在中国现当代书面文化语言载体的革新中失去的。在一个文化不发达的社会上，在文化只是极少数社会上层人士的专利而最广大社会成员不必具有书面文化知识也能生存并获得一定发展的社会上，书面语言与口头语言之间距离的大小是没有多大关系的，但在现当代的世界上，书面文化渐渐成了每一个社会成员生存和发展的必备条件，书面语言与口头语言的距离问题就成了文化发展的重要因素。五四白话文革新之所以能够迅速取得胜利，其根本的原因不仅仅在于中国古代诗文需要革新，更在于中国整个社会文化的语言载体已经到了不革新就无法适应现代文化发展需要的程度。而一旦整个社会文化的语言载体发生了根本的变化，文学的语言载体也就要随之发生变化。

文学是语言的艺术，只有在一个民族全部语言的基础上进行独立的创造，才能充分挖掘一个民族语言的潜力以创造这个民族的文学。时至今日，仍有一些学者否认五四白话文革新的必要性。在这里，存在的仍是一个思维框架的问题。只要我们仅仅在"中国古代文言诗文—西方诗文"这个比较文学的框架中来看待五四白话文革新，只要我们无法否认中国古代文言诗文所取得的巨大思想艺术成就，我们就很容易走到否认五四白话文革新的道路上去。但是，这个思维框架根本无法说明一个民族文化的自身发展。一个民族文化的发展是在整个文化系统的演化中实现的。一个关键因素的变化必然带来一系列的相应变化，只要这个关键因素的变化是不可避免的，这些相应的变化也是不可否认的。文化的历史就是这样发展的，中国如此，西方也如此。荷马的史诗不是因为它自身没有存在的价值，不是因为它没有取得巨大的思想艺术成就，而是因为文化系统的演化发展使它失去了继续产生的基础。中国文言诗文在现当代文学创作中主流地位的丧失也是中国现当代文化格局发生了整体性变化的结果，这个格局的变化使中国古代文言诗文的创作已经不可能继续作为中国现当代诗文创作的主要形式，这并不意味着中国古代诗文是没有艺术价值的，也并不意味着中国古代诗文作品一定不如用白话文创作的现代诗文作品。文言诗文的创作至今还是社会诗文创作的一种形式，其中也不乏优秀的作品，但企图把这种形式重新当成现当代诗文创作的主要形式并以此否定现代白话诗文的创作已经没有可能。只有不到一个世纪历史的中国现当代诗歌创作还不能说已经取得了与中国古代诗歌相同的艺术成就，但越来越多的现当代诗歌精品丰富并发展了中国的诗歌则是毫无疑义的。郭沫若、闻一多、徐志摩、冯至、戴望舒、臧克家、田间、艾青、穆旦直到当代台湾和大陆诸多现代诗人的优秀诗作，是不可能在中国古代格律诗的形式下被创作出来的，它已经形成了中国现代诗歌的传统，成了中国诗歌传统的一个重要组成部分。如果说中国现当代的诗歌创作在总体成就上还不能说已经可以与中国古代诗歌的艺术成就相比美，而中国现当代的散文创作则可以断言，不论在其题材的广泛性、思想性、数量的丰富性还是在艺术的成熟性上，已经不亚于它在过去几千年间所取得的成就。如果我们不把因袭固有传统当作传统文化发挥自己作用的唯一形式，而是从它被欣赏、被接受并被理解的程度看待中国传统文化在中国现当代文化中的地位和作用，那么，我们完全可以说，中国传统诗文在社会上的影响力一点也不比中国古代任何一个时候更小。正是在中国现当代文化格局中，中国传统诗文才越来越广泛地被人所欣赏、所接受，成为人们进行自己创作活动的基础。即使专职从事中国古代文学研究的专家，也要比过去一个朝代的全部举人和进士都要多，关键在于，在古代，文言诗文是唯一有崇高地位的文学体裁，而现在它们已不是文学创作的主要体裁。传统之所以成为传统，其根本原因在于它已经取得超越时空限制的力量，它的存在价值已经无法被后人的选择所抹杀。不论我们现在还写不写文言诗文，杜甫、韩愈的文学地位都不会受到根本的动摇，他们的作品将永远在中国和世界的文学史上流传下去。真正维护了中国古代文言诗文传统并加强了它们在中国现当代文化系统中的地位和作用的是像闻一多、朱自清、游国恩、余冠英、冯沅君、萧涤非、郭预衡等等在中国古代诗文研究中取得了切实成就的专家学者，是他们不断提高着现当代中国人欣赏和理解中国古代诗文的水平，从而使它们构成了新文学创作的一个方面的基础。通过他们，我们就会感到，中国诗文的传统没有断裂，也不可能断裂。

　　词语是抽象的，在一个词语之下可以掩盖起许多根本的差别。"中国传统文化"这个词语也是这样。实际上，中国古代的文化是以不同的形式被组织在中国现当代文化的系统之中的。中国古代的诗文在中国古代文化中享有最崇高的威望，相对而言，它们的成就也最为突出。它们对文言文语言艺术的发掘和利用已经达到了后人难以逾越的高度，并且早在五四新文学革新之前，其继续发展的生命活力已经萎落下去。中国古代的小说戏剧则与此不同。诗文创作的高雅地位与戏剧、小说的低贱地位在中国古代文化系统中恰成鲜明的对照。我们现在所说的"中国传统文化"，不但包括在中国古代居于高雅地位的文言诗文，同时也包括在那时居于低贱地位的小说和戏剧。把小说和戏剧提高到与诗歌、散文同等重要的地位并以这四大体裁组成了一个独立的文学系统的恰恰是五四新文学的倡导者。鲁迅写了中国历史上第一部小说史《中国小说史略》，胡适进行了大量中国古代小说的考证工作，《红楼梦》《水浒传》《三国演义》《儒林外史》《西游记》《聊斋志异》的崇高价值是由中国现代知识分子赋予它们的，它们在现代中国社会上的影响几乎超过任何一部中国现代的长篇小说和翻译小说。通过中国古代小说在中国现代社会的命运思考中国现代的文化理论，可以给我们一个重要的启示，即所有的复古主义和国粹主义的理论，并不真正建立在对中国古代全部文化遗产的重视上，而只是在"中国文化—西方文化"这个文化框架中被激发出来的一种虚幻的文化热情，究其根源，则只是失去了绝对统治地位的儒家文化企图重新获得这种统治地位的努力。部分专门从事中国传统文化样态文化生产的中国现当代知识分子，由于在中国现代文化理论中找不到真正属于自己的文化理论，往往把本专业遇到的实际困难寄托在这种文化理论上，但是，从董仲舒提出"罢黜百家，独尊儒术"的口号以来，儒家文化在中国知识分子中体现的就是维护"长幼有序，尊卑有别"的社会秩序的需要，而不是实际地发展各项文化事业的需要。它的虚幻性把人们的视线从对自己真实文化处境的关怀中转移到对自己的竞争者简单、抽象的否定中去，转移到对广大社会群众变化着的思想要求和审美要求的批评中去，转移到某种传统文化样态的一般宣传中去，而所有这些只是暂时起作用的因素，无法解决自己文化生产的根本问题。从五四新文化运动以来的历史充分证明，在中国，复古主义、国粹主义思潮总是短暂的，传统文化样态在中国现当代社会所面临的新的困难则是长期的，复古主义、国粹主义思潮落潮之后，被复古主义、国粹主义思潮所用来压制、排挤其他文化品类和其他知识分子的传统文化样态就会受到更加严重的冷落，其意并不在热爱文化、发展文化事业而被复古主义、国粹主义思潮激发起来的空洞热情极容易成为另一种相反思潮，例如"全盘西化"思潮的助燃物，反过来成为压抑自己的东西。

中国传统戏剧在中国由古代向现当代社会转化的过程中所遇到的问题与文言诗文、古代小说所遇到的问题都不相同。除王实甫、关汉卿、汤显祖等人的戏剧作品同曹雪芹、罗贯中、施耐庵、吴承恩、蒲松龄等人的小说一样，已经成为中国雅文化的一部分并以书面文化的形式广为传播之外，作为综合艺术的戏剧艺术则以京剧、地方戏的形式在现当代社会继续存在并发展着。它与中国古代的文言诗文不同，五四白话文改革结束了以文言诗文创作为主的时代。文言是文言诗文的存在基础，是它的基本载体，但京剧、地方戏的存在基础不但没有被削弱，反而正在加强的过程中。与其说中国戏剧的操作方式是传统的，不如说它是现代的。戏剧作为一种艺术形式与诗歌、散文、小说都不相同，诗歌、散文、小说从创作到欣赏基本是个体性的，而戏剧则是集体性、社会性的，戏剧演出活动同时也是一种社会交际的形式，这使它不可能被其他的艺术形式所代替。中国古代社会是在儒家文化的观念下被组织起来的。它的最基本的组织形式是家族的而不是社会的。超于家族的是"国家"，这个"国家"则是另一种的家族形式，是一个政治的结构。在儒家文化的观念里，除了"国"和"家"的组织形式之外，所有其他的社会联系都带有非正常的性质，都无法纳入正常的伦理道德关系之中去。就这个意义而言，戏剧艺术本身就不是属于中国古代社会的，它在中国古代社会中没有获得自己存在与发展的价值体系，它不是作为一种正当的社会文化活动被社会所接受的，中国古代的表演艺术家在道学家的眼里只是一些高雅妓女。戏剧是与"社会"观念一并存在的。只有把社会交际、社会联系作为人与人正常的、主要的联系形式的时候，戏剧活动才能作为一种严肃的文化活动而存在、而发展。西方戏剧之所以一直在西方文化中占据着崇高的地位，就是因为西方人重视"社会"和"社会联系"，把人的社会联系当作主要的联系形式。古希腊狂欢节的戏剧演出被作为社会公众的正常活动方式，因而古希腊戏剧家是作为公众的崇拜者而受到社会的礼遇的。五四新文化运动之后，中国知识分子的社会观念加强了，中国再也不只是"国"（政治结构）和"家"的简单结合，在"国"和"家"之外形成了一个越来越庞大的社会体系，它是由社会各项事业以横向形式联系起来的。人的社会联系加强了，对戏剧演出活动的需要也加强了，表演艺术家在他们心目中的地位提高了。时至今日，我们仍能清楚地感到，真正需要各种社会性艺术活动的不是从国家政治管理和家庭伦理关系的角度对待艺术的人们，而是那些需要更多社会联系的社会成员，特别是城市青年。也就是说，作为戏剧这种艺术形式，只有在中国现当代社会中，才真正找到了自己的地位和观众（把它作为一种高雅艺术的观众）。但是，以京剧为代表的中国古代戏剧，到底是在中国古代社会的条件下产生的，当中国社会由古代向现代社会转变的时候，它们作为一种艺术形式已经臻于成熟。在中国古代社会上，它受到儒家伦理道德观念的有形与无形的排挤，使它的接受对象主要不是有更高文化修养的知识分子而是文化甚少或无文化的城乡居民，特别是城市市民。一种艺术培养着自己的读者或观众，它的读者或观众的审美趣味也塑造着这种艺术和它的艺术形式。当它进入中国现当代社会并取得了自己更广阔的社会空间和思想空间的时候，这个空间却主要是由不同于以前的城市市民的另一些观众开拓出来的。在中国现当代社会中，重视戏剧演出活动，把戏剧演出活动不是作为一种低俗的娱乐活动而是作为一种高雅、严肃的艺术活动来对待的主要是中国现当代的知识分子，而这一批知识分子的审美趣味和戏剧观念则与中国古代戏剧的固有观众有着一定的距离。我认为，中国京剧和地方戏在中国现当代社会所遇到的主要问题就是在艺术形式上已经臻于成熟而其观众的审美趣味却发生着急剧变化的矛盾。在中国古代社会，戏剧演出几乎是唯一一种主要的社会艺术活动，它的观众没有严重的分流现象，而在中国现当代社会，随着人们社会联系的加强，各种社会性的艺术活动迅速发展起来，话剧、舞蹈、音乐演奏会、歌曲演唱会，特别是电影和各种体育比赛，都在与京剧、地方戏竞争着同样一批观众。这批观众的审美趣味直接影响到京剧和地方戏的命运。但是，已经臻于成熟的中国古代戏剧，特别是京剧，却不具有话剧、电影等其他艺术形式的灵活性。话剧的假定性只是舞台的演出，从表演、布景、服装到化妆都没有固定的形式，这使它可以根据观众变化着的审美情趣选择剧本、设计演出、确定表演风格，同时也给导演、演员、舞台设计等参与演出的人员留下了自由创造的更大空间。即使同样一个剧本，也可以随着时代的变化和对剧本的不同理解做出各不相同的处理。电影借助现代科技手段克服了舞台演出不能不受到的时间和空间的更大限制，是较之戏剧演出更为自由的一种艺术活动，它同时也是社会性、集体性的，满足着人们户外社会交际的需要。相对于它们，京剧、地方戏，特别是京剧，则没有这么大的灵活性。它在中国历史上提炼了自己的艺术形式，并且把它提炼到了臻于完美的程度。它像中国古代的五七言格律诗一样，是一种左右逢源、结构严谨的综合艺术形式。它的人物谱系是对中国古代社会各种不同人物类型和性格类型的集中化与抽象化，人物的脸谱设计、服装设计、唱腔设计、念白动作设计和舞蹈设计等等都与这些人物类型和性格类型紧密地结合在一起，形成了高度稳定的联系和严谨的艺术结构。京剧艺术是所有这些艺术因素的综合，而不是它的哪一个方面特征。在京剧艺术上，我属于一个保守派。我认为，任何企图使它迁就现实的需要，表现现代题材的意图都将破坏或部分地破坏掉这种艺术形式的完美性。尽管我们不能完全抹杀"文化大革命"中盛行的革命样板戏，但革命样板戏只能作为不同的一种艺术品种而存在，而无法体现中国京剧艺术的特征。失去了京剧独有的脸谱艺术、服装设计、舞蹈动作和表演方式，只把它的唱腔作为京剧的特征沿用下来，京剧艺术的特有魅力就所剩无几了。我们要真正尊重中国这一传统的艺术形式，就不能轻易地改变它原来的面貌，就应当保留它不同于其他艺术形式的各种主要特征。传统艺术之所以在中国现当代文化中仍然具有自己的独立地位和独立作用，就是因为它有别于现当代新产生的其他艺术形式，是为其他艺术形式所不可代替的。它们是中国古代人民创造精神的体现，它们是在一个特定范围中的艺术顶峰。断臂的维纳斯是不能够修复的，修复了的就不再是一件艺术珍品。也就是说，京剧艺术在中国现当代社会所遇到的问题，不是一个西方文化和中国文化的关系问题，而是它在中国现当代文化格局中的地位与其他艺术品种的关系问题。同样一种艺术形式，由于社会文化的变迁与发展，同类的艺术品种增加了，社会的竞争者增多了，观众的审美趣味不断变化着，不同的艺术品种使观众发生了分流，而京剧等传统戏剧形式的自身要求使它们不可能通过改变自己的方式以迁就观众变化着的艺术要求。实际上，京剧、地方戏所遇到的这种矛盾程度不同地也是其他所有同类艺术品种所遇到的矛盾。文化事业的发展和文化品种的增多，不仅仅增加了京剧、地方戏的困难，同时也增加了每一个文化品种的困难。话剧是在西方戏剧的影响下产生的一种新的戏剧形式，但它在电影、电视这些同样属于新的文化品种的竞争中也面临着相近乃至相同的困难；电影排挤着话剧，但同时也受到电视的排挤。各种艺术品种之间竞争机制的加强恰恰是现当代文化发展中带有普遍性的一个问题。只要考虑到这一点，我们就会感到，在"中国文化—西方文化"这个文化框架的范围中复古主义、国粹主义文化理论为京剧、地方戏提供的文化旗帜并不是一个合理的旗帜。当以空洞的"国粹"的名义把京剧、地方戏片面地突出出来的时候，它贬低的是话剧、电影、舞蹈、交响乐等等同样属于中国现当代艺术的兄弟艺术。实际上，梅葆玖、李维康是中国当代的民族艺术家，于是之、李连昆也是中国当代的民族艺术家。要说"国粹"，他们都是中国的"国粹"。用"国粹"的名义单方面把京剧、地方戏突出出来，只能加深中国现当代文化内部的相互排挤，加强中国现当代知识分子的内部分裂，而不会真正解决京剧、地方戏存在与发展的困境。京剧、地方戏与话剧、电影等新的艺术形式的不同不在于前者是中国的艺术，后者是外国的、西方的艺术，而在于前者已经不可能像后者那样相对更加灵活地改变自己以适应不断变化着的中国观众的审美情趣。一切真正关心京剧、地方戏在现当代中国社会命运的人们，必须正视这个不能不正视的问题。

如果我们正视京剧、地方戏存在的这个现实矛盾，我们就会看到，它们的问题不是一个宣传的问题，而是一个如何使它们在中国现当代社会继续存在并取得可能性的发展的问题。这个问题，是由两个并列的方面组成：一、在不损害它们艺术形式的独立性和完整性的前提下，它自身还有没有继续完善自己并进一步适应现当代社会不断变化着的思想艺术要求的可能性？二、在它们不可能仅仅依靠自我完善而取得继续存在并发展的条件下，一个社会应当怎样保存这些独立的艺术形式并使它们作为一种独立的艺术形式丰富本民族的文化艺术生活？在我们思考它自身发展的可能性的问题时，我们首先想到的不是它们作为一种独立的艺术形式有没有存在的理由，而是它们怎样才能更紧密地与中国现当代社会联系在一起，与其他各种文化品种组成一个不可分割的社会文化系统。如前所述，在中国古代社会，戏剧不是社会高雅文化的一部分，而只是一种社会娱乐形式。这种娱乐形式并不被社会公众视为一种有益的、必不可少的娱乐形式。这种社会文化处境使中国古代戏剧并没有像中国古代诗文创作一样被组织在整个社会文化的总体系统中。它们只是一种孤立的存在，是自为系统的。它们的生生灭灭几乎只与从事这个职业的社会成员有直接的利害关系，而不会影响到其他社会成员的生存和发展。有这些艺术品种，部分社会群众有了一些娱乐的形式，而没有这些艺术品种，整个社会也不会受到任何影响。它们几乎被当时的社会视为社会的赘瘤，而构不成社会主体结构的一部分。那些维护社会主体结构的牢固性的人们（当时的政治统治者和有"责任心"的家庭成员），不论他们自己是否是戏剧演出的爱好者，却都会把戏剧作为溢出社会正常消费的奢侈享受加以抵制和反对。这与构成社会文化一部分的文化品种是根本不同的。一种社会文化的品种，在整个社会文化系统中不是孤立的。首先，文化的生产者与文化的接受者构成的是不可分割的联系。当文化的接受者不仅仅把这种文化形式作为娱乐自己的对象，同时还把它作为提高自己、营养自己的对象的时候，文化的接受者才会与这种文化与这种文化的生产者构成一种牢固的关系，构成一种密不可分的社会文化结构。在这时，一个文化品种的生生灭灭不仅关系到这种文化的生产者的生存和发展，同时也关系到文化接受者的生存和发展，二者同时会为这种文化品种的繁荣和发展做出自己的努力乃至程度不同的牺牲。文化的接受者自然感到某种文化是益于自己的生存与发展的，对这个文化品种及其具体产品就有自己切身的感受，有自己内心的要求，就会产生表达自己要求的愿望。这种文化的评论和研究就作为一种派生的文化现象而出现了。在这时，文化生产者、文化接受者、文化评论或研究者就构成了一个更加复杂的系统。一种文化与它的生产者和接受者都有着紧密的联系，因而文化生产者和接受者都能与文化的评论者、研究者建立起牢固的关系。文化的生产者通过评论和研究提高自己的生产水平，以图受到更多接受者的欢迎，文化的接受者则通过评论和研究提高自己的接受水平，以图在一件文化产品的接受中获得更多的知识或精神的营养。文化的评论者和研究者同它的生产者、接受者一样，也是直接依赖于这种文化的存在与发展的，没有这种文化的存在与发展，这些评论者和研究者也就失去了存在的根据和发挥自己才能的社会空间，评论和研究使一种文化成为一种科学，一种专门的学问，它连同这个文化品种都是社会文化的一部分，是需要不断再生产的东西。在这时，它又会与社

中国传统文化与现代社会

会的教育相结合，成为社会教育的一个方面的内容。教育培养这种文化的生产者、接受者和评论者、研究者，同时也把它们同其他文化联系起来，使它成为整个社会文化系统的一个有机组成部分，成为整个社会文化系统的子系统。在教育中，任何一个人的培养都是在一系列不同文化学科的联系和区别中进行的，多种学科在一个人的知识系统中形成了相对稳定的联系，使任何一个学科的知识都会影响其他不同学科的存在与发展。这样，一个文化品种再也不是以孤立的形式存在的，而是作为整个社会文化系统的一个不可或缺的因素而存在的，牵一发而动全身，它的存在与发展直接影响到整个社会文化系统的存在与发展。整个社会文化系统既是现实的，又是历史的，它要在时间的链条上延续并发展，因而这个文化品种就会同其他文化品种一起进入整个民族文化的历史。在这时，一个文化品种的生产者，不但与它的接受者、评论研究者连为一体，同时也和教育、文化、历史等等文化部门建立起了紧密的联系。在整个民族文化中，它绝不是孤立的，绝不是自生自灭的。在中国古代社会中，文言诗文就是这样一个社会化了的文化现象，它们有自己的信任者，也有自己稳定的读者队伍。它们的阅读者不但作为欣赏者从诗文的阅读中获得精神的享受，同时还把这种接受活动作为提高自我、发展自我的一个途径，因而它们的读者不是把它们视为可有可无的纯个人的享乐和奢侈。它们有自己的创作者和阅读者，也同时有自己的传播者（传抄、编辑、出版、发行）和评论家、研究家。所有这些，都成为学校教育的内容和中国历史、中国文化史的内容之一。正是在这样一种存在形式中，中国古代的诗文创作不但是诗文创作者自我的事情，同时也是整个社会的事情。它们的生生灭灭关系到所有有文化的社会成员的存在与发展。西方戏剧同中国古代的诗文创作有着相近的性质。在西方，戏剧不仅仅是演出者的一种职业，同时也是广大社会群众不可没有的文化生活。它的演出者、观赏者、创作者、评论研究者、出版发行者、戏剧教育者、戏剧史家乃至文化史家共同构成了一个独立的文化系统，但其中的每个部分又同时是其他文化系统中的组成部分。这样，它的存在和发展与社会各项事业都有着直接或间接的联系。一个莎士比亚牵动着全社会各个阶层人的神经，尽管莎士比亚及其戏剧已经成为历史的遗产，但谁也不会为莎士比亚戏剧的前途和命运担心。在中国古代社会产生的中国戏剧，由于社会文化处境的艰难，所感到的这种风雨飘摇的担心，一个重要的原因就在于它至今还没有有效地把自己组织进整个社会文化系统中去，还没有成为不同行业的社会成员生存和发展中的一个不可或缺的文化因素。我认为，重新努力把自己组织到社会文化的系统中去，是中国京剧、地方戏继续存在并发展的关键。

中国京剧、地方戏产生时期的特定历史条件，使它们的演出与创作是结合在一起的，它没有形成自己的创作队伍，它们的演出没有建立在足够的创作活动的基础上。西方的话剧创作相对于舞台演出是一个独立的文化领域。在这个领域里，创作家不但需要对戏剧规律的基本了解，同时也需要对现实人生的深刻感受，对文学艺术的更广泛的接触，对思想艺术的独立追求和其他各方面的文化素养。一个天才的创作家具备的条件并不是每一个天才的演员所必然具备的，演员代替不了作家。没有易卜生、契诃夫、萧伯纳、奥尼尔这些不断涌现出来的伟大的戏剧创作家，就不会有西方戏剧的持续发展。但在中国，并不存在一个像其他艺术形式那样的京剧、地方戏的创作队伍，它们的作者不但受不到社会群众的重视，也受不到京剧、地方戏演出者的重视。在更多情况下，演出的剧本依靠演员队伍的代代相传或自编自演。京剧、地方戏的剧本相对于西方的话剧是相当贫乏的，质量上没有更可靠保证。代代相传的剧本无法随着观众的思想艺术需要而发展变化。时至今日，京剧、地方戏，特别是京剧，在其舞台艺术上已经形成了自己独立的艺术体系，它已经不能放弃自己这诸多的艺术特征，因而它也只能以中国历史的题材为自己表现的主要对象，但所有这一切，并不能说明它的剧本创作已经没有深厚的土壤和适应现当代社会群众思想艺术要求的可能。只要我们想一想莎士比亚的历史剧和现在正在盛行的历史题材的小说、电影和电视剧，我们就会知道，文学创作的现代性是不以题材为标准的。我认为，恰恰是在历史题材的表现上，中国京剧、地方戏，特别是京剧，有着自己与其他形式的戏剧所不可代替的作用。这些戏剧的各种艺术特征在产生的当时是在戏剧艺术与现实生活间造成一定距离感的需要，它们使戏剧成为戏剧，成为一种观赏的对象，而在现当代的中国，对于大多数的中国人来说，它们早已成为造成时代距离感的艺术要素。在中国现当代的历史上，中国戏剧是中国人保持对中国历史人物的视觉形象记忆的唯一一种形式，时至今日，中国人仍然主要是以中国戏剧的表演想象中国古代的历史和历史人物的。你总觉得郭沫若《屈原》、曹禺《王昭君》中的人物不像原来的人物，但你却感到京剧中的包拯就是原来的包拯。这不是一个客观真实性的问题，而是一个艺术的假定性的问题。这使京剧、地方戏在表现中国古代历史事件和人物时具有为其他艺术形式所不具有的优势。但是，这种假定性规定的是中国古代人物思想状貌，但没有规定作者、导演、演员对他们的表现。哈姆雷特是一个历史人物，他的思想状貌在后来人的观念中是相对固定的，但这没有妨碍莎士比亚以自己的形式表现他，莎士比亚的《哈姆雷特》体现的是莎士比亚对人生、对社会、对历史的感受和理解。这使这部剧作同莎士比亚时代的观众发生着精神的联系。现当代的中国人同样可以像莎士比亚一样从中国古代历史上选取题材，京剧、地方戏的特有形式不但对这种题材的创作不会成为障碍，反而是一种更为有效的形式。当京剧、地方戏的创作同话剧、电影剧本的创作一样，也是一种重要创作形式的时候，当它们的有成就的创作者同巴金、曹禺、夏衍、艾青这些其他艺术形式的创作家具有同等的社会影响的时候，京剧、地方戏才能在精神上和实际生活上同现实社会建立起更广泛、更有机的经常性联系。传统的剧目不会失传，它们既可以以录像的形式永久性地保存下来，也可同新的剧作同时上演。新剧作的发表和演出，不但能够吸引更多的观众，同时也会带来京剧、地方戏导演制的建立和京剧、地方戏评论与研究队伍的扩大，京剧、地方戏产生时的低贱社会地位，使它们的演出主要靠演员自身的代代相传，它们不需要专职从事导演的人。新剧本的演出，需要对新剧本的理解，需要把文字的表现转化为舞台的演出，需要从整体的结构和整体的效果上组织演出，这都要由导演来做总体的构思和具体的处理。剧本的创作，导演意图的贯彻，使京剧、地方戏的演出更进一步从对一个个演员的表演技巧的欣赏中升华出来，使它们的导演与演员的关系变为有类于电影导演与演员的关系。导演是从文化中产生的，他给京剧、地方戏的演出带来更高的文化品位，带来与观众的更加紧密的精神联系，同时他也会要求自己的演员不仅具有模仿的才能，同时也要有理解剧本、理解导演意图、发挥自己创造才能的更高的文化修养。剧作者、导演、演员文化修养的提高，是京剧、地方戏摆脱从产生之日起自然具有的俗文化的特征、成为现当代雅文化、适应越来越多的城市知识者审美需要的必要条件。我认为，这种文化品位的提高将首先表现为京剧、地方戏演出整体艺术效果的加强上。莎士比亚的一部《哈姆雷特》可以经得起历代文学家的评论和研究，史坦尼斯拉夫斯基导演的契诃夫的《海鸥》的演出可以在观众中引起轩然大波，但在中国京剧、地方戏的传统剧目中就很少这样的剧目，人们对它们的欣赏主要是演技的欣赏，而个别演员演技的欣赏是很难成为永久的研究对象的，演技的欣赏必须纳入整体艺术效果中来才能成为永久性的研究课题，才能脱离开"捧戏子"的直接宣传的层次。评论和研究是建立在这种整体艺术效果之上的，而评论和研究又是加强戏剧演出与广大观众精神联系的不可缺少的纽带。只要看一下当代的足球迷是怎样支持着足球事业的发展，我们就能知道，不论是热情的赞扬、客观的评价，还是激烈的批评，都在实际上支持着一项社会的事业。观众进京剧、地方戏剧院不是为了"保存国粹"，正像他们进话剧院、电影院不是为了"全盘西化"一样。"中国文化—西方文化"的空洞理论论述救不了京剧、地方戏，只有观众欣赏、评论和研究的热情才是它们生命的源泉，它们的演出必须以能唤起这种热情为目的。当京剧、地方戏的剧本创作成为中国当代文艺创作的一部分，当京剧、地方戏的导演成为中国当代导演实践的一部分，当京剧、地方戏的表演成为中国表演艺术的一部分，中国当代的创作理论、戏剧理论、导演理论、表演理论，就无法忽视它们，就应该把它们的实践作为自己理论说明的对象之一。如果说这些理论学说同时是中国学校教育的重要内容，如果说中国当代文学史、戏剧史上不但有话剧的创作，还有京剧、地方戏的创作，如果说中国当代的戏剧理论不仅建立在话剧创作的基础上，而且也建立在京剧、地方戏创作的基础上，如果说中国当代的导演理论除了包括话剧电影的导演实践之外，同时还包括京剧、地方戏的导演实践，如果说中国当代的表演理论不只阐释话剧电影的表演艺术，同时还阐释京剧、地方戏的表演艺术，那么，所有这些学科的教师和学生都将成为京剧、地方戏的观众，正像他们现在要读诗歌、看小说一样。总之，使京剧、地方戏在保留自己一系列基本特征的前提下实现运作方式的现代化，并通过这种现代化的方式加强与现当代各个文化部门，包括"五四"以后产生的各种新的文化部门的有机联系，是京剧、地方戏在当代中国继续存在与发展的根本途径。这个过程，原本是从五四新文化运动之时就应开始实现的，但中国的新文化革命是在中国雅文化领域开始的一场革命，当时的革新者没有一个人是京剧、地方戏领域的表演艺术家，近现代中国城市的发展为京剧、地方戏的存在与发展提供了有利的条件，使它们暂时还无法感到革新的必要。国粹主义的理论掩盖了京剧、地方戏潜在的危机，新文化提倡者对京剧、地方戏的批评被视为攻击中国文化传统的过激理论而没有引起人们应有的注意。时至今日，京剧、地方戏仅仅依靠自己的力量实现这个过程，几乎成了不可能的事情。在这种情况下，依靠国家的力量和企业家的资助，把京剧、地方戏的创作、导演、演出、评论、研究、教育整个系统建立起来，使之进入正常的运作，我认为是十分必要的。把京剧、地方戏的改革当个事业来看待，当个工程来建设，是较之空洞的提倡和宣传更为重要的事情。在这里，我们理应在京剧、地方戏文化系统中加进京剧、地方戏事业家的位置。世界电影史不仅是电影导演、演员、美工、特技、摄影等等组成人员的历史，同时也是热情关怀电影事业、为电影事业的发展做出了巨大贡献的电影事业家的历史。在当前的条件下，京剧、地方戏能否从国家或企业家那里获得足以实现自我存在与发展的经济资助，这种资助能够在多大规模上维持自己的存在与发展，它能否将京剧、地方戏推进到社会化、系统化的高度，是中国社会是不是真正关心京剧、地方戏命运的根本标志。政府的宣传造成的仅仅是文化的幻象，它不但不能解决京剧、地方戏发展中的根本问题，而且会进一步把它们孤立起来、封闭起来，宣传的热潮一过，处境就将更加困难。与此同时，京剧、地方戏更不能把自己的命运押在"老外"的赞扬上，至少在最近的将来，京剧、地方戏国际化的规模还不可能达到足以支持它们生存和发展的程度。要研究中国的观众，考察中国的"市场"，只有在中国观众中站稳脚跟，才能逐渐把中国的京剧、地方戏推向世界。总之，我认为，破除幻象，正视实际的困难，是京剧、地方戏为自己争取光明前途的先决条件。

新旧只是发展过程的描述，不是存在价值的标志。不是每一部现当代长篇小说的价值都能超过《红楼梦》，只是产生《红楼梦》的时代已经过去，现当代最杰出的长篇小说一定是与《红楼梦》不同题材、不同倾向的小说。新旧也不是一个绝对的区别方式，只有在发展过程中发生过根本性质变化的文化品种，才有新旧可言，而在持续存在、处在自然发展过程中的文化品种来说，是没有新旧可言的。中国书法艺术就是这样一种艺术。它既是中国古代文化系统中的一种艺术形式，也是中国现当代文化系统中的一种艺术形式。中国书法艺术存在的根据主要有两个：一、中国方块字的结构性使对它的书写具有了艺术的特征，二、毛笔作为中国古代知识分子的主要书写工具使书法艺术成了中国古代知识分子必须掌握的一门艺术形式。第一个根据是中国书法艺术存在的前提，第二个根据是中国古代书法艺术持续繁荣的主要条件。中国文化的现代变革并没有消灭中国的方块汉字，并且它将永久性地成为中华民族的一种语言文字的形式，即使在遥远的未来中国文字实现了拼音化，方块汉字仍然是中华民族曾经使用过的一种文字形式，书法艺术仍然有自己存在的根据。也就是说，书法艺术将永久性地作为中国文化艺术的一种形式存在下去。但在中国现当代社会里，毛笔已经不是中国知识分子的主要书写工具，因而这种艺术不再是中国知识分子必须掌握的一门艺术，它在中国现当代诸多艺术形式中的相对地位有所下降，这是一种自然的趋势，与对中国文化和外国文化的态度没有必然的联系。中国书法艺术一个最大的优长是它的灵活性和简便性，这是它能够永久性存在并发展的一个前提条件。在研究中国古代文化和中国古代知识分子精神特质的时候，当代的专家学者更多地注意到中国古代的各种文化学说，我认为，没有任何一种理论学说在中国知识分子精神特质的形成中比中国书法艺术起的实际作用还大。中国古代知识分子从幼年读书起主要接受的就是书法艺术的实践训练，这种实践训练一直贯彻在他的整个一生中，对他起的潜移默化的作用是无法用语言表达的。与此同时，中国古代知识分子可以贵为天子，可以贱为平民；可以是入世的官僚，可以是出世的隐士，但这种书法训练对于所有能称为知识分子的人都是共同的，因而它也体现着中国知识分子的共同特质。我认为，书法艺术所体现的那种沉静中的自由，柔软中的坚毅，恐怕至今是中国知识分子群体的特征。中国知识分子并不像西方人想象的那么死板僵硬，在它丝毫不动声色的时候，思想可能是自由的；它也不像西方人想象得那么软弱可欺，在它表面的顺从中可能包含着永远不会改变的东西。这是它的优点，也是它的缺点。中国书法艺术所表现出来的也正是这样一种精神特质。在中国现当代社会的条件下，中国的书法艺术会发生一些细微的变化，但这要在书法鉴赏家和书法理论家的感受中、研究中才会发现。书法艺术的鉴赏和研究同国画、京剧、地方戏表演艺术的鉴赏和研究一样，在中国现当代文化中有自己不可代替的作用。

  国画艺术同京剧、地方戏与中国古代诗文都有所不同。中国古代的诗文是中国古代的一种雅文化，但同时又是中国古代知识分子进身官僚阶层的工具，它们的政治性与社会性、群体性与个体性、规范性和自由性、道德色彩和审美色彩是纠缠在一起的，而中国古代的国画艺术则主要是中国古代知识分子个人才能的表现，是他们自我欣赏和供别人欣赏的一种社会性艺术形式。它是中国古代知识分子个体性的艺术创造，是在社会上流传并作为艺术品被接受、被欣赏的，创作者和接受者都主要以审美性眼光审视它，作者的创作也具有更大的自由性。如果说中国古代的诗文创作与中国古代儒家文化传统有着最密切的关系，那么，中国古代的绘画艺术则与道家文化传统有着最密切的关系。京剧、地方戏也不是中国古代知识分子进身官僚阶层的工具，但它们却不像国画艺术一样具有雅文化的崇高地位。绘画艺术是当时最有文化修养的一个社会阶层的艺术生产品，因而它在中国古代社会就有崇高的社会地位，这种崇高的社会地位使它在中国古代社会就有了自己初具规模、结构完整的系统性。创作者、欣赏者、评论者，国画理论的研究和探讨，作品的收藏和出售，乃至国画作品的鉴定和辨伪，都同时得到了发展。如果说中国的诗文在中国现当代文化系统中应当实现的是与儒家文化传统、与封建政治脱钩的工作，如果说京剧、地方戏在中国现当代文化系统中应当实现的是与现当代雅文化挂钩的工作，是实现自身的社会化、系统化和高雅化的工作，国画艺术几乎没有经过临产期的阵痛便融入了中国现当代文化系统，并且在中国现当代文化系统中继续创造了中国绘画艺术的新高峰。美术理论家郎绍君先生说："20世纪中国画不亚于19世纪，甚至可与任何其他某个世纪相比美。"[①]中国画的近现代的发展中，国画界公认为有两个大的系统，一是"传统型"系统，一是"融合型"系统，前者走的是"取今复古""以复古为革新"的道路，后者走的是借鉴西方美术改革自己、发展自己的道路，而在这两个大的系统中，取得了更突出成就的是"传统型"系统。他们"既有深厚的传统根柢，又有巨大的创造性，在艺术上达到了个人气质、文化修养、生活经验和绘画表现力的高度结合。他们在继承明清绘画（尤其是明清文人画）的基础上，又远绍宋元，'以复古为革新'；他们还都以自己的方式感应了时代的变迁，把新的审美要求和经验注入作品，不同程度超越和突破古典规范而向现代形态过渡。"[②]为什么会是这样？在这里，有一个中国画存在的基本根据的问题，它的根据不是传统的封建政治统治，不是传统的伦理道德，不是任何与中国文化现代化相冲突的东西。它的存在根据就是中国知识分子自我表现的欲望，就是人类创造美的才能，就是人类欣赏美、接受美的创造的要求。在这一点上，它与西方美术没有本质的区别，与中国现当代文化要求也没有根本的区别。它与西方美术的区别是在工具、材料的差别上。由于这种工具和材料的差别，使中国画和西洋画所创造出来的美的形态是不可能相同的，也不能相同。它的根据不是中国人一定要继承中国的传统，一定不能接受西方文化的影响，而是每一种美的形态都必须具备自己的个性，在自己独立个性的基础上发展。中国现当代国画家与现代西洋画家使用着不同的工具和材料，中国现当代国画家使用着与中国古代画家相同的工具和材料，因而中国古代绘画传统对于中国现当代国画家仍有更直接的借鉴作用。中国古代诗文是建立在古代文言文基础之上的，文言文的改革必然导致诗文的根本变革，而中国画的工具和材料仍然是现代社会能够使用的绘画工具和材料，中

[①][②] 郎绍君：《二十世纪的传统四大家——论吴昌硕、齐白石、黄宾虹、潘天寿》，载《四大家研究》，浙江美术学院出版社，1992，第1页。

中国传统文化与现代社会

国画不必像中国诗文一样放弃这种工具和材料，因而也不必有根本的变革，中国古代的伦理道德是与中国古代社会的基本组织形式紧密相连的，是与封建专制制度相互应和的，中国古代绘画不是中国封建专制制度的产物，它不服务于任何制度，而是直接与人的感受和美的需求相连接，画家本人人生感受、审美观念的每一变化，都有可能带来中国画艺术风格的内在变化。所以它又不是完全凝固的，是可以随着社会时代的变化而变化的。京剧、地方戏是一种集体性的文艺形式，是各种艺术形式结构成的综合艺术，更为笨重，牵一发而动全身，难以变化。它们在中国现当代社会也曾造成了一个新的超越于古代戏剧的艺术高峰，出现了梅兰芳、周信芳等一系列艺术大师，但它们的滞重性逐渐加深着与现代观众的审美距离，从而在一度辉煌之后遇到了巨大的困难。中国国画艺术几乎不存在这方面的问题。它的创作是个人性的，个人人生感受、时代感受、审美感受的任何一种变化，在一个杰出的画师那里，都能够以特定的形式转化为绘画艺术风格的变化。它的灵活性、自由性使它在任何时代都无法绝对凝固起来，失去发展变化的机制。时至今日，它在向国际化的方向发展中，也较之京剧、地方戏有更快的速度和更大的规模。它在现当代社会遇到的唯一困难是西画的竞争，这不应视为不正常的事情。即使在与西画的竞争中，由于中国画是一种独特的艺术形式，是为西画所不能代替的，所以它的存在与发展并不会由此产生根本的危机。我认为，从总的特点上说来，中国画是与背景融为一体的，西洋画是从背景上走出来的；中国画容受你，西洋画争取你；中国画使你的心情趋于平静，西洋画使你的精神受到震动。即使在现当代社会，这仍是人类的两种不同的审美需要。由于这种不同，它们将分别占有不同的空间，满足人们不同的审美需要。中国画将永久性地成为绘画艺术的一种独立的形式。它将继续存在着，因而也会不断有变化，有发展。至于这种变化和发展将是什么样子的，则是不能预料的，这有赖于那些天才的中国画家的个人创造。但我认为，在绘画理论上，中国画论有与西方画论相互结合的必要。中国画的理论同中国诗论一样，主要是在道家和佛家文化学说的影响下形成并发展起来的，它在重感受、重欣赏方面有自己独到的东西，有自己独立的语言概念和语言概念体系。但它不像西方绘画理论一样，在各种不同的哲学体系的影响下有各种不同的介入方式，有各种不同的解析角度，因而也更为具体和细致，特别是在作者、作品、观众三者关系及其变化中的所展开的多方面的研究活动，把一个画家的精神历程同创作历程作为一个整体进行的综合研究，更为少见。我认为，把西方绘画研究的方式引入中国画的研究很可能对中国画的继续发展产生深刻的影响。一个画家的研究，同对一个人的研究一样，可以有两个向度，一个是纵向的，一个是横向的。从纵向看，一个人由青年到中年再到老年，是一个不断成熟的过程，他的老年代表着他的成熟，代表着他的最高成就，人们对他的学习和借鉴当然也以学习和借鉴他老年成熟期的思想为主。但从横向看，青年、中年、老年各有自己的特点，中年获得了沉实，但也失去了青年的热情，老年获得了超脱，同时也失去了中年的沉实和青年的热情。超脱只是人的一种精神品格，热情、沉实则是另外的精神品格，三者是同等重要的，是各有优缺点的。在艺术上也是如此。中国古代的道家文化是以老年的超脱为最高精神境界的思想学说，在它的影响下中国画理论也是以此为最高艺术境界的理论。这影响到中国画各种不同艺术风格的发展，也影响到青年画家独创性的发挥和他们从事国画创作的热情。西画的发展受一代代青年画家的推动最大，他们是建立新学派的人物，是在新的方向上发展自己艺术才能的人物，这时他们的作品可能并不成熟，但却有新的探索。这对于代代青年走上画坛起到了极为重要的作用，也使西画有更多不同的流派、不同的风格。我认为，这是中国画坛急需解决的问题，如果每一个国画家只有到了老耄之年才能获得自己的独立艺术地位，那么，多数的青年人就会宁愿学西画而不愿学国画了。

　　总之，像梅兰芳的京剧艺术、齐白石的国画艺术、侯宝林的相声艺术都是中国现当代文化的一部分，而不再是中国传统文化。把它们从中国现当代文化系统中孤立出来，封闭起来，不但对其他的艺术形成了心理的压迫，同时也是不利于它们自己的发展的。推进中国现当代文化系统的整体发展，注意发展过程中各种实际问题的解决，不但是整个中国现当代文化系统发展的需要，也是这些古老的艺术形式发展的需要。在中国现当代文化系统的内部，没有中国文化和西方文化的对立。因而，

中国传统文化与现代社会

不论是复古主义、国粹主义，还是全盘西化论、中西融合论，都没有实际的意义。研究中国现当代文化系统的形成与演化，在彼此的关系及其性质的分析中提出问题并解决问题，是中国现当代文化学的基本内容。为此，它的一系列文化概念都要重新界定、重新建立、重新组织。

原载《文艺争鸣》1997年第3期、第4期

中国西部电影简论

一

什么是中国的西部电影？它是一个电影现象，也是一个文化现象，但是我们应当怎样看待这个现象呢？它在中国的电影史上到底有什么意义？在世界电影史上有没有自己的特点呢？

电影是20世纪首先在西方社会产生的，所以电影从产生伊始，就有自己的特征。首先它是西方的，是在西方产生的；第二它是城市化的，是一种城市文化现象。在20世纪以前，西方社会已经完成了从传统社会向现代社会的转换，这个转换就是从农业城堡、贵族城堡为中心，向现代城市转移；从中世纪贵族文化，向现代资本主义文化转移。当电影在西方社会产生之时，这个转移是早经实现了的。也就是说，西方电影从其根本的意义上来说，已经离开了西方的中世纪、离开了中世纪的文化，同时也意味着离开了农村。当然，西方也有大量历史题材的电影，即使现实题材的电影也有以农村为背景的，但这仍然无法改变这样一个事实，即在西方电影中的中世纪，是现代人眼光中的中世纪；西方电影中的农村，是城市人眼光中的农村。这里有一种思想的眼光，也有一种审美的眼光，中世纪文化、农业文明是被他者化了的。具体说来，它是审视的，而不是反思的。审视是他者的审视，反思才是自我的反思。不

中国西部电影简论

仅在20世纪的电影中是这样，即使在19世纪的西方文学中，这种转换也是早经实现了的。比如巴尔扎克、福楼拜、司汤达、莫泊桑、狄更斯、易卜生、列夫·托尔斯泰、陀思妥耶夫斯基这样一些著名的西方作家，即使他们对于西方资本主义文化的批判，也是从西方都市社会的需要出发的，是从近现代城市知识分子的精神感受出发的。但西方的城市和中国的城市不一样，西方城市文化的发展有一个基础，那就是此前的中世纪基督教文化。基督教文化是一种精神文化，它在文艺复兴时期开始受到现代人文主义文化的冲击，但这种冲击也是以一种强有力的现代精神为基础的，现代资本主义的新教伦理动摇着传统宗教伦理的基础，同时也传承了中世纪基督教文化的精神。也就是说，西方电影在开始阶段所承传的西方文化，是近代化了的城市文化传统，却不是城市小市民的文化传统，它仍然带有贵族性、精神性的严肃文化的特征。甚至到了19世纪末、20世纪初的列夫·托尔斯泰、陀思妥耶夫斯基、茨威格、契诃夫、高尔基、罗曼·罗兰这样一些文学作家，仍然是以超越的精神性眼光审视现实世界、审视现代资产阶级文化的。随着历史的发展，特别是到了电影这种带有更显著的城市化特征的艺术形式，小市民文化的特征是逐渐得到强化的，但直至今日，主导西方电影总体倾向的仍然不是小市民化的电影，而是承传着西方近代人文文化传统、具有超越性精神价值和审美追求的电影艺术作品。即使那些迎合城市小市民审美趣味的电影制作，也因为西方民主制度的确立、自由平等观念的流行，到了中国的市场上，也常常产生一些西方电影制作者所意想不到的思想和艺术的效果。例如，20世纪30年代大量美国好莱坞电影的输入，其中很多是迎合西方城市小市民文化趣味和审美趣味的电影制作，但在中国城市市民伦理道德观念的变化、现代思想意识的萌生，特别是在城市青年爱情观念的变化中，是起到了一定的促进作用的，这种作用在某种程度上也具有精神启迪的意义。至于像卓别林这样一些电影艺术大师的电影艺术作品，就更不能仅仅以城市小市民文化予以概括了。也就是说，西方电影在西方资本主义的社会条件下，小市民化的倾向是严重存在的，并且发展至今，给人一种积重难返的感觉，但从总体倾向而言，体现西方电影传统的仍然不是这些小市民化的电影，而是那些真正具有超越性精神价值和审美价值的优秀的电影艺术作品。

电影是在城市中产生的，西方电影是城市化的，它有一种世俗化倾向，但它的根基却不在世俗中，而是在人的严肃的精神追求中。真正的电影不是世俗的，更不是庸俗的，不是从小市民的眼光看世界的，它有一种贵族精神、有一种宗教眼光，有一种我们过去常常不以为然的精神贵族的倾向。它是用一种超越性的眼光看世界的。卓别林是一个平民化的导演，但他不是现实社会的奴隶，不是以奴隶的眼光仰视现实世界的。他的电影不是对资本主义的歌颂，而是对资本主义的批判。为什么批判它？因为它不完全符合人性的要求，不完全符合那些伟大艺术家的精神期盼。他在电影事业上的成功，并没有使他越来越满足这个"繁荣的"、"发达的"、用我们的话来说就是"富强的"的美国资本主义社会，而是越来越远离了这个现实的世界，越来越无法忍受它对人的异化，越来越无法向这个把人变成机械的资本主义现实社会妥协。在早期，他还是一个纯粹的喜剧家，一个滑稽大师，但是越到后来，他的电影越是流露出更加浓重的悲剧性。实际上，这是他的心灵在哭泣，为人性的扭曲而哭泣，为人类的苦难而哭泣。在物质上，他是一个"富人"，但他的心，他的情感，却是系于那些城市贫民的，是为他们的苦难鸣不平。这与电影艺术产生之前的西方文学传统是相同的，是与列夫·托尔斯泰这样一些伟大的西方文学家的倾向一致的。这就是艺术的精神，文学的精神，人类文化的精神。一个获得了更多物质财富的资本家是一个成功的资本家，但一个获得了更多金钱的艺术家却不一定是一个成功的艺术家。艺术家不必拒绝财富，但他的成功与否却不是以财富的多少为标志的。具体到电影艺术上来说，电影艺术家不必拒绝高额的票房价值，但票房价值却不是一部电影成功与否的标志。卓别林的成功，也不仅仅因为他的表演动作，不仅仅因为他的表演模式，后来有很多人都能够成功地模仿他的表演动作，但没有成为伟大的艺术家。卓别林的成功在于他有一颗艺术家的心灵，有一种艺术家的眼光；依靠这样一颗心灵，这样一种眼光，他才在自己所生活的时代发现人性的美和丑，发现人类的喜剧和悲剧。

这样一个电影传统在当代西方世界是没有断裂的。在我们极力炒作的西方大片中，像《阿甘正传》《泰坦尼克号》，我认为，它们都不是以小市民的眼光看待当代世界和当代人类的。阿甘那个人，有点像中国的阿Q，但他不是世俗社会的奴隶，不是依靠精神胜利法苟且于现实人生的，而更像鲁迅笔下的"狂人"，是不受世俗道德的束缚的。《泰坦尼克号》在内容上好像没有多么新奇的地方，表面看来，它几乎是一个老掉了牙的爱情片。但它不是庸俗的。小市民电影是消解崇高的，但消解了崇高之后的人生还能剩下什么呢？剩下的只有庸俗。在人类生存和发展的过程中，是无法回避精神的；无法回避精神，也就意味着无法回避崇高，无法回避崇高和卑鄙的区别。生命本身，就是崇高的。那些尊重生命、维护生命、不但爱惜自己的生命同时也爱惜别人的生命的人就是崇高的人。相反，那些漠视生命、践踏生命、视别人的生命为草芥的人就是自私、狭隘、卑鄙的人。崇高，既不能用空洞的歌颂遮蔽它，也不能用有意的亵渎毁灭它。《泰坦尼克号》展现的就是在人类灾难面前人类精神的崇高和伟大。在我们的观念中，西方的大片就是高投入、高回报的商业大片，是以赚钱为唯一目的的，是商品。当然，资本主义是离不开金钱的，但资本主义社会仍然是人类的社会，而人类的社会就不能仅仅依靠金钱，也得有精神，有艺术。在这里，我们还能想到《巴黎圣母院》《悲惨世界》《牛虻》《白痴》《战争与和平》《静静的顿河》《哈姆雷特》《堂吉诃德》《斯巴达克思》《甘地》《日瓦戈医生》等大量由西方文学名著或历史人物的传记改编的电影。资本主义社会是一个金钱的社会，金钱腐蚀了很多有价值的东西，但却没有腐蚀掉那些杰出的文学艺术作品，没有腐蚀掉人类的精神和艺术的精神。这些电影都是城市化的，但不是小市民化的。

电影艺术生于西方的城市社会，也长于西方的城市社会。城市——是西方电影的土壤。

二

电影传入中国，是在20世纪20年代，特别是到了20世纪30年代，中国也有了自己的电影传统。但在那时，中国电影也是城市化的，也是首先在城市发展起来的,并且是在上海这样一个大商业城市发展起来的。从表面看来,中国电影较之西方电影有着更加严肃的社会性质。在30年代,左右着中国电影事业的整体发展倾向的,是左翼作家,并且是左翼革命作家,像夏衍、田汉、郑伯奇这样一些左翼革命作家在中国电影事业的发展中都起到了举足轻重的作用,当时大多数电影导演和演员也是倾向于左翼的,甚至是倾向于革命的。但是,这里却有一个矛盾,即这个在大商业城市上海发展起来的革命文化阵营,与在井冈山、延安发展起来的实地的革命战争,虽然是遥相呼应的,但却不是浑然一体的。支持着中国电影事业的城市居民与支持着实地的革命战争的农村居民是两个不同的社会群体,在文化上是有巨大的差异的。在当时的城市居民中,作为电影受众的仍然是城市小市民阶层。不论在其思想趣味和审美趣味上,都带有明显的小市民的特征。在这里,原因是多方面的,但当时的中国社会并没有像西方那样,经历过一个从中世纪封建社会向近现代社会、从传统基督教文化向现代人文文化的渐变过程,是有莫大关系的。在20世纪初年,中国也曾有一个五四新文化运动和新文学运动,但那是几个人搞起来的,只在少数大学生中间发生过实质性的影响。他们并不是30年代中国电影的受众,中国的电影不是为鲁迅、胡适、陈独秀、李大钊、周作人这样的现代知识分子拍摄的。除此之外,它也不是为中国城市的两个生产者阶级——资本家阶级和工人阶级拍摄的。资本家阶级的人数太少,工人阶级太穷,他们都撑不起中国电影事业发展的重担。实际上,中国电影的受众群体,主要是包括低级官吏、公司职员在内的小市民阶层的成员。在戏剧上,他们是传统戏剧的票友;在文学上,他们是广义的鸳鸯蝴蝶派小说和武侠小说的读者。这是一个没有经历过文化革命、思想革命和文学革命的洗礼而跟着中国社会从古代走到现代的社会阶层。在中国古代社会,戏剧和小说是不登大雅之堂的,特别是被称为"戏子"的演员,虽然现在的人们又肉麻地将京剧等传统戏剧捧到"国粹"的位置上,并以此作为攻击五四新文化运动的口实,但在中国古代社会,他们不但不被视为"国粹""国宝",而且连一个普通老百姓能够享有的正当的人的荣誉也没有,是倍受歧视和侮辱的。只要与西方那些伟大的戏剧艺术家在社会公众中所受到的尊敬和

中国西部电影简论

崇拜略加对照，我们就会知道，即使在那些"票友"的"爱慕"的眼光中，他们受到的也是另外一种形式的歧视和侮辱，而不是作为人，更不是作为艺术家而获得的发自内心的尊敬和崇拜。正是这样一个阶层，成了中国电影受众的主体。20世纪30年代，鲁迅写过一篇名为《阮玲玉之死》的文章，是站在电影艺术家的立场上向当时的中国社会进行的控诉和抗议。30年代中国电影艺术的成就是不容抹杀的，但它仍然滞留于中国城市社会，并且背负着中国城市小市民阶层思想趣味和审美趣味的重担，则是一个不争的事实。在文学上，那时已经产生了像鲁迅这样伟大的文学家；在戏剧舞台上，那时已经产生了像曹禺这样杰出的戏剧家，但在空前繁荣的电影制作中，我们还不能说已经有了与他们并驾齐驱的作品和人物，小市民的思想趣味和审美趣味还有形与无形地阻碍着真正杰出的电影艺术作品的诞生。

由于中国社会和中国社会革命的特殊性，我们并不注意思考和分析中国城市小市民阶层的文化特点。我们是按照单一的经济地位的标准划分人群的，并且也以这样的地位推论人群的思想和文化倾向，文化，特别是文化精神不是我们独立考察的对象。但在欧洲，特别是在俄国和德语国家（它们都是后起的资本主义国家）的文化中，文化，特别是文化精神是有其独立的价值和意义的。在欧洲近现代社会，以政治为主体的国家文化、以经济为主体的资本家阶级的文化、以思想为主体的精英知识分子文化共同构成了西方社会的主流文化、主体文化，它不是仅仅以经济地位为杠杆的，而更是一种文化现象、精神现象，20世纪30年代中国"新月派"文人所宣扬的"健康、尊严"正是西方资本主义主流文化的特征。在西方，马克思主义文化不是一种主流文化，而是一种革命文化，一种在资本主义社会内部产生的批判、瓦解乃至颠覆资本主义文化价值体系的文化。它的特征不是"健康"和"尊严"，而是"反抗"和"斗争"，是我们现在所不喜欢的"激进主义文化"。但它也不是以包括城市小市民阶层在内的所有中下层城市居民为其依托对象的。西方的马克思主义者之所以把希望寄托在城市工人阶级身上，至少在马克思、恩格斯这些马克思主义创始者看来，城市工人阶级不仅仅是一个经济上贫穷的阶级，同时还是一个在精神上有生命活力的阶级。在那时的欧洲，城市的工人阶级确确实实给西方资本主义社会添了很多的麻烦，不是一个逆来顺受的阶级，不是一个不能团结、没有理想、不讲道德、会耍小聪明、喜欢窝里斗的阶级。不难看到，在西方，不论是资本主义社会的主流文化，还是在资本主义内部反抗资本主义主流文化的马克思主义文化，都不接纳城市小市民阶层的文化，都将城市小市民阶层的文化拒之于门外。而在西方那些杰出的文学艺术作品中，这种倾向就更加明显起来。我们甚至可以说，19世纪末和20世纪初的整个西方文学，就是抵制和反对小市民文化的文学，是在反抗城市小市民文化的过程中建构自己的文学精神和艺术精神的文学。在俄国，作为一个杰出文学家的契诃夫的最深刻的人生体验和精神体验恐怕就是对城市小市民精神瓦解力量的体验了，他的《套中人》《胖子与瘦子》《变色龙》等大量短篇小说揭露的就是这个阶层的文化习俗和精神风貌，他的作品的广大的忧郁是建立在对小市民文化的腐蚀力量、瓦解力量的清醒意识基础之上的。他说他倾其一生都努力为自己找到一个"中心思想"，一个"世界观"，就是为了在这个阶层的精神围剿中为自己找到一条突围之路，超越之路，亦即自我拯救之路。他还说他是一点点将自己身上的"奴性"挤出来的，而这"奴性"就是城市小市民阶层成员的基本特征。高尔基有一个剧本，题名就是《小市民》，他的最著名的戏剧创作《在底层》更是对这个阶层人生观念的深刻揭露。在德国，尼采是一个著名的哲学家，但也是一个著名的文学家。实际上，他的哲学就是抵抗城市小市民文化的哲学，是在现代城市小市民文化的基础上求超越、求解脱的哲学。它在整个20世纪世界文化中的广泛而又深刻的影响，说明超越和反抗城市小市民文化习俗是20世纪整个世界文化的伟大历史使命之一。"孤独"的体验几乎是整个德语世界文学的特征，显而易见，这种"孤独"已经不是在中世纪基督教文化基础上的"孤独"，而是在现代小市民阶层文化基础上的"孤独"。反抗"孤独"，就是反抗城市小市民文化对自我的禁锢；追求个性，就是在反抗城市小市民阶层文化的禁锢的基础上追求自我的精神独立。易卜生戏剧之所以在当时的世界上产生了广泛而又深刻的影响，其根本的原因就在于他的作品深刻表现了当时知识分子的这种精神特征。在我们的文艺评论中，喜欢用统治阶级的文化这个概念。实际上，在文化上，占据统治地位的从来不是少数人的文化，而是多数人的文化。少数人是好躲的，多数人则躲不了。在城市文化中，小市民文化就是多数人的文化，少数统治者的文化是通过小市民文化的传播和接受而在社会上发挥自己的掌控作用的。城市人"无往不在缧绁中"，实际就是"无往不在小市民阶层文化的包围中"。

在尚没有实现城市化的中国社会中，城市小市民往往看不起乡村农民，并以对乡村农民的歧视而维持着自我的可怜的自尊。直至现在，城市小市民往往认为农民是愚昧落后的，而自己则体现着现代的城市文明。实际上，在与中国两千余年的专制主义历史同时产生的乡村农民文化和城市小市民文化之间，是没有这种先进与落后的分别的。如果我们在同样一个文明层面上考察专制主义文化对人的精神的扭曲和窒息，那么，城市小市民阶层成员在精神上所受到的专制主义的破坏，向来是比乡村农民还要直接与严重的。乡村农业文明是还没有完全社会化的文明，是在家庭内部人与人关系中的文明，即使极少的社会交往也是以血缘亲情关系为纽带的。这种以血缘亲情关系为纽带的专制体制，实际是有两种力量的交叉的，即权力关系与情感关系的交叉。以孔子为代表的儒家伦理道德之所以至今还有它的文化的魅力，就是因为它将管理人的权力托付给了有可能爱人的人：它让在一般的条件下可能爱人的人管束他所爱的人，它让在一般的条件下可能被爱的人接受爱他的人的管束，虽然在性质上仍然属于上对下的专制主义统治，但这种专制在更多的情况下是受到专制者个人情感的约束的，而在社会化了的城市社会里，这种伦理关系是早已被彻底破坏了的。城市小市民生活在更加密集的社会关系中，家庭内部的伦理道德关系已经无法支撑强大的、纵横交错的外部社会关系的压力，城市小市民阶层的成员是在应付这种直接的、无所不在的专制权力的压力的情况下形成自己的性格特征和精神特征的。显而易见，这种关系在更多的情况下是没有可靠的情感联系做保障的，以表面的礼仪形式构成的纯粹利益关系，早已成为中国城市小市民社会关系的基本性质和主要特征。如果说直至中华人民共和国成立之后的当代社会，乡村农民依然主要依靠传统的伦理道德维系着彼此的社会联系的话，而城市小市民则是依靠彼此灵活多变的交往手段结合在一起的。乡村农民的辈分关系还包含着程度不同的内在感情色彩,城市小市民社会关系中的绝大多数称谓则都带有虚与委蛇的特征。现在的城市人见了体面的人便称"老板",古代的城市人见了体面的人便称"爷",在所有这些称谓的背后包含的都是冷冰冰的交往关系,没有感情的温度。乡村农民因为主要生活在家庭亲情关系中,金钱关系和权力关系受到亲情关系的严重制约,造成了农民内在感受上的复杂性,内心的愿望受到更强烈的压抑,在性格上更少反抗性,也更多被动忍耐、消极顺从的特征,但当这种专制压迫超越了亲情关系的范围,当矛盾和斗争发生在失去了情感联系的家庭成员或不同家庭、不同家族的成员之间,农民的反抗又是极为决绝和坚韧的,所以农民在伦理道德观念上的保守性与农民在社会关系中的无政府主义叛逆性又是极为奇特地交织在一起的。中国共产党领导的革命斗争之所以首先在农村发展起来,是与农民这种反抗性有极大关系的。但生活在极为严密、细碎而又单纯、直接的专制权力关系中的城市小市民则往往不同。在城市社会中,强者对弱者的欺压是随时随地都可以发生的,人与人的关系也是随时随地都可以发生变化的。对于一个乞丐,满街都是"老爷";对于一个有权有势的人,满街都是"奴才",而对于一个普通的小市民,则是"老爷"和"奴才"参半的。至于哪个是"老爷",哪个是"奴才",他要依靠自己的机灵和圆滑迅速地觉察出来,并用自己认为合适的态度予以对待,像契诃夫小说中的"变色龙"一样,随时随地地变换自己的姿态、面容和语调,随时随地地调整与他面对的某个人的关系。乡村农民的思想更是在家庭关系中形成的,所以缺乏明确的自我意识,而城市小市民阶层的成员的思想更是在社会联系中形成的,所以他们有着极强烈的自我意识,但他们的自我意识不是"大我"的意识,而是"小我"的意识。离开家庭的农民可以依靠传统的"江湖义气"而组成相对稳固的集体,而城市小市民则太多"小我"的算计,太多当下的"小聪明",在精神上更加涣散,极难形成统一的反抗力量。即使形成,也像一阵风,倏忽而起,倏忽而散,一遇挫折,便树倒猢狲散。传统的农业经济是高度稳定的,一个农民要想改变自己的生活命运必须依靠自己一生的甚至几辈人的坚韧的、艰苦的努力,这既可养成农民不求上进的保守守旧的心理,但也可培养农民在精神上的坚韧性，即使中下层地主家庭的成员，也要终生参加劳动，不是游手好闲之徒，所以农民阶级是一个最缺乏灵活性和投机性的阶级。城市小市民阶层的成员则与此不同，灵活性、投机性是其主要特征。这使城市小市民阶层的成员常常表现为没有一贯的道德操守，没有固定的思想信仰。实际上，城市小市民的社会地位是十分低下的，生活命运有时比贫苦农民还要悲惨，但由于长期处在这种复杂多变的上下等级关系的专制压迫之下，其精神受到了严重的扭曲，将他们的奴性锻炼得更加柔韧和灵巧，使其没有团结战斗的力量。我认为，仅就城市小市民这个阶层本身（不包括城市社会的政治统治集团、精英知识分子集团和现代的资本家阶级、工人阶级）而言，其是一个较之农民阶级更加没有希望的社会阶层。在整个人类历史上，这个阶层是被人拖着走的，而不是拖着别人走的。它没有自己的社会主体性。

三

　　1949年，是中国新的政治时代的开始，也是中国新的电影时代的开始。1949年之后的文化批判是从批判电影制作开始的。《清宫秘史》《武训传》都是由毛泽东主席亲自提名批判的。如果我们抛开政治上的得失和行为上的对错，我们分明能够感到从农村走入城市的革命政治文化与一直在城市社会存在和发展的中国电影文化之间的矛盾和差异。1949年以后的电影事业是在国家政治的统一领导下发展的，是依照国家政治的需要而得到重视的，其意志也是国家政治意志在电影文化事业中的具体贯彻。这个时期电影创作所取得的成就是不容抹杀的，在国家经济力量、政治权力支持下的中国电影事业也确确实实得到了前所未有的极为迅速的发展，但正像我们已经感到的，当时电影创作中的矛盾也是显而易见的。我们可以这样概括这个时期电影创作中的矛盾：统一的、严肃的国家政治的需要与城市观众实际思想趣味和审美趣味之间的矛盾，电影工作者则在这样一个矛盾的关系中处于尴尬的境地。具体到当时的电影工作者，几乎没有一个人不愿以自己的电影创作服务于当时国家政治的需要，但他们又不可能不照顾当时电影受众的思想趣味和审美趣味。

但是，当他们在这两种不能不满足的社会需要之间徘徊流连的时候，丧失的却恰恰是他们自己的最深刻的人生体验和最急切的自我表现的欲望。像中外那些最伟大的文学家、电影艺术家所表现出来的独立地面对现实人生、主动地介入现实的社会矛盾，通过对现实社会的批判而超越于现实社会规则的束缚以达到将自己也将电影受众升华到更高的精神境界和审美境界的主体性，在当时的情景下几乎是不可能生成和发展起来的。这表现在当时的电影创作中，就是思想的严肃性与审美的趣味性的矛盾：得到思想的严肃性，则失去审美的趣味性；得到审美的趣味性，则失去思想的严肃性。这说明，在现实国际关系的基础上形成的国家政治的思想需要与以城市小市民为主体的电影受众的思想趣味和审美趣味，原本就不是一个层面上的精神需要。我们常常认为，这仅仅是社会主义文艺、马克思主义文艺的过错，但如果我们考虑到苏联在当时也是一个社会主义国家，其文艺思想也是社会主义的、马克思主义的，文艺创作的自由也是受到严重限制的，但社会主义的苏联仍然产生了一个世界级的电影大师——爱森斯坦，仍然制作出了像《莫斯科保卫战》《斯大林格勒保卫战》《列宁格勒保卫战》《静静的顿河》《战争与和平》《第四十一》《幼儿园》《一个人的车站》《这儿的黎明静悄悄》《莫斯科不相信眼泪》等一系列成就斐然的影片，我们就会知道，毛泽东时代的事情并不像我们想象的那么简单。在五六十年代，给我印象最深的是苏联荣膺列宁勋章之列宁格勒电影制片厂根据世界文学名著改编的一系列影片，而迄今为止，我认为，我们根据文学名著改编的电影大都是失败之作，大都没有取得与这些名著能够相匹配的电影艺术成就。这就有一个我们的审美趣味与这些文学名著之间的矛盾和差异的问题了。在这个历史时期，以农村为题材的电影占了一个很大的比重，但它们仍然不是站在农村的立场上看城市，而是依照城市的需要看农村的。当时电影制作者关心的是自己影片的政治立场，而不是当时的农民有什么人生的感受和体验，更不是自己对现实的社会人生有什么不能不表达的感受和体验。所有这些农村题材的影片都有同样一个潜台词，即：农民是伟大的，但它必须服从城市人的领导。

不难看出，这种模式只是到西部电影产生后才得到改变。西部电影

中国西部电影简论

产生之前，谢晋是一个最有成就的电影导演。他当时导演了一部受到广泛欢迎的影片《芙蓉镇》。我们看到，直到这部影片，农民在农村题材的影片中仍然是没有自己的主体性的。从40年代延安解放区长篇小说创作（丁玲的《太阳照在桑干河上》、周立波的《暴风骤雨》、赵树理的《李有才板话》等等）到五六十年代农村题材的长篇小说创作（周立波的《山乡巨变》、秦兆阳的《在田野上前进》、陈登科的《风雷》等等）一直沿用了工作组或下乡干部进村、发动群众、开展斗争直至斗争胜利的叙事模式，在变动着的中国现实社会中，每个农民自身如何感受现实的社会人生，如何感受自己，他们要走向何方，以及他们将有什么样的人生命运，在这种叙事模式中是被模糊了的，因而也造成了一种虚假的历史感。《芙蓉镇》显然是想超越国家政治意志的束缚的，但它使用的却仍然是略加修改的这种叙事的模式。与其说它是用农民的主体性取代了统一的国家政治意志的主体性，不如说是用这种国家政治的意志取代了那种国家政治的意志——农民在农民题材的影片中仍然没有自己的主体性。他执导的另外一部影片《牧马人》，整个农村的生活现实都只是影片具体内容的外部框架，真正决定人物命运的却不是农村生活场景的本身，而是在这个画面外的城市社会（国家政治意志）的变化。所以，严格说来，《牧马人》还不属于真正意义上的西部电影。

在这里，我们比较一下陈凯歌执导的《黄土地》和谢晋执导的《牧马人》是有一种启示意义的。尽管《黄土地》也写了一个采风的知识分子，一个城里人，也写了延安解放区的革命，但我们仍然感到，整个中国的力量，整个中国革命的力量，并不是从外部引入的，而就是从这片黄土地上升腾起来的，是深深地埋藏在这片黄土地里面的。也就是说，只有到了像陈凯歌的《黄土地》这样的真正意义上的西部电影中，农村、农民才在农村题材的影片中具有了自己的主体性。在西部电影中，中国的农村、中国的农民，既不是城市小市民眼里的农村和农民，也不是国家政治意志规范下的农村和农民，而是中国的农村自己在发言，中国的农民自己在说话。在《黄土地》中，从不同的角度、以不同的形式，反复呈现在我们眼前的"黄土地"，就像是中国农村、中国农民的宽厚而又深邃的胸腔，它就要说出它自己要说的话来。总之，只有到了新时期的西部电影，中国电影才发生了一个根本变化，完成了从城市视角向农村视角、从城市小市民的视角向农村农民视角的根本转变。正像中国共产党领导的政治革命从城市转入农村才真正成了中国的革命，才拥有了中国革命的独立特征一样，只有在中国西部电影产生之后，中国的电影才成了真正中国的电影，才拥有了中国电影的独立特征。实际上，中国电影在世界电影舞台上受到越来越广泛的关注，也是从这个历史时期的西部电影开始的。

四

在这里，我们首先想到的应该是这样一个问题，即：这个转变是怎样发生的？我认为，一批既具有城市生活体验，又具有农村生活体验的中青年导演的出现，是这个转变之能够发生的主要原因。我们经常认为，政治是制约文艺的关键力量，特别是在中国现实的历史条件下，这种说法并没有什么错，但如果将这样一个命题绝对孤立起来，不同时将我们文学艺术创作队伍本身的状况考虑进去，这个命题就成为中国文学艺术工作者推卸自己责任的空洞口实了。试想：列夫·托尔斯泰与当时国家政治的关系是怎样的呢？鲁迅与当时国家政治的关系是怎样的呢？像《偷自行车的人》这样的左翼电影导演与当时国家政治的关系是怎样的呢？当一种思想的使命和艺术的使命成为一个艺术家的生命本体的需要的时候，艺术不正是能够帮助艺术家实现现实的超越而获得相对充分表现的最佳形式吗？也就是说，我们之所以感到现实政治是不可超越的，恰恰在于我们并没有必须实现现实政治超越的思想需要和艺术需要。我们不必回避我们自己的局限性：迄今为止，在中国，对于我们多数人来说，文学艺术仍然主要是一个谋生的手段，正像一个银行职员可以挣钱糊口一样，文学艺术也是文学艺术家出人头地、立身扬名的手段。但在这里，我们也必须指出，这恰恰是城市小市民天然具有的基本文艺观念，而不是列夫·托尔斯泰、梵·高、曹雪芹、鲁迅这样一些具有真正严肃的人生追求和艺术追求的文学艺术家的文艺观念。自然我们没有这种严肃的人生追求和艺术追求，我们在任何情况下都无法真正超越

中国西部电影简论

现实政治意志的制约和束缚，也就没有什么可以奇怪的了。在这里，我们可以从吴天明导演的个人人生经历中思考一些问题。吴天明导演是个导演，是个城市人，但他是从农村、从农民中走出来的一个导演，一个城市人。不论是通过对他本人的感受和了解，还是通过他执导的影片对他的感受和了解，他都是一个对农村、对农民、对农民的生活命运充满真诚的同情和了解的人。对于这样一个导演，农村题材不能进入他的电影视野便罢，而一旦进入，就绝对不会是一个电影的花架子，更不会故意扭曲农村和农民而满足城市小市民的思想趣味和艺术趣味。在城市小市民的艺术观念里，艺术不是屈从于国家政治意识形态的需要，就是为了亵渎和丑化国家的政治意识形态，但在一个严肃艺术家的观念里，艺术家是依照艺术的需要建构自己的艺术作品的，他面对的首先是自己的读者或观众，而不是政治家的政治活动。所以，不论是屈从国家的政治意识形态，还是亵渎和丑化国家的政治意识形态，都不是艺术创作的目的，而这，也恰恰是它能够超越现实社会、超越现实社会各种政治实利主义目的的根本原因。在吴天明执导的《老井》《人生》等影片中我们感到的只是他对乡村农民人生命运的真挚关切和艺术表现，而不是他对任何一个具体的政治派别的拥护或反对。——这就是艺术，这就是艺术的超越。

吴天明在中国西部电影的生成和发展中的作用是关键性的，他不但亲自执导了最早的几部西部电影，而且引进并培养了一批青年电影导演，使他们在西部电影的执导过程中成为新时期中国电影界的骨干力量。他们有的出身农村而后进入城市、成为电影导演，有的出身城市但通过上山下乡来到农村，而后又回到城市。他们与前代电影导演的不同之处在于：他们都不是为了拍电影才去农村体验生活的城市人，而是曾经作为一个农民而在农村"生活"过的人，是有过一个农民的喜怒哀乐、一个农民的挣扎与奋斗、一个农民的希望与失望的人，在他们的血管里程度不同地流着乡村农民的血液。他们也像吴天明一样，面对的不是被人评价过了的乡村和农民，而是直接进入到他们心灵感受中的原生态的乡村和农民。在他们面前，有整整一代与他们经历相同或相似的电影观众；而在他们背后，甚至还有一批这样的小说家：路遥、莫言、郑义、贾平凹等，他们也是出身于农村或通过上山下乡实际地当过农民的知青。这是一个群体，一个时代，一个为乡村农民题材的电影走出城市小市民的视野而走向独立的历史环境。总之，什么是西部电影？西部电影就是获得了独立性的乡村农民题材的电影，是摆脱了城市小市民的眼光、以乡村农民的人生命运为关注中心的中国电影。

这是一个转换，但这样一个转换仅从文学艺术的角度而言，实际是较之从20世纪30年代、40年代电影向20世纪50年代、60年代电影的转换更根本的转换。20世纪50年代、60年代中国电影的成就是不容抹杀的，但它的成就更是在国家政治、经济力量支持下中国电影整体事业上的发展，而不是一个个文学艺术家思想创造能力和艺术创造能力上的发展。在这样一种创造能力上，这个时期的文学艺术家不但不如以鲁迅为代表的"五四"那代知识分子，甚至也不如以巴金、老舍、曹禺为代表的20世纪30年代那代知识分子。20世纪50年代、60年代的电影更缺少中国电影艺术家个人的、独立的思想发现和艺术发现，它所表现的更是已经被别人评价过了的历史和现实，而不是经过电影艺术家个人的独特人生体验重新发现了的历史和现实。实际上，这恰恰是杰出的文学艺术作品与平庸的艺术作品的根本区别。什么是重新发现了的历史与现实？吴天明执导的《人生》，张艺谋执导的《红高粱》《秋菊打官司》《一个都不能少》等等就是重新发现了的历史与现实，是不通过这些艺术家的个人创造观众就极易忽略的历史与现实，是在政治、经济、文化、历史、哲学、心理学教科书中找不到固定评价的历史与现实。什么是评价过了的历史与现实？甚至像《李双双》《五朵金花》《红日》《林海雪原》《英雄虎胆》《青春之歌》、夏衍改编的《祝福》这些十七年最优秀的影片都是被评价过了的历史与现实，都不是主要由电影家个人的创造而重新发现了的历史与现实，而是在我们的教科书中已经有了明确评价的历史与现实。面对这种被评价过了的历史与现实，当时的电影观众是不会感到有什么困惑难解的问题需要进行追问的，因而也是不会重新思考什么有关社会人生的根本问题的，他们在电影艺术作品中感到的只是一种将历史直线化、将现实平面化了之后的"胜利者"的乐趣，而不是需要个人去做更深入的感受和体验、去做更艰苦的探索和追求的乐趣，

中国西部电影简论

更不必再有什么与现行思想规范和道德规范不完全相同的独立思想追求和精神追求。正是因为这种"胜利者"的乐趣在本质上是空洞的，所以一遇"文化大革命"这样一种失去了固有秩序的现实，从这样一些影片中获得的所有精神的鼓舞，都有可能转化成盲目的破坏性力量。如果说得更加严重一些，这实际仍然是城市小市民艺术观的根本特征。城市小市民是一个没有内在社会责任感的阶层，也是一个没有首创精神和创造意志的阶层。它承认一切现实的思想规范和道德规范，但又并不真诚地、严肃地对待和遵守这些规范；他们消极地服从任何强制性的权力原则，但又不会为这些强制性的权力原则负责。只要这些原则失去了对他们的强制性，他们马上会肆意地亵渎和破坏这些原则。他们太灵活，灵活得没有骨头。实际上，1949年以后在政治、经济权力高度集中的城市社会中，知识分子较之鲁迅和胡适、胡风和梁实秋那两代知识分子是向小市民化的方向转化的，他们更少自己独立的思想追求和艺术追求，在当时表面极其僵硬的思想教条的帷幕下，实际运作的却是十分灵活的处世态度。只有到了新时期的西部电影中，由于"文化大革命"对正常教育过程的阻断，那些农村知识青年被阻断在农村，那些城市知识青年通过上山下乡也曾身陷农村，至少在他们生活在农村的那段日子里，他们是作为一个特定的农民感受乡村以及乡村的农民的。他们不是为了领导农民而去了解农民，不是为了成为一个文学家而去体验农民的生活。总之，他们不是乡村农民的旁观者，这使他们切切实实感到了在现代社会条件下作为一个农民的痛苦和作为一个农民不能不做的挣扎。在这时，也只有在这时，当时城市社会中的国家政治文化在农民，特别是贫下中农头顶上罩上的神圣的光环才失去了自己的光彩，当时城市小市民隐藏在内心深处的对乡村农民的轻蔑和歧视也失去了现实的根据。不论他们自己对乡村和农民有着何种的具体感受和了解，但这种感受和了解却无法从根本上摆脱自我体验的性质：他们对农村的依恋就是对现实自我的依恋，他们对农村现实生活的厌倦就是对现实自我的厌倦。他们与这个历史阶段的农村是同体的，是剪不断、理还乱的。只要从自己的内心愿望或从外在的农村现实抽出一根丝，就能牵连出他们整个的内心感受和整个的农村社会。对于这个世界里的人物和事件，他们再也不能像城市小市民那样，为了自己一时的方便就可以信口开河，一会儿将农民捧之上天，一会儿又将农民贬之入地。他们有了自己独立的思想感受和审美感受，从而也将乡村农民的视角带进了自己的电影创作。我认为，吴天明执导、根据路遥同名小说改编的《人生》，最能体现西部电影的这种特征。我们完全可以说，路遥就是高加林，高加林就是路遥，路遥像无法任意地处置自我一样无法任意地处置高加林；我们甚至也可以说，吴天明就是高加林，高加林就是吴天明，吴天明也像无法任意处置自己一样无法任意处置高加林。扩而大之，我们这些为了个人的幸福而通过艰苦的努力从农村挣扎着走进城市的人，谁又没有体验过高加林式的精神失落呢？我们的生命是由农村和农民孕育出来、养育出来的，但我们在农村和农民那里却找不到我们向往的幸福的生活；为了找到我们向往的幸福的生活，我们无情地遗弃了孕育我们、养育我们的农村和农民。这就是我们，我们这些现当代的农村出身的城市人。我们遗弃了农村和农民，但也没有找到我们向往的幸福的生活，我们在现代的城市里仍然是农村人，仍然是农民，仍然受到一个农村人不能不受到的自觉的和不自觉的歧视和冷落。农村人感到我们无情，城市人感到我们寒酸；农村人感到我们洋气，城市人感到我们土气。我们失去了我们的精神家园，我们没有了我们的精神归宿。这是一个悲剧，但却不是我们一个人的悲剧，而是我们中国的悲剧，我们中国这个时代的悲剧。

五

在我们当代中国知识分子的观念中，这种从城市视角向农村视角的回归即使不是中国文学艺术的倒退，也绝对不是中国文学艺术的发展。但是，只要我们回到中国现代文学艺术的源头处重新思考我们中国现当代文学艺术的发展，就会发现，情况远非我们想象的那么简单。在五四新文学运动的初期，鲁迅创作了中国现代文学史上第一篇白话短篇小说，胡适创作了中国现代文学史上第一个独幕话剧。从"出身"而言，胡适是当时世界上最"先进"、最"发达"、最"自由"、最"民主"的国度——美国的留学生，接受的是体现当时世界"最先进"的思想潮流的

中国西部电影简论

杜威实用主义的思想影响，鲁迅则是一个"后进"的资本主义国家日本的留学生，接受的也是日本、俄国、东欧和北欧这些"后进"国家的文学和哲学思想的影响；从题材而言，胡适写的是"觉醒的"城市知识女性反对父母包办、争取婚姻自主的斗争，而鲁迅写的则是一个出身于传统封建家庭、在有了一些叛逆思想之后就失去了人的正常理智的旧的读书人。所以直至今日，仍然有很多知识分子认为胡适的思想是比鲁迅更加"先进"、更加"现代化"的，但只要回到对这两个作品的实际的思想感受和审美感受之中去，我们就会感到，胡适的《终身大事》在思想上是相对单薄的，在戏剧艺术上也是没有多少创新之处的，而鲁迅的《狂人日记》却成为中国现代文学史、中国现代思想史上的扛鼎之作，其思想上的深厚和艺术上的创新至今仍有为我们所不可企及之处。到了20世纪20年代末期，钱杏邨又曾宣布"阿Q时代"已经"死去"，甚至茅盾也认为鲁迅只写了中国的一个"暗陬的角落"（农村），而没有写出中国城市青年的"刻刻变动着的人心"。但事实证明，不论是创造社、太阳社的文学创作，还是茅盾的小说创作，都没有获得像鲁迅小说那样丰厚的思想艺术成就。在这里，实际有一个如何感受和认识中国现代文学艺术赖以生成和发展的土壤的问题。

如前所述，西方电影是在西方社会完成了自己的城市化的转变之后生成并发展起来的，因而西方的电影也是城市化的电影，而中国则是一个迄今为止仍然没有完成自己的城市化转换的社会。在这里，也就有了一个现当代中国文化精神在怎样一个地带激荡回旋的问题。毫无疑义，中国现当代文化的发展是受到西方文化的严重影响的，因而在中国当代文化发展的任何一个关键时刻，西方的影响都发挥了直接而强大的作用，这也是中国知识分子总是从西方文化影响的角度看待中国现当代文化的发展，其中也包括中国文学艺术的发展的原因。但是，即使这种影响，也是在中国文化自身需要的基础上发生的。试想：假若我们中国人从来没有感到过自身生存和发展的困境和危机，假若我们中国人的生活向来都是美满和幸福的，即使面对眼花缭乱的西方文化，我们又有什么可动心的呢？实际上，西方文化的影响，对于我们，更像是钱塘江大潮，是从下游向上游倒灌的潮水，它汹涌澎湃，气势宏大，在中国文的入海口处一次次形成排山倒海般的文化奇观，但这却绝对不是中国文化的基本流向，最终仍然将会同中国文化本身的流动一齐回流入海，流入整个世界文化的宝库。与此同时，再强大的西方影响，也不可能灌满整个中国文化的河道，正像钱塘江潮水不可能回溯到其源头一样。西方文化的影响遮蔽不了老子和孔子，遮蔽不了唐诗和宋词，遮蔽不了《儒林外史》和《红楼梦》。它们是在西方文化的影响基本没有进入中国时早已产生的，西方的历史代替不了中国的历史，因而也代替不了那时的文化。在现当代中国社会，中国古代的文化传统是同中国现当代文化（其中也包括西方文化对中国文化的影响）一齐在中国文化的河道中流淌着的。在这中外古今杂然并陈的现实世界上，我们在哪里能够更直接、更清晰地触摸到当代中国、当代中国文化、当代中国人心灵的脉搏呢？显而易见，仅仅通过西方文化精神看中国，看到的更是漂在中国现当代文化表面的一层油。精英知识分子的逻辑推理，亿万富翁的生活方式，当代政治家的权力运作，都是"中国现当代文化"，都是中国现当代文化的"脸"，但却绝对无法体现中国现当代文化精神的主脉，不是它的整体流程。否则，中国早已不再是中国，早已满足了西化派知识分子"全盘西化"的梦想。与此同时，仅仅通过中国古代的文化精神看中国，看到的也只是中国现当代文化的表面现象。中国古代帝王将相"中央帝国"的幻梦，中国古代雅士文人"暗香盈袖"的雅兴，中国古代豪门巨富"挥金如土"的豪情，也是"中国现当代文化"，也是中国现当代文化的"脸"，但却绝对无法体现中国现当代文化精神的主脉，不是它的整体流程。否则，中国就不是现当代的中国，中国的复古主义者也不必慨叹"人心不古"了。正是在这个农村和城市的结合部，中国古代的文化传统同中国现当代文化才是有机地结合在一起的，才在其基本方向上体现着中国现当代文化发展的基本倾向和主要特征。在这里，吴天明执导的《老井》几乎是有象征意义的。现当代的城市人，特别是知识分子，常常将自己的理想称为"共产主义"，称为"大同社会"，称为"现代化"，但所有这些，到了观众和读者的心里，都显得有些笼统，有些茫远，有些不实在，也很少能够看到这些理想在他们身上激发出来的真实的工作热情和执着的追求精神。《老井》却通过村民渴望打成一眼井的努力，将

中国西部电影简论

当代中国人的愿望和要求体现得淋漓尽致。相对于城里人的理想，这些村民的理想是多么卑微啊！但是，它在我们的心灵感受中，却不是卑微的，而是伟大壮丽的，因为它凝聚着这个村全体村民的愿望和要求，激发了他们的奋斗热情，也更能看到他们为此而付出的艰苦的努力。时至今日，中国的城市人又开始做起"大国梦"，津津乐道地谈论"大国的崛起"，但这是经历了一个世纪的半殖民地半封建社会历史的中国人民的真正愿望和要求吗？中国人民真正的内心要求是什么呢？是要为自己打一眼"井"，是要从这眼"井"中汲出水来以滋润我们干渴已久的躯体和灵魂，是为了我们自己的温饱和幸福，为了我们自己的存在和发展。这种愿望和要求，是自然地存在于我们自身的生活实感和心灵实感之中的，正因如此，我们甘愿付出全部的努力，甘愿去做最艰苦的斗争，甚至牺牲，因而我们也能够团结一致、奋发图强。它是从我们内在感受中生发出来的力量，是为了自己开辟生存和发展的道路，而不是为了压倒别人、称霸世界。《人生》中高加林想在城里找份工作，巧珍想嫁给有文化的高加林；《秋菊打官司》中秋菊想要讨回个"说法"；《一个都不能少》中的主人公想要找回自己班上失学的同学……所有这些，较之城里人的伟大的理想，都是微不足道的，但它们实在、具体，是他们生命的真实要求，因而他们也曾为此付出了艰苦的努力。根据贾平凹《鸡窝洼人家》改编而成的《野山》是直接写改革开放的，它与我们这些城里人的改革开放的观念有什么不同呢？我们城里人的改革开放是为了挣大钱、吃大餐、当大官、出大名，一句话，为了"享受"这个世界，"消费"这个世界，为了付出的更少而得到的更多，为了从自己的"钱"中像变魔法一样变出更多的"钱"来，变出更多的"享乐"来。正是在这种改革开放的观念中，"钱"成了连接人与人关系的主要纽带，造成了人对人的冷漠和冷酷，造成了社会的腐败和社会公德的沦丧，造成了连西方资本主义也感到惊讶的相互掠夺和欺诈。《野山》中禾禾的改革却是为了自己起码的温饱和起码的做人的尊严。他的改革开放是通过他的艰苦努力而实现的，不但生产了更多的物质财富，同时也生产了人与人之间更加真诚的爱情。在中国，谁是真正的改革者呢？禾禾！

正是在农村和城市的这个过渡地带，中国传统文化、中国现当代文化以及中国社会、中国文化的真实无伪的未来的发展，都高度浓缩地表现出来。其中的几乎每一个事物都是一个意象，带着我们对它们的全部感受重新进入到我们的心灵中，在我们的心灵中唤起无限浩茫的想象。《黄土地》中的"黄土地"是这样；《红高粱》中的"红高粱"也是这样。在北方农村，红高粱是多么平常的一种农作物啊！但正因为它平常，它常见，它是在悠久的历史上伴随中国社会、中国人民走过了漫长历史道路的一种事物，所以也在中国人的心灵中留下了无限丰富的感受和意味。现当代城市的高楼大厦，至少在当代中国，还没有像西方的城市那样沉淀起丰富的意蕴，它可以让我们感到表面的繁荣，但却无法唤起我们深沉的感动。在中国，城市更是物质的、科学的，而农村更是精神的、文学的。鲁迅曾写过一个短篇小说《社戏》，城里人往往认为它是诋毁中国古代文化的，是诋毁"国粹"的，实际上，他厌恶的只是"消费"戏剧艺术的小市民趣味，而对植根在农民生活和心灵中的民间戏剧，则充满了由衷的热爱。《秋菊打官司》中的秦腔的唱词在我们的心灵中抽出了多少苍凉感、多少喜剧意味和悲剧意味啊！必须看到，中国的农村本身就是一种文化，就是两千余年以来用无数生命的生和死、痛苦和欢乐积淀起来的文化。中国传统文明原本就是一种农业文明，这种文明在中国的城市社会，早已被官方文化污染了，被小市民文化撕碎了，被西方文化的碎片遮蔽了，只有在农村，在农民的物质生命和精神生命中，它才积淀得更加丰富、更加充实。这种文化不是空洞的，是比当代"新儒家"的高头讲章和当代城市小市民的恶搞文化更加真实而又丰富的文化。正是在这种文化的背景上，中国现当代文化的真正意义和意味才被真切而又充实地显现出来。《人生》中的巧珍开始刷牙了，这"刷牙"不是"现代化"吗？不是高加林在城市社会带来的新的"审美要求"吗？城里人将我们的"现代化"说得天花乱坠，但中国社会、中国人的现代化不就是在这种对自我、对自我生命的不满足感中产生的吗？《秋菊打官司》中的秋菊莫名其妙地进入到现代法律程序之中来，但所谓现代法律只是现代国家维护国家安全的一个冷冰冰的机器。这不符合秋菊内心的意愿。秋菊求的只是一个"说法"，一个"理"，一点心灵自由的愿望，一点对强权的抗争。她不是为了用权力对抗权力，不是为了用伤害对付伤害。在这里，不是包含着较之现代法律更加超前的法律意识吗？

六

　　从20世纪90年代开始，西部电影逐渐衰落下来。但是，它是怎样衰落下来的呢？它是在城市小市民意识的重新勃起的情况下逐渐衰落下来的。

　　必须指出，城市小市民意识的活跃，城市小市民电影的繁荣，在其本身是没有值得忧虑的，在中国，它同时是中国电影事业发展的重要标志之一。文学艺术，是属于整个民族的，不论是这个民族的哪一个阶层，哪一个阶层的思想和愿望，都有通过文学艺术得到表现的权利，也都有产生杰出的文学艺术作品的可能。20世纪80年代末，根据王朔小说改编的电影《顽主》，从内容到形式都是带有较为纯粹的喜剧风格的作品，摆脱了十七年喜剧电影严肃、沉重主题的压力。毫无疑义，王朔电影的喜剧风格，与城市小市民的油滑态度是紧密相连的。但在20世纪80年代几乎清一色的严肃电影的氛围中，这种带有调笑意味的电影的出现到底是别开生面的。但当进入20世纪的90年代，中国社会又重新迎来了一个沉重的年月，那是一个需要沉思的时代，需要悲剧的时代，但恰恰是在这个时候，王朔电影、电视连续剧却在这个并不幽默的时代掀起了一股幽默热。电影编剧王朔、导演冯小刚、演员葛优成了90年代中国电影的三驾马车，消解崇高，消解社会责任感，几乎成了那时电影的"主旋律"，这就不能不引起我们对城市小市民电影的重视了。城市小市民电影的一个显著特征就是与现实社会真实思想情绪的相逆性：当人们想哭的时候，它笑；当人们想笑的时候，它哭。20世纪70年代末、80年代初是一个思想开放的年代，是"文化大革命"刚刚结束、中国社会重新看到了希望的时代，但那时的城市电影却被一片诉苦声压倒了。而到了90年代，人们感到了沉重，感到了迷惘，但那时的中国电影却"幽默"起来了。这是因为城市小市民是一个缺乏社会整体关怀的阶层，是一个处世灵活、能说会道的阶层。它无力解决社会矛盾，但却善于化解社会矛盾。在城市小市民电影的制作中，故事起于现实，也终于现实，像一个漏水的筐，倒进多少水，流出多少水，给读者留不下任何需要思考和解决的问题。观众怎样走进影院，也怎样走出影院，影片演出过程中尽情享乐，影片演出后便将其抛在脑后：它们拒绝沉重。历史题材的言情和武打，则是城市小市民电影的左右两翼，其总体特点是没有西部电影那种严肃的社会主题。

在这时，在西部电影的制作中崭露头角的导演大都成了明星，乡村农民在他们心目中的影子渐渐淡漠下去，电影界内部竞争的需要使他们走上了另外一条道路：制作电影大片，参与国际竞争。实际上，这种国际竞争，同时也是城市化电影的竞争。在这种竞争中的代表人物中，张艺谋、陈凯歌等原本西部电影的执导者也是领军式的人物。在张艺谋的西部影片中，电影的视觉效果与电影的丰富意蕴是融为一体的，而他的电影大片却在制造电影视觉效果的同时，失落了他的西部影片的丰富的意蕴，内容实际是相当苍白的。这里的原因是不难理解的。像张艺谋这样一代电影导演，与同代的小说作家一样，是在自己的生活中走出来的，是与农民的血肉联系在一起的。在他们的农村题材的影片中，有他们的生命，有他们的血和肉。但当他们试图借助学院知识分子关于"历史""文化""生命"这些大概念将自己的电影上升到所谓历史的、整体的高度的时候，其中就没有他们真实的血和肉了。在这里，《满城尽带黄金甲》最能说明问题。这部影片从人物关系而言，几乎是从曹禺的《雷雨》抄下来的。但曹禺《雷雨》中的人物都是我们身边的普通人，他们与我们一样，其人生命运是必须由自己去承担、去争取的，因而他们的喜怒哀乐与我们也是息息相通的，《满城尽带黄金甲》中的人物却是生活在一个高高在上的世界里的人物，他们用占有的国家的财富铸造了自己无比豪华的生活，自己的人生不必由自己承担、自己争取，这样一些人物之间的恩怨情仇与我们这些底层的小人物又有什么关系呢？电影中那些花里胡哨的所谓视觉效果，只不过是故作姿态而已。同样的情况也发生在张艺谋最近执导的奥运会开幕式中。必须承认，张艺谋的艺术感觉是非常好的，但在西部电影中，他的艺术感觉是他自己的艺术感觉，而在奥运会开幕式上，充其量只是根据想象中的别人的感觉而制造出来的外部的视觉效果，制造出来的感官的热闹。在1959年国庆十周年的纪念活动中，曾经排练了一个大型舞蹈史诗《东方红》。如果说《东方红》所表演的一切与当时观众的情感和情绪还有着某种直接联系的话，如果说中华人民共和国的成立到底还是与《东方红》所表演的革命战争的历史紧密联系着的话，这个奥运会开幕式所"表演"的一切与当代观众的实际人生感受又有什么直接联系呢？与张艺谋之所以为张艺谋又有什么直接关系呢？与参加奥运会的运动员的成长又有什么关系呢？中国古代社会是没有和平的运动竞技的！中国现代的体育运动不是发源于毛笔、京剧和以打架为主要目的而产生的中国古代武术。这是一个只能骗骗外国人或与中国古代文化变得极为陌生的中国人的花架子，而不是真正的中国文化。在城市电影大片中，张艺谋国家化了，学院化了，但这不是张艺谋艺术精神发展的自然结果，而是一个农村人在进入城市文化之后所产生的精神迷乱。

　　总之，迄今为止，西部电影仍然是中国电影史上最辉煌的一页，它体现着中国电影艺术发展的主脉。它的衰落，不是它自身发展的结果，而是在世界性的城市文化和中国城市小市民文化的联合力量的排挤下暂时的休克。在当前，世界性的金融危机宣布了文化商业化道路的破产。商业，是现代社会不可或缺的，但商业文化对世界人文文化的窒息却是人类社会的破坏性力量。让电影回归电影，让艺术回归艺术，让电影艺术成为人类精神发展的推动力量，才是世界电影也是中国电影发展的方向。而在中国，在中国社会城市化的过程中，关注农村和城市结合部的人的精神发展过程，并以此反抗城市小市民文化的压迫，则是中国电影艺术发展的必由之路。

原载《东岳论丛》2009年第2期